渋谷学叢書３

渋谷の神々

國學院大學
研究開発推進センター渋谷学研究会

石井研士　編著

雄山閣

はじめに　『渋谷の神々』

本書は、渋谷学叢書としては三冊目にあたる。すでに平成二二（二〇一〇）年に倉石忠彦編『渋谷をくらす―渋谷民俗誌のこころみ―』、平成二三年に上山和雄編『歴史のなかの渋谷―渋谷から江戸・東京へ―』が刊行されている。

渋谷学は、大学が位置する渋谷に関する学術的な研究だけでなく、地域社会との共同、連携を視野に入れたこころみである。渋谷学の経緯に関しては、前掲の二冊に収められた編者の「まえがき」と「あとがき」に詳しい。渋谷学は、「現代日本の都市文化の創造と発信の源ともいうべき〝シブヤ〟に魅せられた者や、メガロポリスの副都心としての渋谷がどのように形成されてきたのかに関心を持つ者、さらには先端的な企業・流行を生み出す地域経済の解明に興味を持つ者」が始めたのだった。とくに民俗学者の倉石忠彦は、早くから渋谷の民俗文化の把握を企図し、研究を積み重ねていた。

倉石、上山、さらに経済学部の教員らが提案した渋谷学のコンセプトは、平成一四年度の國學院大學一二〇周年記念事業の一環として採用された。以後、渋谷区や東急電鉄株式会社と連携しつつ、区民を対象とする渋谷学の講座、研究会、オープンカレッジが続けられている。

本書に論文を寄せているメンバーが渋谷学に参加するようになったのは平成一八年頃からで、渋谷学の講座を受け持ち、平成二二年にはブックレットとして『〈渋谷〉の神々』を刊行している。

本書は、「宗教」から渋谷を理解しようとするこころみである。「渋谷」という言葉やイメージからは、すぐに宗教を連想することはないだろう。しかしながら他の日本の地域と同様に、渋谷にも複数の神社があり寺院が存在する。教会もあれば新宗教の支部も存在する。路傍やビルの屋上に、小祠、地蔵、道祖神を見ることも少なくない。毎年四月には忠犬ハチ公の慰霊祭が銅像の前で行われている。他にも、お賽銭と思われるものが、意外なモニュメントにあげられているケースが複数見られる。

神社があれば、それを支える町会や商店街などの組織があり、祭りが行われている。渋谷のシンボルといっていいSHIBUYA109前に各町会の御輿が勢揃いしている様子を見たことがないだろうか。お盆やお彼岸の時期には、お花を持ってお墓参りをする人々の姿も見られる。

祭りという概念をもう少し広くとって祝祭を考えれば、都市に祝祭はつきものである。行政主催の「祭り」も渋谷では賑やかに行われているし、本書で扱っているように、スクランブル交差点で繰り広げられる新年のカウントダウンなども都市・渋谷ならではの祝祭である。

こうした華やかな祝祭の裏側で、匿名で陰惨な宗教現象も確認することができる。渋谷には、特有の怪談・都市伝説が存在し、メディアを通じて広く流布している。また、都市の雑踏の中で、占いや祖先の霊の祟りを利用して人々の不安を煽る霊感商法なども行われていたし、オウム真理教の教祖・麻原彰晃が神仙の会を開いたのも駅近いマンションの一室であった。

都市というトポスは、非合理や不条理な世界を排除して成立しているわけではない。私たちはふだん、そうしたものの存在を知りながら、あたかも存在しないかのように生活しているが、思いがけず歴史的に幾層もの地層の中で継続と変容を経ながら存続してきた宗教に出会って、自らの出自や文化を自覚するのである。

「渋谷」という地域がどの範囲を指すのか、これは渋谷学にとって繰り返し問われてきた難問であった。本書でも、各章の担当者が、自らの研究対象と向き合いながら考察を進めている。「渋谷」が単なる行政区以上の意味を持つからこそ、渋谷学の対象となるのである。現在という時点に立てば、「渋谷」は駅周辺の、現代日本を象徴するスクランブル交差点やSHIBUYA109を中心とするエリアと考えることはできる。しかしながら時代や宗教のネットワークを考えたときには、もう少し視野を広げて考察を進めるべきだと考える。

たとえば、神社には氏子区域があり、行政の定める境とは異なった領域を有している。そこに住む人々は氏子と認識され、例祭や正月などをはじめ、地域の安寧と繁栄を願って神社に参拝する。とくに渋谷の場合には、大正時代に創建された明治神宮の持つ意味がきわめて大きい。膨大な数の崇敬者を集めることになった明治神宮の存在は、原宿ばかりでなく、渋谷の意味そのものに影響を与えた。神社を担当する藤田は「都市としての明治神宮」と記している。

こうした記述からも明らかなように、本書では宗教の系統別に記述がなされているが、それぞれの宗教の歴史を過去から現在まで順に記述することを目的としているわけではない。宗教と地域社会との関わり方の変化、もうすこし明確にいえば、渋谷という地域の変化によって、神社や寺院を初めとした様々な宗教がどのように生まれて変化していったか、両者はどのような関係にあるのかを明らかにすることを目的としている。

また実体として、神社と寺院をまったく無関係に存在した宗教とすることができないことは、神仏習合や神仏判然といった言葉からも理解できるだろう。教派神道は新しい宗教として記述されているが、富士講など長く民衆の宗教として生きてきたものである。本論ではそうした点にも配慮を払っているつもりである。

期待される研究の成果は小さくないと自負している。なぜなら「渋谷」という都市が、日本の単なる一都市ではなく、現代日本を象徴するような街へと変わっていったからである。つまり、現代における宗教のあり方を、将来を見据えながら把握しようとしたときには、それにふさわしい場所なのである。現代を象徴するようなトポス、人々は、どのような宗教性を有しているのか、それとも持っていないのか、その時代の宗教性とはどのような場面で表出するのか。自負と同時に反省も述べておきたい。歴史の厚みと多層にわたる、そして周辺地域との関連性も視野に入れないと、「渋谷」の宗教性は把握できない。そうした意味では、本書は「渋谷と宗教」の扉を開く研究であって、さらに分け入る努力が必要であることはいうまでもないことである。

平成二五年二月

石井　研士

目　次

はじめに……石井　研士…1

渋谷宗教地図……8

第一章　神社から見た渋谷……藤田　大誠…13
〈はじめに／第一節　渋谷区における神社の概観とその歴史／第二節　金王八幡宮・氷川神社と「渋谷」／第三節　渋谷の盛り場に鎮座する神社／第四節　旧千駄ヶ谷村・旧代々幡村の鎮守と明治神宮の造営／むすび〉

コラム①　学園の神々……秋野　淳一・加藤　道子…107

第二章　渋谷の住宅地と神社祭礼……黒﨑　浩行…117
〈はじめに／第一節　住宅地・渋谷／第二節　明治以降の町会の歴史と祭礼／第三節　渋谷の町会と祭礼を訪ねる／おわりに〉

第三章　祭りからみえてくる「渋谷」―SHIBUYA109前に集う神輿　金王八幡宮の祭り―……秋野　淳一…145
〈はじめに／第一節　鳳輦の巡幸と宮入り―金王八幡宮の祭りの現在／第二節　展示する神輿／第三節　祭りとイベント／第四節　SHIBUYA109前神輿集合／第五節　渋谷の街の変化と祭り／おわりに〉

第四章　渋谷の寺院—近世を中心として—……遠藤　潤…197
〈はじめに／第一節　自然環境と寺院の立地／第二節　歴史的鳥瞰から見る渋谷の寺院／第三節　現渋谷区域の近世と〈渋谷〉の範囲／第四節　青山家と渋谷の寺院／第五節　各宗派の触頭と寺院／第六節　近世渋谷の別当や修験と神仏関係／第七節　近世渋谷の寺院と庶民信仰／第八節　渋谷の寺院が迎えた近代／おわりに〉

コラム②　渋谷怪談……石井　研士…226

第五章　渋谷のキリスト教……石井　研士…229
〈はじめに—渋谷のキリスト教／第一節　渋谷の教会／第二節　渋谷へのキリスト教の普及／第三節　大正期のキリスト教会／第四節　昭和のキリスト教／第五節　戦後のキリスト教ブームと渋谷の教会／第六節　変貌する教会／おわりに—都市化とキリスト教〉

第六章　新宗教と渋谷……石井　研士…249
〈はじめに—新宗教と渋谷／第一節　渋谷区における新宗教の歴史／第二節　戦後における渋谷区の新宗教／おわりに—世紀末と渋谷〉

第七章　「渋谷」の小さな神々……秋野　淳一…269
〈はじめに／第一節　ハチ公前広場から公園通り・渋谷センター街に坐す神々／第二節　松濤から道玄坂に坐す神々／第

三節 渋谷駅東口から青山方面に坐す神々／おわりに〉
第八章　渋谷の《祝祭》—スクランブル交差点につどう人々— …… 髙久　舞 … 303
〈はじめに／第一節 渋谷のあけおめ／第二節 サッカーW杯に沸く渋谷／第三節 人々が集まる時と場／おわりに〉
あとがき …… 石井　研士 … 339
執筆者紹介 …… 340
國學院大學『渋谷学叢書』刊行のことば …… 342

カバー写真提供　STUDIO　CUE

渋谷宗教地図

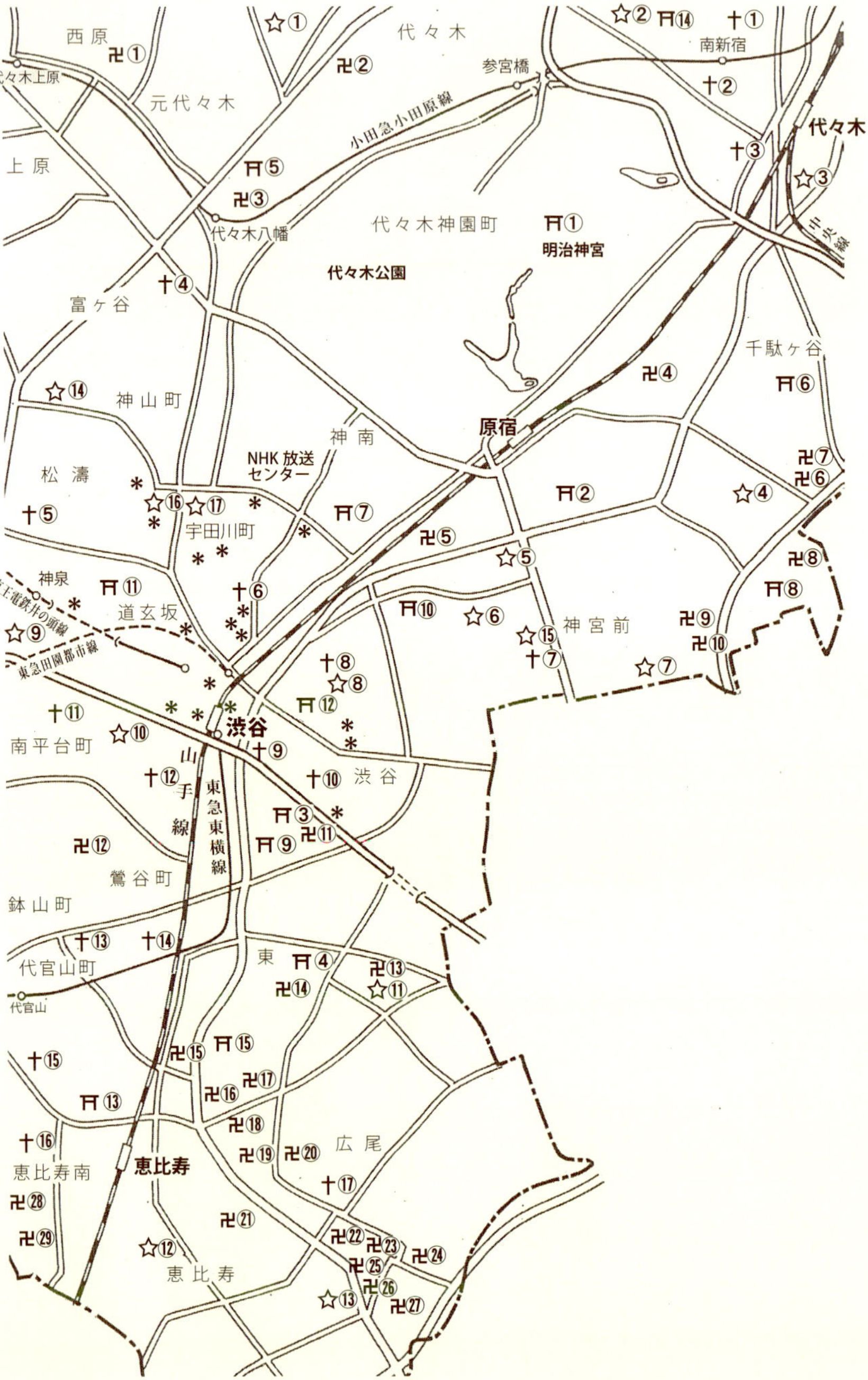
西原
代々木上原
元代々木
代々木
参宮橋
南新宿
代々木
小田急小田原線
上原
代々木八幡
代々木神園町
明治神宮
代々木公園
中央線
富ヶ谷
千駄ヶ谷
神山町
原宿
神南
NHK 放送
センター
松濤
宇田川町
神泉
京王電鉄井の頭線
道玄坂
神宮前
東急田園都市線
渋谷
南平台町
山手線
東急東横線
渋谷
鶯谷町
鉢山町
代官山町
代官山
東
広尾
恵比寿南
恵比寿
恵比寿

⛩ 神社 ①明治神宮 ②東郷神社 ③八幡神社（金王八幡宮） ④氷川神社（渋谷氷川神社） ⑤八幡神社（代々木八幡宮） ⑥八幡神社（鳩森八幡神社） ⑦北谷稲荷神社 ⑧熊野神社（青山熊野神社） ⑨豊栄稲荷神社 ⑩穏田神社 ⑪千代田稲荷神社 ⑫御嶽神社 ⑬恵比寿神社 ⑭平田神社 ⑮稲荷神社（伊藤稲荷神社）

卍 寺院 ①雲照寺 ②崇信教会 ③福泉寺 ④延命寺 ⑤長泉寺 ⑥仙寿院 ⑦瑞円寺 ⑧慈光寺 ⑨妙円寺 ⑩長安寺 ⑪東福寺 ⑫乗泉寺 ⑬吸江寺 ⑭宝泉寺 ⑮清流寺 ⑯福昌寺 ⑰室泉寺 ⑱天桂禅庵 ⑲法雲寺 ⑳東北寺 ㉑台雲寺 ㉒祥雲寺 ㉓香林禅院 ㉔上宮寺 ㉕東江寺 ㉖霊泉院 ㉗妙栄教会 ㉘泉明院 ㉙松泉寺

✝ キリスト教会 ①日本基督教団・代々木中部教会 ②東京に在る教会 ③国際基督教団・代々木教会 ④日本基督教団・ベテル教会 ⑤渋谷日本基督会 ⑥日本基督教団・東京山手教会 ⑦東京ユニオンチャーチ ⑧日本基督教団・美竹教会 ⑨高校生聖書伝道協会 ⑩日本基督教団・渋谷教会 ⑪日本基督教団・聖ヶ丘教会 ⑫日本基督教団・中渋谷教会 ⑬日本基督教団・代官山教会 ⑭日本基督教団・本多記念教会 ⑮日本基督改革派・東京恩寵教会 ⑯日本基督教団・聖徒教会 ⑰日本基督教団・広尾教会

☆ 新宗教 ①天理教・本明王分教会 ②妙智会教団本部教会 ③天理教・鶉山分教会 ④金光教・神宮教会 ⑤神道大成教・天照山神社分祠 ⑥天理教・東中央大教会 ⑦天理教・渋谷分教会 ⑧辯天宗・東京別院 ⑨日本山妙法寺大僧伽・東京中僧伽 ⑩惟神会 ⑪生昇会 ⑫金光教・麻布教会 ⑬天理教・本豊分教会 ⑭道会 ⑮東京第一科学者キリスト教会 ⑯世界基督教統一神霊協会・本部 ⑰世界基督教統一神霊協会・渋谷教会

＊ 小祠、像、モニュメントなど（第七章関連） ↓次頁の図を参照。

（※本図は『東京都神社名鑑』上巻（東京都神社庁、昭和六一年）一四一頁の地図などを参照して作成した。なお宗教の分類に際して、「新宗教」には井上順孝・孝本貢・対馬路人・西山茂編『新宗教教団・人物事典』（弘文堂、平成八年）に掲載された教団を含めた。次頁の図も同様である。）

渋谷宗教地図（駅周辺）

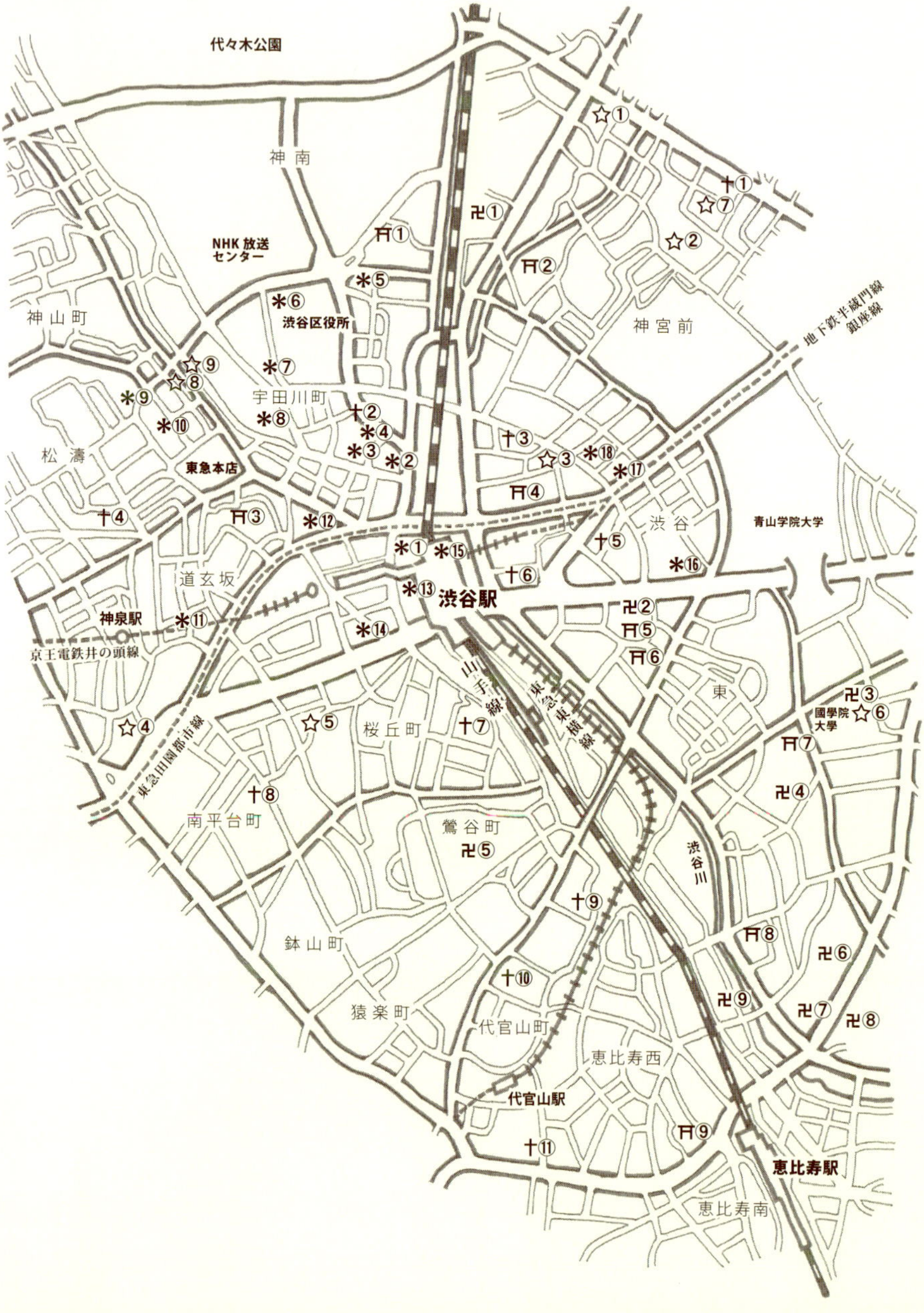

代々木公園
神南
NHK 放送センター
渋谷区役所
神山町
宇田川町
松濤
東急本店
道玄坂
神泉駅
京王電鉄井の頭線
東急田園都市線
桜丘町
南平台町
鶯谷町
鉢山町
猿楽町
代官山町
代官山駅
恵比寿西
恵比寿駅
恵比寿南
渋谷駅
山手線
東急東横線
渋谷川
東
渋谷
青山学院大学
國學院大學
神宮前
地下鉄半蔵門線
銀座線

⛩ **神社**　①北谷稲荷神社　②穏田神社　③千代田稲荷神社　④御嶽神社　⑤八幡神社（金王八幡宮）　⑥豊栄稲荷神社　⑦氷川神社（渋谷氷川神社）　⑧稲荷神社（伊藤稲荷神社）　⑨恵比寿神社

卍 **寺院**　①長泉寺　②東福寺　③吸江寺　④宝泉寺　⑤乗泉寺　⑥室泉寺　⑦福昌寺　⑧天桂禅庵　⑨清流寺

✝ **キリスト教会**　①東京ユニオンチャーチ　②日本基督教団・東京山手教会　③日本基督教団・美竹教会　④渋谷日本基督会　⑤日本基督教団・渋谷教会　⑥高校生聖書伝道協会　⑦日本基督教団・中渋谷教会　⑧日本基督教団・聖ヶ丘教会　⑨日本基督教団・本多記念教会　⑩日本基督教団・代官山教会　⑪日本基督改革派・東京恩寵教会

☆ **新宗教**　①神道大成教・天照山神社分祠　②天理教・東中央大教会　③辯天宗・東京別院　④日本山妙法寺大僧伽・東京中僧伽　⑤惟神会　⑥生昇会　⑦東京第一科学者キリスト教会　⑧世界基督教統一神霊協会・本部　⑨世界基督教統一神霊協会・渋谷教会

＊ **小祠、像、モニュメントなど**（第七章関連）　①ハチ公　②西武渋谷店・東伏見稲荷大神　③ロフトの道祖神　④HANAKO像　⑤近江美容室・伏見稲荷　⑥二・二六事件慰霊碑　⑦宇田川地蔵　⑧オーク・ヴィレッジの被官稲荷　⑨観世能楽堂・正一位観世稲荷　⑩栄和町会・大山稲荷神社　⑪道玄坂地蔵　⑫SHIBUYA109・「時の化石」　⑬モヤイ像　⑭遠州屋・小松稲荷　⑮東急東横店・東横稲荷神社　⑯日本薬学会長井記念館・壽稲荷　⑰小林ビル・藤田稲荷　⑱清水学園・「衣は人なり」登美神社

第一章　神社から見た渋谷

藤田　大誠

はじめに

現在、一般に〈渋谷〉は、〈新宿〉や〈池袋〉と並び、東京の副都心の一画を占める重要な都市空間と認識されている。とりわけ、ＪＲ東日本（山手線、埼京線、湘南新宿ライン）や地下鉄の東京メトロ（半蔵門線、銀座線、副都心線）、私鉄の東急（田園都市線、東横線）や京王（井の頭線）という首都圏を縦横に走る複数の路線が交差し、都営並びに各社バス路線網の基点ともなっている、ターミナル（交通路線発着の場）としての「渋谷駅」を中心とした市街地・繁華街は、長らく現代日本を代表する都市文化の最先端地域として知られてきたのであり、その都市空間の持つ創造力と発信力の大きさは、近現代日本における他の都市の「盛り場」のあり方とは明確に一線を画してきたといえよう。つまり、都市生活空間〈渋谷〉の一般的イメージは、あくまでも、渋谷駅を基点とする道玄坂や渋谷センター街、渋谷公園通り、Bunkamura通り、ハンズ通り、宮益坂、明治通りなどの界隈、「渋谷駅」周辺のことを指すといっても過言ではない。

かかる一般的イメージで〈渋谷〉を捉えたとき、即ち現代の「ターミナル都市」として〈渋谷〉を捉えた場合、必ずしも行政区域としての「渋谷区」全域のことを指しているわけではないということになる。しかしながら、これまで「地域学」としての「渋谷学」において、研究対象となる都市空間としての〈渋谷（シブヤ）〉の範囲をどのように措定するか、という大きな問いが立てられつつも、結局は、都市民俗学や歴史学、地理学など、各自のアプローチ法によって、それぞれ多様な捉え方がなされてきたように、文化的側面を含む都市空間としての〈渋谷〉とは、その捉え方次第で、広くもなり、狭くもなる、伸縮自在の空間概念と見ることも可能といえるのである（國學院大學渋谷学研究会・倉石忠彦編著『渋谷学叢書1　渋谷をくらす―渋谷民俗誌のこころみ―』雄山閣、平成二二年、國學院大學渋谷学研究会・上山和雄編著『渋谷学叢書2　歴史のなかの渋谷―渋谷から江戸・東京へ―』雄山閣、平成二三年）。

表参道や明治神宮前（神宮前）、原宿、代官山、恵比寿、広尾、代々木、千駄ヶ谷などの駅を核とするエリアは、各地域が特色ある独自の都市空間を形づくっている部分が色濃く、さらに、行政区域としての「渋谷区」域内ではあるものの、新宿駅を起点としている京王沿線に所在する初台や幡ヶ谷、笹塚の各駅を中心とする地域、さらには小田急線沿線の南新宿、参宮橋、代々木八幡、代々木上原の各駅周辺地域は、一般には現在における都市生活空間としての〈渋谷〉イメージとは若干ズレているという印象があろう。しかし、かつて吉見俊哉が「一九七〇年代の東京における盛り場の変化」を論ずるに際し、「本来ならば〈新宿的なるもの〉から〈渋谷的なるもの〉への移行ではなく、むしろ〈渋谷・原宿・青山・六本木的なるもの〉への移行を問題とすべきであろう。」（『都市のドラマトゥルギー―東京・盛り場の社会史―』弘文堂、昭和六二年）と述べたように、渋谷駅周辺に拘泥することなく、〈渋谷〉概念を広く採るとするならば、現在の都市文化の最先端地域を含んだ表参道や神宮前、原宿、代々木、恵比寿、代官山、広尾、千駄ヶ谷、さらには隣接区に位置する青山などは、ある面では〈渋谷〉の一部分を構成する地域・空間として捉えられており、少なくとも、この辺りを訪れる人々の流動性や回遊性などを考慮すると、〈渋谷〉と密接な相互関係を持つ隣接地域として、まとめて認識されている面もあるといえよう。

そもそも、歴史的に見るならば、〈渋谷〉なる空間の認識には、複雑な変遷があった。上山和雄のいうように、「渋谷は江戸の外周に位置し、次第に包摂されてゆく。東京となった後もやはり同様である。明治初年に農村であった地域が急速に変貌して、東京西郊への結節点となり、副都心となってゆく。」（「はじめに」、前掲『渋谷学叢書2　歴史のなかの渋谷』所収）のであるが、江戸期から明治中期までは、「古老の語る所によれば、渋谷というのは今の道玄坂ではなくて渋谷広尾町である、というのが通説」（『新修渋谷区史』中巻、東京都渋谷区、昭和四一年）であった。また、林和生は、岡本哲志・北川靖夫による「渋谷の場合、各時代の〈相〉を示す核が前時代の核とは異なった場所に移動しながら成立することで各々の核が共存して展開してきたまちといえる。」（「渋谷―地形が生きている街―」、陣内秀信＋法政大学・東京のまち研究会『江戸東京のみかた調べかた』鹿島出版会、平成元年、所収）という指摘を踏まえ、渋谷の中心核の変遷を次のように整理している（「台地と川がつくった魅力あふれる街・渋谷」、前掲『渋谷学叢書2　歴史のなかの渋谷』所収）。

江戸時代には宮益坂と道玄坂、および渋谷廣尾町が町並地として、明治中頃には神泉谷が二業地として発達し繁栄した。大正に入ると荒木山が円山花街として賑わい、大正の終わりには百軒店がユニークな商業地として繁盛した。第二次大戦後には渋谷駅前一帯がヤミ市として人々でごった返し、昭和三五（一九六〇）年頃からは渋谷センター街に若者が集まるようになった。昭和五〇年頃には公園通りがファッショナブルな街としてオシャレな若者が集うようになった。さらに少し遅れて原宿の竹下通りが十代の若者でごった返すようになった。それ以後、渋谷の街路には次々にユニークな名前がつけられていった。そして名前がつくことで、それぞれの街路は個性をもつようになった。こうした街路が、ちょうど機能の異なる臓器を結ぶ血管のように既成の街々を結びつけて、渋谷という人体を組み立て支えている。

このように見てくると、都市空間としての〈渋谷〉については、単に渋谷駅を中心とする周辺地域や行政区域の渋谷区内に限定して捉えるのではなく、より広い空間概念として捉えた地平から検討を始めることにも一定の意味があると思われる。そうすることによって、分節化された狭義の渋谷、表参道、原宿、神宮前、代々木、青山、恵比寿、代官山、広尾、千駄ヶ谷、幡ヶ谷などの都市空間それぞれの独自性を認識しながらも、様々な空間的・文化的諸要素を総合的に捉えた全体としての〈渋谷的なるもの〉=〈渋谷〉に対する多様かつ柔軟なアプローチが可能になってくるのではなかろうか。

ましてや、多くの場合において地域社会における中心的な信仰空間（祭祀施設）であるとともに、人々の様々な拠り所や憩いの場ともなってきた「公共空間」としての〈神社〉の在り方から都市空間〈渋谷〉の姿を照らし出してみる、という本稿の主題からすれば、大正期に国家的プロジェクト、国民的神社として創建された明治神宮（内苑=代々木、外苑=青山）の存在一つとってみても、渋谷駅周辺エリアの記述に限定してしまっては到底語り尽くせない。それゆえ、本章では、まず行政区としての「渋谷区」内に鎮座する〈神社〉の所在やその歴史を確認することから始めた上で、いくつかの地域ごとに分けて概観してゆく。また、その際、歴史的背景や空間的広がりをも意識しながら叙述してゆきたい。

第一節　渋谷区における神社の概観とその歴史

1　神社を構成する要件

まず、検討対象とする〈神社〉について、簡潔に説明しておきたい。そもそも、維新期における神仏判然を経て、社僧や別当など仏教勢力とは明確に区別され、近代的再編がなされた「神官・神職」を主な祭祀奉仕者・管理者としつつ、「氏子」や「崇敬者」の代表者である「総代」らとともに運営されることとなった〈神社〉という祭祀施設は、近代日本社会において徐々にその概念が明確にされていった。内務省神社局の官僚に拠れば、戦前における「神社の定義」は、①神社は帝国の神祇を祭祀するもの、②神社は公の祭祀を執行するもの、③神社は公衆参拝の用に供するもの、④神社は神祇を斎祀するための設備、⑤神社は神社明細帳なる公簿に登録せられたものという要件を満たした存在で、「神社の法律上の性質」は、「国家の営造物にして公法人」というものであった（足立収『神社制度綱要』中外印刷株式会社出版部、昭和五年）。

かかる近代における〈神社〉概念への帰結は、神社における祭祀・祭礼やその空間（境内）そのものが、歴史的に「公共性」を持ち続けてきたことの延長線上にある。とりわけ、明治四（一八七一）年五月一四日には、「神社ノ儀ハ国家ノ宗祀ニテ一人一家ノ私有スヘキニ非サルハ勿論ノ事ニ候」という太政官布告によって、神社の私有を排するため神職の世襲を廃し、改めて神社の国家的公共性がより一層強い意味合いを籠めて確認された（昭和二一年二月二日の勅令で廃止）。ただ無論、近代全般において全神社が国家的保護を受けたのではなく、伊勢の神宮や官国幣社とは異なる府県社以下の神社は、その祠官・祠掌の身分が同一二年に「一寺住職同様」とされるなど、少なくとも明治末期までは「国家ノ宗祀」の語にふさわしい国家的待遇に浴したとは到底いえない。しかし、明治一四年に社寺の財産と神職・住職の財産とを明確に区分させて以降、明治憲法や民法において「公共利益」や「法人」の概念が明文化されてゆくのに伴い、神社・寺院は「公益法人」として理解されてゆく（阪本是丸『近代の神社神道』弘文堂、平成一七年）。なかでも、より国家的公共性の強い〈神社〉については、「国家の営造物にして公法人」という行政的位置付けがなされたのである。

また、明治政府による明治初年の「社寺領上地」以降、神社が旧境内地を地域社会のための「公園」として提供している事例も相当に多い。神社の境内には、勿論〈聖域〉ならではの建物や「禁足地」などはあるものの、概ね、直接無関係な者でも日中は何の気兼ねもなくオープンに出入りできる。戦後、神社は国家管理を廃され、宗教法人法による一私法人となった。現在の宗教法人法（昭和二六年四月三日公布、平成二三年六月二四日最終改正）第三条における「境内地」の定義に照らし、それを神社に当てはめると、①社殿などの建物または工作物が存在する一画の土地、②参道、③儀式執行のための土地や神饌田、④庭園、山林など神社の尊厳や風致を保持するための土地、⑤歴史的に当該神社と密接な縁故のある土地、⑥その建物や工作物または土地の災害を防止するために用いられる土地、となる。その歴史的経緯から、〈神社〉は未だ、寺院や他の宗教団体とも異なる性格の「公共性」を有し続けているといってよい。以上の観点を踏まえ、本稿では、かかる「公共性」を有したある一定の規模を持つ〈神社〉を主に対象とする。

2　渋谷区内における古社の性格

『図説渋谷区史』（渋谷区、平成一五年）には、「中世渋谷の社寺については、その存在を証明する史料は見つかっていないが、社寺に残存する渋谷氏に関する伝承や史跡は中世渋谷の社寺に関する手がかりになると思われる。」と記されており、中世までに創建された神社として、千駄ヶ谷（鳩森）や金王、代々木の各八幡、渋谷及び幡ヶ谷の氷川神社が挙げられている（これらの各神社に関しては後述する）。つまり、中世の社寺に関する直接的史料は見出されていない。

前掲『新修渋谷区史』中巻が記す如く、渋谷区地域には、「天正一九年朱印を下附されたような大社寺は存在しなかった」のであるが、「徳川氏入国以前」からの古社は鎮座していた。つまり、後に江戸幕府を開く徳川家康は、関東に入った翌年の天正一九（一五九一）年、中世以来、江戸近在に勢力を持つ社寺に対し、朱印状を以て新たに所領を寄進したが、渋谷においては、そこまでの大社はなかったものの、それ以前からの古社は存在していたということである。

同書は、「渋谷地域に、金王丸の伝えをもつ金王八幡宮（渋谷八幡社）があり、近くに氷川神社（渋谷氷川社）があった。また、千駄ヶ谷には千駄ヶ谷八幡宮（鳩森八幡社）、代々木には代々木八幡宮があり、幡ヶ谷には氷川神社（幡ヶ谷氷川社）があり、また原宿には熊野神社（青山熊野社）があった。これらは、いずれも、それぞれの村の鎮守として村民の日常生活と関係の深いものであったが、このうち渋谷・千駄ヶ谷・代々木に八幡宮があって古く源氏の活躍と関係して伝えられていることや、渋谷・幡ヶ谷に氷川神社があることは、東国の土着信仰と関連があるものと思われる。ただ青山原宿の熊野神社は多少趣きを異にして、はじめ紀州徳川家の庭内鎮座であったものを、村民の願いによって在方の鎮守として移したことにおこるという。紀州熊野は中世東国に信仰のあった神でもあるが、この場合は紀州の領主徳川家の屋敷鎮守の神が、民衆の信仰と結びついた例とすることができると思う。」と渋谷区の古社の性格をまとめている。さらに同書は、「このほかに注意すべきは稲荷信仰」と記し、渋谷の北谷《きたや》稲荷、千代田稲荷、田中稲荷、代々木の堀出稲荷をはじめ、稲荷の小祠も多く、当該地域も「武蔵野の民衆信仰の一環として存在したこと」を指摘し、それ以外にも中世末創立を伝える渋谷宮益坂の御嶽神社、近世初期成立という千駄ヶ谷の神明社、江戸初期には存在していた穏田《おんでん》の鎮守としての村持ちの第六天社や浅野家下屋敷にあった熊野神社を挙げ、渋谷区内の神社を概観している。つまり、渋谷区内の古社は、八幡、氷川、稲荷、熊野、神明、第六天、御嶽などの信仰を基盤にしていたといえる。

3　江戸時代における渋谷地域の分村と村の鎮守

根岸茂夫は、江戸幕府によって慶安二、三（一六四九、五〇）年頃に編纂された郷帳（村高と領主を調査した徴租台帳）とされる『武蔵田園簿』などの記述を踏まえ、「江戸の近郊である渋谷の特徴は、農村でありながら武家地が出来てくるようになったこと」として、「徳川氏の関東入国とともに、青山と内藤新宿を結ぶ穏田村・原宿村は、伊賀者の大縄知行となった。大縄知行とは、小禄の家臣に一人ずつではなく数十名の組全体として知行地を与える方法である。伊賀者は忍者として著名であるが、初期の徳川氏は甲賀者・根来者などと同様に彼らを鉄砲隊として編成していた。そのほか渋谷・代々木・幡ヶ谷・千駄ヶ谷などは、徳川氏の蔵入地およびのちに旗本となる家臣の知行地となっていた。」と述べている（「谷間の村と町の風景」、前掲『渋谷学叢書2　歴史のなかの渋谷』所収）。『武蔵田園簿』豊島郡のうち、現渋谷区該当箇所は、「渋谷村」（高六八八石六斗、内　田方＝四五三石四斗四升五合、畑方＝二三五石一斗五升五合）、「伊賀衆知行　隠（穏）田村」（高九三石七斗五升、内　田方＝二三石八斗七升四合、畑方＝六九石八斗七升六合）、「伊賀衆知行　原宿村」（高二六二石一斗六升四合　内　田方＝一一〇石六斗四合、畑方＝一五一石五斗六升）、「神谷又五郎知行　畑（幡）ヶ谷村」（高一〇〇石　内　田方＝六二石五斗一升四合七勺、畑方＝三七石四斗八升五合三勺）、「柴山九右衛門後室知行　代々木村」（高二〇〇石　内　田方＝一五八石一斗二升、畑方＝四一石八斗八升）、「千駄萱（ヶ谷）村」（高四〇四石四斗一升三合　内　田方＝一八五石三斗二升四合、畑方＝二一九石八升九合）となっている。つまり当時、穏田・原宿両村の地域が伊賀者の大縄給地、代々木村が旗本領のみ（後に天領）であるほかは、渋谷村が旗本領八給、寺領（清昌寺）一給、天領（伊奈半十郎代官）一給であったように、いずれも入組分給であった（『新修渋谷区史』上巻、東京都渋谷区、昭和四一年）。そして、田方と畑方の石高からもうかがえるように、渋谷川が流れる谷間に位置する「谷戸のむら」の典型である渋谷地域は、湿地のため水田耕作はし易いものの生産力は低かったことから、台地における畑の開発が必要不可欠であった。

渋谷村は、寛文から延宝の初め頃（西暦一七世紀後半）までに、渋谷川に沿う低地を中心に北から上渋谷村・中渋谷村・下渋谷村と分村し（前掲『新修渋谷区史』上巻）、また、下渋谷村の名主野崎家の文書に拠れば、元禄八（一六九五）年の検地によって、下渋谷村の「無民家」「無高」の「野米・野銭場」であった土地（畑のみの新田）が下豊沢村とされた（野崎家文書『極秘録』天明八年、『渋谷区史料集　第三　―諸家文書―』渋谷区、昭和五七年）。このように渋谷各村の新田であった所が上中下の豊沢村としてそれぞれ分村してゆく（『新編武蔵風土記稿』）。この「元禄検地」に伴う措置は、幕府による広範な小経営農民の自立政策・年貢増収策の一環と見られる動きであった。

注目すべきは、元禄検地と分村により、「親村」たる渋谷三村と新村の豊沢三村の間は、飛地などもでき、互いに相当複雑に入り組んだ状態となってしまったため、「氷川の社地・寺地共」、即ち元来下渋谷の「氏神」であった氷川神社の社地や別当の宝泉寺の寺地も「新田」の下豊沢村に入ってしまい（境内地の私領分のみ従前通り下渋谷村）、逆に「古田」の村である下渋谷村には「鎮守の社地」が無くなってしまったということである（前掲『新修渋谷区史』上巻）。下渋谷村名主の野崎善右衛門は、「斯るは外々共違ひ中渋谷・下渋谷は親村にて鎮守の社地も無之、剰へ新田の氏神を鎮守と所レ仰、心有人ハ可歎にあらすや、何国にても一村に一寺一社は可被仰付御対法なるに、古田の村ニ氏神の社地もなきといふは誠に村郷の運尽たるか、国に比しては朝鮮・琉球の両国、異国より日本へ随ふかことし」云々と述べた上で、さらに「氏神は其郷村の宗廟なり、其宗廟の欠ケたるヲ悔ミ、又順逆の道理も歎くべし」と口惜しさを率直に書き残しているが、この検地と分村は、人々の拠り所である村の「鎮守」（氏神・産土神）意識をも劇的に変えてしまった（前掲『新修渋谷区史』上巻、前掲『極秘録』）。

4　江戸時代における渋谷地域の社寺領

渋谷において畑の開発が進んでいった頃、当該地域が江戸府内と近郊農村との接点に当たることから、江戸の拡大・発展に伴い、次第に郊外たるこの地域の台地部各所に大名・旗本などの武家屋敷（その多くは下屋敷）が進出し、大きなウエイトを占めるようになって来る（前掲『図説渋谷区史』、前掲根岸茂夫「谷間の村と町の風景」、吉岡孝「藩邸からみた渋谷」、前掲『渋谷学叢書2　歴史のなかの渋谷』所収）。かかる武家屋敷と近隣農家とが関係し合うことも多かった。それらの屋敷地の多くは幕府からの拝領地であったが、それが手狭になると、新たに抱屋敷・抱地（百姓から購入した屋敷地や土地）が加わるようになる。また、抱地購入は、江戸市中から郊外たる渋谷に移転して来た寺院や町人も行っていた。

また、渋谷区地域は、その多くが寛永以降、寛文から元禄頃（西暦一七世紀半ばから後半）にかけて成立した、小規模な社寺領（通常、日本近世史では、江戸時代における寺院の影響力に鑑み、「寺社領」と記すが、神社の検討を主とする本章ではあえて「社寺領」と記す）が多く散在するところであり、それらはいずれも江戸市中の社寺であった。

渋谷には、天正一九（一五九一）年寄進の朱印地は全く無かったが、そこまで有力社寺とは捉えられていなかった社寺領の初めての寄進がこの地に割り当てられたものとして、①霊山寺領（慶長一一〔一六〇六〕年、千駄ヶ谷村五〇石）、

②西福寺領（元和四〔一六一八〕年、千駄ヶ谷村一〇〇石）、③無量院領（正徳元〔一七一一〕年、代々木村二〇石）、④赤坂氷川社（享保一四〔一七二九〕年、代々木村二〇〇石）があった（前掲『新修渋谷区史』上巻）。

ただ次第に、元は他に与えられた所領が何らかの理由によって改められ、替地としてこの地域に当てられた社寺領は、比較的大きな社寺が多く、それらは、①吉祥寺領（元和五〔一六一九〕年、千駄ヶ谷村五〇石）、②青松寺領（寛永一三〔一六三六〕年、渋谷村二三石）、③根生院領（寛文三〔一六六三〕年、渋谷村一〇〇石、加増―元禄六〔一六九三〕年、代々木村八〇石、千駄ヶ谷村二〇石）、④天徳寺領（貞享二〔一六八五〕年、渋谷村三石九斗）、⑤山王社領（寛文五〔一六六五〕年、代々木村一〇〇石）、⑥芝神明社領（寛文五〔一六六五〕年、代々木村一五石）であった（前掲『新修渋谷区史』上巻）。とりわけ吉祥寺・青松寺・山王社・芝神明社は、天正一九年一一月の朱印状によって寄進を受けた大きな社寺で、その朱印地が当該地域に替地となったものである。特に赤坂山王社領は江戸城内から麻布郷を経て、さらに芝神明社は比々谷郷から麻布郷を経て、両者とも代々木村に至っているように、もともと江戸市中や渋谷近隣地域に朱印地を受けていたものが、江戸市中の発展に伴い、次第に押し出されるように郊外に移されて来たものであった。

5　東京の社寺における神仏判然（分離）と渋谷での状況

江戸時代における神社或いは神事の担い手、即ち神社の奉仕者・管理者は、現在のような「神職」（神主）のみではなく、社僧・別当・供僧、修験などが深く係わっていた。むしろ、「寺社」と呼ばれることが一般的になっていたほど、幕府の「寺檀制度（寺請制度）」を背景にした寺院が圧倒的に強い勢力を誇っていた江戸時代においては、各地域や各神社の事情によって多種多様な在り方があったとはいえ、全国的に「神仏習合」状態で覆われ、仏教者や寺院勢力による「カミを祀る空間」（神社）の掌握、言い換えるなら僧侶（寺僧であれ社僧であれ）が神職層を支配する〈支配―被支配〉関係が極めて広範に存在し、寺院が神社「持」となる場合も多かった。無論、渋谷の神社もその例に漏れない。ただ、誤解のないように言っておくが、江戸時代における「神仏習合」の殆どのケースは、決して神社も寺院も区別の付かない状態ではなく、仏教者の関与や境内に仏教的施設があったとしても、あくまでも寺院とは区別された「カミを祀る空間」＝「神社」（無論、その呼び名が「〇〇神社」などと統一されてはいないが）であると認識されていた。それは、渋谷地域の社寺も数多く紹介されている『新編武蔵風土記稿』や『江戸名所図会』、『御府内寺社備考』などを見れば一目瞭然である。

かかる「神仏習合」状態は、すでに江戸期から胎動し部分的には表出されていた地域社会における「神仏分離」の実態や排仏論の高まりを背景として、維新政府により「神仏判然（分離）」が断行されたことで大きく変貌した（阪本是丸『近世・近代神道論考』弘文堂、平成一九年）。しかしながら、維新政府が推進したのは決して「廃仏毀釈政策」ではなく、あくまでも「神仏判然政策」であって、過激な「廃仏毀釈」にその真意があった訳ではない（政府は過激な廃仏毀釈行為を戒めてさえいる）。確かに政府の意図に反し、それまで虐げられてきた神主層をはじめ、国学や儒学の素養を持つ地方官や地域社会の指導者らが神仏判然令に乗じて行った「廃仏毀釈」の事例もあったことは事実だが、寺院や仏像・仏具の激しい破壊が行われた場合もあれば、穏便に神仏判然（分離）が遂行された例も多く、その実態は一様では無い。

この仏教的なモノ（仏教的建造物や仏像など）とは明確に区別された近代的な「カミを祀る空間」＝「神社」を析出しようとする試みの結果、様々な問題（社僧と神職の軋轢、「廃仏毀釈」といわれる仏教施設などの破壊）は生じたものの、一方では「神社」の奉仕者＝「神職」という存在が確立してゆき、他方では「寺院」の奉仕者としての「僧侶」も「肉食妻帯」などの世俗化を果たしつつ近世とは異なる存在として再編されることによって、神社と寺院、或いは両所の奉仕者は厳然と峻別され、少なくとも形式的には「対等」な均衡する存在となったのである（藤田大誠「神仏分離後の神社と神官・神職」、『神道宗教』第二二八号、平成二四年）。良くも悪くも最早引き返せない状況を生み出し、事の当否や善悪を超えた事実として受け止めざるを得ないこの措置により、聊か逆説的ではあるが、神社界と仏教界、神職と僧侶の社会的「共存」といふ営みが初めて可能となる基盤が作られたということもできる。

ここでは詳述しないが、試みに東京における神仏分離の著名な事例を基本史料である『新編明治維新神仏分離史料』第三巻・関東編(二)(名著出版、昭和五八年)を繙いても、意外なことに同史料集を以て現在一般に流布されたといっても過言ではない「神仏分離＝廃仏毀釈」イメージ、即ち仏教側からの視点のみに基づく「法難」史観とは若干かけ離れた観を受ける。同書に掲載されている東京の社寺における著名な事例(浅草寺、寛永寺、富岡八幡宮、市谷八幡神社、穴八幡神社、武蔵御嶽神社、大国魂神社、谷保天満宮など)を見ても、江戸時代の神社における奉仕形態の多様さがうかがえるとともに、その神仏判然の帰結にしても一様でなかったことが知られる。注目すべきは、基本的に「神仏分離＝廃仏毀釈」観、「法難」史観に基づく『明治維新神仏分離史料』における記述でさえ、一般的「廃仏毀釈」イメージにあるような神主・国学者たち外部勢力による暴力的かつ一方的な激しい破壊活動や、神主と社僧との軋轢というケースが主流だったのではなく、その事例の大部分における仏像や仏的施設の処分は、他ならぬ元社僧・供僧(復飾して神官となった者)自身によるものであったし、境内にあった仏的施設はともかく(これは寺院における神社破却も同様)、仏像・仏具に関しては勿論焼き捨てられ、散逸したものも多いが、案外他所に移されて保存されているケースもあるということである。これら東京における比較的穏便な帰結を辿った事例(隣接する神奈川県の諸事例も殆ど似たようなもの)からは、巷間に流布する「神仏分離＝廃仏毀釈」観、「法難」史観は一般化できないのではないか、という疑念を抱かせる。つまり、現状の研究段階においては、未だ断言できるほどにまで至っていないものの、今後は通説的見解を墨守するのではなく、我々が「廃仏毀釈」の典型として把握してきた過激な破壊的事例こそが、実は一部の「異例」だったのではないか、という可能性も大いに考慮に入れるべきである。また、一見無節操に見える社僧・供僧の復飾、神官への転身についても、単に「お上」の政策に唯唯諾諾と従ったとするのは、ごく一面を語っているに過ぎないのではなかろうか。それはやはり、彼らの奉仕や信仰が、あくまでも「寺院」ではなく「神社」の祭神(仮令その御神体が仏像であり、仏教色の強い社名にされていたとしても）に対するものであり、その奉仕形態は必ずしも「仏式」に拘わるものでは無かったともいえるのではなかろうか。

なお、渋谷地域には別当寺を持っていた神社も少なくなく、また、神仏習合時代の別当の様子なども、例えば千駄ヶ谷八幡の別当瑞円寺が、正月元旦に用僧六人を従え、八幡宮にて礼拝の喝を唱えてから大般若経を修行し、「一唱一拝、都合三拝」を終えた後、起立して一六善神の神号を唱えて「一唱一拝」するという記録（矢島輝『千駄ヶ谷の歴史』鳩森八幡神社、昭和六〇年）などが残っているにも拘らず、その神仏判然については、渋谷に係わる町誌や区史、郷土史などを繙いても、或いは公文書等に当たってみても良く分からず、残念ながら現段階ではその詳細が知られない。

ただ、前掲『新修渋谷区史』中巻には、「明治元（一八六八）年三月一三日、この度王政復古、神武創業の始に基き、祭政一致の制度を回復せられるについて、まず第一に神祇官を再興せられる旨を布告せられ、閏四月にはその再興が実現した。また同年三月には、神仏分離の命令を発し、神社内の仏教的要素と、寺院内の神社的要素はことごとく取り除かれ、神仏混淆は一挙にして否定され、渋谷区地域においても、『文政寺社書上』などの江戸時代の史料と現状とを比較すれば、その変動のあったことを察知することができる。その勢いの赴くところ、地方によっては猛烈な廃仏毀釈の運動が起ったが、東京附近では割合平穏に終ったようである。」と記されている。この見解は概ね外れていないであろう。なぜなら、渋谷区地域には、後年に伝えられることの多い、激しい「廃仏毀釈」に係わる逸話も残されていないため、基本的には比較的穏便な神仏判然がなされたものであろうと推測されるのである。実際、神仏判然以降、渋谷御嶽権現の別当学宝院（当山派修験）や原宿熊野権現の別当浄性院（新義真言宗）は廃寺となったものの、金王八幡の別当東福寺（天台宗）、渋谷氷川神社の別当宝泉寺（天台宗）、代々木八幡の別当福泉寺（天台宗）、穏田第六天社（明治一八年に妙円寺を開山した日光により建立された穏田熊野神社を合祀）の別当妙円寺（日蓮宗）、千駄ヶ谷八幡の別当瑞円寺（曹洞宗）、幡ヶ谷氷川神社の別当荘厳寺（新義真言宗）は、神社から分離したものの、その多くは存続している。因みに明治期における神社の書き上げから、別当のうち復飾して神官となったケースと断定できるのは、渋谷氷川神社別当宝泉寺、熊野神社別当浄性院である（東京都公文書館所蔵『明治十三年　事比羅組合明細帳　甲　その一　社寺掛』）。

6　江戸後期における「神職」集団の渋谷豊沢町移転

天保一三（一八四二）年六月二六日、江戸幕府は、老中の水野忠邦が主導する「天保の改革」における風俗取締の一環として、出家・社人・神職・山伏・修験・陰陽師・普化僧・尼僧・行人・願人・神事舞太夫などの「宗教者」における宗教活動やその生活について網羅的に取り締まる触れを出した（南和男『幕末江戸社会の研究』吉川弘文館、昭和五三年、林淳『近世陰陽道の研究』吉川弘文館、平成一七年）。この触れのなかで特に重要なのは、「出家・社人・山伏・修験・神職之類」は町住居、即ち市中に雑居することを禁止し、早々に本寺・本社、または同宗・同派の寺社内に引き取らせるべしとしたことである。ここで出てくる「社人」や「神職」（神道者）は、幕府公認の除地（免税地）を持つ大規模な専属奉仕神社に奉仕し主体となって神社の管理・運営に係わる「神主」よりもかなり不安定な存在で、「社人」は専属神社を持つものの「神主」クラスに従属し補助的役割を担う者や主体的な神社奉仕をしていても町鎮守の小社などの専属である者、「神職」（神道者、神祇職）は専属神社を持たないが都市で祈禱者的に檀家を持ち、零細稼業として神祇に奉仕する者である（井上智勝「神道者」、高埜利彦編『シリーズ近世の身分的周縁2　民間に生きる宗教者』吉川弘文館、平成一二年）。ただ、かかる不安定な「社人」や「神職」（神道者、神祇職）の多くは、幕府からの一定の認知を得るため、「神主」と同様に神祇道家の吉田家や白川家を「本所」（家元・本山的存在）として入門し、その配下に属さざるを得なかった。

それ故、特に奉仕する社も無い店借りの「神職」は、基本的には町方人別とされており、市中追放を命じられても、実質的には「本社」内に引き取ってもらうことなど困難であったために効力は薄く、修験の本山である聖護院、三宝院からも修験の市中追放を猶予するように要請があった。そこで幕府は代替地を下げ渡してそこに彼らを移転させることとした。天保一三年一一月二四日に寺社奉行の松平忠優は、吉田殿家司・鈴鹿豊後守や白川殿関東執役・南大路左兵衛など各触頭・執役を出頭させ、「御府内場末におゐて拝借地」を与え、年内に移住するように命じ、一二月一五日には水野忠邦が、寺社奉行に対して、①浅草書替所脇御薬園、②浅草測量所脇御薬園、③渋谷豊沢村内藤銀一郎上地、④雑司ヶ谷感応寺跡地の四箇所を示し、諸宗教者の振り分けを命じた（『寺社奉行書留』、『東京都神社史料』第五輯、東京都神社庁、昭和四三年）。翌一四年正月から三月にかけて、寺社奉行は四回に亙り拝借地割合仕訳書を提出した。林淳が指摘するように、徐々に坪数や手当金などの増加が見られ、神職・修験に対する対応が規制的なものから次第に保護的な性格のものになっていったことが分かるが、それは、江戸市中における神職・修験と町方の名主や家主との関係を断ち、寺社奉行―触頭・執役―神職・修験という一元的支配関係を再構築することが目的であった（前掲林淳『近世陰陽道の研究』）。また、この神職・修験の市中退去・代替地への強制移転は、南和男のいうように、宗教活動の規制というよりは、不安定な「神職」層を除地（拝領地）である「神職・修験屋敷」に住まわせ、安定した「本所」を介し、不確定な身分を固定化するという、幕府による「身分片付」に他ならなかった（前掲南和男『幕末江戸社会の研究』、前掲井上智勝「神道者」）。

結局、神職・修験は同年七月を限って市中から引き払うこととなったが、手当として一人二十両が渡され、拝領地のうち、利便性が高い浅草の二所は一人当たりの坪数は八坪で狭く、「場末」に当たる雑司ヶ谷と渋谷豊沢村は一人当たり二五坪の広さであり、とりわけ、「広尾原」と称される渋谷豊沢村の一画には、中央南北に新道が設けられ、東側は「本山修験梅之院実応院拝領地」、西側は「吉田家関東執役之者幷右神職拝領地」とされ、それぞれ本山修験五一人、吉田家神職三六人が配置された（『寺社奉行書留』、前掲『新修渋谷区史』上巻）。

渋谷羽沢の石経山房に住んでいた儒者の松崎慊堂《こうどう》は、天保一四年八月一二日に、「夜、試歩して往きて広尾原の巫祝山伏輩の新居を観る。」（『慊堂日暦』）と記している。また、神職の強制移転後、寺社奉行は、触書を吉田・白川両家の執役に渡し、「新規下され地」の移転神職と同様、触頭の江戸神主（一四社）における吉田家門下の者に通達することとし、伺書・願書についても吉田家を経由すべきとしたが、あたかも移転神職らと同じ「触下」にも見えるこの扱いに、「古跡」かつ幕府直支配の社格という意識の強い触頭の江戸神主たちが不満を募らせ、改めて奉行所直達にして欲しいという要求を寺社奉行に飲ませている（『東京都神社庁史　前編』東京都神社庁、昭和五六年）。これらによって、当時の知識人や「神主」に「神職」（神道者、神祇職）がどのように見られていたかが良く分かるであろう。

なお、嘉永元（一八四八）年頃、渋谷豊沢村に移住した「広尾修験」は、五番組氏子の鈴木町の愛敬稲荷祠などの神事を依頼され、その祭祀に関与していたという（前掲南和男『幕末江戸社会の研究』）。

明治元年（一八六八）四月一一日、維新政府は江戸城を納め、五月一九日には江戸城に江戸鎮台を置いて駿河以東一三ヶ国を管轄せしめた。七月一七日には江戸御親臨の詔勅が発せられ、「海内一家東西同視」する故、「自今江戸ヲ称シテ東京」とし、さらに同日、鎮台を廃して鎮将府が置かれた。同年八月十日、社寺裁判所（寺社奉行所―寺社裁判所の後を受けて設置）より、品川神社神主小泉帯刀、神田明神主芝崎美作・大鳥居信教、日枝神社神主樹下内膳、芝神明神主大野主殿・西東修理・小泉大内蔵、小石川白山神社神主中井伊織、外桜田烏森稲荷神主山田左衛門、浅草鳥越明神神主鏑木求馬、橋場神明神主鈴木下総という東京府下神主一一人へ「最寄布告頭」（東京府内諸神社布告廻達頭）が仰せ付けられ、それぞれ持場書が渡された（品川神社所蔵『御新政後記録』、前掲『東京都神社史料』第五輯所収）。そのうち、品川神社神主小泉帯刀（勝麻呂）の廻達持場のなかに「渋谷豊沢村住居神職」三〇人（西側（吉田家神職）＝一六人、東側（修験）＝一四人）も入っていた。『御新政後記録』によって布告の伝達状況をうかがうと、渋谷豊沢村神職は、東西各二人の月番を置いていたことが分かる。また同月、小泉は鎮将府に「上渋谷千代田稲荷社守七五郎同所恩《穏》田第六天幷熊野社守清兵衛両人之義ハ百姓身分ニ而神社預り居候義ニ御座候、右等取斗奉伺候」などを伺い出ている。

さらに小泉は、すでに「神仏判然令」直後の同年四月、白川家に対し、別当・社僧の復飾のため、村の鎮守には新たな担い手が必要であるが、江戸近在にいる「神職」は諸社の神楽や竈神祭祀などで糊口を凌いでいる者が多く、なかには「乞盗」や「巫覡」の類もいるので、これらを取り調べの上、望みに任せて私の支配下にしてもらえれば、五、六ヶ村に一人ずつ村社に預け、村々の氏子の助成にもなるだろうし、また各郡の然るべき神主に同様に仰せ付けられれば、仏像などの廃棄（神仏判然）も速やかに進むだろうと進言していた（『御新政後記録』）。この背景には、吉田・白川など諸家による執奏の廃止を受け、その配下である「神職」の活動の裏付けが失われたことがあり、そこに目を付けた小泉帯刀が、新たな「カミを祀る空間」としての「神社」の担い手として彼らを位置付けられないか、と考えたのである（遠藤潤「「神道」からみた近世と近代」、『岩波講座宗教3　宗教史の可能性』岩波書店、平成一六年、所収）。小泉はさらに同年八月、鎮将府により詳細な提言を行った（『御新政後記録』）。それに拠れば、「渋谷豊沢村住居神職三十人」は、別段「持社」も無く、武家や市中に「祈禱檀家」を持ち、神楽や竈神祭、正月・五月・九月の祈禱配札などで何とか生計を立ててきたが、近頃はこれらの「職業之道」も絶え、戸数も減って殆ど「飢寒」が迫っている様子であり、これまで商売も弁えず、他に「伎芸」も無い者たちなので、最早家を離れて路頭に立つしか手段が無くなっている。そこで、今般「死穢」に預かる仏寺寺院が神社を兼帯することはできなくなったが、近在の一村限りの鎮守のためには助成も社人も無く、政府の趣意も行われ難いことから、「右等之社広尾神職共壱人ニ弐三ヶ村ツヽ兼帯守護被　仰付候ハヽ、必糊口之一助とも可相成」というのである。

しかしながら、これ以後、渋谷豊沢村居住の「神職」、即ち「広尾神職」が、「近代神社神職」や「教派神道教師」へと転身できたのかどうかなど、彼らが近代においてどのような経緯を辿ったのかは現段階では不明であり、今後の課題とせざるを得ない（渋谷学シンポジウム「結節点としての渋谷―江戸から東京へ―」、平成二四年二月二五日、於國學院大學、松本久史「近世後期における江戸「神祇職」の集団移転―越境する宗教者と渋谷―」）。

7　明治初年における近代神社制度と神社神職の再編

明治天皇は、明治元（一八六八）年九月二〇日に京都御出発、九月二七日に熱田神宮神拝、一〇月一三日東京着御、江戸城西丸に入られた。翌一三日には江戸城を「東京城」と改称し、一七日には「氷川神社親祭の詔」が出され、武蔵国一宮の大宮氷川神社を勅祭社とし、一〇月二八日に同社親拝が行われた。一一月八日には、日枝神社・神田神社・根津神社・芝神明宮・亀井戸天神・駒込白山神社・品川神社・富岡八幡宮・赤坂氷川神社・王子神社・府中六所神社・鷲宮大明神の一二社を准勅祭社（神祇官直轄、官幣使発遣）に決定した（国立公文書館所蔵『太政類典』第一編・慶応三年～明治四年・第一二五巻・教法・神社四「東京府内外十二社勅祭ニ准シ神祇官直轄」）。同月十日、府中の六所（大国魂）神社と武州埼玉郡の鷲宮神社以外の「東京府内大社」一〇社は廻達頭を免ぜられ、一〇社配下のものは鳥越社鏑木求馬、橋場社鈴木下総、烏森社山田左衛門、麻布竹長稲荷社永羽右衛門、愛宕社岩田采女に触頭を委任することとなった（『御新政後記録』）。但し、明治三年四月には東京府が、一二社の祭祀面については神祇官管轄、他の民政面については東京府管轄とするように上申すると弁官もこれも認め、さらに九月二八日には祭祀も含めて全て東京府・品川県・小菅県・浦和県管轄とされたため、准勅祭の制度は消滅する（国立公文書館所蔵『公文録』明治三年・第八巻・庚午九月・神祇官伺「府下十二社准勅祭ノ称号廃止府県管轄被仰付度伺」、阪本是丸『国家神道形成過程の研究』岩波書店、平成六年）。

明治四年一月五日、「社寺領上知令」が太政官布告第四として公布された。これによって、「現有境内地」を除く全ての社寺領（従来の朱印地、黒印地、除地などの田畑、山林、荒蕪地、宅地等）を収公させて幕府・諸藩により設定されていた免税特権を解除し、近世において享受されていた神社の経済的基盤の大部分が剥奪されることとなり、大きな支障を齎した。政府は、この反対給付（補償措置）として、旧社寺領の現収納高の五分を給与する「半租給与」を行ったが、同七年には、社寺に対する半租給与廃止と十年間に限った逓減禄支給の導入を条件として、官国幣社経費の国庫支出がなされることになる。地租改正による全国の土地・租税改革の一環としての上地事業とも捉えられる「社寺領上地」の政策は、現在とほぼ同様の、社殿・堂宇等を囲む一定の空間・敷地や祭典・法要等の執行、並びに公衆の参拝のために必要な参道や広場が、社寺の「境内」概念であると法的に規定される端緒でもあった。

そして、明治四年五月一四日、政府は太政官布告第二三四において、「神社ノ儀ハ国家ノ宗祀ニテ一人一家ノ私有スヘキニ非サル」ことを宣言し、特定社家の世襲による神社の「私有」は弊害が多いとして、「伊勢両宮世襲ノ神官ヲ始メ天下大小ノ神官社家ニ至ル迄精撰補任可致旨」が布告された。要するに、全神社の「国家的公共性」の確認と、「祭政一致ノ御政体ニ相悖」らないようにするために「神官は神社を私有してはならない」として、世襲社家の一斉リストラ（精撰補任）を断行したことを意味する（但し、近代神社制度の基礎づけたフレーズ「神社ハ国家ノ宗祀」の語は、実際には神社世襲廃止の修飾の域を出ないものであった）。また、同日公布の太政官布告第二三五「官社以下定額・神官職制等規則」では、社格を官社（官国幣大中小社）と諸社（府社、「藩社」、県社、郷社）に分け、官社として九七社を列格した。『延喜式』を基準とした官社には、神祇官が祭る「官幣社」、地方官が祭る「国幣社」があり、それぞれ神祇官の所管とされた。一方、府県社は、府県が崇敬する神社とされた。郷社は郷村の産土神社（一戸籍区に一社）とされ、同五年から六年にかけて列格された。さらに同四年七月四日の「郷社定則」で「郷社ノ附属」として村社が設けられ、郷社の下位に置かれた。なお、村社に至らない神社は、所謂「無格社」とされた。さらに同布告では、官国幣社以下の「神官職制」も定められ、従来の叙爵を廃し、神官は全て「地方貫属支配」として本籍は士族・平民適宜を以て編籍されることとなった。職階としては、伊勢の神宮に祭主、大・少宮司、禰宜、権禰宜、主典、権主典、宮掌、官国幣社に大・少宮司、宮司、権宮司、禰宜、権禰宜、主典、府（藩）県社・郷社以下に祠官、祠掌という「神官」が置かれた。

同四年八月八日、神祇官が「神祇省」に改組されると、同年八月一九日には、民部省廃止により大蔵省戸籍寮に社寺課が置かれ、神祇省直轄外の社寺及び神官・僧尼に関する事項を管掌することとなった。なお、同年一一月には東京府神官の触頭が廃止され、諸布告・願伺などは全て戸長の管轄で取扱うこととなった（高田・穴八幡神社所蔵『慶応四辰年

正月より　御用留　光松山』、前掲『東京都神社史料』第五輯所収）。同五年における東京の神社数は、府社三、郷社二三、村社一二〇、村社外二六一、氏子無き社四七九の計八八六社であったが、同六年一月には、それまで郷社二五社に村社一二五社を附属せしめていたものを、伝達の簡素化を図って、芝大神宮・日枝神社・神田神社の三府社が地区ごとの郷社を管轄せしめ、布達・上申を行うことに改められ、同年二月には、社寺取扱より、府郷社の中から一両人宛順番に出頭して達などを承知すべしと達せられた（『東京都神社庁史　前編』）。

同五年二月二五日には、神官官等が改定されるとともに、官社以下府県社郷社神官給禄の定額が定められ、官国幣社や府県社と違い、郷村社は「民費」（地方税）を以て課出されることとなった。しかし、早くも同六年二月二二日には、郷村社の祠官、祠掌に対する給料の民費課出が廃止され、七月三一日には府県社神官の月給支給も停止となり、「郷村社同様人民ノ信仰帰依ニ任セ」給与すべきこととなる。要するに以後、府県社以下神社は、寺院と同様の「人民ノ信仰帰依」による「共有物」として、その祭祀は「民祭」へと変化し、公的支援を行わないという原則が確立する。ただ、これによって地域社会における神社の「公共性」が失われた訳ではなく、「神社の私有」が認められた訳でも無かった。これより先の同年七月七日、府県郷村社神官に対して発された教部省達「神官奉務規則」においては、祭祀、祈禱、教導職兼務、「教義」としての三条教則の遵奉、社殿や境内の修繕、社蔵の宝物・什器・古文書類の監護、葬祭などの神官奉務について規定された如く、「神仏分離」以降、神官自身の私的財産とは明確に区別し、近代的「法人」格を形成してゆく神社やそれに附属する建造物・宝物などを神社の財産として保全する観念、即ち〈文化財〉保護の前段階にある「古社寺保存」という観念の萌芽も見える。しかし明治一二年一一月一一日の太政官達では、府県社以下の祠官、祠掌の等級を廃し、「身分取扱ハ一寺住職ト同様タルヘシ」とされた（前掲藤田大誠「神仏分離後の神社と神官・神職」）。

東京府では、明治一二年頃までに各神社組合が結成された。新田神社（荏原郡矢口）組合、深川八幡神社組合、事比羅神社（豊島郡琴平町）組合、神田神社（神田区宮本町）組合、上野東照宮（豊島郡上野）組合、日枝神社（赤坂）組合、亀戸神社（亀戸村）組合、芝大神宮組合、麻布氷川神社組合、赤城神社組合、市谷八幡神社組合、小石川白山神社組合、角筈村神社組合、蒲田村蒔田神社組合、下板橋氷川神社組合などがあったが、随時、組合換え（編成変更）や組合のなかでの細分化などがなされていた（前掲『東京都神社庁史　前編』、東京都公文書館企画展「公文書に見る近代の神社・寺院」、平成二四年）。一部の組合の構成について紹介した前掲『東京都神社庁史　前編』に拠れば、渋谷地域の神社は、渋谷氷川神社や原宿熊野神社、幡ヶ谷氷川神社が事比羅神社組合、千駄ヶ谷の八幡神社と天祖神社は日枝神社組合となっている。また、『明治十年　官幣社府社以下神官名簿』（東京都公文書館所蔵）では、千駄ヶ谷八幡は日枝神社組合、金王八幡は麻布本村氷川神社組合、代々木八幡は角筈村熊野神社組合、幡ヶ谷氷川神社・原宿熊野神社・渋谷氷川神社は事比羅神社組合となっている。さらに明治二四年九月調の『神官人名簿』には、南豊島郡千駄ヶ谷村が日枝神社組合、南豊島郡渋谷村・同郡代々幡村・同郡千駄ヶ谷村が事比羅神社組合となっていることから、各組合は、中心となる大社（府社）の所在するある一定の地域の範囲内に鎮座する郷村社を管轄しているが（『東京都神社庁史　前編』）、近世における大社とその地域との関係、或いは触頭と触下の関係なども反映されている可能性が考えられる（前掲『東京都神社庁史　前編』）。例えば、近世に日枝山王社社家小川家の分家は、同社社領であった千駄ヶ谷村の八幡社神主として相続している（『御府内寺社備考』、竹ノ内雅人「神社と神職集団―江戸における神職の諸相―」、吉田伸之編『身分的周縁と近世社会6　寺社をささえる人びと』吉川弘文館、平成一九年）。

なお、ここでは詳述する余裕は無いが、東京府では、明治二〇年代から神官（神職）団体が結ばれ、明治二一年に神官同盟、同二四年に東京府神官取締所、同三四年に東京府神職管理所、同三九年に東京府神職会、昭和一七（一九四二）年に大日本神祇会東京都支部と変遷した（前掲『東京都神社庁史　前編』）。

東京府神職会は、明治四〇年から機関誌『東京府神職会公報』を発刊し、昭和一二年には『東神』、同一九年には『大日本神祇会東京都支部公報』と改題して、同年十月の第二四五号まで刊行された。昭和七年には、前年に開校されていた東京神職養成所（虎の門金刀比羅宮社務所に設置）を東京府神職会に移管している。

そして、昭和九年九月には、北白川宮が御殿の一部（日本館菊の間）を東京府に御下賜になることが決まり、渋谷区金王町六一番地の郷社八幡神社（金王八幡宮）の境内附属所有地五〇〇坪に移築し、翌一〇年三月に竣功、「静修閣」と改称された。これに伴い、神職会館の建設が長年の懸案だった東京府神職会の事務所築造も府会の決定を得て実現し、同所は永久無償で貸与された上で青少年の日本精神修養道場（神職養成機関）として使用されたが、昭和二〇年五月の空襲により全焼した（『新修渋谷区史』下巻、東京都渋谷区、昭和四一年、前掲『東京都神社庁史　前編』）。

また、次第に各郡や東京市、各区にも神職会が創設されたが、渋谷地域が含まれる豊多摩郡では、明治四一年春に豊多摩郡神職会を創立した（『八郡一市神職団体聯合会　記念号』東京府下八郡一市神職団体聯合会、昭和六年）。同会は当初、歴代の郡長を推戴し、爾来毎月講師を招聘して例会を開いていたが、大正一五年七月に郡役所廃止のため、事務所を明治神宮社務所に移管して同神宮権宮司を会長に推戴した。昭和六年当時、会員は四三名を数えている。

大東亜戦争後には、東京府神職会―大日本神祇会東京都支部という神職団体を基盤として、昭和二一年三月六日に東京都神社庁が設立された（『東京都神社庁史　本編』東京都神社庁、平成九年）。事務所は、当初本郷の湯島神社社務所であったが、同年四月二〇日には明治神宮外苑聖徳記念絵画館構内、同二五年には明治神宮内苑宝物殿構内、同四三年には明治記念館の隣接地に建設された新庁舎（港区元赤坂）へと移転し、現在に至っている。

また、神職の全国組織の拠点も渋谷にあった。國學院大學の経営母体であった皇典講究所は、創立当初から神官試験や神官資格の認可に携わり、後には神職養成機関を設置していくことからも、神社界とは密接な関係にあった（皇典講究所・國學院大學は、大正一二〔一九二三〕年五月に飯田町から渋谷に移転。昭和五年四月三〇日、キャンパス内に神殿が竣功）。明治三一年創立の全国神職会（全国の神職が集った同業組合的な民間組織、大正一五年に財団法人化、昭和一六年に大日本神祇会と改称）の事務所も明治四三年から皇典講究所の一室を充てていたが、昭和七年五月、皇典講究所・國學院大學（若木町九番地）のすぐ傍「若木町十一番地」に鉄筋コンクリート造三階建の全国神職会館が竣功し、また、その三階に設けられた神殿の鎮座祭を執行して、天照皇大神をはじめ、天神地祇八百万神を奉斎した（『全国神職会沿革史要』全国神職会、昭和一〇年）。この会館は戦後も、昭和二一年二月三日に全国神社の包括団体として発足した「宗教法人神社本庁」（財団法人皇典講究所は、大日本神祇会や神宮奉斎会とともに発展的に解消して合流）の庁舎として使用され続けたが、昭和六二年における神社本庁庁舎の代々木移転（渋谷区代々木）に伴い、その役割を終えることとなった。

8　「青山墓地」（青山霊園）の成立と渋谷の神職

実は、近代最初の神葬祭専用墓地である「青山墓地」の成立に当たっても、渋谷地域や当地の神職は係わりが深い（国立公文書館所蔵『太政類典』第一編・慶応三年～明治四年・第一三五巻・教法・葬儀「東京府下ニ神葬地ヲ設ク」）。

まず明治二（一八六九）年三月、神祇官は「神祇官役員ハ勿論府下神官ノ者神葬祭取行候ニ付東京城郊外ニ於テ葬地給度既ニ神職ノ輩差支候趣モ有之趣承及候ニ付至急御沙汰給度存候也」と弁官宛に伺い出たところ、三月五日に弁官は、東京府と葬地選定の「談判」をするように指令した。さらに神祇官は同年七月に「華族百官」用の葬地の確保を願い、その地所は東京府、「神葬式」の取り調べは神祇官で行いたいと願い出た。そして、神祇官と東京府の間で葬地の折衝が行われるのだが、明治三年三月には、葬祭地について東京府よりの申し越しがあったため、神祇官は勅祭十社の神主並びに社家の全てについて軒数取り調べを命じ、同月二九日には品川神社神主小泉勝麻呂・白山神社神主中井観光・神明宮神主西東勝幸が東京府に出頭したところ、葬地引き渡しのために東京府の役人が同伴し実地検分の上で仮榜示杭を立てるに至った（『御新政後記録』）。その「東京十社神主葬地」の場所は「麻布広尾続中渋谷」で二、一一八坪、これに隣接する花房藩知事・大久保彦左衛門・長谷川源一郎の上地した場所が「華族百官神葬地」（物坪一四、九〇〇坪余）であった。

明治五年六月二八日には、自葬の禁止、葬儀執行は神官・僧侶に限ること（太政官布告第一九二）と神官は氏子らの依頼に応じて神葬祭を取り扱って良いこと（太政官布告第一九三）が布告された。同年九月四日には教部省が『葬祭略式』の制定なったことを達し（教導職による制定のための準官製的なものとして）、この一般において基準となる神葬祭次第書の公認により、漸く神葬祭普及の準備が整うこととなる。

同年七月九日、東京府は神祇省から所管を引き継いだ教部省に対し、先に設定された「青山百人町続足シ山」（現青山霊園立山墓地）と「渋谷羽根沢村」（現渋谷区立羽根沢公園）にある華族百官用の両神葬墓地を東京府移管として「一般神葬地」として取り設けたいと掛け合って、翌一〇日には了承を得た（前掲阪本是丸『国家神道形成過程の研究』）。そして東京府は七月一三日に次のような布達を出した（『太政類典』第二編・明治四年~明治一〇年・第二六八巻・教法二〇・「葬儀東京府下神葬地ヲ増ス」、田中濴『青山霊園』財団法人東京都公園協会、昭和五六年、前掲『新修渋谷区史』中巻）。

今般神葬祭被　仰出候ニ付テハ差向埋葬地無之候テハ差支可申ニ付宮方華族葬地御取設有之候青山百人町続足シ山幷渋谷羽根沢村両地所先以更ニ士民一般ノ葬地ニ相定且地所取締ノ儀ハ左ノ神職共へ申付置候條兼テ御布告ノ旨ヲ以神葬取行埋葬地ニ差支ノ向ハ自今右取締ノ者共へ一応引合埋葬致シ候儀不苦候事

但シ地所引合候上ハ相当ノ手数料差出可申事

麻布本村町	氷川神社神職
青山久保町	熊野神社神職
中渋谷村	金王八幡社神職
下豊沢村	氷川神社神職

このように、華族百官用から一般庶民用の神葬墓地へと移行が行われ、渋谷地域を中心とする近隣神社の神職たちに地所取り締りを命じることによって「青山墓地」（青山霊園）が成立するが、さらに同年一一月二八日には青山元郡上邸

跡（現在の青山霊園）、雑司ヶ谷元鷹部屋跡、上駒込村元建部邸跡、深川数矢町元三十三間堂跡の四ヶ所を増設している。

9　近現代における渋谷区内の神社と氏子範囲

國學院大學教授樋口清之・氷川神社宮司田村善次郎共編『渋谷の歴史―渋谷昔ばなし―』（渋谷氷川神社、昭和二九年）第一一章「渋谷の神社」には、「一一七、区内神社の概況」として、次のような記述がある（／は改行を示す）。

区内の神社はすべて一五社で、大正以後出来た明治神宮、東郷神社を除いて何れも古く、江戸時代から附近郷村の民衆の崇敬を集めたものであり、所の産土神としてその村その町の中心であり、精神的統合の中心でもあり、又郷土意識の象徴であつたものです。／中でも渋谷の氷川神社、代々木八幡神社、穏田神社、千駄ヶ谷八幡神社、幡ヶ谷氷川神社などは徳川氏入府以前からの古社と考えられます。新しく代々木八幡の氏子地内に鎮座した明治神宮、熊野神社氏子地内に鎮座した東郷神社と、それに古い神社では田中稲荷、伊藤稲荷、天津神社等には氏子町内はありません。その他の神社は皆夫々の所の氏神で、歴史と慣習によるその土地の鎮守の社として祭られて来ています。（…中略…）神社が国家の機関として内務省や地方庁の管下にあつた時の区内の神社は、官幣社一社、府社一社、郷社一社、村社七社、無格社五社でありましたが、終戦後社格が廃されて神社も宗教法人法によつて律せられてからは、神社本庁の所属となつて統轄されて居ります。（…後略…）

同書には、日本がGHQ／SCAP（連合国軍最高司令官総司令部）の占領から解き放たれ、独立恢復して間もない頃における渋谷区内の神社の状況が簡潔に記され、①八幡神社（俗称　金王八幡）、②氷川神社（俗称　渋谷氷川神社）、③八幡神社（俗称　代々木八幡）、④八幡神社（俗称　千駄ヶ谷八幡、鳩森八幡）、⑤氷川神社（俗称　幡ヶ谷氷川神社）、⑥熊野神社、⑦北谷稲荷神社、⑧穏田神社（俗称　第六天神）、⑨御嶽神社、⑩稲荷神社（俗称　田中稲荷）、⑪千代田稲荷神社、⑫天津神社（俗称　第六天）、⑬稲荷神社（俗称　伊藤稲荷）、⑭明治神宮、⑮東郷神社について説明している。

明治三二（一八九九）年における『豊多摩郡神社調』（東京都公文書館所蔵）に拠れば、渋谷地域の神社は、郷社の八幡神社（渋谷金王）、村社の八幡神社（代々木）、氷川神社（幡ヶ谷）、八幡神社（千駄ヶ谷鳩森）、熊野神社（原宿）、穏田神社（原宿）、氷川神社（渋谷）、無格社の稲荷神社（幡ヶ谷）、厳島神社（笹塚）、稲荷神社（代々木）、白山神社（代々木）、菅原神社（代々木）、天祖神社（代々木）、御嶽神社（宮益）、稲荷神社（北谷稲荷）、稲荷神社（千代田稲荷）、稲荷神社（田中稲荷）、稲荷神社（豊澤稲荷）、稲荷神社（伊藤稲荷）、天祖神社（伊勢山）、天津神社（長谷戸）が挙げられるが、先の神社数からいうと相当多い。ただ、この翌三三年には、代々幡村内の「稲荷、天神、天祖、白山、春名の五社」を代々木八幡に合祀する（『東京府豊多摩郡誌』東京府豊多摩郡役所、大正五年）。そして、大分後年の昭和戦前期の状況をうかがうと、『昭和十二年版　渋谷区勢要覧』（東京市渋谷区役所、昭和一三年）には、次の如き神社名が挙げられている。

〔官幣大社〕明治神宮（代々木外輪町）、〔郷社〕八幡神社（金王町七一）、〔村社〕氷川神社（氷川町六）、稲荷神社（北谷町三二）、八幡神社（代々木本町七三〇）、穏田神社（穏田町二ノ四七）、熊野神社（原宿一ノ六〇）、八幡神社（千駄ヶ谷二ノ三八三）、氷川神社（幡ヶ谷本町三ノ六三〇）、〔無格社〕稲荷神社（並木町三三）、御嶽神社（美竹町三三）、千代田稲荷神社（円山町一〇）、稲荷神社（上通四ノ三四）、天津神社（長谷戸町七一）、稲荷神社（上智町二一）

当時はまだ、昭和一五（一九四〇）年五月創建の東郷神社（府社）が存在しておらず（『東郷神社略誌』東郷神社社務所、昭和一五年、『東郷神社誌』東郷神社、昭和五九年）、ここでは無格社の稲荷神社（上通四ノ三四、豊澤稲荷神社、昭和三一年に田中稲荷に合祀される）が挙げられていることから、『渋谷の歴史』とはその数に若干違いはあるものの、「村社」以上については現在まで変わっておらず、全体として現在の渋谷における神社数と大幅な隔たりは無いといってよい。ただ無論、渋谷区内の各地に見られる数々の小祠（邸内社など）や昭和四年創建の國學院大學内の神殿、また、国学者平田篤胤を祀る平田神社は、昭和三四年に小石川から代々木に遷座されるため、神社数として換算されていない。

なお、『東京都神社名鑑』上巻（東京都神社庁、昭和六二年）には、「渋谷区」の神社として、①明治神宮、②東郷神

社、③八幡神社（金王八幡宮）、④氷川神社（渋谷氷川神社）、⑤八幡神社（代々木八幡宮）、⑥八幡神社（鳩森八幡神社）、⑦氷川神社（幡ヶ谷氷川神社）、⑧北谷稲荷神社、⑨熊野神社（青山熊野神社）、⑩豊栄稲荷神社、⑪穏田神社、⑫千代田稲荷神社、⑬御嶽神社、⑭恵比寿神社、⑮平田神社、⑯稲荷神社（伊藤稲荷神社）が挙げられている。

さらに、渋谷区に鎮座する神社の氏子地域を考える縁として、明治五年の『氏子町名同人員調帳』（東京都公文書館所蔵、前掲『東京都神社史料』第五輯、前掲『新修渋谷区史』中巻）から抜き出してみよう（※以下の地名は朱書き部分）。

・豊島郡下豊沢村鎮座　村社　氷川神社（本村氷川社に属す）＝第二大区一四小区（※麻布上広尾町、同下広尾町）、第二大区一六小区（渋谷広尾町、下豊沢村、三田村　※渋谷神原町）、第三大区一五小区（※青山高樹町）、第三大区一六小区（渋谷上広尾町、同下広尾町、下渋谷村、渋谷笄町）

・豊島郡千駄ヶ谷町鎮座　村社　鳩ノ森八幡大神〔大神社〕（四谷須賀神社に属す）＝第三大区一〇小区（四ツ谷平長町、※四ツ谷大番町、同所右京町）、第三大区一一小区（※四ツ谷東信濃町、青山権田原町、青山三筋町一丁目、同二丁目、青山六軒町）、第三大区一二小区（千駄ヶ谷町、同八幡町、千駄ヶ谷村、※千駄ヶ谷西信濃町、同所甲賀町、同所大番町、千駄ヶ谷一丁目、同所二丁目、同所三丁目、同所仲町一丁目、同所同町一丁目）

・豊島郡青山久保町鎮座　村社　熊野神社（赤坂氷川社に属す）＝第三大区一五小区（青山久保町、同和泉町、同北和泉町、原宿村、渋谷笄町、※青山南一丁目、同二丁目、同四丁目、同五丁目、青山北町一丁目、同二丁目、同三丁目、同四丁目）

・豊島郡中渋谷村鎮座　村社　金王八幡社（赤坂氷川社に属す）＝第三大区一五小区（青山善光寺前、中渋谷村、朱引外・中豊沢村、※青山南町六丁目、同七丁目、青山北町六丁目、同七丁目）

・豊島郡渋谷宮益町鎮座　村社　御嶽神社（金王八幡宮に属す）＝第三大区一五小区（渋谷宮益町）

この他、「内藤新宿口　一二三区」として、穏田村鎮座の熊野社（明細帳に穏田神社）、代々木村鎮座の村社八幡社（明細帳に神明社、白山社）、幡ヶ谷村鎮座の氷川社（明細帳、別に稲荷八幡、厳島の三社）の書き上げが載っている。これにより

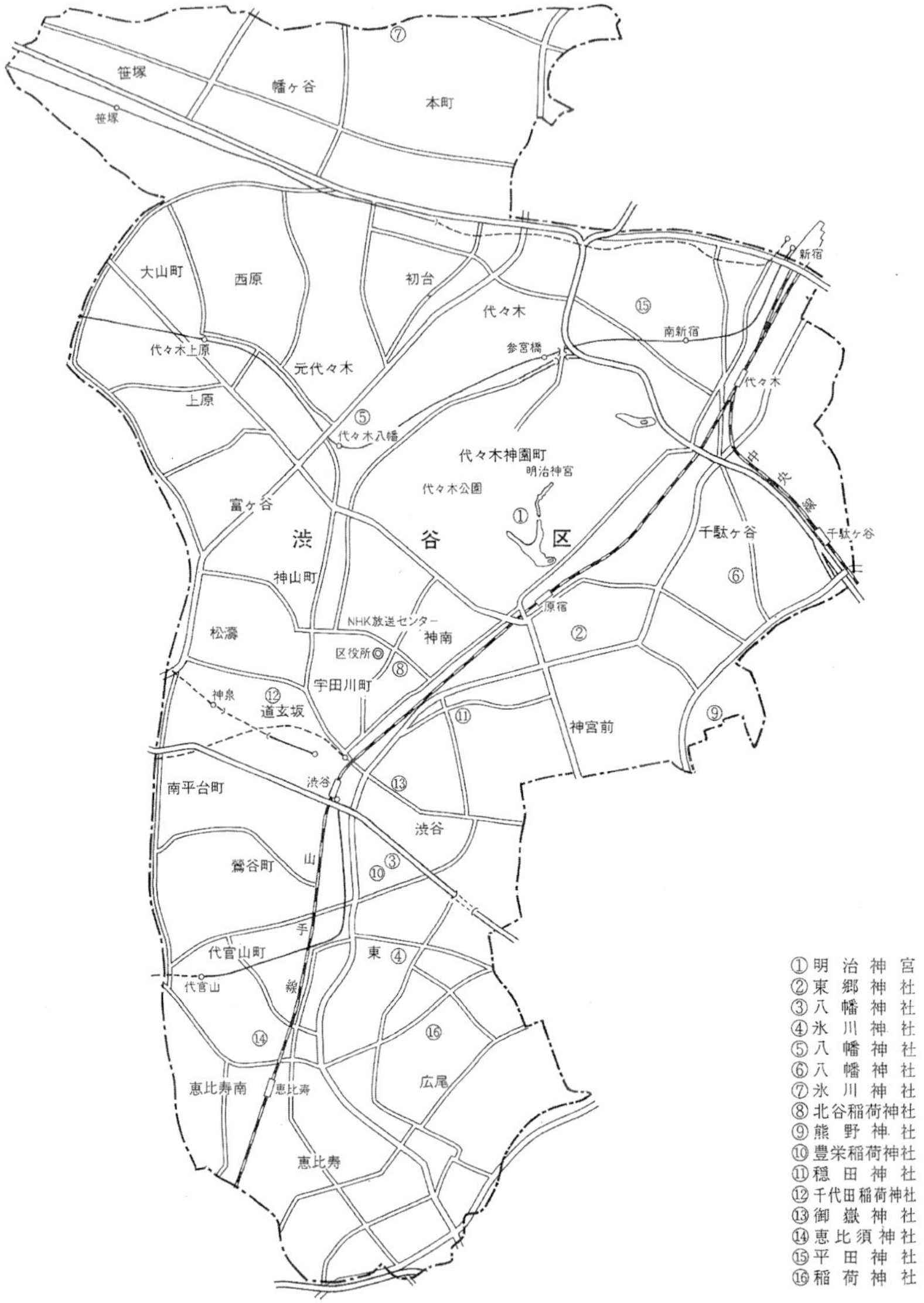

渋谷区の神社
出典：『東京都神社名鑑』上巻

渋谷区域で氏子を持つ神社が知られ、また当然ながら、その氏子地域が行政区域に縛られていないことも分かる。

個別神社の氏子戸数については、いずれも東京都公文書館が所蔵する他の公文書に拠る方が確認し易い。明治七年の『従第七大区至第八大区　神社明細簿　社寺取扱』では、原宿熊野神社（七八〇戸）、鳩森八幡神社（七七七戸）、金王八幡宮（四五〇戸）、代々木八幡宮（二六一戸）、幡ヶ谷氷川神社（一一〇戸）となっており、『明治十年二月調　村社明細簿　社寺掛』では、原宿熊野神社（七八〇戸）、金王八幡宮（四五〇戸）、御嶽神社（金王八幡の祠掌が兼勤、八〇軒）、代々木八幡宮（二〇五戸）、北谷稲荷神社（代々木八幡の祠掌が兼勤、九七戸）、穏田神社（代々木八幡の祠掌が兼勤、五九戸）、幡ヶ谷氷川神社（一一〇戸）であった。さらに『明治十二年　東多摩・南豊島郡　神社明細帳　東京府』では、金王八幡宮（四五〇戸）、代々木八幡宮（二七〇戸）、幡ヶ谷氷川神社（一一〇戸）、渋谷氷川神社（三九〇戸）、原宿熊野神社（一、五一六戸）、鳩森八幡神社（七七七戸）、穏田神社（七〇戸）、北谷稲荷神社（九〇戸）、天津神社（信徒三員）、千駄ヶ谷の稲荷神社二社（それぞれ信徒が三〇員、五五員）とあり、『明治十三年　事比羅組合明細帳　甲　その一　社寺掛』では、渋谷氷川神社（三九〇戸）、原宿熊野神社（一、五四六戸）、『明治十三年　日枝神社組合明細　社寺掛』では、鳩森八幡神社（七七七戸）であった。

第二節　金王八幡宮・氷川神社と「渋谷」

1　「金王八幡」の由緒と渋谷金王丸伝説

まず、古来「渋谷」と称する場所であり、明治通り並木橋交差点から登る八幡通り（八幡坂、旧「鎌倉街道」「鎌倉道」）に面した位置に大鳥居がある「金王八幡宮」（渋谷区渋谷三丁目）から見てゆく。八幡大神（応神天皇）を祭神とする。戦前の社格は明治五（一八七二）年一一月五日に村社に列し、同一六年六月一八日に郷社に昇格している（有田肇『渋谷風土記　旧史編』東京朝報社、昭和一〇年）。因みに、いずれも有田肇が編纂した、『渋谷町誌』（渋谷町誌発行所、大正三年）や渋谷警察署新築落成祝賀協賛会編『渋谷町誌』（渋谷警察署新築落成祝賀協賛会、大正一一年）には、「明治五年十一月五日郷社に列す」とあるが、これは誤りである。また、前掲『渋谷風土記』では「渋谷八幡」が正式名称とするが、もともと、「金王八幡（社、神社、宮）」や「渋谷八幡（社、神社、宮）」は、戦前には俗称（通称）であって、明治以降、近代を通して正式には単に「八幡神社」と称していた（『府県郷社　明治神社誌料』明治神社誌料編纂所、明治四五年）。

明治初年から一〇年代前半にかけての公文書である神社明細帳（簿）には、「武蔵国豊嶋郡中渋谷村鎮座」の「村社八幡神社」の祭神は「品陀和気命」、「勧請」は寛治六（一〇九二）年正月一五日とされており、氏子戸数は四五〇戸であった（東京都公文書館所蔵『明治七年　従第七大区至第八大区　神社明細簿　社寺取扱』、同『明治十年二月調　郇社明細簿　社寺掛』、同『明治十二年　東多摩・南豊島郡　神社明細帳　東京府』）。これらの文書には、村社に定められたのが明治五年一一月五日と記されているとともに、後に修正が入れられ、同一六年六月一八日には郷社に列せられたと明記されている。なお、前掲『渋谷の歴史』に拠れば、江戸時代の氏子区域は、中渋谷村、中豊沢村、青山町、宮益町の一部、即ち渋谷、港両区に亙っており、戦後すぐの氏子数は、およそ九千戸近くに及んでいると記されている。

『渋谷区史』（渋谷区役所、昭和二七年）が「金王八幡（渋谷八幡）社の如きは、金王丸伝説の中心となりその地が旧渋谷氏居城址と伝えられて江戸時代遊覧の一名所でもあった。」と述べているように、境内の「金王桜」や「金王麿影堂」、近辺の「金王麿産湯水」、「金王丸駒冷池跡」などとともに「渋谷金王丸」所縁の「名所」であった（『江戸名所図会』、『新編武蔵風土記稿』）。また、斎藤月岑著『武江年表』には、明和三（一七六七）年や文化一一（一八一四）年に四月一日の「渋谷金王八幡宮開帳」のことが見えている。さらに、嘉永元（一八四八）年の『増補　大日本二千年袖鑑』（皇都　積玉堂蔵）においては、「江戸」の神社として、「山王社　三百八十八年」（日枝神社）、「神田社　五百三十八年」

（神田明神・神田神社）、「芝神明　八百四十二年」（芝神明宮）、「王子権現　三百四十七年」（王子神社）などとともに「渋谷八幡　七百八十五年」も掲載されており、「祭神石清水御同体七十代御冷泉院康平六年伊予守頼義鎌倉八幡同時に勧請当所は渋谷金王丸誕生の地と云」と記されている。即ち、渋谷の金王八幡は、日枝山王や神田、芝神明、王子権現などと並べられるほどの屈指の古社であり、江戸の「名所」として知られていたのである。

明応九（一五〇〇）年撰という『金王八幡神社社記』によると、同社がこの地に祀られたのは、平安時代中期の寛治六（一〇九二）年とされている。「八幡太郎」とも呼ばれ、八幡大神への信仰の篤かった源義家が、奥羽を舞台にした「後三年の役」の凱旋の途中で着陣した武蔵国谷盛庄において、当地の領主・河崎基家が「拝持」していた秩父妙見山の月の御旗を乞い求め、八幡宮を勧請したのが始めであるとされる。また、その際、同社を守護する別当寺（天台宗）として親王院（後の東福寺）も建てられたと記され、さらに建久二（一一九一）年には、源頼朝によって当社の再建が行われたという。因みに『金王八幡神社社記』は往古より別当東福寺に秘蔵されてきたが、神仏判然後の明治一〇年代に鈴木順蔵・三井八郎左衛門・野口清右衛門の三名が神社に取り戻したとされ、その経緯を記した記録には、「当社記は古老の者と雖も云伝のみにて其当時に至る迄観覧せしもの最も稀なりと云ふ故に共同心苦を尽し三名にて別当所へ談判を遂げ漸くにして社記並に笄を受取当社へ納置くものなり」（『社伝を別当寺より神社へ取り戻し』の文書」、前掲『渋谷風土記』所収）とある。

一方、宝永元（一七〇四）年の年記のある「東福寺鐘銘」には別の由緒が伝わっている。これに拠れば、同社の創建はさらに遡り、後冷泉天皇の御代（一〇四六～六八）に河崎基家が「渋谷旧号谷盛庄」の「渋谷郷」（詳細は不明）に八幡を勧請し、別当寺として親王院を建てたのに起こるとされている。寛治五（一〇九一）年に源義家が修理し、建久二（一一九一）年には源頼朝が別当寺の堂宇の修復に当たり、この時から「渋谷山常照院東福寺」と称したという。但し、夙に『東京市史稿　宗教篇』第二（東京市役所、昭和一一年）が指摘しているように、同社を「金王丸ノ故地」とする所

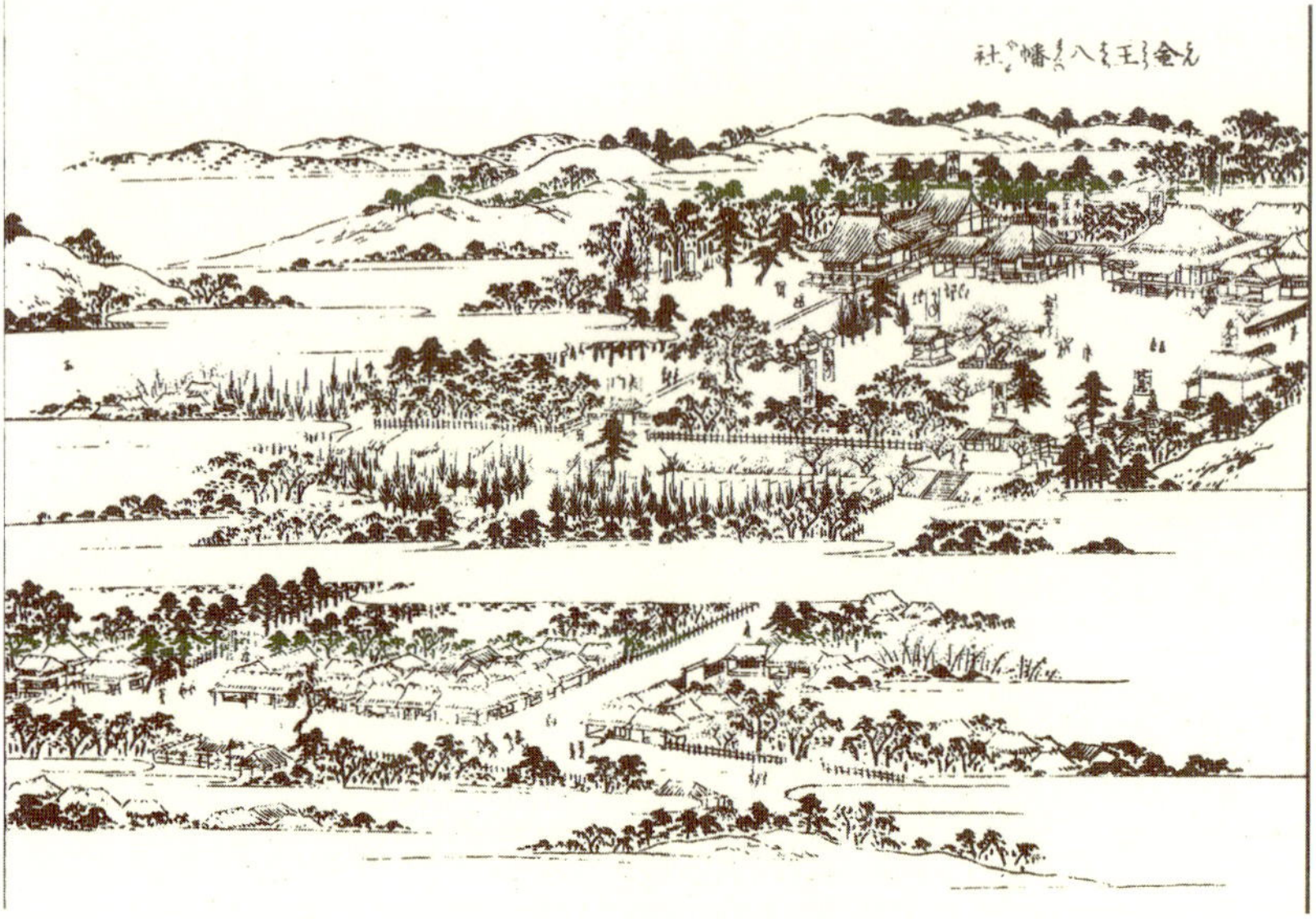

金王八幡社　出典：『江戸名所図会』

伝は「頗ル疑ハシ」いものである。同書は、「按スルニ、渋谷氏ハ鎌倉幕府時代ノ一名族ナルモ、史家、ソノ本拠ヲ神奈川県高座郡渋谷ニシテ此地ニ非ズ、此地ト渋谷氏トノ関係ハ明白ナラズト為ス。況ヤ八幡ノ社寺大永中兵燹ニ滅シ、慶長年中青山忠成等ノ復興ニ至ルマデ、荒廃百年ニ近シトセバ、ソノ草創以降ノ所伝ニ、附会臆説ヲ生ズルモ亦已ムヲ得ザラン歟。」として、「暫ク縁起ヲ本トスレバ、明応以前ノ一旧祠トナス可キノミ。」と記し、様々な「金王八幡勧請説」を列挙している。つまり、いずれにしても伝説の域を出るものでは無いが、「金王八幡（渋谷八幡）」が相当な古社であることは疑いなく、特に「金王八幡（渋谷八幡）」と「渋谷金王丸伝説」との関係性については、今後とも十分に再検討すべき事柄であろう（白根記念渋谷区郷土博物館・文学館『特別展「伝説のつわもの　渋谷金王丸」』平成一九年）。

先述の社記や鐘銘などの記録に拠れば、河崎基家の子・重家は「渋谷」氏に改め、当社を「渋谷八幡」と号したと伝えられている。「渋谷」の旧称は「谷盛庄」であったが、「渋谷」という地名の起源については諸説あり、不明な点が多いものの、この場所が「渋谷」の地名の起こりともいわれているのである（前掲『図説渋谷区史』）。平安時代末期、源義家に従って京都に滞在していた河崎重家は、御所に侵入した賊の渋谷権介盛国を捕えたため、堀河天皇から「渋谷」姓を賜ったことに拠るとされる。しかし、地名から姓を取ることはあっても、その逆は少ないため、もともとあった「渋谷」という地名を重家が自らの姓にしたとも考えられよう。その他、「塩谷の里」説や相模国高座郡渋谷庄の重国やその支族などがこの地に移り住んだとする説、平坦な土地が浸食されて凹凸が生じたという意味合いに基づく「渋」と「谷」を当てた漢字起源説などがあるが、平野明夫は、「古代の渋谷が荏原郡木田郷に属し、鎌倉時代から戦国時代初めまでの武蔵国渋谷の領主は、重国系渋谷氏ではなく、江戸氏系渋谷氏であった」と論じている（「渋谷に住んだ人・渋谷を領した人」、前掲『渋谷学叢書2　歴史のなかの渋谷』所収）。

昭和２０年代末（上）と現在の金王八幡宮
出典：『渋谷の記憶』（上）、筆者撮影（下）

渋谷重家が「渋谷八幡」に祈願したところ、幸い男子を得ることができたため、「金剛夜叉明王」の「金」と「王」という上下の二字をとって「金王丸」と名付けたとされるが、『御府内寺社備考』に拠れば、「金王八幡」の名称は、この「金王丸」に由来するものといわれているのである。また、江戸の地誌『江戸砂子』には、同社の社地は「金王丸館跡」であると記されている。渋谷氏は、当地に館を構築して居城とした。なお、実はかつて、鎌倉・室町の頃以来、金王八幡宮前には小川（渋谷川）が流れていて渋谷城（館）を守る天然の堀として使われていたのであり（「堀の内」の地名の由来）、大正一一（一九二二）年の改修工事で暗渠になっていたものの、昭和二〇年代末までに埋められてしまった（白根記念渋谷区郷土博物館・文学館『特別展「春の小川」の流れた街・渋谷―川が映し出す地域史―』平成二〇年、梶山公子『あるく渋谷川入門』中央公論新社、平成二二年）。つまり、これは中世城館の堀の役目を果たしていた名残であったと考えられており、また、居城の石垣の跡は、今でも一部、境内に残されているのである。

金王丸は、幼くして源義朝に従い、平治の乱で敗れた義朝に忠節を尽くしたとされる。鎌倉時代成立の『平治物語』には、義朝が長田忠致に謀殺された際、その郎党数十人を斬って京都に帰り、事の由を義朝の愛妾・常盤御前に報告し、自らは僧となって諸国を行脚して義朝の菩提を弔ったことが記されている。また、文治元（一一六五）年には、源頼朝の命を受けた土佐坊昌俊がこの都の六条堀川館の源義経を襲ったものの逆に討たれてしまうという事件（堀川夜討）が起こる。土佐坊昌俊を金王丸の後身とする見方が室町時代からあり、江戸時代には、これを基盤とした内容の諸文芸が大きく展開して、地誌などでも土佐坊＝金王丸説が定着してゆく。但し、江戸期にはこの説を否定する考証も行われ、「別人説」も出てくることとなる（前掲『新修渋谷区史』上巻）。江戸時代になると、この金王丸を題材として、謡曲や幸若舞曲、浄瑠璃、歌舞伎、義太夫などの多様な芸能や文芸作品が作られ、錦絵などの美術作品も描かれるなかで、全国各地にさまざまな「渋谷金王丸」の伝説が生み出された。要するに、江戸時代に「渋谷」の地が広く知られることになったのも、この「渋谷金王丸」の伝承の流布に負うところが大きいといわれているのである。

先述したように、『江戸名所図会』には「金王麿影堂」（金王八幡境内）や「金王麿産湯水」（現在の渋谷警察署付近にあったといわれる湧水による池）が図示化され、また『新編武蔵風土記稿』には「金王丸駒冷池」の記事が掲載されているほか、金王丸が近くの渋谷氷川神社を篤く信仰していたことが記されている。

現在、金王八幡宮境内にある「金王丸御影堂」には、金王丸が源義朝に従う際、老母に形見として自ら刻んで残していったと伝えられる金王丸の木像が安置されている。この金王丸像は、若々しい表情のなかにも、凛々しい眉毛や目付きを備えた、立派な「鎌倉武士」らしい容貌が表現されている。

また、現在も境内には、『江戸名所図会』において金王八幡宮境内の情景のなかに描かれ、江戸の名所として広く知られていた「金王桜」と呼ばれる名木がある。その起源としては、大別して、①金王丸自身が植えたもの、②源頼朝が金王丸を偲んで植えたもの、という二つの説に分けられる。これは、長州緋桜の八重といわれ、八重と一重がまざって咲く珍しい桜で、昭和五七年に渋谷区指定の天然記念物となっており、毎年四月には、「渋谷金王丸祭」（通称・金王桜祭）が行われている。明治期の詩人・評論家・随筆家の大町桂月は、『東京遊行記』（大倉書店、明治三九年）のなかで、「渋谷の金王桜」という文章を著し「金王桜」目当てに渋谷の八幡宮に参詣した折のことを描写しているが、「わづか百年の間に、かばかり、衰へけむ、図会の画とは異なりて、今は、見るかげも無し。」と嘆息している。前掲『渋谷町誌』の記述に依拠した上山和雄が指摘しているように、明治三八年に建設された東京市電気局の発電所の大煙突から吐き出される「煤煙」は、金王八幡や氷川神社の「鎮守の森」（社叢）を数年の間に衰えさせたのである（「渋谷の魅力、その歴史的成り立ち」、前掲『渋谷学叢書2　歴史のなかの渋谷』所収）。なお、現在、この名木の傍には、「しばらくは花のうへなる月夜かな」と書かれた芭蕉の句碑（江戸時代の文化年中に太白堂門人山奴社中が建てた）が立っている。

さて、ここで江戸時代における金王八幡宮の社殿修造についても言及しておく。金王八幡宮は、渋谷氏が谷盛七郷（渋谷、代々木、赤坂、飯倉、麻布、一ツ木、今井等）を領有していたことから、八幡通（鎌倉街道）、青山通・宮益・道玄坂道（厚木街道、大山街道）を中心とする渋谷と青山地域に及ぶ鎮守の社としても信仰されるようになったという。先の鐘銘によれば、その後、室町時代の大永年間（一五二一～二七）に、戦による災害によって社殿・堂宇が悉く焼失し、久しく荒廃していたが、江戸時代の慶長年間（一五九六～一六一五）になって、小祠を営んで何とか存続したとされる。

しかし、元和元（一六一五）年までに青山忠俊（青山氏は、その屋敷地があった場所が地名「青山」の由来となったことで有名）の造営事業があったことから、この時期にはある程度の復興がなされていた節もある。『寛政呈譜』によれば、慶長一七（一六一二）年、徳川家光（当時は竹千代）のお守り役であった青山忠俊は、当時、家光を差し置いて、家光の二歳下の弟・忠長が将軍の世継ぎになるであろうという風聞が盛んになっていたことを憂い、家光の乳母である春日局と相談して、忠俊が父の忠成が宅地を拝領して以来の「氏神」（産土神）であった、「渋谷金王丸氏神八幡宮」に祈願を込め、春日局も八〇両という多額の「護摩供料」を奉納し、毎月一五日に代参を行っている。そして宿願が叶い、同年九月に家光の将軍への規定路線を示す「御具足御箸初」（元服）の祝儀が行われると、金王八幡の御神徳に応えるため、忠俊は材木を二百丁、屋根木三百挺を寄進し、春日局は百両を奉納して社殿を造営した。さらに元和元（一六一五）年には、忠俊によって鳥居と瑞垣が造営された。現在、金王八幡宮の社殿及び門は、渋谷区指定文化財となっている（財団法人文化財建造物保存技術協会編集『渋谷区指定文化財　金王八幡神社社殿・門調査報告書』渋谷区教育委員会、昭和五九年、東京都教育庁社会教育部文化課編集『東京都の近世社寺建築』平成元年）。

金王八幡宮では、これ以後も数度の修造・修復が行われた。文化・文政頃（一八〇四～一八二九）には、別当（社僧）の奉仕が不十分となり、相当衰退していた時期もあったようであるが、依然として氏子の崇敬は継続されていた。江戸時代における金王八幡宮の境内は、稲荷、天満宮などの末社、絵馬堂、神楽堂、護摩堂、鐘楼、金王桜など、荘厳な風情であったようである。当時の風景は、『江戸名所図会』などに活写されている。また、前掲『東京府豊多摩郡誌』にも、「昔此の処桜の木多く、花の頃は茶店など出で、尊卑の分ちなく来り遊びて絃歌に賑ひし由、明治初年桜樹を伐採したるが其の後明治四十年頃、桜樹百四十余株を植え、処々踞床を配して公園の趣あり。」と記されており、近世から近代に至るまで、同社境内が桜の名所、「公共空間」として存続してきたことが分かる。

なお、金王八幡宮は近年、ベストセラーとなって「本屋大賞」を受賞し、映画化もされた時代小説である冲方丁『天地明察』（角川書店、平成二一年）に描かれており、同書全体を通して重要な鍵となる空間として設定されている。同書では主人公の渋川春海（二世安井算哲）に「宮益坂にあるという、金王八幡の神社に行きたいんだ」と言わせている。

ただ、金王八幡は「宮益坂」にあったわけではなく当時から現在地に鎮座しており、また「宮益坂」そのものも、後述の「御嶽権現」（現在の御嶽神社）に因み、「渋谷宮益町」と称したことに由来するといわれ、同書の時代設定からは大分後年の正徳三（一七一三）年に町並地となっている。同書は、日本人による初めての暦作りが行われた「貞享改暦」（貞享元〔一六八四〕年）という歴史的事実を素材にしているものの、人間関係の細部はあくまでも小説（フィクション）であるため、作者があえて「金王八幡」や「御嶽権現」、宮益坂などを複合した空間としてこの描写を造形したのかも知れない。

その他、同書には、「名木〝金王桜〟」や「金王丸」、先述した江戸幕府の社殿造営のことも触れてあるが、最も印象的なのは金王八幡境内の「算額絵馬」の情景であろう。勿論、金王八幡の算額と渋川春海の係わりを示した明確な記録があるわけでは無いため、これまたフィクションではあるが、恐らく作者は、金王八幡宮蔵の「算額」（渋谷区民俗資料）が三点残存していることから、かかる描写の発想に至ったと思われる。実際には、先の三点の「算額」は、渋川春海や関孝和の時代よりもかなり後年の嘉永三（一八五〇）年、安政六（一八五九）年、元治元（一八六四）年、即ち、江戸末期における関流和算額で、当時の宮益町の住人が和算の研究発表や学業成就のために奉納した絵馬の一種である。特に元治元年の算額は、扇形をした全国的にも珍しいものである。これらの算額は、現在でも、近世における数学教育実践に関する資料（研究対象）として、学校現場で度々取り上げられ、その現代的活用が試みられている（牧下英世「豊かな創造性を育む数学教材の開発と実証的な研究―金王八幡宮の算額の教材化―」『筑波大学附属駒場論集』第四九号、平成二一年）。

また、『続江戸砂子』や『江戸歳事記』に拠れば、かつて江戸時代における「渋谷八幡（金王八幡）」の祭礼（八月一五日）は、神輿が出され、隔年で練り物があり、かなり盛大なものであったようである。明治期以降も同様で、当時の新聞記事には、「金王八幡の祭礼　青山北町四丁目同南町四丁目より七丁目迄元渋谷村上中下三ヶ村の鎮守金王八幡の祭典は昨十四日十五日の両日なるが五十年此方の本祭なれば氏子は大奮発にて山車九本其他踊屋台等と曳出し又青山連中は一世一代の祭なれば借金しても倅や娘には肌脱位はさせんとの奮発なる由」（『読売新聞』明治二二年九月一五日）とある。

現在、金王八幡宮の祭礼（例大祭）は、毎年九月に執り行われており、JR渋谷駅を中心とする繁華街をさらに賑やかにするといわれている。金王八幡宮は、南青山三丁目〜七丁目、北青山三丁目、神宮前五丁目、渋谷一丁目〜四丁目など、渋谷にあって非常に広大な氏子区域を有している。一般にイメージされる〈渋谷〉の街、つまり渋谷駅周辺地域は、その殆どが金王八幡宮の氏子区域といえるのである。

戦後は、区画整理などで境内地が分断され、同社の表参道も公道になるなど、神社を取り巻く環境は大きく変化した。当時、増え続ける子どもたちのために、幼児教育施設の増設が求められていたため、同社は、昭和二九（一九五四）年、境内地に「金王幼稚園」を設立した。園児を正しくしつけることに尽力し、毎月の誕生日には、神前において誕生祭を実施するなどのユニークな試みを行っていたが、残念なことに園児の減少が原因となって、平成四年に閉園となった。ただ、金王八幡宮では、今もボーイスカウト・ガールスカウトの活動で、境内に事務所があり、子どもたちの活動を支援している。英語のパンフレットも作成し、国際化への対応も模索している。

因みに、明治三六年に渋谷に移転してきた私立実践女学校が昭和一二年に建立していた学祖下田歌子を祀る「香雪神社」は、GHQ／SCAPの指示で昭和二一年に廃祀と決定し社殿は撤去されたが、鳥居と狛犬は金王八幡宮に寄進されている（「重松数江さんが語る　渋谷とともに七十年、思い出いろいろ」、野村敬子編『渋谷区制施行七十年記念　渋谷むかし口語り—区民が紡ぐ昭和—』渋谷区教育委員会、平成一五年、所収）。

2　並木町から金王八幡傍に移転した田中稲荷（豊栄稲荷神社）

明治二四（一八九一）年の『神官人名簿』や同三二年の『豊多摩郡神社調』（いずれも東京都公文書館所蔵）に拠れば、郷社八幡神社（金王八幡）の社司・社掌の比留間氏は、無格社の北谷稲荷神社・御嶽神社・田中稲荷神社・豊澤稲荷神社・千代田稲荷神社なども兼務していたことが知られる。ここでは、金王八幡傍に移転することになる二つの稲荷を取り上げる。

現在、金王八幡宮のすぐ傍、道路一つを挟んだ隣には、数多く立ち並ぶ朱色の鳥居が目をひき、一目で「お稲荷さん」と分かる、豊栄稲荷神社（渋谷区渋谷三丁目）が祀られている。御祭神は宇迦之御魂命である。その創建や由緒は明らかではないが、『新編武蔵風土記稿』や『江戸名所図会』、『豊多摩郡神社誌』（東京府豊多摩郡役所、大正五年）などにある断片的な記述を参考にすると、およそ次のような創立経緯として整理することができる。

鎌倉時代の頃、先に述べた河崎基家の曾孫・渋谷高重によって創建されたと伝えられ、元来は渋谷川の岸辺、現在のJR渋谷駅の近く（並木町三一番地、公設市場と渋谷川との間）、現在は東急東横店の場所に鎮座していた。渋谷川が渋谷城の濠（城の周囲にめぐらした堀）として利用されていたため、文化年間（一八〇四〜一八）までは「堀ノ外稲荷」と呼ばれ、その後『新編武蔵風土記稿』に「田中稲荷と号す、中豊沢村東福寺の持」とあるように「田中稲荷」と称せられ、川の端にあったことから「川端稲荷」ともいわれた。近代においては、無格社で金王八幡の境外末社となっていた。大正三年の前掲『渋谷町誌』には、「昔は附近五ヶ字の氏神なりしと。今敗頽に瀕したる小祠、境内に欅の大木などあるも神地としての手入を施さず。祠辺碑石の倒れたるを起すものもなく、群童の蹂躙に委す。あはれなり。」（六七頁）と書かれていたが、同一一年の前掲渋谷警察署新築落成祝賀協賛会編『渋谷町誌』の時点では、「近頃境内に手入をなし、数年前編者が痛心したる時とは、少からず面目の改まれるは快い。」とあり、聊か改善されたようである。因みに両書の編者とは有田肇である。

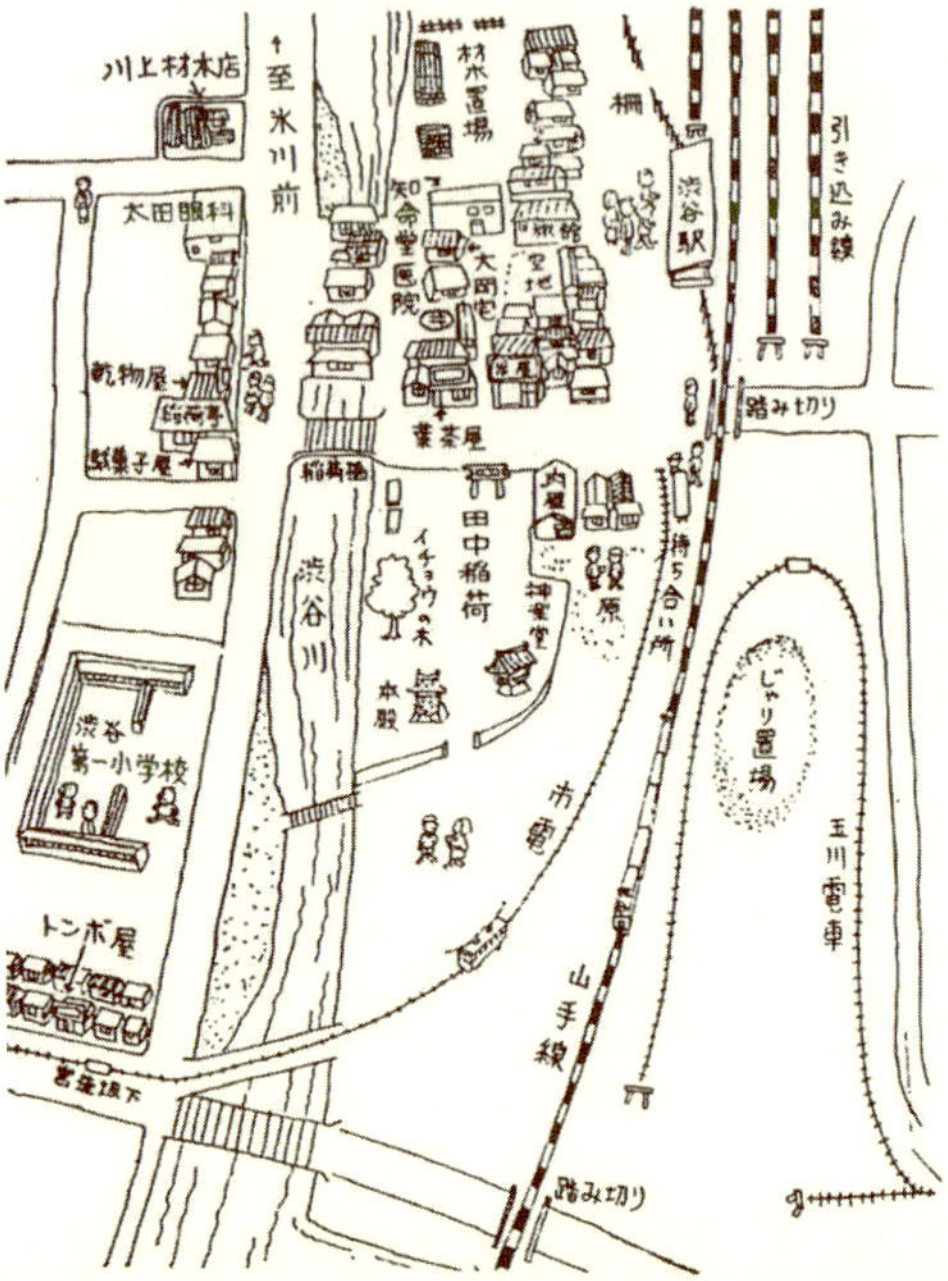

大岡昇平『幼年』で描かれた渋谷駅附近図と田中稲荷
出典：『特別展「春の小川の流れた街・渋谷』

作家の大岡昇平は、三歳の時に渋谷に引っ越してきたが、六歳の時に渋谷駅附近の田中稲荷前の横丁に住んでいた。大岡は、「田園調」を残し「金王稲荷」ともいわれた田中稲荷正面の鳥居を出ると稲荷橋が架かっていて、都電が踏切の手前から南に折れて稲荷の裏まで来ており、そこから稲荷橋までの十間が小さな商店街になっていたと記す一方、その境内は子どもたちのよい遊び場であり、秋は大銀杏の下でギンナンを拾ったという（加藤一郎編著『郷土渋谷の百年百話』渋谷郷土研究会、昭和四二年）。

この田中稲荷神社には、昭和三一（一九五六）年に、道玄坂上にあった豊澤稲荷神社が合祀された。この豊澤稲荷神社は、もともとは猿楽町京極家の下屋敷内に祀られていたが、明治初年に道玄坂上に移り、その際に中豊沢にあった多くの稲荷祠が合祀されたという。この多くの稲荷祠が合祀された豊澤稲荷が、さらに田中稲荷に合祀されることになったのである。東京都の区画整理事業が行われたため、昭和三六年に現在地に移され、「豊栄稲荷神社」と社名を改めた。

昭和四七年には新しく朱塗りの社殿が造営され、また、昭和五〇年には約五〇坪の道場を中心とする研修道場「藏脩館」が建設されて、剣道をはじめ、琉球古武術、居合道、古武道など、広く一般に活用されてきた。また、元「田中稲荷神社」の境内には、「貞享」「延宝」「元禄」「宝永」「享保」「元文」などの年号などが刻銘されている江戸中期の庚中塔が一一基保存されていたが、これらは今、豊栄稲荷神社境内に移して保存されている。豊栄稲荷神社は小規模な神社であるが、稲荷塗りといわれる朱色で彩色された一三本の鳥居が立ち並ぶ正面参道の景観は、「お稲荷さん（稲荷神社）」の総本社である京都の「伏見稲荷大社」の千本鳥居を思い起こさせるものとなっている。

なお、かつて田中稲荷の秋の祭礼（一〇月一五日）では、中渋谷の堀之内、豊沢、道玄坂、宇田川、大和田、並木の六部落が輪番で祭礼を受け持ち、桟敷が設けられて郷土芸能の祭り囃子が盛大に催されていた（『郷土芸能中渋谷の祭り囃子（明治二八年）―一八九五』、前掲『郷土渋谷の百年百話』所収）。明治二八年における東京府西部・城南や神奈川県東部のお囃子名簿にはその担い手（三二一人）を網羅してあるが、その中に「南豊島郡代々木村」の「世話人　堀見小三郎」、「同郡豊沢」の「世話人　浅井清次郎　高橋秀次郎　佐々木亀次郎」、「麻布区広尾町」の「文化十一年　元祖煎餅屋留七」、「渋谷村字中渋谷」の「文化十三年　元祖　神徒安五郎」「文政三年　二代目師匠　鈴木喜太郎」「天保八年　三代目世話人　鈴木喜一郎」、「同上渋谷」の「世話人　安藤三之助」などの名も挙げられており、「文化時代は煎餅屋留七、神徒安五郎、神主増五郎の三氏等斯道の名人」であったという（『祭礼囃子の由来』加藤権兵衛、明治二八年）。

3　渋谷氷川神社の「鎮守の森」と相撲

金王八幡宮・豊栄稲荷神社から少し足を伸ばし、八幡通りの「金王神社前」三叉路から入る少し細い道を東に歩いて、渋谷区立常磐松小学校を横目に進んで行くと、「渋谷図書館入口」という三叉路の突き当たりにこんもりとした「鎮守の森」と石鳥居が見えて来る。ここが「渋谷最古」の神社とも目される渋谷氷川神社（渋谷区東二丁目）である。ふとその三叉路から左の坂の上を見ると、平成一八年に竣功した國學院大學渋谷キャンパス若木タワーや同二〇年竣功の同大学術メディアセンター（ＡＭＣ）棟が見える。豊かな「鎮守の森」の中に広い境内地を有し、「渋谷」という都

現在の渋谷氷川明神社参道　出典：筆者撮影

会に鎮座しているとは思えない静かな佇まいの氷川神社は、恐らく金王八幡宮とともに、渋谷地域では最も古い時期に創建された神社であろうと目されている。古くは「氷川大明神」と言っており、江戸時代には下渋谷村・下豊沢村の総鎮守となっている。

渋谷氷川神社の創祀について、現在詳しい史料は残っていない。ただ、慶長一〇（一六〇五）年に記された氷川神社所蔵『氷川大明神并宝泉寺縁起絵巻』（氷川神社別当・宝泉寺第百三代住職であった実円の著作、渋谷区指定文化財）に拠ると、第一二代景行天皇の皇子・日本武尊が東征したとき、当地に素盞嗚尊を勧請した社とされている。つまり同社は、あくまでも縁起の記述ではあるが、神話・伝説の時代に遡るほどの由緒を持っているのであり、そして創建後、弘仁年間（八一〇～二四）に慈覚大師（円仁）が宝泉寺を開基し、それ以後、同寺が別当となったとされる。因みに『新編武蔵風土記稿』には、同社が「渋谷金王丸」が信仰していた「旧社」であったという説や、源頼朝が勧請した社であるとする説が紹介されている。江戸時代には、慶長の頃、実円の時に社殿を建立し、以後、何度も修復が行われたが、淳超の時、享保一九（一七三四）年より発願し、同二一年に社殿の再建が成った。これらの詳細は、渋谷氷川神社の「古記録三冊」といわれる『恵日山氷川宮再造営雑記』や『公用書』、『享和元年議定連印帳控』などの記録に記されている。前二者の現物はすでに失われてしまったが、前掲『新修渋谷区史』中巻には、昭和一一（一九三六）年に区史編纂のため筆写されていたものが翻刻されている。

天保六（一八三五）年に刊行された『江戸名所図会』に描かれている「渋谷　氷川明神社」の絵に拠れば、同社境内には松や杉が鬱蒼と生い茂り、渋谷川が門前に流れて如何にも神秘的な景観のお宮であったらしいことがうかがえる。

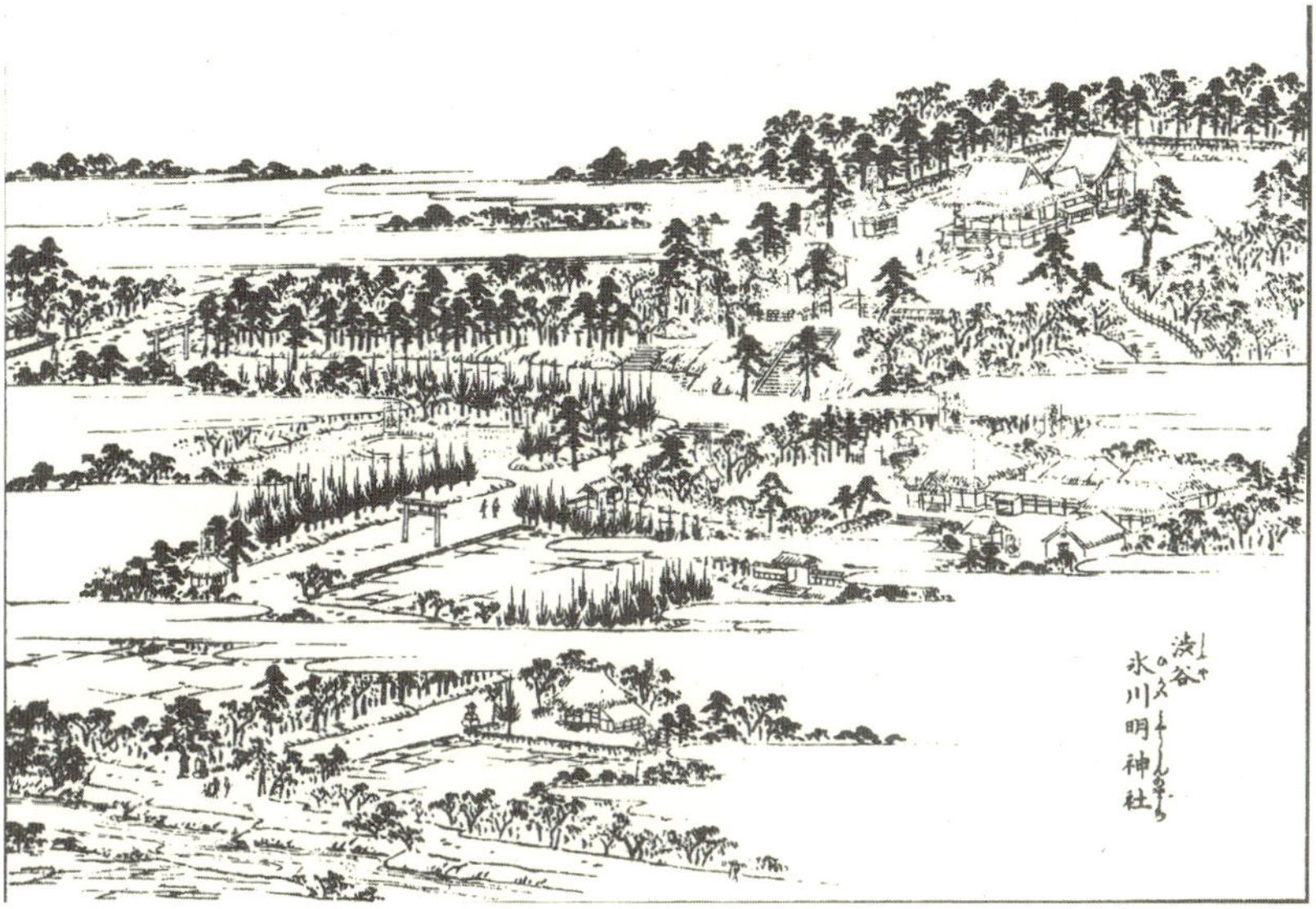

渋谷氷川明神社　出典：『江戸名所図会』

また、この絵には、「神木」の老松が描かれており、この辺りの地名でもある「常盤松」（初代。地名としては、大正時代に「常磐松」と変更される）と呼ばれ、常盤御前が植えたという伝説がある（但し、明治頃には枯れてしまった）。

因みに「常磐松町」の旧小字名は、昭和三年一月一日の字及地番改正以前、「伊勢山」といったが、かつて金王八幡前を入った左側に「神明社」（一間四方ほどの小祠）があったために「伊勢ヶ原」などと称し、その一帯に「伊勢山」という名が残ったものとされ、「イセが原太神宮」（弘化二年九月設置の石階修理の碑に刻されていたという）や「伊勢神明祠」として認知されていた（『新編武蔵風土記稿』、『東京近郊名所図会』第一三巻、東陽堂、明治四四年、前掲渋谷警察署新築落成祝賀協賛会編『渋谷町誌』、前掲『渋谷風土記』、「渋谷の今昔記（二）」、前掲『郷土渋谷の百年百話』所収）。同社は、明治一三年の記録では氷川神社境外摂社「天祖神社」となっており、氏子は無く、「天照皇大神」を祭神とし、「鎮座之年限不詳明治元辰年迄湯嶋円満寺抱当村法如庵ニテ神務仕来候処右庵廃庵ニ付同年十二月ヨリ氷川社兼務ニ相成社殿之儀者石法如庵社務之砌私有之税地江引移有之其後右税地慧川考定江買請候間当時私有地ノ内御座候社地ノ議者図面之通御座候」とその時点までの経緯が記されている（東京都公文書館所蔵『明治十三年　事比羅組合明細帳　甲　その一　社寺掛』）。大正初年、渋谷氷川神社境内に移されている。

なお、明治一三年時点における渋谷氷川神社の境内状況が描写された史料（東京都公文書館所蔵『明治十三年　事比羅組合明細帳　甲　その一　社寺掛』）には境内図も載せられているが、境内に配置された樹種名を丸で囲んだ表記のものが細かくびっしりと書き込まれており、同社の鎮守の森は、杉を中心とする針葉樹で覆われていたものであったことが明瞭にうかがえる。また、境内の各種施設も描かれているが、境内中央附近の一画には「スモヲバ」と書かれた空間が見える。昭和一〇年刊行の前掲『渋谷風土記』には、「当社の広き境内は大正の初年頃まで杉の密林に蔽はれ、明治の末頃或る新聞が此の杉の木の数を当てることを懸賞問題に供した事もあつた。それが漸々に枯れ、最後に相撲場の北の方道路寄りの辺にむら立つて残つてゐたのが、大正九年十月国勢調査の行はれる晩暴風に吹倒されて絶滅した。杉の枯死した原因は田子免《たごめ》（今は田毎）にあつた東京市発電所の煤煙のためと、附近が開けて人口多くなり樹根を踏み荒されたためと思はれる。杉の木の枯れた趾へ根の強い樹を植ゑついだので、今は老木大本樹は絶無であるが、若木の茂れるも風致あり、好き公園である。」と書かれ、前掲渋谷警察署新築落成祝賀協賛会編『渋谷町誌』には、杉など針葉樹の枯死後、「氏子総代会に於て協議の結果境内の改良を図り公孫樹等多数植ゑ付け、新なる趣きをなしつゝある。相撲場も周囲の石垣壊崩して廃墟の如き惨状なりしが、之れも新に築造して全く面目を一新するに至つた。現今一つの公園も有せざる本町としては、金王八幡社の境内と共に小児の遊び場である。」と述べられている。

つまり、近代日本の急激な都市化によって針葉樹林が枯れて煙害にも強い樹種に植え替えられ、全体として常緑広葉樹（照葉樹）林化し、鎮守の森の植生そのものが変貌を来たさざるを得なくなったことを意味する。因みに、「鎮守の森」（神社境内の植生）に関する常識はここ数年で大きく変わりつつある。最新の研究では、都市化した近代日本社会における「鎮守の森」の姿は、近世まで主流であった針葉樹林から照葉樹林（常緑広葉樹林）へと推移してゆくのであり、その姿が太古の原生林であるかのような印象（「森厳」イメージ）を抱くようになった大きな契機として、大正時代に創建された明治神宮内苑の林苑造成という林学系造園学者たちの営みがあったとされているのである（畔上直樹「戦前日本の神社風致論と明治天皇の「由緒」」、『シリーズ歴史学の現在　由緒の比較史』青木書店、平成二二年、小椋純一『森と草原の歴史―日本の植生景観はどのように移り変わってきたのか―』古今書院、平成二四年）。

先の「スモヲバ」とは、現在も同社参道の傍らにある相撲場のことであり、ここで同社祭礼における奉納相撲や子供相撲大会などが幾度も行われてきた。この相撲場は、すでに『江戸名所図会』の絵のなかにも境内に「土俵」が描かれていたように、少なくとも江戸時代以来の歴史を持ち、特に九月二九日の同社祭礼において開催されてきた「素人相撲」は、「渋谷の相撲」、「金王相撲」、「氷川神社の相撲」などと呼ばれ、『江戸砂子』などに見られるように、近郷のみならず江戸表からも多くの見物人が集まったといわれ、凶年のため中止された際にも自然に人々が集まって結局興行をすることになったという逸話や、将軍でさえ「渋谷の相撲なら見に行こう」と言ったことが伝えられており、一時期周囲の石垣などが崩壊し荒廃していたこともあるが、新たに新築され、江戸時代からの由緒を持つ東京の相撲場で現在にも伝わるものとしては唯一のものであるとされる（前掲『渋谷風土記』、前掲『渋谷の歴史』）。

渋谷氷川神社の秋の祭礼の内容については、享和元（一八〇一）年七月における下渋谷・下豊沢両村の書き上げによって知られる（野崎家文書「享和元年七月　武州豊島郡分郷一同執締議定連印帳」及び天明八年正月の『極秘録』、前掲『渋谷区史料集　第三　―諸家文書―』所収）。これらに拠れば、祭日の九月二九日の前夜には別当衆が神前において御修法を行っていたが、別当衆は永住しておらず、「折々新住職故」、「古来の規矩」も知らないため、当地の氏子衆からは余り快く受け取られていないことが分かる。また、祭礼当日は古来、芝神明宮の社家衆による十二神楽や湯立、相撲などがあり、「右祭礼当日は諸人群集ニ付商人大勢出テ飴菓子・酒肴、其外品々商ひ仕候、且所之者は一向商ひ等不仕候へ共、近在故江戸表之商人罷出大ニ賑ひ申候」という状況であった。さらに例祭のほかでは、日照りが続く時期における雨乞いのための臨時の祈禱・神楽や「三日之護摩供」などが行われたが、次第に正月・五月・九月の年三回の恒例神楽と臨時神楽を併せ、年に四・五度行われることが普通となったという。

著名な儒学者である松崎慊堂は、文政五（一八二二）年から没する天保一五（一八四四）年まで、下渋谷村羽沢（現在の國學院大學や吸江寺にほど近い場所）に山荘（抱屋敷）を設けて居住し、私塾・石経山房（羽沢山房）を営んでいたが、晩年の日記『慊堂日暦』には、そこからほど近い場所鎮に座する渋谷氷川神社の祭礼（九月二九日）のことがたびたび記録されている。例えば、天保三年九月二九日条には、「晴、温。氷川社の祭にて、一村これが為めに喜色あり、墟落は市をなし、都城の人来り観る。例として相撲戯あり。」と記され、同六年の同日条には、「小尽。天陰。氷川社の秋祭。昨日の雨を以ての故に、甚だしくは喧騒ならず。しかれども書生輩は、潜かに出でて相撲を観る者あり。」と書かれている。これらの記述からも、江戸後期における渋谷氷川神社における祭礼時の相撲の盛況ぶりがうかがえよう。

渋谷氷川神社の相撲は、近代以降も有名行事として広く認識されていた。ただ、新聞報道では、金王八幡（度々「金剛八幡」とも表記された）と混同されていた嫌いもある。『東京朝日新聞』では、「金王祭　渋谷村の金王神社は昨今両日大祭にて花相撲やら何や歟やでなか〳〵の賑ひなり」（明治二四年九月三〇日）、「既記の如く豊多摩郡渋谷村の金剛八幡神社は来る廿九日より三日間大祭を執行するに付昨日新宿署へ金剛相撲、踊家台、山車、村芝居等奉納の事を願出でたり」（明治三一年九月二三日）、「豊多摩郡渋谷村の鎮守金王神社にてハ昨今秋季大祭の執行中なるを以て例年の如く素人相撲の奉納あり」（「兵士抜剣して角力場を騒す」、明治三四年九月三〇日）、「渋谷の氷川祭　豊多摩郡渋谷村氷川神社は来る十四日十五日大祭を執行し神輿の渡御及び能楽村芝居等の催しある筈なり」（明治三五年九月五日）などの記事がまま見られる。「渋谷八幡神社（金王八幡宮）」の例祭日は、元来毎年八月一五日であったが、明治一二年より九月一五日に改めたという（前掲『渋谷風土記』）。渋谷氷川神社の例祭日は、大正一〇（一九二一）年より、金王八幡の例祭に連続させるため、九月一六日に改めたというが（前掲渋谷警察署新築落成祝賀協賛会編『渋谷町誌』）、これらの記述が正しければ、明治時代における例祭日は未だ九月二九日のままであったはずであろう。両者の混同の真偽についてはともかく、『東京朝日新聞』明治四〇年九月二二日の記事には、「渋谷氷川神社大祭　豊多摩郡下渋谷村の氷川神社は来る二十七、八両日大祭を執行し氏子中は軒提灯を掲げ例の有名なる素人相撲をも催ほす由」とある。但し、この年の大祭においては、境内に設けられた桟敷小屋で行われる村芝居が無料で観覧できるというので、我も我もと押し寄せた多数の客で桟敷を支える丸太が重量オーバーとなってしまい、桟敷小屋が傾き倒れ、七名の重軽傷者が出ている（「村芝居の桟敷落つ」『読売新聞』明治四〇年九月三〇日）。

明治・大正期においても氷川神社の相撲は盛大だったようで、前掲『郷土渋谷の百年百話』に拠れば、「毎年九月二十九日の祭礼には、町内宮本（下通三丁目）のお神酒所に飾られた一対の獅子頭が町内若衆が鉄棒を突いて行列のトップに立って神社に繰り込む、それが神前に納められると相撲の取組が開始される永い間の仕きたり」であり、さらに同書は「東京の素人相撲界でも浅草の破れ傘、深川の日本海、洲崎の江戸っ子、麻布の赤達磨、渋谷の四つ車、大泉、渋谷川など多士済々で本相撲の幕下級の実力あるのがいた。（…中略…）土俵場の周囲は現在より広く、一段高い位置の外廓部には各部落の桟敷が設けられ、婦人子供でも、ゆっくり見物して楽しめた。土俵近くのひな段は自由席であるから早くに満員になる。」という「高橋勝太郎氏の談」を紹介している。

なお、現在の社殿は昭和一三年一一月に氏子町内の寄付によって造られたもので、戦災にも遭わず、現在では都内有数の木造神社建築となっている。境内全域が渋谷区の保存樹林に指定されており、また、境内社として、秋葉神社・八幡神社・稲荷神社・厳島神社が建っている。それぞれの社ごとに、狛犬や狐の石像が附随して設置されているが、中でも稲荷神社には、ブロンズ製の狐像や笑っている狐像が設けられている。

4　神社から見た「恵比寿」「代官山」

前掲『東京府豊多摩郡誌』にあるように、天津神社（現・恵比寿神社、渋谷区恵比寿西一丁目）と稲荷社（伊藤稲荷、渋谷区東三丁目）は、渋谷氷川神社の境外末社であった。天津神社は、もと「第六天」と称した無格社の石造神祠で、戦後の昭和二四（一九四九）年に恵比寿地区区画整理組合が事務所をこの石造神祠鳥居前に移転して以来、難航していた事業の進捗を見るに至ったといい、地域の守護神として一般の崇敬を増すようになったため、以来崇敬者たちが官有地の払い下げを受けた。昭和三五年一月に、戦前の日本麦酒株式会社（現サッポロビール）の製品「ヱビスビール」の出荷のために造られた恵比寿停車場（駅）に因む地名「恵比寿」を取って「恵比寿神社」と改称し、組合は記念事業として境内地造成と拝殿の建築を行って事代主神（えびす）を合祀した（前掲『新修渋谷区史』、「並木庄三郎さんが語る　恵比寿駅前物語」、前掲野村敬子編『渋谷むかし口語り』所収）。

因みに、この神社とは別に、かつてヱビスビール製造工場では、明治二六年に社殿を造り、同二九年に西宮神社から御分霊を祀っていたが、昭和六三年に再開発工事のため墨田区の三囲神社内の恵比寿大黒のお社に仮遷座し、そしてサッポロビール本社が入る恵比寿ガーデンプレイスが完成した後は、企業内神社として「恵比寿神社」を祀っており、神酒はヱビスビールを供えている（『神社新報』第二二九三号、平成六年一〇月三一日）。

なお、かつて恵比寿駅の南方高台の一画（向山）は「稲荷山」と称していたが、大正三（一九一四）年頃、元内閣書記官、宮内省御用掛などの官職を務めた多田好問はその沿革を手記にまとめている（前掲『渋谷風土記』）。この手記には、下渋谷の人々から聞き取りを行ったところ、当時から見て七〇〇年前に渋谷直実という武士が勧請したもので「福徳稲荷大明神」と称したが、恵比寿駅建築の際をはじめ、折々に祟りなどの奇瑞があったことが記録されている。

一方、伊藤稲荷は、近代には無格社で、社殿は戦災を受けて再建された。かつて上智町と称していた場所に鎮座する小社であるが、その由緒は詳らかではない。古くこの地に伊藤某という豪族が住み、その邸内社であったといわれ、元禄年中に小澤氏が住むようになってから同家を中心に祭祀を行っていたとされる（前掲『渋谷の歴史』）。

また、ここで落ち着いたファッションの街として知られる代官山駅周辺にも若干触れておくと、「代官山」の称は、鎌倉期においてこの地に代官役所があったとされると伝えられている程度で、その他詳しいことは知られていない。前掲有田肇『渋谷風土記』に拠れば、猿楽小学校附近を少しく掘れば土台石が現れるという。

代官山駅に近い代官山ヒルサイドテラス内には「猿楽塚」と呼ばれる古墳（古墳時代の二基の円墳）があり、「猿楽町」という地名の由来にもなっている。ヒルサイドテラスは、戦前、有力な東京府議会議員として活躍し、渋谷区制となって初めての区会議長となった朝倉虎治郎を輩出した朝倉家（戦国時代からの旧家という）の敷地で、同家の精米所庭前の塚の上に小祠（邸内社）が建てられていた。同江戸時代の地誌類に拠れば、「猿楽塚」（物見塚、斥候塚、去我苦塚、去ヶ苦塚）の類は、「府中むさしの、のあたりこ、かしこにあり。」（『江戸名所図会』）とされ、「下渋谷村堺」や目黒の「別所台」、「青山百人町」など様々な地名で以て紹介されているが、『新編武蔵風土記稿』中豊沢村の條には、「猿楽塚　高一丈の許の塚なり、土人の説に、往古鎌倉将軍頼朝此地にて猿楽を催し、畢て其具を埋めし印なりと云、受難き説なり、」とある。朝倉虎治郎の孫である徳道に拠れば、大正九年に朝倉家の庭を造園した際、四基あった塚の一つを取り壊したところ、虎治郎と工事を請け負った棟梁とが奇病に罹ったため、塚から出てきた人骨らしきものや武具を綺麗に取り出して前の塚に納め、「ご供養」をしてそこに「お宮」を建て、「猿楽様」として祀ったという（朝倉徳道「猿楽塚と猿楽神社」、前掲野村敬子編『渋谷むかし口語り』所収）。邸内に散在していた祠はこの際に纏めて一緒に祀ることとし、年二回、御供えものやお経をあげ、「神仏混淆」で祀っていた。現在この祠は、「猿楽神社」（渋谷区猿楽町）となっている。朝倉徳道の紹介する「猿楽神社縁起」には、「朝倉家では、大正年間に塚上に社を建立し、現在、天照皇大神、素盞嗚尊、猿楽大明神、水神、笠森稲荷を祀り、二月十八日、十一月十八日を祭礼日と定めて、建立以来、一族をはじめ、近隣在郷の信仰を集めている。」と記されている。

第三節　渋谷の盛り場に鎮座する神社

1　渋谷の町並地・門前町と大山街道

江戸時代の渋谷地域は、江戸市中から見れば周辺部に位置しており、当初は農村地帯であったが、江戸市街地の拡大によって武家屋敷が徐々に増加し、主要な道沿いや社寺の門前などに町屋が立ち並ぶようになる（『白根記念渋谷区郷土博物館・文学館常設展示図録』平成一八年）。こうして発達した町は、時と場合によって府内・府外のどちらにもなり得るような、代官支配の百姓地と接続する「場末の町」であった（前掲『新修渋谷区史』上巻）。

特に明暦三（一六五七）年の大火（振袖火事）を契機として江戸市中の地域的拡大が図られるようになり、渋谷地域の街道沿いや江戸の町と地続きの百姓地にも「町並地」（町奉行の支配下ではあるが、年貢に関しては代官の管轄下）ができて来る。この地域で最も早く発達したのは、元禄前後、麻布広尾町の地続きであった渋谷広尾町や赤坂青山通りの延長上の街道沿いの町並みから成立した渋谷宮益町であった。

正徳三（一七一三）年には、大幅な町地の拡大があり、渋谷宮益町・渋谷広尾町・渋谷道玄坂町・千駄ヶ谷拝領町が町並地とされ（町方移管）、元文三（一七三八）年には、青山原宿町・青山久保町・山尻町が町並地とされた。

また、社寺門前に成立した町も発達してゆく。延享二（一七四五）年、門前町が寺社奉行から町奉行支配に移され、翌年、千駄ヶ谷の神明門前・瑞円寺門前（八幡宮門前）・聖輪寺門前、渋谷の東福寺門前（金王門前）・妙祐寺門前・長谷寺門前、寺領内町屋である三寺（吉祥寺・西福寺・霊山寺）領千駄ヶ谷町・西福寺領千駄ヶ谷大番町などが町方支配とされた（前掲『図説渋谷区史』、前掲『新修渋谷区史』上巻）。

現在でも渋谷の「盛り場」として著名な宮益坂と道玄坂は、渋谷川を挟んで東と西に位置しているが、二つの坂は

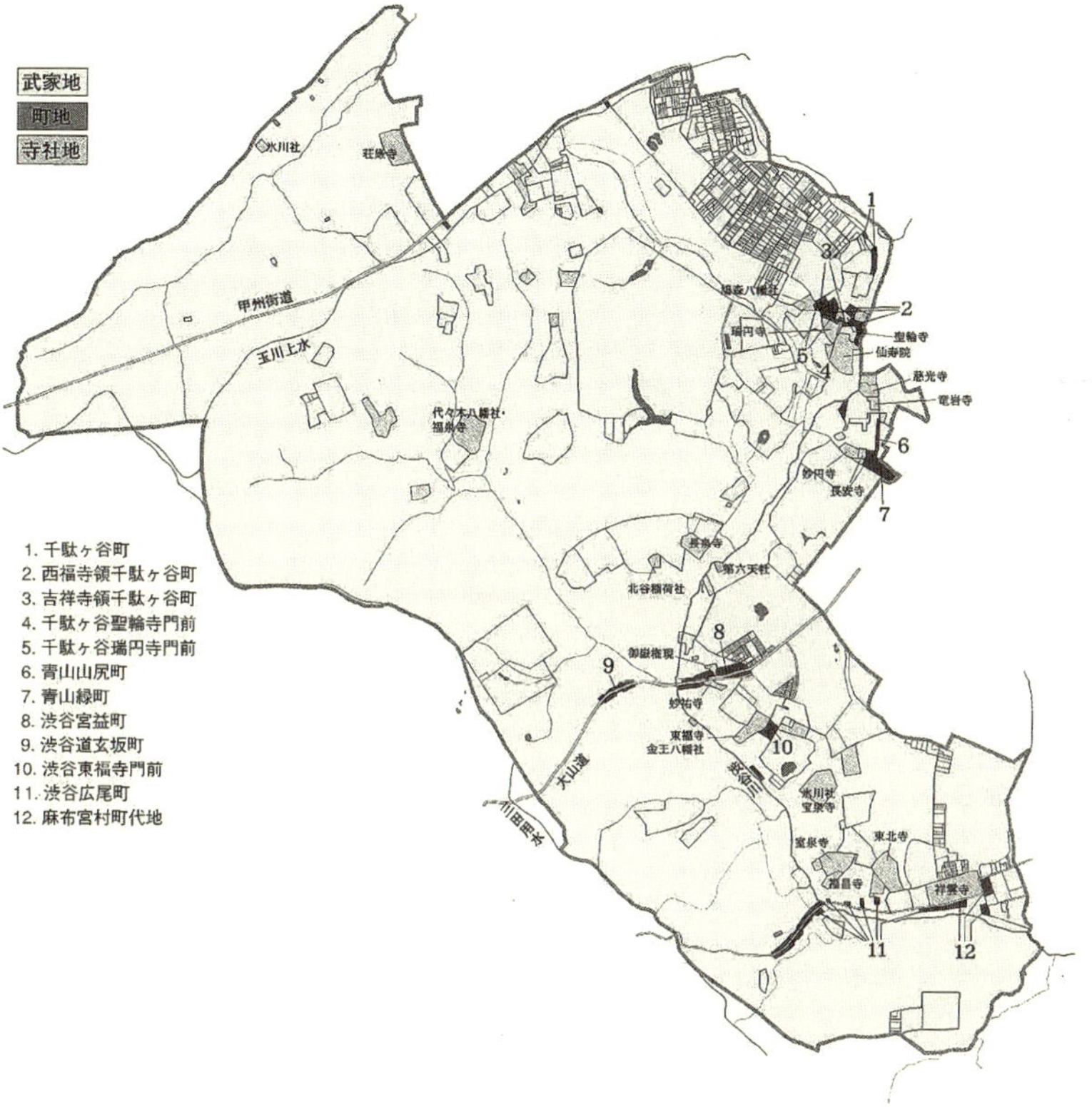

渋谷の町地分布図（安政３年）
出典：『白根記念渋谷区郷土博物館・文学館　常設展示図録』

「大山街道」（大山道）の道程にある。大山街道は、江戸赤坂御門を起点として、青山、宮益坂・道玄坂、三軒茶屋を通り、二子の渡しで多摩川を越えて相模方面に抜け、厚木を経て大山に至る約七〇キロメートルの道のりであった（現在、世田谷区新町附近までは国道二四六号と重複）。大山街道は元来、東海道の脇往還として整備されて「矢倉沢往還」（矢倉沢道・矢倉沢街道）と称し、西方から江戸への農産物などの運搬や江戸の下肥の村々への輸送など、経済的役割の強い道路であったが、江戸中期以降、江戸の庶民が「大山詣」（大山石尊権現＝阿夫利神社）の参詣道として盛んに利用して「大山街道」（大山道・厚木道）と呼ばれ、また、近代には、街道沿いに練兵場などの軍事施設が次々に移転されるようになる（前掲『図説渋谷区史』、中平龍二郎『ホントに歩く大山街道』風人社、平成一九年、吉田律人「渋谷周辺の軍事的空間の形成」、前掲『渋谷学叢書2　歴史のなかの渋谷』所収）。

2　町並地としての宮益坂と御嶽権現

さて、宮益坂の街道の両側に町屋が並んでいたことから宮益町と呼ばれるようになった。この「宮益坂」「宮益町」の名称は、鎮守の「御嶽権現」（御嶽神社）に由来するとされる（前掲根岸茂夫「谷間の村と町の風景」）。渋谷村から独立して「渋谷新町」と呼ばれ、「宮益」と改まったのは、元禄一三（一七〇〇）とされるが（「渋谷の今昔記㈠」、前掲『郷土渋谷の百年百話』所収）、元禄一二年の「武蔵国豊島郡渋谷宮益町御検地水帳」には、「一、拾七間半　拾六間弐尺　御嶽社地壱反弐畝壱歩　七拾五歩入　但元除地　村中抱」と記されており、さらに延享元（一七四四）年の「宮益町沽券図」には当然の如く「御除地　御嶽権現」も書き込まれている（『渋谷区史料集　第一』渋谷区、昭和五五年）。

元来、宮益坂の御嶽神社（渋谷区渋谷一丁目）は、大和国吉野の金峯神社の分霊を祀り、日本武尊を御祭神としている。寛文の絵図に「見たけこんげん」（御嶽権現）と記されており、少なくとも江戸時代初期には存在していたようである。同社の創建経緯は明確では無いが、『文政寺社書上』に拠れば、戦国時代の元亀年間（一五七〇～七二）に、甲州武田家の陪臣・石田勘解由茂昌という武士が所持していた尊像を当所に持ち来り、衾無という沙門がお宮を建てて祀ったことに始まるといわれている。また、この石田茂昌の子孫・茂兵衛という人が「当所渋谷新町」に住んでおり、その聟の太郎兵衛がこの尊像を護持していたが、延宝九（一六八一）年九月、当社に勢至と庚申の石仏を建立し、元禄一三（一七〇〇）年に至り、希鈍という僧が宮守になったと伝えられている。これらの石仏は、境内に「延宝」の銘のある二つの像として残されている。また、同社の別当寺は本山派修験の学宝院で、衾無を開祖に当てていたが、元禄期には、先の希鈍が中興開基となって御嶽神社の別当（宮守）に就き、宝永三（一七〇六）年に社殿が再建されている。

文政年間の『御府内寺社備考』にも「渋谷宮益町」の「御嶽権現社　社地除地三百六拾壱坪外寄附地七拾壱坪」との記述が見られる。同書に拠れば、祭礼は毎年九月二六日で「天下泰平国家安全之祈願幷神楽」が執行され、別当の学宝院は青山鳳閣寺支配下の当山派修験であった。また、境内施設としては、本社をはじめ、「御嶽宮」や「御嶽大権現」「御嶽山」の額字、鰐口、半鐘、鳥居、石燈篭、石手水鉢、石坂、神楽殿、天神社、妙見稲荷社、秋葉・金毘羅・妙義・榛名合殿、稲荷社、疱瘡神社、地蔵堂、庚申石像、不動尊石立像、勢至菩薩石立像、芭蕉碑が挙げられており、それらの配置を概ね知ることができる境内図も載せられている。現在も不動堂の傍にある芭蕉の句碑は、文化八（一八一一）年に建てられたもので、拝殿前の神使は狛犬でなく日本狼の対の像であり、珍しい形態のものとされている。

現在、御嶽神社の境内には「明治天皇御嶽神社御小休所阯」の標識（石碑）がある。これは明治三（一八七〇）年四月一七日、明治天皇が駒場野練兵場において初めて観兵式天覧を行われるため行幸された時、御往復とも、御乗り物御召し替えのために同社で小休止されたことに因むものである。公文書には、「練兵天覧暁第五字御出馬御道筋外桜田ヨリ赤坂通吉井（引用者註・信謹）従四位邸青山御嶽社両所御小休第八字駒場野著（…中略…）第六字還幸御道筋御小休同前」（国立公文書館所蔵『公文録』第一編第五二巻、宮内、行幸行啓四、「駒場野練兵天覧」）とある。当時御座所に充てられたのは御嶽神社の拝殿で、御乗り物を御板輿から御馬へ御召し替えになった。翌一八日には弁官の達書を以て神社に白木鳥居一基が建てられた。

かかる明治初年の出来事は、長い間忘却されていたらしく、大正三（一九一四）年刊行の前掲『渋谷町誌』の編者・有田肇が「或人明治初年品川県時代に先帝駒場野行幸の御事ありしを語れるも、古老に就て之を訊せるに嘗て知る者なく、先帝の年譜にも編者の見たるもの、中には之を記したるなく、或は或人の語れるは何等かの誤ならずやと疑ひたるが、当社の由緒を調査し始て行幸の事実を確め得たり。」と記している。しかし、この明治天皇行幸の記憶は、昭和戦前期において宮益坂住民の間で強く呼び起こされることとなる。昭和一一（一九三六）年の新聞報道に拠れば、その少

明治天皇御嶽神社御小休所阯
出典：筆者撮影

し前から、「由緒深き渋谷区宮益坂中途の御岳神社を聖蹟地として指定されたき旨の運動」が、宮益坂一帯の住民（渋谷第二部町会並に商友会）を中心に推進されてきたことが知られるのである（「御岳神社を聖蹟に　渋谷区宮益坂一帯の住民が　指定促進の猛運動」、『読売新聞』昭和一一年四月一一日夕刊「城西読売」）。さらに同記事には、これらの人々は、昭和一〇（一九三五）年秋には文部省内聖蹟保存会に対して申請し、翌一一年の三月中には認可指定されるものとみられていたところ、その後何等の音沙汰もないためにシビレを切らした同会の役員が文部省に出頭して促進方を陳情した結果、一応実地を詳細に調査した上で決定されることとなり、いよいよ一七日の記念日当日に指定されるかも知れないとみられることから、「愈よ聖蹟として指定されれば同地付近は挙つて盛大なる建碑式その他を執行すべく宮益坂一帯の春は色めいてゐる。」と報じられている。

　この運動の際、渋谷御嶽神社は「東京市内に残る唯一の聖蹟」ということが強調された。次にこの言葉が使用されていた新聞記事の全文を引いておこう（「帝都唯一の聖蹟　渋谷御嶽神社を史蹟に」、『読売新聞』昭和一一年九月二〇日）。

　明治三年春の駒場野の閲兵式は明治天皇御一代に於ける最初の御閲兵だけに百代に伝ふべき御事蹟のあとを偲ば

れてゐるが、当時の聖蹟中最も由緒深い閲兵式場に於ける玉座の位置が恐れ多くも時の流れと、に湮滅して残るはたゞ行幸御道中の御少憩所であった秩父宮邸と渋谷宮益坂中腹の御嶽神社だけになつた／そこで文部省では嘱託荻野仲三郎氏をして特に御嶽神社を実地調査せしめたところ建物も昔のま、残り天朝から拝したありがたい御下賜品についての古い記録まで発見したのでいよ〳〵東京市内に残る唯一の聖蹟として来月廿日の保存委員会総会で史蹟に指定、大帝の御聖徳を永遠に伝へる事になつた／今度発見した記録によると翌十八日畏くも御嶽神社社掌清島秀教へ金二千疋を賜はり、更に五月廿三日神社へは特旨をもつて白木の鳥居一基を御奉納あらせられたことが記されてゐる。

このように、宮益坂住民の聖蹟指定促進運動の甲斐もあって、昭和一二年四月五日には、「明治天皇聖蹟」に指定された（『明治天皇聖蹟　史蹟調査報告第十一輯』文部省、昭和一三年）。そして、昭和一四年四月一七日には、聖蹟標識の除幕式が執り行われた。御嶽神社社掌の比留間彬によって式が進められるなか、明治天皇聖蹟保存会会長の西郷従徳、宮内省図書寮編修官の樹下快淳、渋谷区長の馬場密蔵をはじめ、約一五〇名が参列し、地元の子どもたち二人の手で除幕が行われたのである（「聖蹟標識除幕　渋谷の御嶽神社境内」、『東京朝日新聞』昭和一四年四月一八日）。

3　道玄坂の富士講「御水講」

宮益坂は「富士見坂」ともいわれた。『江戸名所図会』には、町場が立つ富士見坂（宮益坂）や「富士見橋」（宮益橋）、道玄坂をも含む景色を描いた「富士見坂一本松」の絵が載っているほか、「富士見坂」について、「渋谷宮益町より西へ向ひて下る坂を云ふ。斜めに芙蓉の峯に対ふ故に名とす。相模街道の立場にして、茶店酒亭あり。麓の小川に架せる橋をも富士見橋と名づけたり。（相州街道の中、坂の数四十八ありとなり。この富士見坂はその首なりといへり。）」と記され、また、「道玄坂」についても、「富士見坂の下、耕地を隔て、向うの方、西へ登る坂をいふ。（この坂を登りて三丁程行け

富士見坂一本松　出典：『江戸名所図会』

ば岐路あり。直路は大山道にして、三軒茶屋より登戸の渡、また二子の渡へ通ず。右へ行けば駒場野の御用屋敷の前通り、北沢淡島への道なり。）世田ヶ谷へ行く道なり。（道玄、或は道元に作る。）里諺に云ふ、大和田氏道玄は和田義盛が一族なり。建暦三年五月和田の一族滅亡す。その残党この所の窟中に隠れ住みて山賊を業とす。故に道玄坂といふとなり。（…中略…）或人云ふ、道玄は沙門にして、この地に昔一宇の寺院ありて道玄寺と称したり。故に坂の名に呼び来れるともいひて、一ならず。」と書かれている。江戸の重要な出口の一つ「相模街道」（大山街道）と宮益坂・道玄坂との係わりや当時の情景が良く分かる記述である。

当該地域における幕末の「宗門人別帳」（慶応三年宮益町人別帳）を詳細に検討した南和男の研究に拠れば、慶応二（一八六六）年～明治二（一八六九）年における宮益町の町方人数は、大体七〇〇人から六五〇人の間（男女比も概ね半々）で推移しているが、慶応二～四年における道玄坂町の町方人数は一四五人前後、東福寺門前の町方人数は八六～九三人の間で推移している（前掲南和男『幕末江戸社会の研究』）。これによっても、この辺りでは宮益町の規模や賑わいが突出していることがうかがい知れるが、他地域からの流入者たちの不安定な生活を裏付けるように、仮家住まいの店借層（七割前後で推移）が最も多くなっているのも宮益町であった（前掲根岸茂夫「谷間の村と町の風景」）。

前掲有田肇『渋谷風土記』は、「幕府時代宮益町は渋谷、青山、穏田、原宿辺の大名屋敷に出入する商店や、これ等の屋敷の臣下が来り遊ぶ料理屋、寄席、遊芸師匠などがあり、寄席は昼席を興行するほど此の土地は繁昌してゐたが、維新後大名屋敷や武家屋敷が消滅して衰へた。」と記した上で、「海老澤惣右衛門談」として宮益町北側の幕末頃における状態を紹介している。この記録に拠れば、民家が六〇戸位あり、商店は、菓子屋、かめ屋、煙草屋、金物屋、豆腐屋、反物屋、水菓子屋、とぼし油屋、手習師匠、米糠屋、畳屋、産婆、茶屋、桶屋、風呂屋、焼芋屋、荒物屋（「御嶽神社の下に長七さんといふ丈の高い爺さんがゐて春先は団子を秋は芋田楽を売り、其の間は下駄を売つてゐた」）、左官屋、大工、傘屋、床屋などがあり、「厚木街道」（大山街道）のため、人の往来はかなり多かったという。これに対し、道玄坂には馬方の休む飯屋はあったが、茶屋や商店は無かったという。

なお、渋谷地域では、江戸時代を通じて様々な民間信仰に基づく宗教生活が営まれており、寄り合って講を結ぶ場合も多々あった。代表的な講としては、伊勢講、三峯講、御嶽講、榛名講、大山講などが挙げられるが、富士講は特に盛んであった（前掲『新修渋谷区史』中巻）。なかでも有力な富士講として、少なくとも安永四（一七七五）年より前から、渋谷道玄坂の吉田平左衛門を講頭（大先達）とする「山吉講」の活動が良く知られている（井野邊茂雄『富士の信仰』古今書院、昭和三年、前掲『新修渋谷区史』中巻、『渋谷の富士講』白根記念渋谷区郷土博物館・文学館、平成二二年）。

食行身禄の直弟子である吉田平左衛門は、安永一〇年の「食行身禄菩薩御供所建立簿」や天明二（一七八二）年の「御供所建立帳」に名が見える。大先達吉田平左衛門（元講）の下には、多数の小先達らが率いる枝講（下講）が二五にも及び、それらは麻布・芝・目黒・品川・赤坂・牛込・下谷・深川に分布し、講中としては千名もの人々が加わっていたとされる（『渋谷区史料集　第二　―吉田家文書―』渋谷区、昭和五六年）。この道玄坂の山吉講は、正保期に富士山頂に金明水を発見して以後、「御水講」として知られるようになった。江戸最大の講社ともいわれた山吉講（御水講）直属の枝講は、年中行事の登山の途上に道玄坂の元講を訪れて「立拝《たちおがみ》」と称する祈願の後に出発し、帰路にも礼拝に立ち寄る講中があったが、御縁年（一二年目ごとに行う申年の登山）には江戸の全ての御水講が道玄坂に集合し、揃って富士に参るしきたりがあり、その際には「山吉講の通し馬」と称して宮益や上渋谷方面か馬を何頭か雇い、荷物や飲食料を積んで道中を往復したため、宮益方面の商人を潤したという（「御水講と道玄坂（吉田国太郎資料）」前掲、『郷土渋谷の百年百話』所収）。

山吉講の講元である吉田家は、道玄坂界隈の人々から「御水さん」と呼ばれていたらしく、また、この家の脇から栄通りに出る道は同家の私道で「御水横丁」とも呼ばれ、瓦職人や大工、駕籠作り、下駄屋などの零細な稼業で暮らす人々が家を借りて住んでいたというが、大正・昭和戦前期の当主である吉田国太郎は終戦を機に講元を辞し、元禄時代から三百年間住んできた道玄坂からも離れた（藤田佳世『大正・渋谷道玄坂』青蛙堂、昭和五三年）。

既存宗教勢力とは一線を画した新興独立勢力である富士講集団は、度々町人との軋轢や幕府の宗教政策との係わりで摩擦が惹き起こされ、しばしば弾圧を受けた（前掲根岸「谷間の村と町の風景」）。しかし、富士講の集団やその信仰は、維新後、「教派神道」教団としての扶桑教や実行教などに引き継がれてゆく。明治一五年には、教派神道一三派の一つ扶桑教の大教庁が、芝神明町より中渋谷に移転してくる。これは、「富士神社」や「扶桑教太祠」、「御富士様」などともいわれた一三洲富士講の総管轄であり、社殿は瓦葺破風造りで「浅間大神」「扶桑教会本院」の金字額を掲げ、社務所は「蓬莱閣」とされ、境内には小御嶽神社、富士森稲荷神社、食行身禄真霊二五〇年敬祭の石標などがあったが、富士講員の登山する者は、まずこの祠に詣でて一夜参籠してから発ち、下山後の御礼参りを例としており、夏の開山中は参詣者がたいへん多かったという（前掲『東京近郊名所図会』第一三巻、前掲『東京府豊多摩郡誌』、前掲『渋谷町誌』）。

4　千代田稲荷神社と道玄坂の渋谷百軒店

近代化の過程の一つと考えられる「都市化」の進展は、地域社会における神社のあり方に否応なく影響を与えてゆくこととなる。明治後期から大正・昭和初期にかけての渋谷は、次第に鉄道や道路などの交通網が整備され、ターミナル化してゆく。山手線をはじめ、玉川電鉄の渋谷—玉川間、東横電鉄の渋谷—神奈川間、帝都電鉄の渋谷—井の頭公園間、地下鉄の渋谷—虎ノ門間などが次々と開通し、玉川バスや東横バス、山手バス、市営バス、さらには市電なども走るようになり、渋谷と東京市中（都心）、渋谷と郊外とを結ぶ輸送が確保されていった。このように「渋谷」がターミナル化してゆくことによって、郊外の「宅地化」による人口増加があり、また、渋谷宮益坂・道玄坂界隈も商業地として近代化するなかで「繁華街」の移動が見られ、新しい「盛り場」も生まれたのである。

さらに、「郷土教育運動」で有名な小田内通敏は、『都市と近郊』（大倉研究所、大正七年）のなかで「近年遽に都市的発展をなせる渋谷町」を分析し、総戸数一六、四七四戸中、最も多いのが軍人・官公吏員等の五、〇四〇戸で、続いて鉱業及び工業の四、二〇六戸、商業の三、三五八戸、職業不詳及び無職業の一、七九〇戸、交通運輸業の一、五七一戸となるが、農業は僅かに四九五戸に過ぎないと述べている。軍人・官公吏が多い理由は、西隣の目黒・世田谷・駒沢の三村に軍営が多く、また町内の高燥なる地区が新住宅地区であるからであり、要するに渋谷町は「郊外の住宅地区」かつ「都市通勤者の居住多き」状態であるとともに、「此町自身の都市的生活乃至附近農村の経済的中心」が表出されているとして、多岐に亙る職業構成からは、むしろ「東京市の一部」と見るべきものであると論じている。

こうした近代に「都市化」する渋谷という背景を踏まえ、昭和戦前期における次の文章を御覧いただこう。

海苔の山形屋支店とカフエ・スロウとの間を這入れば百軒店。この一廓は、震災直後、箱根土地会社の手によつて出来上つたもの、道に石畳、そゞろ歩きの足も軽く、すべてが今までとはがらりと変つた近代風景。カフエーもはじめてカフエーらしい。資生堂分店。正一位千代田稲荷の赤い大鳥居、こゝには実に不似合きはまる存在だ。

（…中略…）不意に足もとからジャズ音楽が聞えて来ても怪しむには及ばない、フラッパア横行の噂ある**喜楽館ダンスホール**はキネマの地下室にあるのだから。アドミッシヨン五十銭、テイケット二十銭。大きな声では憚るが、この辺には、拾つてもい丶「恋」がざらに落ちてゐるとのこと。何と耳よりな話ではないか。その突きあたりが稲荷の御本尊。

この記述は、現在進行形の都市風俗などを観察・分析する「考現学」（モデルノロヂオ）を提唱した早稲田大学教授の今和次郎が編纂した『新版大東京案内』（中央公論社、昭和四年）における「道玄坂」の項、「百軒店」の描写である。ここで登場するのが千代田稲荷神社（渋谷区道玄坂二丁目）である。大正一二（一九二三）年の関東大震災後、渋谷は、帝都復興に伴う開発計画を進め、目覚しい発展を遂げる。その中で、箱根土地会社（西武の前身）の分譲による総合的な商店街開発計画の実践として、震災で壊滅した下町から有名店を招き、円山町の花街を背景に第二の浅草を目指した名店街として「百軒店」が造られる。その中心に据えられたのが、宮益坂から移転された「千代田稲荷」であった。

道玄坂の住人で数々のエッセイを書いた藤田佳世は、「渋谷百軒店」について、「片仮名のヨの字を縦に置いた形に、縦三本の道を横一本につないで石畳を敷きつめ、その両側にすき間もなくペンキ塗りの建物が並んでいるのも目新しく、横に通した道の中央に千代田稲荷を祀り、真ん中の通りには千代田稲荷に寄せて聚楽座という劇場を置いた。浅草のマルベル堂もこの劇場前に店を出したが、人気俳優のブロマイドを所せまくウィンドウに並べていた。」と記している（前掲『大正・渋谷道玄坂』）。また、画家の竹久夢二は、同志とともに中渋谷の宇田川町の家に「どんたく図案社」を設立し、大震災後は「東京災難画信」を『都新聞』に連載するが、その中の「渋谷百軒店夜景」には、雨の百軒店表口と百軒店千代田稲荷前通の二点の絵が添えられている（「渋谷から売り出した竹久夢二」、前掲『郷土渋谷の百年百話』、中林啓治『記憶のなかの街　渋谷』河出書房新社、平成一三年）。

千代田稲荷は、その創建以来、次々と鎮座の場所を変えてゆくという、神社としては珍しい経緯を辿った。前掲『渋谷風土記』、前掲『渋谷の歴史』などに拠ると、太田道灌が長禄元（一四五七）年、江戸城を築城した際に城内の守護神として伏見の稲荷社より御分霊を勧請したことが創祀とされ、徳川家康入城の後は江戸城内の紅葉山に遷座され、その後、慶長七（一六〇二）年の城地拡張の際に、渋谷の宮益坂に移ったという。この際、江戸城の別名「千代田城」の名を取って、「千代田稲荷」と改称された。『新編武蔵風土記稿』には、近くの北谷稲荷と同様、江戸山王社家の「小川織部持」であったとする。幕末期、公武合体政策により、孝明天皇の皇妹・和宮親子内親王が第一四代将軍・徳川家茂に降嫁されるが、文久元（一八六一）年一〇月、江戸に下る皇女・和宮の道中において稲荷の眷属が守護するという奇瑞が現れたため、婚礼後にしばしば代参が立てられ、鳥居・鈴など多くの寄進がなされたといわれている。

千代田稲荷神社　出典：筆者撮影

また、斎藤月岑『武江年表』に拠れば、文久三年の「六月の頃より、中渋谷村（宮益町裏）千代田稲荷社はやり出し、日毎に貴賤男女歩を運びしかば、此のあたりには酒肆茶店を列ね、花を染めたる一様の暖簾をかけ、諸商人出て賑はひける。冬にいたり詣人やゝ減じたり。」と記され、「千代田稲荷」の信仰が流行り、当地は非常に活気に溢れたようである。このように千代田稲荷が繁盛したため、宮益坂も鎮座する御嶽神社にあやかる意味で「宮益」の名声が上がったという（「渋谷の今昔記㈠」、前掲『郷土渋谷の百年百話』所収）。そして先述のように、大正一二年には、渋谷「百軒店」を神域と定めて遷座されたが、昭和二〇（一九四五）年の戦災に遭い、道玄坂に新築された。同二七年には再度遷座が行われ、渋谷百軒店の現在地に鎮座するに至っている。地元では、祭神の稲荷大神（宇迦之御魂命）が、五穀をはじめ全ての食物・殖産興業・商売繁盛などを司る神さまであることから百軒店に迎えられたといわれているが、同社は、戦前の渋谷の「都市化」段階における新しい総合的商店街構想の中核に据えられた神社という点で興味が尽きない存在である。千代田稲荷は今も、風俗街・ホテル街と化し、怪しげな魅力を放つ盛り場「百軒店」の突き当たりにひっそりと鎮座している。

5 高層化された繁華街の神社

戦前には、「都市化」された渋谷の盛り場においても、前述の「千代田稲荷」に見られるように、未だ地域社会における神社の役割に対する強い期待が残存していた。しかし、戦後の高度成長期以降には、さらなる「都市化」によって神社経営の基盤が揺るがされ、境内の伝統的な景観の維持が困難となり、社殿の位置や様式を大幅に変えざるを得なくなった神社も現れてくる。これらの神社の特徴の一つとしては、建物の二階以上に相当する所に建てられていることが挙げられるが、このような現象は「神社の高層化（ビル化）」と呼ばれている（石井研士『銀座の神々―都市に溶け込む宗教―』新曜社、平成六年、同『戦後の社会変動と神社神道』大明堂、平成一〇年）。

神社にとって「都市化」は、日本の仏教やキリスト教の場合と比べて遥かに重大で、神社の本質に係わる問題ともいえる。それは、多くの神社が農耕的伝統に深く根差した農村の土壌を基盤としてきたためであり、自然との調和を重んじる日本人の伝統文化・習俗と密接に関係があるからである。高度成長期以降、渋谷地域の定住民としての氏子は、地価の著しい高騰や住環境の変化によって郊外へと移転して行った。また、次第に渋谷には巨大なマンションやアパート群が建ち並び、一挙に「新住民」が増加した。こうした流動性の高さは、近代以来のものともいえるが、結果的には氏子意識の希薄化や氏子組織の崩壊をもたらすことになる。近年、正月の初詣者が大都市の特定神社に集中する傾向があるが、このことは神社を支える伝統的な基盤に、構造的変動が生じたことの一つの表れと考えられる。

渋谷地域に鎮座する神社の中で、現在高層化している神社は、北谷稲荷神社と御嶽神社の二社である。その他、渋谷区内では、穏田神社（渋谷区神宮前）も高層化する計画がこれまでにあったといわれている。

北谷稲荷神社（渋谷区神南一丁目）は、渋谷区役所やNHK放送センター、代々木競技場の近くに位置し、現在、ビル屋上に鎮座している、表面的には非常に特異な形態の神社である（「北谷稲荷神社・第七共同ビル　設計菊竹清訓建築設計事務所」、『近代建築』第五二巻第一一号、平成一〇年）。同社は、『新編武蔵国風土記稿』に拠れば、旧・上渋谷村の小名北谷に鎮座していたことから、その地名を冠して「北谷稲荷」と称した。上渋谷村・上豊沢村の鎮守で、江戸山王社家小川織部持であった。当社の創建や由緒について、その詳細は知られないが、上渋谷村の名主・長吉の先祖である田中讃岐守直高が、文明年間（一四六九～八六）に駿河から移った際、その邸内に勧請したとされている。このほか、文正年間（一四六六）の創祀との説もある（前掲『渋谷風土記』）。ただ、万治元（一六六〇）年に大破した際、その再建の棟札に、いつ勧請されたかわからないほど古くからこの場所に鎮座している旨のことが記されており、文明以前からの鎮守であるとも考えられている。

図１－１１　北谷稲荷神社　出典：筆者撮影

また、末社の土師家天満宮は、「土師」が菅原道真の本姓であるための呼称とされるが、麻疹（はしか）のことと勘違いしてこの病を祈る者が多くなり、安永五（一七七六）年、享和三（一八〇三）年に流行し、特に文政七（一八二四）年には参詣者が群集したとされる（『新編武蔵風土記稿』、前掲『東京府豊多摩郡誌』）。

同社は明治四（一八七一）年に村社に列したはずが、如何なる誤りか、その後無格社となってしまい、氏子総代の協議によって、大正一三（一九二四）年六月にその理由を具申出願し、同年八月に村社に列せられている（前掲『渋谷風土記』）。また、明治四一年一一月一一日、氏子居住地の一部である上渋谷字大原が陸軍の練兵場に指定されたため、離れるのが忍び難い氏子たちは、各所に移住する際、この旨を石燈籠二基の台石に刻して決別記念とした（前掲『東京近郊名所図会』第一三巻）。

大正一一年の前掲渋谷警察署新築落成祝賀協賛会編『渋谷町誌』の段階では、「岡腹の斜面にあり、松の巨木多く勝地である、近頃賽路を修理して清浄の趣きに富む。」と記されていたが、同社は、昭和二〇（一九四五）年五月二五日の東京大空襲で一切のものが焼失した。しかし、昭和二四年に本殿、同三三年に拝殿が造営され、社務所・神楽殿なども再建された。

その後、同社を取り巻く地域環境は渋谷の変貌とともに大きく変化し、社殿も老朽化したことに伴い、社殿や社務所等建物は平成九（一九九七）年に改築され、通常の神社とは異なる斬新な建築様式（菊竹清訓設計事務所の設計）になった。ここには朱の鳥居や狐像といったものは見あたらず、一般に「お稲荷さま」と聞いて頭に浮かぶ景観では無い。入口に建てられた日月鳥居（額束の正面に円形、背面に半月形で日象の浮き彫りがある）のある参道正面の景観は、一般的な神社と殆ど変わらないように見える。しかし、参道の階段を上がっていくと、二階建てビルの屋上に本殿が建てられているることがわかる。本殿前に立つと、左側に同社の地点よりさらに高いビルが聳え建ち、そこに社務所が設けられている。

また、先述した御嶽神社（渋谷区渋谷一丁目）は、渋谷駅東口の近くにある宮益坂下交差点から、宮益坂の左側の歩道を少し上ったところに鎮座している神社であるが、同社も渋谷区立商工会館と同居しているという特異な神社である。現在の同社は、北谷稲荷神社と同じように、階段を上ったところに社殿がある。歩道に面して鳥居が建っているので、比較的見つけ易い場所といえる。しかし、鳥居の場所から見えるのは階段ともう一つの鳥居だけで、社殿は見えない。社殿は階段を登ると漸く姿を現すが、ビルの二階の屋上にあり、建物の一部は七階建てになっている。

このように戦後、「都市化」が著しく進展した東京では、二階建てや建物の屋上に社殿が設けられるなど、「神社の高層化」が進んだ。「都市化」と「神社」を考える上でしばしば問題となってきた「神社のビル化」という場合の代表的な事例としては、中央区銀座の八官神社が挙げられる（『神社新報』第一六八〇号、昭和五六年一〇月五日、前掲石井研士『銀座の神々―都市に溶け込む宗教―』）。しかしながら、本格的なビル建設を行ったのは御嶽神社が最初である。

同社は、先の大戦による被災によって社殿が焼失した。戦後まもなく仮社殿は建ったものの、渋谷の発展に伴って氏子は他所へと移転し急減して行った。そのため、仮社殿の本建築はおろか、維持自体も困難になった。その後、昭和五〇年頃から、商工会館の用地を捜していた渋谷区との間で話し合いが持たれ、その結果、社殿を本建築したいという神社側の意向と駅周辺に商工会館を建てたいという渋谷区側の利害が一致したため、同所に渋谷区立商工会館と同居・併設する形でビルを建築することとなり、昭和五五年三月に商工会館の入るビルの二階屋上（すなわち三階部分）に鎮座する形で、社殿は再興された。社殿と商工会館は完全に分離し相互に独立しており、それぞれの入口も全く別個となっている（同社入口は宮益坂に面し、商工会館の入口は神社の裏側）。また、もともと同社の社殿は高台にあったことから、かつての姿と大きく変わらないように配慮された設計となっている（『朝日新聞』東京版・昭和五四年一二月一四日、『読売新聞』都民版、昭和五五年四月二四日）。

御嶽神社は、神社周辺（宮益坂）の狭い地域の氏神（産土神）であるが、多数の氏子は郊外に転出し、新たに氏子区域建ったビルの店子や企業はかつての氏子のような活動を行わないため、現在、氏子区域に住む氏子は非常に少なくなってしまい、神社の経営基盤そのものが大きく変化してしまった。しかしながら、同社のビル化は、できる限り神社境内の荘厳さを損うことなく、商工会館部分の借地料などの収入による経済的基盤の安定を第一に「都市化」への対応を図った事例ということができる。また、同社は通称「御酉さま」と呼ばれており、昔から「酉の市」が開かれていたが、これは社殿新築後に復興されて毎年盛大に行われており、多くの参拝者で賑わっている。

第四節　旧千駄ヶ谷村・旧代々幡村の鎮守と明治神宮の造営

1　渋谷区の行政区画の変遷

慶應四・明治元（一八六八）年、明治維新によって江戸には東京府が設けられ、明治四年の廃藩置県によって、東京府の行政区画は、旧市街地を基礎にした「大区小区制」（府内六大区九七小区で出発し、同七年には一一大区一〇三小区）となり、同一一年には「郡区町村編制法」によって区・郡・町・村に編制され（一五区六郡）、現在の渋谷区に当たる地域もそれぞれ細かな変遷を辿る（『区制沿革』東京都、昭和三三年）。

しかし、同二二年の「市制・町村制」施行によって大幅な分合が行われ、概ね南豊島郡（同二九年に豊多摩郡）の渋谷村・千駄ヶ谷村・代々幡村に纏められることとなり、この東京市に隣接した市街地であった三村は、同四〇年に千駄ヶ谷が、同四二年には渋谷が、大正四（一九一五）年に代々幡が、それぞれ町制に移行した（前掲『図説渋谷区史』）。

そして、昭和七（一九三二）年の「大東京市」（一五区から三五区へ）実現に当たり、豊多摩郡における渋谷・千駄ヶ谷・代々幡の三町は合併して「渋谷区」に編成され、東京市に編入されることとなる（『東京市域拡張史』東京市役所、昭和九年）。

ここまで述べてきたのは、概ね、かつての渋谷村（町）の地域に鎮座する神社についてであったが、本節では、千駄ヶ谷村（千駄ヶ谷・原宿・穏田）と代々幡村（代々木・幡ヶ谷）に鎮座する神社について紹介することとする。その上で、大正時代にこれらの地域を舞台として創建された、国家的かつ国民的な一大プロジェクトとしての明治神宮の造営過程とその展開についても聊か言及したいと考える。すでに手塚雄太によって指摘されているが（「渋谷区の誕生」、前掲『渋谷学叢書2　歴史のなかの渋谷』所収）、昭和七年の「渋谷区」の新区編成理由書において、「明治神宮は代々幡町及渋谷町の二町に跨り外苑は千駄ヶ谷町の中央を占め是等の三ヶ町は実に明治神宮を中心とする一地区を編成す」（前掲『東京市域拡張史』）とあった如く、明治神宮は「渋谷区」の中心であるとともに、三町を繋ぐ紐帯として認識されていた（代々幡町と千駄ヶ谷町が連名で「神宮区」の名称にすべきことを主張したこともあったほどである）。

2 「神宮前」（穏田・原宿・青山）に鎮座する産土神

元千駄ヶ谷村は、明治二二（一八八九）年に穏田村・原宿村・千駄ヶ谷村を合併したものであり、同四〇年に町制になった。ここでは、それぞれの地域の鎮守を中心に紹介をしておきたい。ただ、すでに地名としての「穏田」「原宿」は、昭和四〇（一九六五）年以来消えており、現在の住居表示としては「神宮前」に含まれる形となっている。

穏田神社　出典：筆者撮影

「穏田」という地名の起源は、前掲『東京府豊多摩郡誌』に拠れば、「元渋谷に属したるが、上杉定正の臣恩田五郎右衛門なるもの此の地に退隠し、其の子孫農民となり、俚俗穏田と呼びたるを、徳川氏之を領するに至り穏田と改めたるなり」という。徳川家康が江戸に移った後、天正一九（一五九一）年に穏田の地を伊賀衆の大縄地とした。

現在、穏田神社（渋谷区神宮前五丁目）は、「神宮前」（表参道・原宿全域をカバーする範囲における地名の住居表示）、具体的には、明治通りを宮下公園近くから一歩入った、多くの若者が闊歩する繁華街を抜けた所にある、静かな住宅街の一画に鎮座している。境内の周りは商業ビルや一般住宅、マンション等に囲まれており、丁度繁華街と住宅街を分かつ境界に位置しているともいえる。同社は、淤母陀琉《おもだる》神・阿夜訶志古泥《あやかしこね》神・櫛御食野《くしみけぬ》神を祭神とし、昭和三年一一月二日に村社に列した（前掲『渋谷風土記』）。『新編武蔵風土記稿』には「第六天社」とあり、「村の鎮守とす、村持」と記されている。淤母陀琉神・阿夜訶志古泥神は、『古事記』の「神世七代」のうち、一対となる第六代の神々で、中世には「第六天」（仏教でいう「三十三天」のなかの第六天を当てたことによる）と呼ばれ、「面足尊《おもだるのみこと》」を祀る社が関東各地にあったが、同社もその一つであった。別当の妙円寺（日蓮宗）は、宝永三（一七〇六）年にこの地に移転された後に別当寺となった（前掲『新修渋谷区史』中巻）。

明治期以降、「穏田神社」と改称され、同四四年には社殿・神楽殿・手水舎・社務所・鳥居・石段を新築・改造するが、昭和二〇年五月二五日の戦災によって神輿庫以外全て焼失したため、その後、本殿・石燈籠・鳥居などは旧小松宮邸の邸内社を払い下げいただき、同三一年には幣殿・拝殿が竣功するなどして整えられ（前掲『東京都神社名鑑』上巻）、以後も随時社殿の改築などを行って現在に至っている。

また、同じくかつて当地における村持の社であった「熊野社」（熊野神社）は、妙円寺を開山した日光が勧請し、後に浅野光晟《みつあきら》の室であった自昌院が再建したとされ、広島藩主浅野家の抱屋敷の中にあった（『新編武蔵国風土記稿』）。しかし、天保九（一八三八）年頃の別当は、同じ日蓮宗ではあるが下総中山の守玄院日啓の代僧観理院が当たっていた。万治元（一六五九）年自昌院が写し、同社に奉納したという法華経八巻は現在、妙円寺に所蔵されている。

寛文一〇（一六七〇）年には、元来村の鎮守であった熊野社の境内が浅野家抱屋敷（天保期には下屋敷）構内に囲い込まれた。さらに浅野斉粛《なりたか》に嫁した一一代将軍徳川家斉の第二四女末姫がその社地のうちに新たに「守本尊」を安置する社を建てて下総国中山八幡別当日蓮宗守玄院の代僧観理院を別当所に置いたが、天保一二（一八四一）年にはこの新設の社と別当所が撤去された。翌年二月に浅野家下屋敷は上地となり、熊野社は寺社奉行支配の村持という形に戻った（前掲『新修渋谷区史』中巻）。明治以後の熊野神社は無格社であったが、明治一八年五月六日に穏田神社に合祀されている（前掲『渋谷風土記』）。

熊野社　出典：『江戸名所図会』

次に、青山方面に目を向けて見る。同じく「神宮前」でも二丁目に当たり、東京メトロ銀座線の外苑前駅からほど近く、熊野通りを外苑西通りに向けて歩くと、國學院高等学校第二記念館の真裏に当たる場所に「青山総鎮守」の熊野神社（青山熊野神社、渋谷区神宮前二丁目）が鎮座している。かつての地名「原宿」「青山」の産土神である。

元々は現在の赤坂御料地内に当たる紀州徳川家屋敷内の鎮守として勧請された邸内社であったが、当地の人々の願いにより正保年間（一六四四～四七）に現社地に遷座したとされる（前掲『新修渋谷区史』中巻）。同二年には社殿が造営されたが、紀州家の祈願所として毎年祭典費及び現米四〇石を紀州家より納付せられたという（『文政寺社書上』、前掲『東京府豊多摩郡誌』）。この社殿は延享二（一七四五）年の火災で類焼したため、紀州家から三〇〇両の寄進があって再建されることになった。また、文政期における当社の氏子区域は、かつての青山南北町一～三丁目、原宿一～三丁目附近に該当し、祭礼においては、紀州藩主の代参があって、藩主が寄進した大神輿と氏子中寄進の二つを併せた三つの神輿が隔年に氏子中を渡御することになっていて非常に繁盛したという（前掲『新修渋谷区史』中巻）。当社の神主は芝神明社社人の兼帯であった。別当は三光山浄性院であったが、延宝三（一六七六）年にそれまでの真言宗武州浄栖寺末を離れ、改めて京都の智積院末となった。浄性院が文政八（一八二五）年に書いた『熊野権現御由緒』には、正保三（一六四七）年に紀伊徳川家が紀州熊野権現を浄性院境内に直接勧請したとされている（前掲『新修渋谷区史』中巻）。『東都歳時記』九月二一日条には、「青山原宿町熊野権現祭礼　別当浄性院　産子の町々年によりて出し・ねり物をだす、番組左のことし、一番青山お炉路町　同北原宿町　二番南原宿町　三番久保まち・熊野横町　四番久保町・表町　五番久保片町　六番五十人町　七・八・九・十番浅川町　十一・十二番若松町・六軒町　十三番御手大工町　以上十一町なり、」とある。

明治維新後の状況については、明治七年当時の祠掌多胡實成が、「明治二己巳年四月神祇官ヨリ御沙汰ニ而熊野神社与改称別当浄性院儀者復飾仕神官ニ被命候社地五百七十五坪者地頭旧幕伊賀ノ者給地免除ニ而寄附之年月相知不申候社格之儀者明治五壬申年十一月五日村社与被定候」と報告している（東京都公文書館所蔵『従第七大区至第八大区　神社明細簿　社寺取扱』）。また、明治一〇年当時、社掌の多湖は、青山北町・南町に散在する五社の稲荷神社を兼勤していた（『明治十年二月調　村社明細簿　社寺掛』）。社殿は破風造りにして向拝に龍の浮き彫り、扉に葵の紋所が刻まれており、境内の西には神楽堂、東には水屋があった。昭和二〇（一九四五）年の戦災で社殿は全て焼失し、暫くは同二四年建設の仮社殿で奉斎していたが、同四三年に青山熊野神社復興奉賛会が設立され、翌四四年の「鎮座三百五十年式年大祭」に当たり、新しい社殿（鉄筋コンクリートの入母屋造）や社務所（現在、隣接する白いマンションの一階）を完成している。境内末社として伏見稲荷神社、御嶽神社、秋葉神社がある。

同社は、「原宿熊野権現」や「青山総鎮守紀州家祈願社熊野大権現」などと呼ばれてきたが、『江戸名所図会』に拠れば、「熊野権現社」として紹介され、「原宿町」にあり、「祭る所南紀の熊野権現に同じく三社なり。青山の鎮守にして、祭礼は隔年九月廿一日に修行す。別当は真言宗にして浄性院と号す。」と記されている。また、同書の絵図に描かれている「熊野社」を見ると、青山の平坦な台地上の町屋や武家地近くに建つ同社門前に比較的大きな下水（人工的な排水路）が設けられていることが分かる。こうした大規模な排水路は江戸の市街地には良く見られるが、農村に接する江戸近郊の渋谷地域では例外的であったらしく、この辺りでは、熊野社周辺に広がる武家屋敷や町の水を集めていたようであり、かかる台地上でも川への排水が可能であったことがうかがえる（前掲『特別展「春の小川」の流れた街・渋谷』）。

3　千駄ヶ谷の鎮守と富士塚

千駄ヶ谷（その起源には諸説あり、千駄の稲、もしくは千駄の萱が取れる谷との意から名付けられた地名という）の鎮守である八幡神社（鳩森八幡神社、渋谷区千駄ヶ谷一丁目）は、その草創の実際は不明というほかないが、万治三（一六六〇）年の『江府豊島郡渋谷庄千駄箇谷総鎮守鳩森正八幡宮縁起』（前掲『千駄ヶ谷の歴史』所収）や『文政寺社書上』には、神亀年間（七二四〜七二八）の草創とされ、渋谷金王丸が当社に祈願したおかげで危機を脱し、戦勝した話が載せられている。一方、『江戸名所図会』に拠れば、「往昔この地深林の中に、時として瑞雲現じける。又或時、碧空より白気降りて雲上に散ず。村民怪しんでかの林の下に至るに、忽然として白鳩数多西をさして飛びされり。依つてこの霊瑞を称し、小祠を営み名づけて鳩森といふ。」と記され、次いで、貞観二（八六〇）年に慈覚大師（円仁）が東国遊化の際、村民に鳩森の神体を求められて八幡を勧請し、「正八幡宮」と崇めるようになり、さらに久寿年間（一一五四〜一一五五）には、領主の渋谷正俊が金王丸生前随身の本尊、恵心僧都作の弥陀如来を本地仏として社殿を造営し、当地の産土神としたという。

いずれも伝説の域を出ないが、少なくとも江戸時代には千駄ヶ谷の「惣鎮守」であり、例祭は九月二七日であった。同社門前には、寛永の頃に三代将軍徳川家光が放鷹の折に鷹の鈴が松の枝に懸かったことに因む「鈴懸（掛）松」があったが、文政八（一八二五）年における火事で、境内の竜頭松とともに類焼してしまった（『江戸名所図会』、前掲『千駄

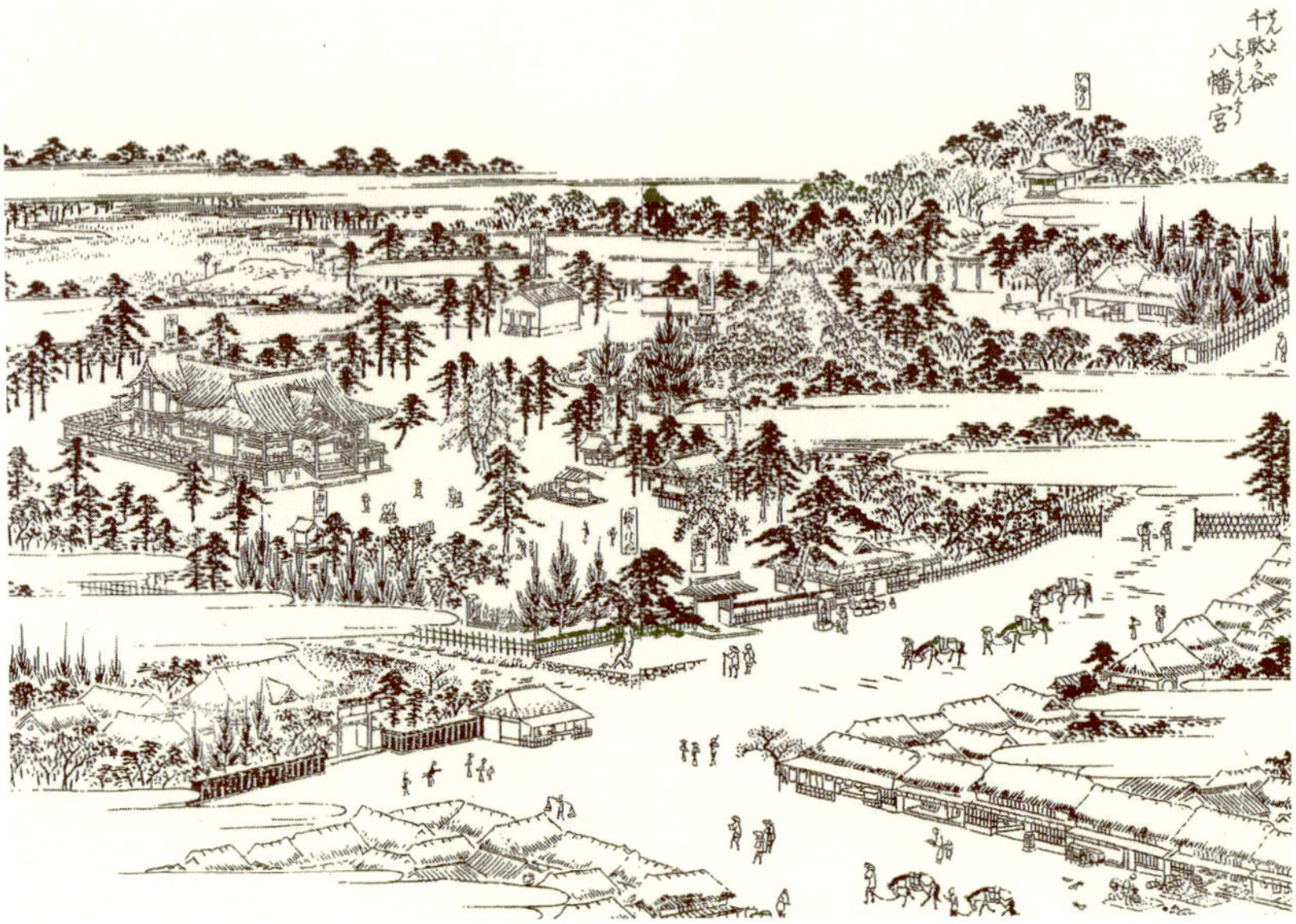

千駄ヶ谷八幡宮　出典：『江戸名所図会』

ヶ谷の歴史』)。『御府内寺社備考』に拠れば、氏子区域の町名は、千駄ヶ谷、大番町、甲賀町、権田原、右京町、信濃殿町、内藤宿、新町、裏大番町、外輪であり、現在の明治神宮外苑や信濃町までを含む広い範囲であった。同社は、その社前に走る道が「鎌倉街道」であって人馬の往来も多く、周辺には町並地のみならず、大名や旗本の屋敷が連なるなど武家地も近く、農村地帯をも控えているという多様な性格の空間が交錯する結節点にあったが、そのため、境内は大層な賑わいを見せていた。江戸時代、同社境内には、都傳内一座の定芝居の興行や子供手踊の長期興行、つまり芝居小屋や手踊小屋が設けられ、また、何軒もの常設の定水茶屋(多い時で八軒ほど)や揚弓場、さらには神楽堂など、町方における庶民や参詣者のための遊興施設があった(前掲『新修渋谷区史』中巻、前掲『千駄ヶ谷の歴史』)。

なお、同社別当は瑞円寺(曹洞宗相州高座郡遠藤村宝泉寺末)であった。別当瑞円寺は、維新期における神仏判然の際に別当を廃し、前住持の玄道が還俗して千谷民部只明と改名の上、神官となった(前掲『渋谷区史』)。同社は、明治五（一八七二）年一一月五日、村社に列している（東京都公文書館所蔵『従第七大区至第八大区　神社明細簿　社寺取扱』）。

また、『文政寺社書上』に拠れば、当社の東方に位置する聖輪寺の境内に地主神（鎮守社）として（往古は「村方の鎮守の由」であるともいう）、諏訪社が建立されていたが、近代には千駄ヶ谷八幡に移転されていた。前掲『千駄ヶ谷の歴史』に拠れば、その詳細は知られないものの、この措置は維新期の神仏分離の際ではなく、古老の言からは明治二七、二八年頃、千駄ヶ谷大通り一帯を区画整理した際、聖輪寺の境内を道路がよぎるため、その道路上にあった諏訪社が千駄ヶ谷八幡の境内に移転されたという。しかしながら、すでに明治一二、一三年の公文書に同社摂社として「諏訪神社」が書き込まれており、とりわけ一三年の公文書にある「千駄ヶ谷八幡神社境内幷建物全図」にもしっかりと「諏方《ママ》社」の図が描かれていることから、すでにこの時点では千駄ヶ谷八幡の境内に存在していたはずで、神仏判然の際における移転という線も捨て切れない（東京都公文書館所蔵『明治十二年　東多摩郡南豊島郡　神社明細帳　東京府』、同所蔵『明治十三年日枝神社組合明細　社寺掛』）。

ともあれ、千駄ヶ谷八幡は大正一〇（一九二一）年に総檜造りの本殿を建立したので、それ以前の旧本殿（安政地震による倒壊のため、仮建築であった）を摂社諏訪神社の社殿としたが、戦災によって焼失してしまったことから、「現在当社の本殿には八幡大神と並んで諏訪の大神がまつられている。」という（前掲『千駄ヶ谷の歴史』）。前掲『千駄ヶ谷の歴史』には、「私どもの近所では、八幡様とお諏訪様の二社を氏神様として、大祭には軸をかけてお祭りした」、或いは「八幡様のまわりの町会でも、両方の軸を掲げてお祭りしている次第」と述べられているように、いささか不可解かつ不明な点が多いが、江戸時代における千駄ヶ谷八幡の例祭が、本来諏訪社の祭日である九月二七日であったことは、諏訪社との複雑な関係を示唆していよう（現在は九月一五日）。但し、これは鳩森八幡神社宮司を務めた矢島輝がいうように、江戸時代の千駄ヶ谷では、その記録の残存状況や信仰の実態から見て、あくまでも「千駄ヶ谷の総鎮守」「千駄ヶ谷の産土神」は八幡神社であったといえるが、当地では武士階級の尊崇が厚い八幡と村方の鎮守としての諏訪の両信仰が併存していた面もあり、それが維新後には士農工商の階級観念が取り除かれたため、改めて全氏子が八幡神社を鎮守として崇敬することを確認したということであろう（前掲『千駄ヶ谷の歴史』）。

さて、明治前期における千駄ヶ谷八幡の祭神は応神天皇・神功皇后・天児屋根命とされていたが、同四一年九月一四日には、明治六年以降、同社祠掌が兼務していた「四谷区霞丘町五十五番地無格社天祖神社」を合祀することとなり、新たに「天照皇大御神」が加わるが、実際には境内末社「千駄ヶ谷太神宮（神明社、神明宮）」として遷座された（東京都公文書館所蔵『明治十二年　東多摩郡南豊島郡　神社明細帳　東京府』にある附箋、前掲『千駄ヶ谷の歴史』）。

もともとこの「天祖神社」は、『御府内寺社備考』に拠れば千駄ヶ谷の「神明社」とあり、元和年中（一六一五～一六二三）には、現在国立霞ヶ丘競技場（元明治神宮外苑競技場）が建っている場所、即ち江戸時代には火薬庫である新焔硝倉（蔵）の構内にあったらしいが、寛永一九（一六四二）年には焔硝倉のすぐ南に、寂光寺（境妙寺と改称して中野区に移転）と隣接して鎮座するようになったという。同社には氏子はいないが、境内に神馬屋や石の霊社、鳥居などの寄進が見られることから武家などの個人信仰があり、また、往時には門前町屋が存在し繁栄していたようである（『江戸名所図会』、『御府内寺社備考』、前掲『新修渋谷区史』中巻）。

また、『文政寺社書上』には慶安四（一六五一）年九月一六日遷座の棟札が載っており、「再興」した「神主　小川采女藤原重吉」の名が記されている。同社は「江戸十八神明」の一つで、『東都歳時記』九月一六日條には、「千駄か谷神明祭　神主小川氏」とあるように、この小川氏は、『文政寺社書上』では「山王神主　樹下日向守触れ下」の「神明宮神主　小川斎宮」として出てくる。なお、『江戸砂子』や『江戸名所図会』では万治年間（一六五八～一六六〇）、小川斎宮の『千駄ヶ谷太神宮由来書』（『文政寺社書上』所収）では元和年中に、駿・甲・信の国々で疫病が流行したため、それを祓うべく「富士の根方」より「神送り」し、神輿を造って歌舞を行いながら里ごとに送り、当地において据え祀ったという。その際、神輿の中に太神宮のお祓いがあったという霊験に鑑み、千駄ヶ谷八幡宮に遷座したとか、或いはこの地が尾州公拝領地であったことから、祠を焔硝倉の場所に遷座したなどの伝えが残されている。

この他、現在、境内末社として甲賀稲荷社があるが、元来同社は、青山権田原の御鉄砲場附近に鎮座しており、瑞円寺別当の兼務のもと、甲賀組屋敷に住んでいた武士たちが崇敬していたが、明治一八年に青山練兵場（現明治神宮外苑）設置のため、千駄ヶ谷八幡境内に遷座されたものである（前掲『千駄ヶ谷の歴史』）。

また、鳩森八幡神社境内には、富士信仰に基づき、本山の登拝に代わるものとして人気を呼んだ「富士塚」（富士山の模造）が現存している（東京に現存するものでは一番古いものという）。『東都歳時記』六月三日条に「千駄ヶ谷八幡宮境内冨士参」とあり、また『江戸名所図会』には、千駄ヶ谷八幡の境内に「富士」と書かれている築山とその麓の位置に「浅間社」とある祠（社殿）が描かれている。その築造は、『文政寺社書上』では天正年間（一五七三〜一五九一）説を紹介しているが、少なくともこの説の根拠とされる万治三（一六六〇）年の『鳩森八幡宮縁起』成立当時には富士の築山のようなもの（富士峰）が存在していたようである。現在のものは、寛政元（一七八九）年の築造とされている（前掲『図説渋谷区史』）。また、現在の末社富士浅間神社は、昭和二四（一九四九）年に八幡神社本殿としていた南部家邸内社の社殿を築造富士の中腹に移して社殿とし、同六〇年六月三日には、御影石の社殿に建て替えられたものである（前掲『千駄ヶ谷の歴史』）。昭和五六年には東京都有形文化財に指定されたため、富士塚の修築工事に関しては都の補助金を受けて行ったが、浅間神社に関しては、富士講の尽力、講元の募金で賄った。千駄ヶ谷の富士講は「烏帽子岩講」といい、戦前には、垢離とりやおたきあげ、たきぎ拝み、お参り拝み、水配りなどの行を伴う富士登山を行っており、それは八幡神社を起点・終点とし、毎年七月二一日に山立ちをして二五日に帰って来るものであったが、戦災によって立ち消えになったという（前掲『千駄ヶ谷の歴史』）。また、六月三日の大祭は、代々木駅前に東京中の富士講の講社が白装束を着て集まり、「かけ念仏」で八幡神社境内まで行列するという盛大なものであったようである（「金子政明さんが

語る　千駄ヶ谷「烏帽子」の思い出」、前掲野村敬子編『渋谷むかし口語り』所収）。

鳩森八幡神社は、昭和二〇年五月二六日未明の米軍による空襲で境内・建物を全て焼失し、森林も三本の銀杏の木を残して全焼した。戦後、同社宮司の矢島輝が記した「戦後の神社の復興史」（前掲『千駄ヶ谷の歴史』所収）は、空襲の一年後、南方に出征していた矢島が帰還して初めて、この空襲によって神社の焼失のみならず同社社家の方々も皆亡くなられたこと、特に御母堂が逃げようともせずに御神体を胸に抱きつつ、本殿の中で大祓を奏上しながらその最期を迎えられたことを知るという、読んでいて絶句せざるを得ない、涙無しではいられない衝撃的な出来事から出発し、氏子・崇敬者たちとともに、着実に同社を再建してゆく過程が具に描かれており、読む者の胸を強く打つ。渋谷地域には、同社をはじめ、戦災した神社が少なくないが、そこからの再建、神社の再興という営みが、如何に逆境にあって、艱難辛苦を伴う凄まじいものであったのか、ということを痛感せざるを得ない。戦後の鳩森八幡神社においては、神社社殿の復興のみならず、教化事業としての鳩の森八幡幼稚園（昭和二八年に完成）や「スカウト活動」などにも力を入れている。

なお、同社に関係するものでは無いが、千駄ヶ谷の民俗信仰の一端を示すものとして、千駄ヶ谷八幡近辺の榎坂にある「榎稲荷」と称する祠にも触れておこう。ここは戦災に遭うまで「御万榎」という榎の巨木があり、その根の部分が大きい空洞になっていて稲荷が祀られていた。江戸時代には虫歯治しやたむしのまじないなど、色々な病気平癒に係わる信仰が流行ったが、近代にはその空洞の形や名称からの連想によって、花柳界の女性たちの信仰を集める流行神になり、一種の性的信仰、商売繁盛、縁結び、子授けなどの多方面の民俗信仰へと広がって行ったという（前掲『千駄ヶ谷の歴史』二九、三〇頁、「角田鉄治さんが語る　おまん榎と沖田聡司の墓」、前掲野村敬子編『渋谷むかし口語り』所収）。かつてこうした風習に懸念を抱いた瑞円寺の納所（下級僧）が「故里神社」と名付けて啓蒙したことがあるそうだが、定着しなかったようである。榎の無い現在は、以前の形を模した小さい石組のなかに稲荷を祀り、上部には小祠が設けられている。

代々木八幡宮　出典：『江戸名所図会』

4　代々木と幡ヶ谷の鎮守

代々木の八幡神社（代々木八幡宮、渋谷区代々木五丁目）は、その鎮座年代は不詳である。『新編武蔵風土記稿』には「八幡社」は「村の鎮守なり」とあることから、代々木村成立以来の古社であると思われる。社伝（福泉寺文書）の縁起に拠れば、源頼家の家臣近藤三郎是茂の家人荒井外記智明（宗友）が故あって相州を退き代々木に蟄居することとなったが、名を宗久と改め、八幡宮信仰を怠ることなく年月を送っていたところ、建暦二（一二一二）年八月一五日に夢中に霊示があって宝珠の如き鏡を感得したため、九月二三日に鶴岡八幡宮を勧請して小祠を営み、初めて祭礼を行ったという（『江戸名所図会』、『新編武蔵風土記稿』、前掲『渋谷区史』）。その場所は、現在の社地とは山手通りを挟んだ反対側（西側）の「元八幡」（現・元代々木町）にあった。

別当は、宝珠山智明院福泉寺で、江戸時代の正保元（一六四四）年に住職僧伝誉（伝養律師）の時に浄土宗を止めて江戸山王観理院末となり、天台宗に改め、中興開山となった。承応三（一六五四）年に社殿・堂宇を造営したが、寛文四（一六六四）年に四谷千日谷の荼毘所が、千駄ヶ谷を経て社地に近い狼谷に移されるというので、浄地を求めて奉遷する必要が生じ、寛文一一年から一二年にかけて現社地に遷座した。

奉遷に当たっては、紀州藩徳川頼宣の側室である円住院が別当福泉寺住職の長秀と同族であったことからその後援を得、また、円住院の所生である松姫が上野吉井藩の始祖となる松平左兵衛督信平に嫁したことから、吉井松平家などとの縁故もあって、これらの家から、社地・社領をはじめ、数々の寄進、代参などが行われるようになり、次第に社殿や境内が整備されて行った（平岩昌利「鎮守の森と地域社会」、國學院大學日本文化研究所編『日本文化を知る講座』第三集、平成一八年）。明治維新に当たり、別当寺とは分離し、明治五（一八七二）年一一月二〇日に村社に列せられた（東京都公文書館所蔵『従第七大区至第八大区　神社明細簿　社寺取扱』）。同三三年五月には、代々木村内の天祖社（神明社、江戸時代には千駄ヶ谷瑞円寺持、寛永一九（一六四二）年勧請）・白山社（村持）・天神社（元和三（一六一七）年の勧請、大聖院持）・稲荷社（「掘出し稲荷」、永正一七（一五二〇）年鎮座、芝神明禰宜守屋隼人持）・榛名社（境内に鎮座）を合祀した（『新編武蔵風土記稿』、前掲『渋谷区史』）。現在、『新編武蔵風土記稿』に末社として記載されていた天神社・稲荷社とともに天祖社（神明社）・白山社は相殿に祀られ、天神社（北野神社）・稲荷社（稲荷神社）・榛名社（榛名神社）は末社となっている。

また、同四二年一月に建設された石燈籠「訣別の碑」には、同四〇年における代々木の陸軍練兵場指定に伴い、同社氏子区域の「大字代々木字深町」の人々が立ち退きを余儀なくされた際、各自別れを惜しみその歎きを刻している（前掲『渋谷区史』）。同社社家の長女として代々木八幡に生まれ育ち、時代小説『御宿かわせみ』『はやぶさ新八御用旅』シリーズなどで知られる作家の平岩弓枝は、昭和四一年にNHK連続テレビ小説の原作『旅路』を書いたが、その番組を昭和天皇が御覧になっていたことから拝謁が叶った（「代々木の氏神・八幡さまに生まれて」、今泉宜子編『明治神宮　戦後復興の軌跡』鹿島出版会、平成二〇年）。その際に昭和天皇は「平岩は代々木八幡の娘だね」と確認されるとともに、「あそこに上が二つに分かれた松があったんだけれども、健在かね」とお聞きになったという。彼女はその松（御神木）は落雷のため伐採してしまい現在は二代目であると答えると、天皇は残念がられ、懐かしそうに何度も仰ったというが、当時の入江相政侍従長に拠れば、練兵場での観兵式で使用されたお立ち台が代々木八幡の御神木から一直線の位置にあったため、毎回必ず後ろを御覧になって確認されていたという。このことからも、かつて代々木練兵場（現代々木公園）から代々木八幡の森がどのように見えていたのかを偲ぶことができよう。因みに彼女の夫である平岩昌利宮司も、「伊東昌輝」名で『南蛮かんぬし航海記』『落ち葉の子守唄　代々木野ねぎ物語』などの著作を出している。

その他、境内には津和野派国学者の福羽美静の歌碑や臼田亜浪の句碑、表忠碑などもあるが、ユニークなものとしては、「出世稲荷大明神」がある。これは、昭和二〇年の東京大空襲においてこの一帯も焼け野原にされてしまったため（神社境内は無事であった）、焼け跡には各家庭のお稲荷さん（邸内社）の祠や狐の像などが焼け焦げて転がっていたが、それを勿体ないと感じた住人たちがこれらを拾い集めて神社にお祀りし、有志が稲荷講をつくってお祭りを続けている（前掲平岩昌利「鎮守の森と地域社会」）。さらに昭和二五年、代々木八幡宮境内で発掘された縄文時代中期の住居跡（代々木八幡遺跡）は、樋口清之國學院大學教授の指導のもと、翌二六年には全国的にも先駆的な試みである住居復元を行い、当時の考古学や建築史学から注目された（粕谷崇「埋もれた渋谷」、前掲『渋谷学叢書2　歴史のなかの渋谷』所収）。

また、代々木八幡宮では戦後、ボーイスカウトの育成をはじめとする青少年を対象とした教化活動、郷土史研究会、代々木囃子保存会、代々木もちつき唄保存会などの取組、「神道談林」（講演会）の開催や各種パンフレット、小冊子等の印刷物発行、さらには神社のお祭りや年中行事などを通して地域社会との係わりを重視した活動を行ってきている。

次に幡ヶ谷の氷川神社（幡ヶ谷氷川神社、渋谷区本町五丁目）について述べる。同社の由緒は不明というほかないが、『新編武蔵風土記稿』には、「氷川社　村の鎮守なり、荘厳寺持」とあることから、古来幡ヶ谷の産土神であることは確かである。「幡ヶ谷」という地名は永禄二（一五五九）年の『小田原衆所領役帳』に記載があることから、その鎮守であ

幡ヶ谷氷川神社
出典：『東京都神社名鑑』上巻

る当社の創祀も江戸時代より前に遡ると見られる（「林久雄さんが語る　幡ヶ谷の地名由来と氷川神社」、前掲野村敬子編『渋谷むかし口語り』所収）。別当は、「幡ヶ谷不動」として知られる新義真言宗の荘厳寺で、江戸大塚の護国寺末であり、光明山真言院と号した。明治維新後は別当を廃したが、明治七年八月の公文書には、祭神は「須佐男命」とするとともに、「従前此所ノ産土神ニテ氷川大明神ト称候処御一新後氷川神社ト改称仕明治七年四月三十日村社ニ被定候」という由緒が記され、例祭日は九月二四日を大祭、六月二四日を小祭とすることなどが書き込まれている（東京都公文書館所蔵『従第七大区至第八大区　神社明細簿　社寺取扱』）。この報告を行ったのは、「右神社当分兼務同区内角筈村郷社　熊野神社祠官　多田満嗣」であった。同一〇年二月の公文書では境内末社榛名神社の記載があり、「幡ヶ谷村村社氷川神社氏子図面」も附されている（東京都公文書館所蔵『明治十年二月調　村社明細簿　社寺掛』）。これを見ると、幹線道路である「甲州街道」を挟んだ「幡ヶ谷村」全体が氏子区域とされており、その大部分が田畑や林であったことが分かる。また、明治三九年一二月一四日には、「豊受比売命」を祭神とする境外末社の稲荷神社（『新編武蔵風土記稿』にある稲荷社か）が「合併」（合祀）されている（東京都公文書館所蔵『明治十二年　東多摩南豊島郡　神社明細帳　東京府』）。

次に同社におけるその他の摂末社についても触れておく（堀切森之助編『幡ヶ谷郷土誌』東京都渋谷区立渋谷図書館、昭和五三年）。村内の池のなかの小島に祀られていた市寸島神社（通称「弁天神社」）は、東京市の水道新設などの関係で転々と遷座を繰り返し、その御神体は大正一三（一九二四）年頃に氷川神社境内に遷され、現在は摂社厳島神社として境内の小祠に祀られている。また、当地の市街地化を背景として、昭和二（一九二七）年には末社大鳥神社が勧請された。

前掲『幡ヶ谷郷土誌』に拠れば、「幡ヶ谷はその大半以上が幕府直轄地であった、めに、宗教取締も厳重に行なはれてゐたに相違ない。そのために総ての住民が産土神氷川神社を中心として団結し、また氷川神社の別当寺真言院の不動尊を産土神同様に尊崇して、村の信仰に一つの象徴としてゐた。」という一方、武州御嶽神社や上州榛名神社、相州大山阿夫利神社、その他富士や日光古峰山などの山岳信仰もあった。とりわけ、大正五年発行の前掲『東京府豊多摩郡誌』や昭和一〇年刊行の前掲『渋谷風土記』には、幡ヶ谷に三社（無格社）の御嶽神社（本村・中幡ヶ谷の氷川神社境内、下町・原、笹塚）が記されているように、当地はもともと武州御嶽の講社が盛んであったことが分かるが、戦災以降、地域社会における代参講の性格は殆ど失われ、一部篤信の人々のみが集って崇敬されるという形態に変貌して行ったという（前掲『幡ヶ谷郷土誌』）。氷川神社境内と原町の二社は焼失したが、前者は復興されないままその信仰は失われ、後者は一部の人々によって焼け跡に小祠が建てられて新たな「御嶽幡ヶ谷講」が結ばれたという。また、笹塚は戦災からは免れ得たが、ここも一部の篤信者のみの信仰に変貌したようである。

幡ヶ谷氷川神社は、維新期以降も依然として小規模な神社であったが、農村の幡ヶ谷が市街地化するなかで氏子も増加し、財力を蓄えつつあった村民たちは、社殿の改築（明治四三年九月の例祭日に遷宮祭を執行し奉納歌舞伎芝居興行を実施）や神域の拡張、社務所の建築（昭和二年）、有馬良橘陸軍大将染筆の社標（昭和一三年）の建立など、徐々に神社の拡充を図るようになる（前掲『幡ヶ谷郷土誌』）。しかし、昭和二〇年五月の空襲で戦災し、社殿をはじめ諸施設は全て焼失した。同二七年から専任神職が就任。同二八年に復興奉賛会を設立して同三一年九月に伊勢の神宮の古材頒布を受けて本殿が完成し、二二日に遷座祭、二四日に奉祝祭が執り行われた（前掲『東京都神社名鑑』上巻、『神社新報』第四九六号、昭和三一年一〇月六日）。そして、神楽殿・社務所の建設、境内整備が行われた。

5　「都市としての明治神宮」と表参道の誕生

本節では、ここまで旧千駄ヶ谷村（穏田・原宿・青山・千駄ヶ谷）と旧代々幡村（代々木・幡ヶ谷）の鎮守を中心に概観して来たが、大正期になって、実質的にこの旧両村に跨る巨大な神社が「出現」することとなる。

それが内苑（代々木）と外苑（青山）を有する明治神宮（渋谷区代々木神園町）である。とりわけ、代々木御料地が充てられた「内苑」は神社の中核となる社殿を含む空間であり、代々木八幡宮の氏子区域に重なる。ただ、青山練兵場が充てられた「外苑」は祭祀施設がある訳でもなく、現在、新宿区霞ヶ丘町と港区北青山一丁目に跨る位置にあって直接的には行政区域の渋谷区に入る訳ではない。しかし、その造営過程から、「内苑」と「外苑」は一体のものであって切り離して捉えることはできないのみならず、明治神宮に附随する側面である「外苑銀杏並木」入口（青山口）と接する青山通り（大山街道）と結ぶ「表参道」や、「内苑外苑連絡道路」（裏参道）という都市のインフラストラクチャーを含めて明治神宮を捉えるとするならば、行政区域の越境はさして重要な問題ではなかろう。まして、これまで縷々記述してきたように、渋谷区内神社の氏子区域自体が行政区域を越境するものであるし、さらには千駄ヶ谷の鳩森八幡神社において顕著なように、明治神宮の敷地となるこの広い空間が構成され

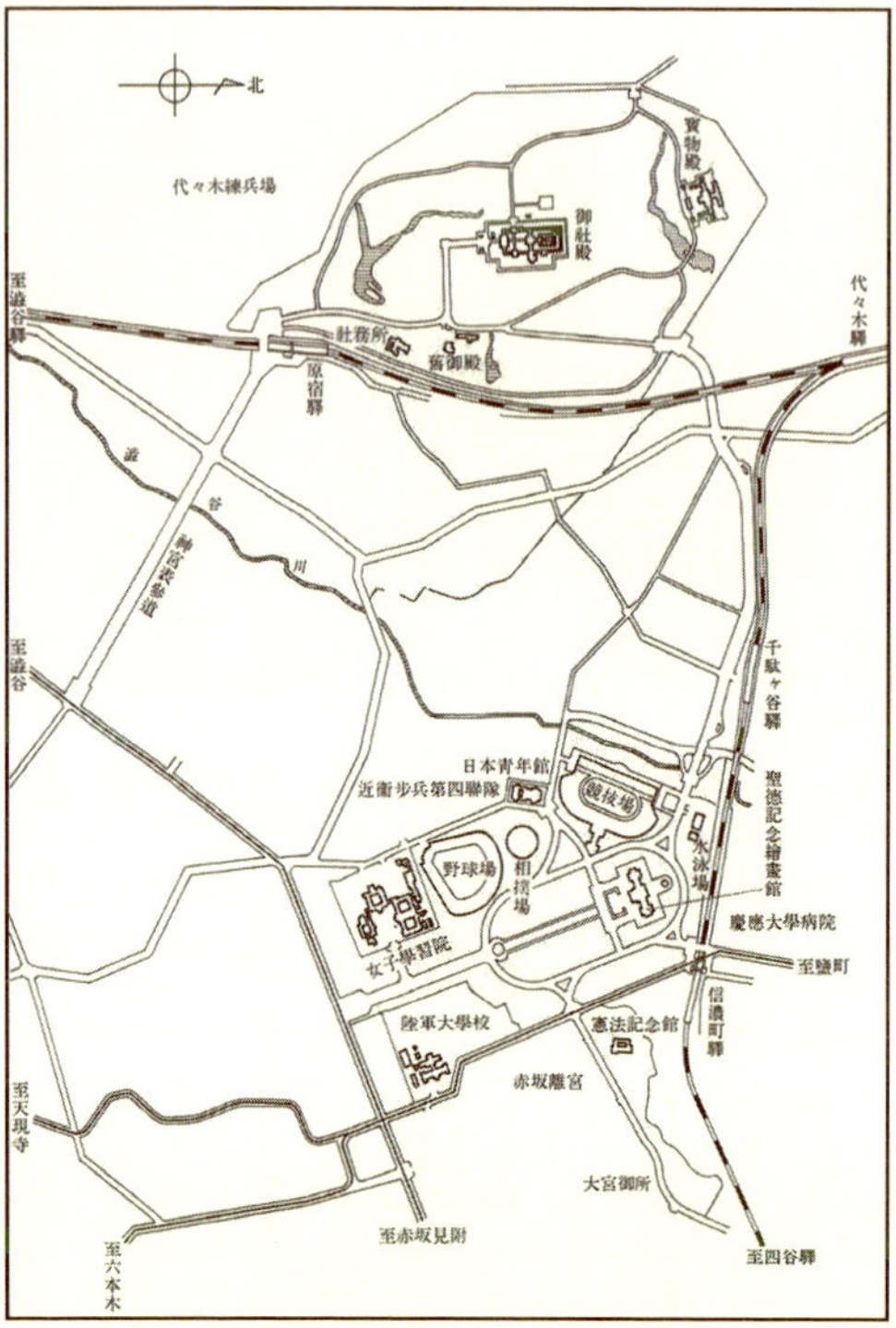

明治神宮創建時の内外苑連絡道路
出典：『明治神宮五十年誌』

る過程で、当該地域の神社が遷座してくるケースもあったのである。

要するに明治神宮は、近現代の都市空間〈渋谷〉を考える上で決して無視できない存在であるといえるが、それだけではなく、一般的な神社境内における社殿・諸施設のみならず、先の各道路をはじめ、「外苑」全域や「内苑」宝物殿附近などの公園的施設や緑地、さらには「内苑」を覆う鬱蒼とした「鎮守の森」という都市インフラ、「公共空間」的要素（ユニット）を有機的に接続し総合的に捉えるならば（というよりも、明治神宮は初めからそのような構想のもとで造営された）、近代後期の〈帝都東京〉において、突如「都市としての明治神宮」が出現したといっても良いのである。

陣内秀信は、「原宿には圧倒的に人を惹きつける初期条件があった。それは、大正時代に計画道路が明治神宮の表参道として作られたことです。（…中略…）広くてパースペクティブな空間に並木があって、しかもゆったりとした土地利用。こんなベースがあって発展した都市空間は、日本にはほかにない」（「都市空間「原宿」の魅力」、前掲今泉宜子編『明治神宮戦後復興の軌跡』所収）と述べている。つまり、人を惹きつける「初期条件」たる明治神宮内外苑の造営、この大事業に係わって整備された道路（表参道、外苑の銀杏並木、内外苑連絡道路など）や各種インフラが無かったならば、現在の「表参道」「明治神宮前」「参宮橋」「北参道」「外苑前」という明治神宮に因む名称の各駅とそこを取り巻く繁華街や住宅街（重複する空間もあるが、「原宿」「表参道」「神宮前」「代々木」「青山」「千駄ヶ谷」など）、さらには外苑に設けられた日本の代表的な各種体育・スポーツ施設や文化施設なども含めた、首都東京における一大都市空間は、現在の如き姿にはならなかった。極論すると、明治神宮造営という営為が無かったならば、我々がすぐにイメージできるような現在の東京、特に広く捉えた場合における〈渋谷〉の都市空間は現出されなかったといえる。

近年、明治神宮史に関する研究は、実に多種多様な観点からの学際的アプローチによって、飛躍的な進展を見せている（藤田大誠「明治神宮史研究の現在―研究史の回顧と展望―」、『神園』第六号、平成二三年）。但し、本章の目的は、あくまでも「神社から見た渋谷」の網羅的検討であるため、本節では明治神宮造営の概略と〈渋谷〉との係わりを多少述べるに留める。その詳細については、佐藤一伯『明治聖徳論の研究―明治神宮の神学―』(国書刊行会、平成二二年)、藤田大誠「近代神苑の展開と明治神宮内外苑の造営―「公共空間」としての神社境内―」(『國學院大學研究開発推進センター研究紀要』第六号、平成二四年)、同「青山葬場殿から明治神宮外苑へ―明治天皇大喪儀の空間的意義―」(『明治聖徳記念学会紀要』復刊第四九号、平成二四年)、同「明治神宮外苑造営における体育・スポーツ施設構想―「明治神宮体育大会」研究序説―」(『國學院大學人間開発学研究』第四号、平成二五年)を参照されたい。

明治天皇は、明治四五(一九一二)年七月三〇日午前零時四三分(公式発表)、「六千余万臣民ノ熱誠」空しく崩御された(坂本辰之助『明治天皇御大喪記』至誠堂書店、大正元年)。明治天皇崩御直後から、東京市長阪谷芳郎、実業家渋沢栄一、東京商業会議所会頭中野武営らをはじめ、東京の代議士や市会議員、経済人ら東京市民は、明治天皇の「御陵」(山陵)は是非とも東京に設けるべきことを元老、閣僚らに要望・陳情した。しかし、早くも大正元(一九一二)年八月一日には、明治天皇大喪儀の場所は青山練兵場、陵所は京都府下紀伊郡堀内村(旧称桃山城址)に内定したため、阪谷らは御陵の東京誘致を断念せざるを得ず、次善の策として明治天皇奉祀の「神宮」創建の推進という流れに至る。かくして新聞をはじめ、世論は「御陵」誘致から「神社」(神宮)建設へと転換してゆく。神宮創建構想・誘致は様々な人々や地域から提案されたが、その主流となるのは、渋沢栄一、阪谷芳郎、中野武営、角田真平らの「東京」鎮座構想であった(山口輝臣『明治神宮の出現』吉川弘文館、平成一七年)。そもそも彼らは、当初から「明治五〇年」を期し代々木御料地と青山練兵場を予定地として計画されていた「日本大博覧会構想」(財政状況から明治四五年三月に中止)の転用を前提とした実現可能性の高いマスタープランを持っていた。そして八月一二日、東京各団体連合協議会委員会において、阪谷芳郎・中野武営に具体案作成が一任され、一四日に「覚書」が完成し、二〇日の連合協議会で可決した。この文書は具体的な明治神宮構想の発端となった重要なもので、これにより実質的に明治神宮創建の骨子が定まったといえるが、その内容は、①神宮は内苑と外苑とから成る、②内苑は国費を以て、外苑は献費を以て奉賛会が造営する、③内苑は代々木御料地（南豊島御料地）、外苑は青山旧練兵場を最も適当の地とする、④外苑には頌徳紀念の宮殿及び臣民の功績を表彰すべき陳列館、その他林泉等を建設する、などというものであった。

その後、大正二年二月二七日には貴族院において請願「先帝奉祀の神宮建設に関する件」が、さらに同年三月二六日には、衆議院にて建議「明治神宮建設に関する件」「明治天皇聖徳記念計画」が可決された。そして同年八月一五日、内務大臣より「明治天皇奉祀の神宮創設に関する件」が閣議に提出されて一〇月二四日に同件は閣議決定となり、一一月二二日には、明治天皇奉祀の神社創設に関する上奏が裁可された。これを受けて、同年一二月二〇日には「神社奉祀調査会官制」が公布された。神社奉祀調査会では、次々に具体的な事柄が決められて行ったが、同三年二月一五日の第四回神社奉祀調査会では、鎮座地が代々木（南豊島御料地）に決定した。同年三月一七日には、宮内大臣が鎮座地を代々木・南豊島御料地に定めることを許可し、同年四月二日に上奏を経ることとなる（「内定」）。

なお、同年四月一一日には、昭憲皇太后（明治天皇の皇后）が崩御された。これに伴って神社奉祀調査会の建議があり、同年八月一五日には昭憲皇太后合祀の件が裁可される。そして、同年五月一日には、第一回の神社奉祀調査会特別委員会が開会する。特別委員会の決定のうち、特に重要な三点については、次のようであった。①社名は、三上参次・萩野由之・荻野仲三郎を中心に検討し、「東京神宮」でなく、「明治神宮」に決定した。②社殿の様式は、伊東忠太・関野貞を中心に選択し、「新例」か「先例」かという点がポイントであったが、結局「流造」（平安朝以来最も普通の様式）に決定した。③外苑は、青山練兵場跡とし、費用は全て国民による奉賛金を以て支弁することとしたが、内外苑連絡道路は東京市が負担することと決した。こうした議論を積み重ねて次々と内容が決定され（大正三年一一月三日が神社奉祀調査会最後の会議）、遂に大正四年五月一日、内務省告示第三〇号として、「一　明治神宮　祭神　明治天皇　昭憲皇太后　右東京府下豊多摩郡代々幡村大字代々木ニ社殿創立社格ヲ官幣大社ニ列セラル旨仰出サル」と発表された。

明治神宮「内苑」の造営は、国費により、同年四月三〇日の勅令第五七号「明治神宮造営局官制」（内務大臣の管理に

創建時における表参道
出典：『明治神宮御写真帖』

属す）で設置された明治神宮造営局（政府）が推進した。しかし、この巨大事業の完遂は、全国からの献木や青年団の勤労奉仕（後に「日本青年館」設立にも繋がる）など、井上友一や田沢義鋪ら内務官僚による「官」からの呼び掛けに応え、積極的、自主的に協力した数多の「民」（国民）の尽力無しには到底考えられないものであった。大正九年九月には、「神社参道」という伝統的空間概念と「近代街路設計」概念が交錯することで生み出された「表参道」が完成し、同年一一月一日には鎮座祭が執行された。「表参道」の幅員は全体二〇間（車道一二間、両側の歩道各四間）で、一直線に延びる街路空間は長大で記念碑的な一直線のアプローチであり、欧米のブールヴァール（広幅員街路）に重なる特徴を有したものであった（永瀬節治「近代的並木街路としての明治神宮表参道の成立経緯について」、『ランドスケープ研究』第七三巻第五号、平成二二年）。また、多量の参拝者や交通車両などへの対応が十分可能なように、安全でゆとりのある広い車道・歩道が確保されているとともに、両サイドは関東の地域性・郷土性を体現した欅並木として、神宮参道としての森厳さを保持することが考慮されており、何よりも、東京中心部からの参拝者の誘導を想定して「青山通り」（大山街道）と接点を持つことで、東京の中心部（都心部）と周辺部（郊外）の結節を図っていることが重要である。

「外苑」の造営は、あくまでも国民からの寄附による民間組織の「明治神宮奉賛会」（大正五年五月に財団法人化）によって設計が示され、その工事は明治神宮造営局に委託された。外苑には、四列の銀杏並木が設けられ、聖徳記念絵画館（明治天皇の事歴を絵画（壁画）で再現、壁画完成記念式は昭和一一（一九三六）年）を中核として、葬場殿趾、憲法記念館、競技場（大正一三年には明治神宮競技大会が開始され、戦後における国民体育大会の前提となる）、野球場、相撲場、水泳場、児童遊園、庭園等が建設され、大正一五年一〇月二二日に竣工奉献式が行われた。

明治神宮内苑の森（神宮の杜・代々木の杜）は、自然の森ではなく、全国からの国民の献木によって造られ、植生して九〇年を越えた「人工の森」である。また、国家的事業として進められた明治神宮の森は、気候や土地の分析、樹木の生育進度や変化を予測して、百五〇年後には天然林相の森（永遠の杜）へと更新することを目指して造成されたが、予想よりも早く、約一世紀で現在のような鬱蒼とした森となり、現代の森づくりに当たっても大変貴重な見本となっている。ただ近年、畔上直樹は、これまで照葉樹（常緑広葉樹）の原生的自然林であり、人が足を踏み入れない神聖不可侵な空間として文化的に保持されてきた「鎮守の森」の鬱蒼とした「森厳な」イメージは、実はかなり新しい起源を持つもので、明治神宮林苑の設計に当たった明治神宮造営局林苑課の本多静六・本郷高徳・上原敬二らによる「鎮守の森」論の再構築によるものと指摘し、明治神宮造営過程と林学から造園学への学知形成過程の重なりを重視している（「明治神宮内苑造営と「その後」―近代林学・造園学の「鎮守の森」論―」、『神園』第五号、平成二三年）。

一方、外苑の造営は、主に農学系造園学の営為であった（内苑宝物殿附近の庭園についても農学系の設計による面が大きい）。具体的には、「近代園芸学の祖」ともいわれ、日本初の皇室庭園としての「新宿御苑」成立に寄与した福羽逸人の弟子筋に当たり、東京帝国大学農科大学農学科出身の原凞や折下吉延、田阪美徳などの名が挙げられる。外苑計画の基本方針の策定には、農学系や林学系のみならず、東京市の園芸（公園）主任技師であった井下清も係わったとされるが、とりわけ、外苑造営の主任技師折下吉延はその最大の功労者と目される。実務本位に多数の弟子を養成して農学系造園技術者集団を形成し、後に都市公園緑地行政、都市計画・公共事業、帝都復興・戦災復興事業の担い手を数多く輩出した。折下は、欧米視察後の大正九年十月、ブールヴァール（広幅員街路）やパークシステム（公園緑地系統）という海外の新たな知見を導入して散在式公園計画から連絡式公園計画へと移行すべきことを説き、また、外苑の並木道や日本におけるパークシステムの最初の具体的事例である明治神宮内外苑連絡道路（裏参道）において、前者は銀杏並木を二列から四列に、後者は乗馬道を含む特色ある並木道とし、緑がより充実するデザインに設計変更を行った。

6　明治神宮と周辺地域の繁栄

以上のように、明治神宮内外苑の造営とは、東京市民を中心とする国民全体の強い要望に基づいて行われた奉賛事業であるとともに、内苑と外苑をセットにして帝都の一画に組み込むという、都市改造的国家プロジェクトでもあった。元来、内苑（井伊掃部頭下屋敷跡→代々木御料地（南豊島御料地））と外苑（青山下野守下屋敷及び甲賀組・御手先組・百人組組屋敷跡→青山練兵場）を纏めて捉える認識は、幻の「日本大博覧会」構想以来のものであった。かかる敷地の「前史」に積み重なるようにして構想された官民一体の都市計画ともいうべき明治神宮創建は、すでにその造営過程において周辺地域に多大な刺激を与えていた。そのことをうかがうことができる大正四（一九一五）年三月の新聞記事を紹介しておこう。

明治神宮が青山練兵場を外苑とし、代々木御料地を内苑として御造営相成るべく、既に庭園学者原博士の監督下に御料地廿五万坪の測量も終り内務省決定の内苑計画並に社殿設計考案に基き既に設計図も成つたので、来月上旬辺りから着々工事に着手すべきことは既報の如くであるが、全部完成迄には五年余の日子を費すべけれど、神宮御造営成りし上は神苑外囲の青山、渋谷、原宿、代々木、千駄ヶ谷附近の繁栄は予測するに難からぬ所、されば、神宮御造営の噂がパット立つや、俄かに同方面の地代や家賃が漸次昂騰し出し、今日に於てすら既に一坪につき三円五円と云ふ法外の騰貴を示してゐる有様特に神宮の表門に最も近い甲武線、代々木駅は参拝者を呑吐する咽喉とも云ふべき枢要地とて、附近一帯は不断に響く鑿の音が日に高く新家屋の甍を殖して行く、中にも気の早い附近の住民中には昨今ポツ〳〵飲食店など開き一儲けせんと意気込めるものさへある、更に裏門が設けらる、筈の陸軍十三間道路へは新宿追分から京王鉄道の軌道敷設工事が、目下着々と進んでゐるから、之れ又神宮への近道となるべしと、沿道の商人等は心を躍らせてゐる、更に市街電車を渋谷道玄坂に棄つれば少々道は遠いが代々木練兵場を経て神苑に達し得るので、落成迄には此辺も今日の面目を一変する事疑ひない、それ迄には市街電車も諸方面に発展する事だらうから、明治神宮を中心とする前記の土地は其余徳を蒙って一大発展を為すであらう

（「明治神宮附近の繁栄　代々木附近一帯地価昂騰し気の早い連中は飲食店開業」、『読売新聞』大正四年三月九日）

この記事からは、明治神宮内外苑を取り巻く周辺地域（つまり広い意味における〈渋谷〉地域といってもよい）の期待の描写と、各地域における今後の繁栄をこの時点で予測可能であることの根拠が具体的に示されている。現在における明治神宮周辺の発展を見るならば、結果的にこの記事の予測は外れていないといえよう。

さて、造成されたばかりの表参道沿いは、高い塀と門を持つ屋敷が立ち並んでいた（現在もその面影がうかがえる建物が部分的に存在する）。それは、大正一二（一九二三）年に起こった関東大震災の復興支援のため、大正末期から昭和初期にかけて設立された同潤会青山アパート（現表参道ヒルズ）が建った後もさほど変わることはなかった。かかる景観を保存・維持するため、明治神宮（表参道及び内外苑連絡道路沿道）は、大正八年制定の都市計画法で定められた「緑地ニ準ズルモノ」としての「風致地区」の最も早い指定を大正一五年に受けている。

戦前から明治神宮の周辺に住んでいた方々の回想（家城定子・佐藤銀重・松井誠一「鎮座地渋谷これまでもこれからも」、前掲今泉宜子編『明治神宮　戦後復興の軌跡』所収）に拠れば、当地の子どもたちにとって「明治神宮は絶好の遊び場」であったらしい。昭和二〇（一九四五）年五月の空襲後、占領初期にかけては表参道辺りの焼け跡には人が殆どいなくなったというが、昭和三三年に明治神宮が復興し、同三九年の東京オリンピックをきっかけにして郊外だった原宿が賑やかになってゆき、パレフランス（同四六年）やラフォーレ（同五三年）が進出してくると徐々に若者文化の中心といわれるまでになって行ったという。また、「参宮橋」の辺りも、オリンピックを契機として工事のための職人が集まってきたことから急激に開けて来たという（村上博「ふるさと代々木で独立開業」、前掲今泉宜子編『明治神宮　戦後復興の軌

跡』所収)。

このように、明治神宮周辺のうち、特に原宿・表参道は、戦後しばらくの間、住宅地としてはあまり変化をしなかったが、高度経済成長とともに都市化の波が次第に押し寄せ、特に東京オリンピック以降、大きく変貌してゆき、「それまでの東京の街路空間にはなかった都市的なイメージを、原宿の街は持つようになった。」のである(陣内秀信・安富弘樹「原宿―回遊性のある遊びの街路空間―」、前掲『江戸東京のみかた調べかた』所収)。

さて、大東亜戦争下の昭和二〇年四月一三日、米軍の空襲によって明治神宮の本殿・拝殿は灰燼に帰してしまう(御神体は守護)。しかし、占領期には、逸早く仮社殿が同二一年五月三一日に竣功した(仙台・第二高等学校明善寮学生の御用材献納、神部満之助の間組の造営奉仕)。さらに同年六月一日には、「明治神宮崇敬会」が設立する。ただ、内苑に隣接する代々木練兵場は、米軍家族住宅のワシントンハイツに変貌し、昭和二〇年の「神道指令」や翌年の改正「宗教法人令」により、明治神宮も宗教法人として再出発せざるを得なくなる。同二七年のサンフランシスコ講和条約により日本本土が独立を恢復すると、翌年には「明治神宮復興奉賛会」が設立された。かくして同三三年一〇月三一日には本殿遷座祭遷御の儀が執行され、翌日に奉幣の儀、同三日に例祭、さらに同四日には、昭和天皇・香淳皇后の行幸啓が行われた。

このように戦後復興は着々と進められたが、一方では、昭和二〇年九月に占領軍が明治神宮外苑を接収した際、中央広場が球技場に変貌し、また、明治記念館の改築、或いは同三九年の東京オリンピック(第一八回東京オリンピック大会)開催に際して同三一年一二月に競技場を国に譲渡し大スタジアム(国立霞ヶ丘競技場)を建設したために、外苑内の緑地(オープンスペース)が失われてしまった(越澤明『東京都市計画物語』ちくま学芸文庫、平成一三年)。

首都東京の根本的改造を促した東京オリンピックにおいては、主会場が明治神宮外苑を中心とする明治公園に設定されるとともに(メーン会場は国立霞ヶ丘競技場)、旧代々木練兵場跡のワシントンハイツ全面返還によってそこに選手村が設けられ、サブ会場の駒沢公園に向かう道路（国道二四六号線、厚木街道）や鉄道（東急電鉄玉川線）も渋谷駅をターミナルとするという関係から、〈渋谷〉はオリンピックの中心地となり、首都東京改造の中心地ともなった（上山和雄「戦後復興とオリンピック」、前掲『歴史のなかの渋谷』所収）。ただ一方で、オリンピックに係わって東京都による道路新設・拡張や区画整理が行われる中で、明治神宮をはじめ、鳩森八幡神社、金王八幡神社、北谷稲荷神社、熊野神社という渋谷に鎮座する神社の境内地が強制的に削られてしまい、特に田中稲荷神社は金王八幡神社脇の替え地に移転せざるを得なくなった（『神社新報』第六九四号、昭和三五年一二月一〇日、『神社新報』第七〇一号、昭和三六年四月一五日）。

なお、外苑に隣接する女子学習院の焼け跡は占領期に米軍の駐車場になっていたが、昭和二二年に「東京ラグビー場」が設けられた（同二八年に「秩父宮ラグビー場」と改称）。そして、戦後の明治神宮外苑は、ゴルフ練習場（明治神宮第二球場）、軟式球場、アイススケート場、フットサルクラブ（千駄ヶ谷・信濃町）コート、テニスクラブ、室内球技場、バッティングドームなどのスポーツ施設、にこにこパーク（児童遊園）、パーラーやレストランなどが設けられ、また、神宮外苑いちょう祭り、森のビアガーデン、神宮外苑花火大会などの舞台ともなっており、現在も都民をはじめ、数多くの人々の憩いの場、公共空間として存在している。

因みに、戦前においても、結局は「幻のオリンピック」となってしまった第一二回東京オリンピック大会計画で明治神宮外苑競技場の大拡張などが考慮に入れられていた（片木篤『オリンピック・シティ　東京１９４０・１９６４』河出書房新社、平成二二年）。要するに、大正時代という時点で「明治神宮外苑」という空間に各種の運動施設が造られていなければ、東京を「オリンピック・シティ」にするための基盤を一から構築する必要性に迫られたことであろう。

また、一般に明治神宮といえば、毎年正月三が日の人出（初詣）ベストワンとして知られていよう（平成二五〔二〇一三〕年は三一三万人、神社新報編輯部調べ、『神社新報』第三一五〇号、平成二五年一月二八日、平成二一年から警察庁は発表を取り止めた）。しかし、意外なことに明治神宮が初詣の人出第一位になったのは昭和五三年が初めてで、同五五年からはずっと一位をキープしており（三〇〇～四〇〇万人）、各都道府県における初詣者の「一社集中」という都市化に伴う現象の一環であることが夙に指摘されている（前掲石井研士『戦後の社会変動と神社神道』）。初詣をはじめ、現代社会における明治神宮に対する認識や人々の参拝行動については、石井研士による先駆的検討があるものの、未だ研究の余地が頗る大きい課題といえよう（「メディアの中の明治神宮」、『明治聖徳記念学会紀要』復刊第三六号、平成一四年）。

7　東郷神社の創建と平田神社の移転

昭和一五（一九四〇）年五月、〈初期条件〉としての明治神宮、表参道が齎した枠組のうちに発展した「原宿」において、新たな神社が創建される。元帥海軍大将の東郷平八郎を祭神とする東郷神社（渋谷区神宮前一丁目）である（前掲『東郷神社誌』）。日露戦争において連合艦隊司令官を務めた英雄である東郷平八郎元帥は、昭和九年五月三〇日に病没した。六月五日には国葬（神式）が行われ、海軍大将有馬良橘（明治神宮宮司）が葬儀委員長を務めた。墓所は多磨墓地に設けられた。没後すぐ、全国各地で東郷元帥を祭神とする神社を建設したいという計画や構想が持ち上がるが、同六月、海軍省が、神社は中央に一社とし、分立を避けて地方には許可すべきでない（元帥生地の鹿児島は例外）という方針を打ち出した。原宿の神社創建に繋がる具体的な動きは、同年秋に発足した「財団法人東郷元帥記念会」（会長斎藤実、副会長阪谷芳郎）によるもので、「明治神宮附近景勝の浄地」に神社を建てるため、その場所の選定と募金の調達を行い、昭和一〇年一二月二七日に東郷神社創建願を内務大臣後藤文夫に提出したところ、翌一一年一月二八日に許可が下りた。

この当時、内務省では神社完成後の混雑を見越して道路拡張することになったと報じられている（「東郷神社　参詣者雲集に備へ　六本の新道路拡張」『読売新聞』昭和一一年一〇月三〇日「城西読売」）。社地は、明治神宮にほど近い原宿の元鳥取藩主池田侯爵家の屋敷地の一部を割譲してもらうこととなり、同一一年九月一四日に地鎮祭が行われ、これ以後、造営工事が始まった。社殿が完成し、鎮座祭が行われたのは、昭和一五年五月二八日であり、この日を以て府社東郷神社の創建となった。なお、同神社は、戦時において「別格官幣社」に昇格すべく、昭和一九年七月一九日に社格昇進願を東京都長官に提出したが、何の沙汰も無いまま、翌二〇年に終戦を迎えることとなった。また、同社は昭和一九年一一月二七日と翌二〇年五月二五日の二回に亙って空襲を受け、二回目の被爆で社殿は焼失してしまう。占領期の昭和二四年一〇月に仮社殿となり、同三九年五月に社殿、社務所、神門、手水舎が完成して遷座祭が執行され、同月二八日に復興完成奉告祭が行われた。同四四年には東郷記念館が竣功し、同四六年には境内霊社「海の宮」が創健されている。戦後の教化活動としては、附属の東郷幼稚園の運営やボーイスカウト活動のほか、様々な講座なども開いている。

また、平田神社（渋谷区代々木三丁目）は、国学者の平田篤胤大人命《うしのみこと》を祀る特殊崇敬型の神社であるが、戦後になり代々木に移転してきた。明治初年、本所区柳島横川町の平田家の邸内社として創祀され、明治一四（一八八一）年一一月に明治天皇の御下賜金をもとに文京区小石川第六天町に遷座したが、大東亜戦争によって社殿が焼失した。戦後、地下鉄車庫用地収用により移転を余儀なくされて昭和三四年一一月に代々木に遷座し、同六二年六月に社殿や諸施設を全面的に新築した。現在、三階建てビルの一階が神社と社務所になっている（前掲『東京都神社名鑑』上巻）。

むすび

以上、本章では渋谷区内の神社を網羅的に取り上げ、甚だ不十分ながらも、それらの神社から広い意味での〈渋谷〉を照射することを試みてきたつもりである。ここまで見てきたように、村や町の鎮守（産土神）であれ、氏子地域を持たず崇敬者に支えられている社であれ、〈神社〉という観点から都市空間〈渋谷〉の中の各地域社会を捉えた場合、我々が普段は何気なく見過ごしている、それぞれの地名や風習に今もしっかりと神社の影響が刻印されていること、或いは各々の神社境内が地域社会の「拠り所」となり「公共空間」として機能し続けてきた様を看取することができるのである。

しかし、そうしたことは大なり小なり、どんな都市空間、地域社会においても見られることであり、必ずしも〈渋谷的なるもの〉に特有の性質ではない。〈神社〉の観点から〈渋谷的なるもの〉を端的に抽出して提示することは容易ではないが、あえて単純化し図式的に捉えるならば、次のようになる。

つまり、近世以前に遡る可能性のある〈渋谷〉のルーツともなる「古社」（鎮守）の記憶を基盤としつつ、江戸時代には、府内と郊外の境界としての「場末」における村方や町方、武家地の発展過程に寄り添うような形で鎮守（産土神）と流行神が共存するようになり、明治維新以降は、積み重ねられてきた各信仰を棲み分けたり配置換えをしたりする傾向（神仏判然、神社移転）と束ねてゆく傾向（神社合祀）を基本思潮としたが、明治末期から大正期の「都市化」現象に対峙しているうち、突如として「都市としての明治神宮」なる特異な要素が組み込まれ、震災・戦災の復興、現代の高度成長期を潜り抜けて現在にまで至っているという、重層的かつモザイク的な構図として描けるのではないだろうか。

【附記】本稿は、平成二四年度科学研究費助成事業（科学研究費補助金）基盤研究（C）「帝都東京における神社境内と「公共空間」に関する基礎的研究」（研究課題番号：二二五二〇〇六三、研究者代表者・藤田大誠）における研究成果の一部である。

【コラム】①　学園の神々

秋野淳一・加藤道子

渋谷は、教育機関が集中する文教地区としての側面を持っている。ヒカリエのある渋谷駅の東側から青山、広尾にかけての高台である東渋谷丘陵には、江戸時代は武家屋敷が広がり、その敷地は明治維新を経て官園や宮内省御料地などさまざまな転用をみた。この地域に、明治から大正期にかけて青山学院、東京農業大学、実践高等女学校、國學院大學、東京女学館が移転した。戦後は、久邇宮邸跡に聖心女子大学、宮代町に日本赤十字女子短期大学、羽沢公園跡に広尾中学校、東京都種苗園跡に広尾高等学校が設立された。そして、このエリアは昭和二五（一九五〇）年に東京都の条例で文教地区に指定され（『新修渋谷区史』下巻）、今日に至っている。

そこで、こうした渋谷の文教地区としての性格に着目し、学園に祀られている神々について取り上げてみたい。ここで紹介をするのは、宗教系の大学である國學院大學、青山学院大学、聖心女子大学、そして実践女子学園（中学校・高等学校）の神々である。

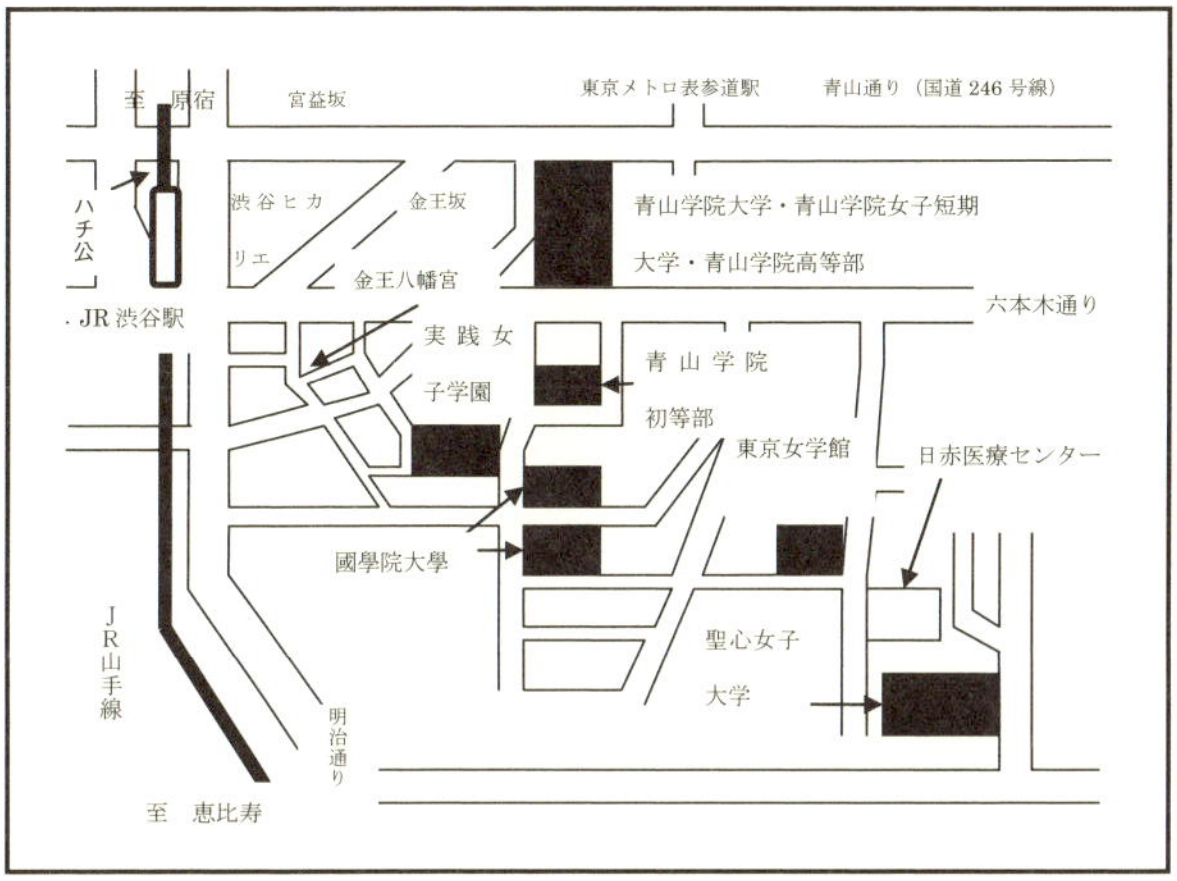

図1　文教地区・渋谷の学園の位置

國學院大學・渋谷キャンパスの神殿

國學院大學は、明治一五（一八八二）年創立の皇典講究所を母体として明治二三年に設立され、大正九（一九二〇）年に大学令に基づく大学の認可を受けた。國學院大學は建学の精神を神道に置き、その学問の基礎を国学に求める大学である。三重県の皇學館大学と並ぶ神職（神社の神主）を養成する高等教育機関としても著名である。

國學院大学渋谷キャンパスの正門を入って、すぐ右側に鬱蒼とした森が広がる。この森には、ケヤキ・ヒノキ・スズカケなどの樹種が茂り、渋谷区の保存樹林に指定されている。そして、森の合間に鳥居がみえる。これは、國學院大學の神殿である。神殿の入口前には「神奈備《かんなび》川」と呼ばれる小川が流れ、鳥居手前の右側には手水舎が設けられている。

神殿は、國學院大學が麹町区飯田町（現・千代田区飯田橋）から渋谷の現在地へ移転するのを契機として、当時の理事であった和田豊治（一八六一―一九二四）が大正一二年五月に神殿の建設費として金一万五千円の指定寄付を行った。しかし、関東大震災の影響により竣工が遅れ、昭和四（一九二九）年一一月九日に起工し、翌年四月三〇日に竣工、五月一日に御鎮座奉祝祭を行った。昭和五年一一月四日には大学の開校四〇周年を迎え、記念式典が行われた。まず、午前八時から真新しい神殿前で奉告祭を行い、学長以下の教職員が参拝し、学生も校旗を捧げて参列した。そして、大講堂に移動して午前九時より式典を行った。

終戦を迎えた昭和二〇年八月一五日の直後、同年九月一日に月次祭を実施した。翌二一年元旦には、当時の佐佐木学長以下が参列して神殿祭を行い、ついで大講堂で新年の祝賀式を行った。二月一一日の紀元節にも神殿祭を行った。

昭和五五（一九八〇）年五月一日には、神殿ができてから五〇周年を迎え、神殿鎮座五十周年祭が厳粛に行われた。大祭には、当時の松尾理事長・吉川学長を始め、法人・大学関係教職員・学生が多数参列し、玉串を捧げて、大学の発展を祈念した。そして、学内の常磐松大会議室で直会を兼ねた祝賀会が催された。祝賀会場には故・和田豊治理事の遺影を掲げて周囲に紅白の幔幕を巡らした。祝賀会の席では、松尾理事長が神殿造営の由来について語り、故・和田豊治理事の嗣子である和田文吾が慶びの言葉を述べ、吉川学長の音頭で乾杯し、祝宴に入った。この神殿鎮座五十周年祭には記念の絵葉書が作られ、参会者に配られた（『國學院大學百年史』下巻）。

祭神には天照皇大神を主神として、天神地祇八百万神を合祀して祀る。かつては、新年・紀元節・天長節・明治節とともに、創立記念日（一一月四日）・入学式・卒業式などの國學院大學の式日に、必ずこの神殿で祭典を行った後に大講堂で式典を行っていた（『國學院大學百年史』上巻）。現在でも、神殿鎮座祭（五月一日）、創立記念祭（一一月四日）、歳旦祭（一月一日）、建国記念祭（二月一一日）、

國學院大學・神殿の遠景

國學院大學・神殿の近景

卒業奉告祭（四月）、天長祭（一二月二三日）、月次祭（毎月一日）、大祓（六月、一二月）を行っている。平成二二（二〇一〇）年からは秋に神殿前で明月を愛でる「観月祭」も催されている。

青山学院大学・青山キャンパスのガウチャー記念礼拝堂

青山学院大学は、プロテスタント・メソジスト派の学園である。大学のホームページによると、キリスト教信仰に基づく教育を目指し、聖書マタイによる福音書五章一三〜一六節にある「地の塩、世の光」（The Salt of Earth, The Light of the World）という「あなたはかけがえのない存在」であることを意味する言葉をモットーとしている。大学とキリスト教の関わりは深く、学部学生の必修科目として「キリスト教概論」という授業が開講され、大学では毎日礼拝が行われている。

青山学院の歴史の源のひとつは、明治七（一八七四）年に婦人宣教師ドーラ・E・スクーンメーカーが麻布に「女子小学校」を開校したことによって始まる。この女子小学校の開校日である一一月一六日を現在でも青山学院の創立記念日としている。女子小学校はその後「救世学校」と改称され麻布から築地明石町に移転し、「海岸女学校」と改称されている。一方、明治一一年に、宣教師ジュリアス・ソーパーが築地に「耕教学舎」を、翌・明治一二年に宣教師ロバート・S・マクレイが横浜に「美會神学校」を開校している。その後、耕教学舎は「東京英学校」と改称され、美會神学校と合同することとなったが、その際、新しい校地の購入が検討された。そして、明治一五年に青山南町七丁目一番地に理想の土地を見つけ、伊予西条藩屋敷跡地約三万坪を宣教師ジョン・F・ガウチャーの個人寄付によって購入した。これが現在の青山キャンパスにつながっていく。翌・明治一六年に青山へ移転した東京英学校は「東京英和学校」と改称された。また、築地の海岸女学校は生徒数が増加したため、上級生が青山へ移り、東京英和学校の敷地の一部を借りて「東京英和女学校」と改称して授業を行い、やがて海岸女学校は閉鎖され、東京英和女学校に合同した。明治二七（一八九四）年には東京英和学校が「青山学院」と改称され、翌年には東京英和女学校が「青山女学院」と改称された。昭和二（一九二七）年には、青山学院と青山女学院の合同が文部省より認可された。終戦を経て昭和二四年に「青山学院大学」の設置認可が下りて開校し、翌年には青山女学院の伝統を受け継ぐ「青山学院女子短期大学」が開校し、今日に至っている。

青山キャンパス内には、一三階建てのガウチャー・メモリアル・ホールがある。この一・二階にガウチャー記念礼拝堂が設けられ、三〜一三階は研究・教育施設となっている。礼拝堂の上に研究・教育施設を置く構造を取るのは、「信は知の土台なり」という青山学院の教育姿勢を顕著に表現しているからだという。このホールは、平成三（二〇〇一）年に旧大学礼拝堂跡地に、青山の土地購入のために個人寄付を行った宣教師ジョン・F・ガウチャーを記念して建てられた。記念礼拝堂内にはパイプオルガンが設置されている。礼拝堂では、平日の月〜金曜日の午前一〇時から大学礼拝が行われている。また、一一月一六日の創立記念日や入学式・卒業式などの際にミサが行われる。また、毎年、一一月下旬にはクリスマスツリー点火祭をキャンパス内で行っている。点火祭の直前には、待降節のミサを礼拝堂で行う。平成二四年はクリスマスツリー点火祭を一一月三〇日の夕方に行った。

ガウチャー記念礼拝堂

この他、青山キャンパス内には、正門脇にメソジスト教会の始祖とされるジョン・ウェスレーの大きな銅像が建てられている。また、キャンパス内には、女子小学校を開校した婦人宣教師ドーラ・E・スクーンメーカー、耕教学舎を開校した宣教師ジュリアス・ソーパー、美會神学校を開校した宣教師ロバート・S・マクレイ、そして宣教師ジョン・F・ガウチャーのモニュメントが建てられている。

聖心女子大学の聖堂・マリアンホール

聖心女子大学は、一八〇〇年、フランスのアミアンでマグダレナ・ソフィア・バラという一人の修道女により創立された「聖心会」というキリスト教カトリックの女子修道会を母体としている。そして、現在は世界四二ヶ国に約一七〇の姉妹校と呼ばれる聖心の学校がある。

創立者マグダレナ・ソフィア・バラがフランスで創立した聖心女子学院の教育理念、すなわち「一人一人の人間をかけがえのない存在として愛するキリストの聖心（みこころ）に学び、自ら求めた学業を修め、その成果をもって社会との関わりを深めること」という教育理念を建学の精神として継承している。そして、「UBI《ウヴィ》 CARITAS,《カリタス》 IBI《イヴィ》 DEUS《デウス》」（愛といつくしみのあるところに神います）を、大学のモットーとする。

日本では、明治四一（一九〇八）年、芝白金三光町に、日本に於ける最初の聖心の学校、聖心女子学院外国人部を非公式に開校、同年私立聖心女子学院の設立認可を得たのを始まりとする。大正五（一九一六）年、私立聖心女子学院高等専門学校を開校。昭和一九（一九四四）年、聖心女子学院専門学校と改称した。

渋谷区広尾四丁目の大学の現在地には、かつて下総佐倉藩堀田家の下屋敷があったが、大正六（一九一七）年に久邇宮家の所有となり、本館（戦災で焼失し車寄せ部分のみ現存）や御常御殿（現存）が建設された。昭和天皇の后、香淳皇后はここで幼少期を過ごした。終戦後、この久邇宮家の跡地は、土地を国が管理していたが、建物は映画会社大映の所有となっていた。昭和二二（一九四七）年、聖心女子学院が大学設立のため、旧久邇宮家の敷地と御殿を購入して現在地に移転した。当初は、占領軍のカマボコ型兵舎（クウォンセットハット）を貰い受けて校舎とするなどしていたという。昭和二三年、新制大学として、聖心女子大学が開学し、文学部を設置した。初代学長はエリザベス・ブリットという修道女で、以後キリスト教の精神と国際性豊かな大学を創りあげ、今日に至っている。

キャンパス内のほぼ中央に、灰色の石造り風の外観を持つ「おみどう」と呼ばれる聖堂がある。この聖堂は、聖心女子大学の精神的な中核として位置付けられ、イエス・キリストの「聖心」（みこころ）を表わすものであるという。聖堂では、毎朝ミサが行われ、入学式や卒業式などの大学の公式行事や学生ミサ、文化祭（聖心祭）の際の聖歌隊の発表会、クリスマスコンサート、葬儀ミサなどが催されている。また、興味深いのは、土曜日に限って大学の同窓会（宮代会）の世話のもと結婚式が挙行され、聖心女子大

マリアンホール
（『聖心女子大学 1916-1948-1998』より）

聖心女子大学の聖堂
（『聖心女子大学 1916-1948-1998』より）

学の卒業生であれば誰でもこの聖堂で結婚式を挙げられるということである。

また、大学を代表する建物の一つである「マリアンホール」の中央には、マーテル・アドミラビリス（感ずべき御母）と呼ばれる聖母マリアが描かれた聖画がある。原画はローマ市内のスペイン広場にあるトリニタ・ディ・モンティの修道院に現存する壁画で、一九世紀半ばに一修道女によって描かれたものである。この絵は全世界の聖心の学校に掲げられていて、創立者の教育理念を今に伝えている。

実践女子学園（中学校・高等学校）の香雪神社

実践女子学園は、下田歌子（一八五四―一九三六）によって「新時代に生きる女性の教養とそれに裏付けられた実践力を身につけ、生活と社会の改善をはかる」といった「実践」の理念のもと開校した。明治三二（一八九九）年に私立実践女学校と女子工芸学校が麹町に創設されたのを始めとする。明治三六年に、実践女学校・女子工芸学校は渋谷新校舎に移転する。これが現在の常磐松の渋谷キャンパスへつながっていく。

かつての香雪神社の狛犬

学祖・下田歌子は昭和一一（一九三六）年一〇月八日に永眠するが、死後、学園では創設者・下田歌子の遺志の再確認がなされていく。同年の一一月二六日の「五十日祭」では、歌子が従来続けてきた全校生徒に対する講話に辞世となった和歌四首を添えて「遺訓」として、教職員・生徒に配布した。また、伝記の編纂計画が持ち上がり始め、同時に歌子の霊を祀る神社建設の声が高まっていった。

神社は、現在の渋谷キャンパス内、当時の実践女学校運動場の東北隅にある校歌を刻んだ喜寿記念碑に並ぶ場所に建設された。昭和一二（一九三七）年二月二二日に地鎮祭、七月二五日に上棟式を終え、一〇月一日に竣工した。そして、一〇月七日には新殿祭・動座祭・鎮座祭を行い、歌子の命日である翌一〇月八日には、出雲大社の千家斎主によって一年忌祭が行われた。神社の名称は、歌子の雅号をとって「香雪神社」と命名された。そして、この日から高等女学校と第二高等女学校の生徒たちは教職員とともに当番制の「朝ぎよめ」を行った。

しかしながら、終戦直後にＧＨＱ（連合国総司令部）の指示によって、昭和二一年一月に廃祀が決まり、社殿を撤去した。その際、神社の御霊代を遷す動座祭を行い、御霊代は理事長室に遷し、社殿と御手洗所は、戦災で社殿が焼失して、当時は仮殿であった麻布の出雲大社東京分祠へ寄進した。また、鳥居と狛犬は金王八幡宮に寄進した（『実践女子学園一〇〇年史』）。香雪神社の狛犬は、現在でも金王八幡宮境内の御嶽神社の狛犬として残されている。


このように、國學院大學、青山学院大学、聖心女子大学、実践女子学園（中学校・高等学校）に祀られた「学園の神々」は、学園の建学の精神や教育理念と密接に関りながら祀られてきたことがわかる。そして、学園の設立やキャンパスの移転、施設の建設などで学園の発展に貢献した人たちは様々な形で記念・顕彰され、今日までその姿が伝えられている。

第二章　渋谷の住宅地と神社祭礼

黒﨑　浩行

はじめに

「渋谷」という地名から多くの人びとが思い浮かべるイメージは、新宿、池袋とならぶ東京の副都心であり、流行に敏感な若者が集まってくるというものだろうか。たしかに、渋谷駅前にはデパートやファッションビルなどが立ち並び、映画館やコンサートホールといった文化施設、飲食店が集中し、盛り場の様相を呈している。また、都心と郊外を結ぶ駅の周辺には高層のオフィスビルも多く、駅は買い物客とスーツ姿の通勤者でいつもごった返している。テレビなどの情報で間接的に知っている人だけでなく、実際にいつも渋谷に出かけている人も、こういう印象をもっていることだろう（『渋谷学叢書1　渋谷をくらす』第一章「渋谷はどこだ」参照）。

だが、渋谷駅から離れて、その周辺を少し歩いてみるとどうだろう。明治通りを外れて南東方向へ進むと、ちょうど國學院大學のキャンパスのある東四丁目に行き着く。このへんや、さらに向こうの広尾、恵比寿のあたりには、閑静な住宅地が広がっている。渋谷駅から南西方向の猿楽町、代官山のあたりも住宅地である。また、西の方向へ、東急本店通りを抜けて進むと、松濤の高級住宅地にたどり着く。明治神宮をとりまいている千駄ヶ谷や幡ヶ谷、西原なども、住宅が多い地域である。通り沿いには、コンビニや新しい店舗にまじって、八百屋や米屋、畳屋、靴屋、薬局など、昔ながらの店構えの古い店舗も点在している。区立小学校に通う児童たちの一群に出会うこともあるだろう。

渋谷を通りすぎる人はあまり気がつかないが、渋谷に住んでいる人にとっては当たり前の日常的な生活の光景。そこにはやはり当たり前のように鎮守の森、神社がある。

この章では、住宅地である渋谷の住民の生活に根ざしている神社祭礼に注目する。それは、次のような問題意識からである。

近年、「無縁社会」と言われるように、血縁・地縁による共助のつながりからも、また公的な福祉サービスからもとりこぼされてしまう人びとが生じている現状がある。それに対し、新たな支え合いを求めてさまざまな活動、施策がなされはじめている。ボランティアやNPOといった「新しい公共」の担い手とされる団体に加え、あるいはそれと重なりながら、宗教者、宗教団体もさまざまに活動を展開している。(1)

こうした状況のなかで、町内会、自治会などと呼ばれる、従来からある近隣住民組織に対しても期待が高まっている。町内会は、ご近所の住民どうしの親睦や助け合いの活動を担ってきた。それは、財政的、人的に行き渡らない地方自治行政サービスの補助的な役割という面もある。だが、高度経済成長期以降は、次第に成員の活動参加が低下してきたため、活動をふたたび活発にすることができるのか、その可能性が疑問視されることもある。とはいえ、依然として全国で三〇万団体あるとされる町内会がもたらす社会関係資本の醸成と、町内会がカバーする幅広い地域活動には、あらためて期待が寄せられているのである。(2)

そして渋谷でも、他の多くの地域で見られるのと同様に、町内会（渋谷では「町会」と言う）の活動に神社祭礼が組み込まれている。そこで、住宅地が広範囲を占める渋谷で今、祭礼がどのように行われているか、観察してみた。そこから、都市の住宅地での祭礼がどのような面で新たな支え合い、社会包摂をもたらしうるか、足元からの考察を試みたい。

第一節　住宅地・渋谷

1　住宅地の形成と現状

まず、渋谷区の住宅市街地としての特徴を把握しておこう。

渋谷区内の住宅地は複雑に入り組んで分布している。これは実際に歩いてみるとよく実感できる。渋谷区都市整備部住宅推進課が平成一〇（一九九八）年にまとめた『渋谷区住宅白書』は、この分布の特徴を次のように述べている。「戸建て住宅が集積した住宅地、マンションが集積した住宅地、木造住宅が密集した住宅地、店舗やオフィスと住宅とが複合した市街地などが、①小さな地域単位で、②その種類も多様で、③それぞれに個性や特徴をもった住宅市街地が、組み合わさりながらモザイク状に点在」する。そして、こうした複雑な分布を、「①鉄道の開通や道路の整備による都市化の進展、②起伏のある地形特性による都市基盤整備の状況の相違、③副都心の形成による都市型産業と住宅の融合」と、まちの成り立ちから説明している。

現在の渋谷区にあたる地域が住宅地として発展してきた歴史は、昭和七（一九三二）年の「渋谷区」成立よりも前の、明治中期ごろにさかのぼる。これ以前は、江戸時代の武家屋敷に由来する邸宅がある台地と、農地が広がる地帯であった。明治三〇年代から、まず千駄ヶ谷村が、鉄道・道路の発達をともなって、都心に通勤する人びとの郊外住宅地となっていく。明治三九（一九〇六）年に中央線の駅として開業した代々木駅が四二年に山手線に接続し、また四〇年に玉川電車が道玄坂上・三軒茶屋間で開通、四四年に東京市電が中渋谷まで開通するようになると、道玄坂の市街地化と、渋谷村の宅地化が進んでいった。代々幡村の宅地化は千駄ヶ谷、渋谷の二村よりも遅く、大正二（一九一三）年からの京王電気軌道の開通より以降になる。町制への移行もこの順序で、明治四〇年に千駄ヶ谷町、四二年に渋谷町、大正四年に代々幡町が成立した（『図説渋谷区史』一二二～一二五頁）。こうして、台地上の富裕住宅地区と、低地の一般住宅地区がそれぞれに分化発達していき、後者には日用品などを供給するための商店街がともなった。さらに一般住宅地区に人口が密集してくると立体化が進み、昭和前期からは共同住宅の建設が進んでいった（『新修渋谷区史』下巻、三〇一二～一八頁）。

第二次世界大戦中の空襲によって、渋谷区は八〇パーセントの地域を焼失してしまう。戦後の復興期にはふたたび住宅の建設が進むが、建築資材の供給不足、土地面積の飽和、地価の急上昇などにより、人口増加に見合うだけの住宅供給がしだいに難しくなっていった。また、区画整理事業と東京オリンピック開催の影響もあり、戦前とは異なる町並みへと変容し、現在に至っている（同書、二五八〇～八二、二八三九～四四頁）。

2　渋谷区の人口と住民

次に、住宅地としての現在の渋谷を、人口分布の面から見てみよう。そこからは、明治中期以来、住宅地として発達してきた歴史とはうらはらに、むしろ今日のわれわれの渋谷に対する印象を裏づけるような特徴が見てとれる。

『渋谷区勢概要』によると、平成二三（二〇一一）年一月一日現在で、渋谷区の世帯数は一一七、七三五、人口は一九六、九一〇人である。これは、東京二三区のなかでは世帯数で一七位、人口で一八位と、どちらかというと下位のほうになる。隣接する区では、港区（世帯数一一七、一五二、人口二〇〇、五九九）とほぼ並ぶが、新宿区（世帯数一七一、四二三、人口二八三、八一九）、目黒区（世帯数一四〇、七四一、人口二五四、一八五）よりも少なく、世田谷区（世帯数四三四、六九四、人口八三五、八一九）とは圧倒的に差がある。このようなところにも、住宅地・渋谷が外からあまり認知されない理由があるのかもしれない。

『統計渋谷』に掲載されている渋谷区の人口の推移を見ると、昭和二〇（一九四五）年は八四、〇六七人であった人口が急激に増えていき、昭和三八年には二六八、二九八人にまでのぼった。しかし、その後は下降線をたどり、平成九（一九九七）年には一八二、八八二人になる。近年は、ふたたび上昇する傾向にある。都心回帰の現象である。

一戸建ての住宅に比べて、共同住宅では、新たに引っ越してきたり、また区外へ出て行く人も少なくないだろう。平成二二年四月から平成二三年三月までの転入・転出数をみると、転入が一七、五五〇件で二〇、七二一人、転出が一五、一二六件で一八、九五二人、出生が一、六五六人、死亡が一、五九三人となっている。つまり、渋谷区民のおよそ一割がこの一年間で入れ替わっていることになる。

渋谷区に居住している人に対し、渋谷区のオフィスや商店、学校には多くの人が通勤、通学している。また、渋谷区に居住しながら区外に通勤、通学する人もいる。その流入、流出人口をみると、平成一七年の国勢調査では、流出人口、すなわち渋谷区外に通勤、通学する人が五八、〇一四人であるのに対し、流入人口、すなわち他の地域から渋谷区に通勤、通学する人が四〇一、五三七人いる。つまり渋谷区民の三割の人は渋谷区外に通勤・通学し、渋谷区民の人口の二倍にあたる人が渋谷にやってきて働き、学んでいることになる。渋谷区の副都心としてのイメージを裏づけるものである。

ただ、前節でも述べたように、渋谷区では異なる特徴をもつ住宅地が混在して発達してきた。そこで後のケーススタディで主にとりあげる場所となる、氷川神社の周辺について少し細かく見ておきたい。東二丁目に鎮座する氷川神社は下渋谷村・下豊沢村の総鎮守と呼ばれ、その氏子区域は、現在の町名でいうと東一～四丁目、広尾一～五丁目、恵比寿一～四丁目、恵比寿南一～三丁目、恵比寿西一・二丁目、代官山町、猿楽町の範囲にわたる。恵比寿駅周辺を除くと比較的住宅地が多いところである。

『統計渋谷』は「町丁目別人口の推移（昭和五五年～平成一二年）」と題して、昭和五五年から平成一二（二〇〇〇）年にかけての五年ごとの人口の推移を町丁目別に記したデータを載せている。これを見ると、昭和五五年〜六〇年、六〇年〜平成二年、二年〜七年は、先述のようにどの地区も軒並み人口が減少していた。しかし平成七年〜一二年では、人口の増える地区と減少を続ける地区とが分かれていく。氷川神社の氏子区域では、恵比寿一丁目（増加率二八・六〇パーセント）、東一丁目（増加率二二・五九パーセント）の増加が他地区に比べても著しい。逆に、広尾四丁目（減少率八・九四パーセント）、五丁目（減少率九・八一パーセント）は減少を続けているが、それでも商業地区である道玄坂一丁目（減少率三〇・五七パーセント）ほど激しいものではない。

また、年齢別の人口構成比を『統計渋谷』（平成一九年度）をもとに算出すると、渋谷区全体で一四歳以下人口比率が八・五パーセント、六五歳以上人口比率（高齢化率）が一八・二パーセントとなるが、広尾二、三、四丁目、猿楽町は一四歳以下人口比率がこれよりも高く（一〇・五〜一二・八パーセント）、また高齢化率は総じてやや高く、東二丁目がとりわけ高い（二九・二パーセント）ことがわかる。だが、子どもの人口比率も高齢化率も日本全体よりはやや低く、働く世代が多い人口分布になっていることがうかがえる。

第二節　明治以降の町会の歴史と祭礼

1　町内会・自治会とは

次に、町会の歴史と渋谷区における町会の現状を把握しておこう。

近隣住民による自治組織には全国的にいろんな呼び名がある。総務省『地縁による団体の許可事務の状況等に関する調査結果』（平成二〇年）によれば、自治会が四一・八パーセント、町内会が二二・七パーセント、区が一三・二パーセント、町会が六・〇パーセント、部落会が二・三パーセント、区会が一・四パーセント、その他が一二・六パーセントとなっている。

町内会・自治会とは、一定の範囲に居住する人びとが、さまざまな共通の関心事について共同で対処するために結成した組織と言える。そして、その範囲の住民全員が世帯単位で加入することが求められるという特徴をもつ。

近代日本において、行政が町内会・自治会に注目した大きなきっかけは、大正一二（一九二三）年の関東大震災であった。このとき帝都復興計画の重責を担った後藤新平（一八五七～一九二九）は、江戸時代の自治制に関心を寄せることになる。財団法人東京市政調査会が発足し、大正一四年に、「都制ニ伴フ行政単位ニ関スル研究報告」を提出する。この報告書は増補訂正されて『東京市町内会に関する調査』として昭和二（一九二七）年に刊行された。東京市政調査会副会長の岡実による「序」には次のように述べられている。

自治制度なるものは相知と利害との共通関係の上に於て初めて樹立せらるるものであることは東西古今を通じて動かぬ原則であり又事実である。而して相知の関係が深甚であり利害関係の共同が緊密であればある程愈々自治制度はその堅実性と済美性とを増すこと言ふまでもない。

わが国に初めて地方自治の制度が布かれたのは明治二十二年である。…（中略）…大体に於て独逸の自治制度に則つたもので全く輸入立法であった。その結果としてわが社会の実際に適合しないものが少くない。然るに時代の進展と共にこの輸入の自治制度は或る程度までわが国民並に社会を陶冶して欧州流の自治の発達を促し且つこれを導き来つたことは事実である。それにも拘らず、今日に於てすら、なほ現行の制度と社会の実際とがしつくり合はない所がある。ここに於て我等はわが國本来の地方組織に立ち帰って根本的に考へ直すべき廉も少くない。

わが国の地方制度は例へば五人組制度、名主制度、年寄制度のやうに地域的小単位制の下に発達して来たものである。……（中略）……地方制度施行以後今日に於てもなほ市町村の内に町内会、区内会その他いろいろの名目で多種多様の小団体が存在してゐる。これ等は国の法制が産み出したものではない。実社会の必要が生んだ組織である。これ等につきてその沿革、現状及び将来を実証的に検討することはわが自治制度研究上重要なる根本題目の一でなければならない。

このように、地域住民が親交を結びつつ、ともに暮らすうえで解決しなければならない問題に対処するために結成した町内会・自治会は、行政からもその補完的な役割を与えられながら発達していくことになった。

だが、昭和前期の戦時下、昭和一五年九月に通達された内務省訓令第一七号「部落会町内会等整備要項」により、町内会・自治会は国民生活を統制し戦争に動員する「市町村ノ補助的下部組織」として国家に組み込まれることとなった。戦後、GHQ（連合国軍最高司令官総司令部）はこの内務省訓令第一七号を廃止させ、町内会・自治会の業務を行政組織に移管させるとともに、その組織、活動を禁止した。この措置は昭和二七年のサンフランシスコ講和条約発効にともない失効する。それから町内会・自治会が各地で復活し、徐々に活動を再開することになった。

2　渋谷の町会の歴史と現状

渋谷区には平成二四（二〇一二）年現在、一〇五の町内会・自治会がある。そのほとんどが「〇〇町会」という名称になっており、昭和三七（一九六二）年に発足した連合組織も「渋谷区町会連合会」という名称となっている。そのため、本章では以下、渋谷の町内会・自治会については「町会」を総称として用いることにする。

町会には、地域住民による相互扶助的な組織であるという面と、行政からその補完的な役割を期待される組織であるという面がある。後者の面については、諸々の法令資料があり、また地方自治体がまとめた自治体史にも述べられるところだが、それぞれの町会について、その発生や、具体的な活動、直面している課題などを詳しく記した資料はなかなか見つけにくい。幸いなことに、渋谷区では、渋谷区町会連合会が創立三〇周年を記念して『まちづくりのあしあと』と題する記念誌を平成四年に発行している。また、渋谷区町会連合会が平成一九年度「東京都地域の底力再生事業助成」の対象となったことで、現在の町会の分布などを表したチラシやマップなどが発行、配布されている。これらを参考に、不完全ではあるが、渋谷の町会の歴史と現状を簡単にたどっておきたい。

後に渋谷区となる地域では、明治二二（一八八九）年に市制・町村制が施行されたさい千駄ヶ谷村、渋谷村、代々幡村が成立し、次に明治四〇（一九〇九）年から大正四（一九一五）年にかけて、千駄ヶ谷町、渋谷町、代々幡町の三町が順次成立する。この町制施行の過程のなかで、それまでの地域内の寄り合い的な組織がしだいに自治団体となり、町制を補完する役割を担わされるようになった。これは渋谷町で大正五年に一四の「区」を設置して町制の補助機関としたのが嚆矢で、代々幡町がそれに続いて大正一二年に一四の「区」を置いた。ただし千駄ヶ谷町では衛生組合などがあるのみで、渋谷町・代々幡町のような「区」は置かれなかった（『新修渋谷区史』下巻、二二四五～六頁）。

昭和七（一九三二）年一〇月一日、東京市の市域拡張に伴い、それまで豊多摩郡下であった渋谷町・千駄ヶ谷町・代々幡町が合併して東京市に編入され、「渋谷区」が誕生する（手塚雄太「渋谷区の誕生」『渋谷学叢書2　歴史のなかの渋谷』）。その翌年の昭和八年、渋谷区長岸本千秋は「町会制度に就き御依頼」という文書を発する（『新修渋谷区史』下巻、二二四六～八頁）。これは、従来からさまざまな名称のもとにあった自治団体に対し「区域の拡大、人口の増加、事務の繁雑等に伴い、従来よりも、一層克く区役所の仕事を援助して戴かなければ、区内一般の便宜を図り、福利を増進する上にも、円滑を欠き、支障を来することになりますので」と、衛生組合の事業を含む区政の補助機関として町会制度を設けようとしたものであった。

この「御依頼」には、町会の「主なる事業」が列挙されている。これはそのまま、町会に区政が何を期待したかを明示したものとなっているので、ここに引用しておく。

1官公署の布達法規等の周知普及に関する事項
2教育事業に関する事項
3兵事に関する事項
4社会事業に関する事項
5保健衛生、交通土木に関する事項
6夜警防火其の他警備に関する事項
7祭典弔慰に関する事項
8公益団体の助成に関する事項
9其他町内一般の福利増進上必要なる事項

「御依頼」では、渋谷一四、代々幡一五、千駄ヶ谷一一、総数四〇町会の発足を促したが、設立届を提出して公認されたのは三八の町会であった。そして、これらの事項を遂行するために区は町会に補助金を支出した。『新修渋谷区史』下巻には、昭和一四年二月現在の町会名、町会長名、町会事務所所在地、事務担当者がリストアップされている。旧渋谷町は「第一部」から「第十四部」の一四町会、旧代々幡町は「幡ヶ谷本町一丁目」、「本町」などの大字に対応する名称の一五町会、旧千駄ヶ谷町も同様の九町会となっている。

東京市は昭和一三（一九三八）年に、東京市町会規準、東京市町会規則基準を制定する。その第一則には「町会は隣保団結し旧来の相扶連帯の醇風に則り、自治に協力し、公益の増進に寄与し、市民生活の充実向上を図るを以て目的とする地域的団体」と定められた。また、町会をさらに細分して隣組が結成された。昭和一五年の内務省訓令第一七号「部落会町内会等整備要項」により、戦時下の国家総動員体制の一環としての役割が色濃くなっていった（同書、二四八六～九頁）。

昭和二〇年の敗戦を迎え、町会はGHQにより昭和二二年に解散させられるが、昭和二七年の講話条約発効後、渋谷区でも町会が次々に復活しはじめる。昭和三四年には「渋谷区町会長連絡協議会」が結成される。その後、昭和三七年に「渋谷区町会連合会」が発足した。

渋谷区町会連合会の創立三〇周年を記念して平成四（一九九二）年に刊行された『まちづくりのあしあと』には、一〇六の単位町会と、一一の町会連合会の歩みがそれぞれ見開き二ページで紹介されている。設立年を昭和二七年と記している町会がもっとも多い（三六町会）が、町会解散を命じられた昭和二二年から二七年までの間にも、戦災から立ち上がるなかで、祭礼行事などを通じた地域住民の親睦と、区行政への協力を図るための組織づくりがさまざまに模索されていたことがわかる。

渋谷区では昭和三八年から四五年までの住居表示実施により町名が大幅に変更され、町ごとの地区割りも変わった。それに対応して再編した町会もあったが、多くの町会は旧町の範囲のまま維持された。いずれの場合でも、町会の名称には旧町名をとどめている場合が多い。そのため、『渋谷区町会エリアマップ』などに示されている現在の町丁目・番地と町会との対応関係は、渋谷に住んだことのない人からすると複雑なものに見えるだろう。

また、渋谷区内に二つあった同潤会アパート（青山、代官山）や、都営アパートのように大規模な集合住宅の居住者からなる自治会も町会連合会に加盟している。同潤会アパートは、関東大震災からの復興のために財団法人同潤会が建設した集合住宅である。代官山アパートは再開発されて平成一二（二〇〇〇）年に「代官山アドレス」という複合施設に生まれ変わったが、その居住者からなる代官山親隣会は、現在も存続している。

それぞれの町会の項目には、その歴史と現在の活動、年間行事が紹介されている。ある町会の年間行事は次のようになっている。

一月　町内三団体合同新年会
三月　新入学児童祝傘進呈
四月　全国交通安全運動
五月　日赤募金
七月　七夕の笹竹配布、ラジオ体操会
九月　敬老祝品配布、町内祭礼、防災訓練、子供バス旅行
十月　町会連合運動会、全国交通安全運動
十一月　日帰りバス旅行、健康体操会
十二月　歳末夜警、歳末たすけあい

このように、年間を通じて地域の親睦や防犯、防災、健康を支え合うための活動がさまざまに行われていることがわかる。

3　町会と祭礼との関わり

東京において、町会と神社の祭礼行事とは深い関わりがあった。

財団法人東京市政調査会によって『東京市町内会に関する調査』という報告書が昭和二（一九二七）年に刊行された

ことは先に触れた。これは東京市域が拡大して渋谷区が成立する前のものだが、参考のために見ておこう。この報告書の「第二章　町会の事務」には、「第四節　祭事に関する事務」という一節がある。

ここに祭事に関する事業と謂ふは、国家その他の公祭日に、町内民に祝賀を奨励し、氏神の祭礼に神輿を飾り、神輿洗を為し、賽銭を奉納し、御神酒所を造る等その他町会が神社の氏子の団体として為す種々の事業を言ふ。氏神の祭礼に対して、為さるる諸事業は、また町内団体の多く一般に行ふところであるが、殊に氏子団体より発達せる町会に於ては、極めて盛んなるものを見る。

「氏子団体より発達せる町会」、つまり、町会という近隣住民の多様な相互扶助のまとまりが、神社の氏子集団から発した場合のあることがうかがえる。この報告書の「第五章　町会と氏子団体」では、町会と氏子との関係を「町会が氏子団体を兼ねるもの」と「氏子団体が町会と別個に存在するもの」とに分類し、京橋区、牛込区、日本橋区の町会で回答のあった一一二町会についてその割合を記している。それによると、前者が八二（七三・一パーセント）、後者が三〇（二六・九パーセント）で、大半は町会が氏子団体を兼ねており、町会と別個に氏子団体が存在する場合がむしろ少数であったことがわかる。町会が氏子団体を兼ねる場合、祭礼費用、奉納金、御供物等の費用といった経費は、町会が全部を支弁するものが五五（六七・一パーセント）、一部を支弁するものが一四（一七・一パーセント）、寄付金により支弁するものが一三（一五・九パーセント）であることや、町会と別個に氏子団体が存在する場合、相互に連絡があるものが一〇（三三・三パーセント）、連絡がないものが二〇（六六・七パーセント）であることもあわせて記されている。

この報告書には、「第五章第五節　祭礼に対する異論及び非難」という内容も掲載されている。祭礼にあたって若者が騒いだり、多大な浪費をしたりすることに対する非難を四例引用し、その矯正、統治のために町会が氏子総代となり祭典委員を務めることがのぞましいという意見を紹介している。

第二例　…（中略）…寄ると触ると口論や鉄拳で火花をとばす現代思想の激化、殊に都会生活に馴らされた今日の市民─区民─町民の御祭礼と来ると町内の人々から祭礼費とか言ふものを集め、鏡酒の勢に乗じ何処其処は寄付が少ない、サア舁ぎ込めで鶏卵屋でも陶器屋でも、所嫌はずだから堪つたものではない。…（中略）…一体今日では各区とも相応に町会とか云はるる自治的の機関も現れて、何れの町会も其事業の一項に祭典の監督を挙げてゐる。丸山町の共愛会では特に祭典委員として氏子町総代の設置さへもあるのに、祭礼は鳶職の人や町内の若い衆任せにしてある。睦会とか有志会とか云ふものの実体は真にそれらしいが、何処でも此祭礼と言ふものが町内の不和、不平和に重大な関係もあり影響も及ぼして神輿以上に町民を揉ましてゐる。町会は固より自治、自主、自由のものであつて、而も今少し祭礼にのみでも権能を付して騒ぎ屋の気勢を統治することにして欲しい。（原文の儘）（大正十一年十月十日「町会事報」所論）

市政の側からすると、町会と祭礼との関係については、氏子集団として祭典費用を集め、祭典に参列し、町神輿を担ぐといった神社への奉仕、貢献に関心があるわけでなく、むしろ過度のお祭り騒ぎが町の秩序を乱さないよう規制、監督することに期待を寄せていることがうかがえる。また、先に引用したように「国家その他の公祭日に、町民に祝賀を奨励」するという役割も町会に期待されていた。

「氏子団体より発達せる町会」をめぐっては、史料的な制約などから、昭和期以降、町会が行政の補助機関としての役割を担うようになってからのあり方にもとづく見方に偏りがちである。だが、日枝神社（千代田区永田町）に残されている社務日誌をもとにした伊藤久志の研究はそれとは別の側面を明らかにしている。明治初期の京橋区においては、行政的な権能を付与されることのなかった小さな地区ごとに氏子集団が活動しており、日枝神社がそれを単位として氏子町総代を設けたことで、各地区に新たな結合を促し、それがのちに町会へと発展していった。(3) 神社史料にもとづいて、神社、氏子の側からの社会的な結合契機を指摘したこの知見は貴重なものである。

渋谷区においてこうした面を明らかにするような史料を探すことは今後の課題だが、『まちづくりのあしあと』からうかがえる範囲のことを、ここでは挙げておこう。

さきに見たように、『まちづくりのあしあと』には、各単位町会の年間行事が掲載されている。このなかで神社祭礼を挙げているのは、一〇六のうちの七八町会にのぼる。また、町会の歩みは戦災からの復興に重なるものが多いが、そのなかには次のような記述がみられる。

昭和二十四年頃、空襲で焼けた赤い土、焼けトタンで覆った屋根のバラック小屋、まだそんな光景が目の当たりに見える頃、商店街の方では、お祭りに神輿を担いでいた。「どうして僕の住んでいる所には、神輿がないの？神輿担ぎたいなあ」と言う切なる子供の願いに、「よーし、お父さんが作ってあげよう。」と作り始めました。樽みこしと言えど素人が作るには大変な努力である。途中まで作り行き悩み、近所の友人の所へ相談に行きまた作り出し、作っている時また別の友人が、「担ぐ棒なら自分の家にあるよ。」とか「輿の上に乗せる鳥の変りにこの草蛙を乗せたら」とか渋団扇を二枚持って来て「これを鳥の羽根に」と心ある隣人が持ち寄りで、翌年のお祭りに間に合う様丹精を重ねた。次のお祭りに集った子供達は大喜びで近所を担ぎ練り歩いた。極、わずかでも寄付金が集り、すぐ様蒸し芋を買って担いだ子供達に与えたそうだ。その蒸し芋を買ったと言う事が、如何にも、終戦直後を物語っている様に思う。喜こんでいる子供達を見て、心暖い大人が、子供達には「きぼう子供会」があるが、我々大人もここに町会を作り、近所の人同志が、がっちりスクラムを組み、青少年の育成と、郷土愛を育くもうと言う事になった。

このほかにも、町のお祭り行事として町内睦会を結成したことや、寄付金を募って子供神輿を作成したことを契機に、町会結成に至ったという記述がみられる。

町会と、神酒所を開いて祭礼を運営する氏子団体とは別であることを明記している記事も三例あるが、それは町内に複数の氏子団体がある場合である。

このように、渋谷においてもやはり、町会と神社祭礼とは深い関係にあり、一部の町会ではそれが戦後復興の記憶とともにあると言えよう。

第三節　渋谷の町会と祭礼を訪ねる

1　若羽町会の祭礼

ここからは、町会が神社の例大祭にともなって町内で行う祭礼の様子を見てみよう。筆者は、平成二一（二〇〇九）年から二三年までの三年間、氷川神社（東二丁目鎮座）の氏子区域にある若羽町会（祭礼の実行主体は「わかば会」）の神輿渡御を参与観察し、関係者にインタビューを行ってきた。また、平成二三年には氷川神社氏子区域の他の町会（代官山町・猿楽町の親交睦会、代官山親隣会）や、金王八幡宮の氏子区域の町会（松濤町会）についても観察・インタビューを行った。その三年間の記録をもとに記述する。

氷川神社の例祭日は、九月一六日と定められている。宮司の田村康雄氏によると、かつては九月一五日の敬老の日

若羽町会の神輿渡御

と翌一六日がいわゆる「お祭り」で、この二日間に境内に露店が並び、氏子区域の各町で神酒所が設けられ、大人神輿、子供神輿の渡御や山車の巡行、神輿の宮入りなどが行われていた。ところが、平成一五年の改正祝日法（ハッピーマンデー法）の施行により、敬老の日が九月第三月曜日となってしまった。これをきっかけに、祭礼は九月第二週の土日に行うように変わった。平日開催では神輿渡御のための道路使用許可を得るのが難しいことと、大人も子供も神輿渡御などへの参加ができないためである。なお、氏子総代らが参列して神前で拝礼する祭典は従来どおり九月一六日に斎行されている。また、氏子区域が隣接する金王八幡宮の例大祭は九月第三週の土日（祭典は九月一四日）で、日程が重ならないようになっている。

若羽町会は、國學院大學のキャンパスがある東四丁目と広尾三丁目を範囲としている。その名前は、若木町と羽沢町という旧町名に由来している。若羽町会の発足は、講和条約発効により多くの町会が復活した昭和二七（一九五二）年よりも早く、昭和二二年となっている。

また、正式名称は「財団法人若羽倶楽部」という、財団法人格をもつ団体である。GHQによる町会解散の直後に、旧町会の土地建物を基本財産として設立したという。二階建ての建物は、一階部分が神酒所となり、二階が会合などに使われるようになっている。

平成二一年九月初旬の日曜、若羽町会の事務所にうかがった。「わかば会」実行委員長のH氏は自営業者で、このほかに数名の主に地元の自営業者である役員の方々が、神酒所の設営、奉賛者名を張り出した掲示板の設置、隣の児童公園へのテント張りなどの作業を行っているところだった。祭礼の準備は、この日からではなく、すでに三月から始まっているという。そのころに、町内の通りに張り巡らせる提灯に店名を入れる注文とりをするのである。それから六月には、役員や神輿の担ぎ手が着る半纏を注文する。

八月末ごろから、町内の各所にある掲示板にお祭りのポスターが貼り出される。ポスターには「担ぎ手募集」とあり、また小さく「初心者歓迎」とも記されていた。半纏の貸し出しを、祭礼の前の週にあたる土日の午前一一時から午後三時までと、祭礼当日の午前八時半から行うことも記されている。実際に貸し出されるのは半纏だけでなく、股引、鯉口シャツ、角帯といった祭り衣装一式である。借りた衣装は洗濯をして後日返還する決まりになっている。

神輿の担ぎ手はどのようなつながり、きっかけによって集まってくるのか、こうしたポスターを見て飛び込んでくる人もいるのかどうか、H氏らにうかがったところ、神輿を担ぐようになるつながり、きっかけはいくつかある、という。たとえば、一〇月に行われる氷川地区運動会への参加、区立小学校に通う子どもの親同士、役員らが営む店に買い物に来る奥さんからのつながりなど。地元の商店を閉じて転居した人も、祭りには戻ってくるという。また、こうした地域住民の生活のなかでのつながり以外にも、神輿を担ぎに外からやってくるグループもあるという。

メインの行事は九月第二土曜日の子ども神輿、翌日曜日の大人神輿と連合神輿渡御である。土曜日の朝九時ごろ、神酒所に約一〇名の役員が集まってくる。子どもが一〇人ほどで担げる大きさの神輿を道路に出す。隣の児童公園は、抽籤やかき氷などの会場となる。役員たちは全員がそろいの半纏を着て、テントの設営を行いながら、町内から次々に集まってくる親子たちに半纏を渡していく。毎年三〇から四〇人の親子連れが集まる。広尾に在住する外国人の親子もいる。

一〇時になると、町会長のあいさつ、一本締めに続いて、神輿が担ぎ出される。役員らの先導で、「わっしょい、わっしょい」というかけ声とともに進んでいく。親子連れのため、神輿を担ぐ子どもたちを先頭に長い列ができる。途中で休憩しながら、広尾の日本赤十字社医療センター内にある乳児院に向かった。乳児院は、家庭での養育が難しい子どもを預かって養育・保育する施設である。その子どもたちと町内の親子が交流し、きらびやかな神輿に触れて楽しんでもらえるよう、ここを神輿渡御のコースにしている、と役員のM氏が説明してくれた。神輿はそれからさらに広尾の住宅地を巡り、神酒所に帰ってくる。

さて、日曜日は大人神輿の渡御が中心となる。午前九時半、四〇から五〇名の担ぎ手が神酒所に集合する。若羽町会に属する東四丁目と広尾三丁目の住民以外に、他の土地に移った元住民、住民の友達、さらにはこの神輿渡御をサポートするために駆けつけた神輿会のメンバーが約一〇名ほど加わっている。彼らは神輿好きの集まりで、都内各地の神社の例大祭で神輿担ぎを加勢しており、若羽町会の大人神輿では十数年来の常連であるという。その代表者によると、十数年前に初めて参加した当時、町内では一〇人ぐらいしか担ぎ手が集まらず、それで町会長の求めに応じて参加するようになったという。神輿の担ぎ方を知らない若者たちに、棒の担ぎ方や足さばき、かけ声などを指導するようにもなっている。神輿は二〇人ぐらいで担げる大きさなので、半分ほどの人は神輿の後をついて歩き、途中で何度か交代しながら担ぐ格好になる。

氷川神社の神職による御魂入れの神事が行われた後、町会長のあいさつと一本締めに続き、勢いよく神輿が担ぎ出される。途中、沿道の飲食店で飲み物やおでんなどの接待を受けて休憩しながら、広尾三丁目の住宅地を一周し、正午過ぎに神酒所に帰ってくる。

またこのとき、子供たちによる山車の巡行もあわせて行われる。山車は、鳳凰の飾りのついた太鼓を台車に載せたもので、数十人の子どもたちが綱を引き、台車の上には子どもたちが乗って太鼓を打ち鳴らしながら、常陸宮邸のほうへ巡行する。

大人神輿の担ぎ手たちは、昼食をとった後、明治通りの渋谷橋へ神輿を担ぎ出し、連合渡御に合流する。このときは高張り提灯が先頭に立って進む。明治通りには各町会の神輿が七基集結し、あちこちから担ぎ手たちのかけ声が起こり、響きわたる。露店が立ち並び、参拝者があふれる氷川神社の参道を、神輿が順番に上がっていき、宮入りを行う。町会長によると、連合渡御は、昭和六〇年に明治通り沿いのいくつかの町会が始めたという。その後に若羽町会も誘われたが、その当時は今よりも小さな神輿だったため、二年後の昭和六二年に神輿を新しく作って参加するようになったとのことである。

若羽町会の神輿はその後さらに、丹後町会神酒所、宮本町氏子会神酒所を巡り、若羽町会の神酒所に戻って来るのは午後七時過ぎとなる。宮入りのときは、激しく神輿を揉み、「頭（あたま）」と呼ばれる先導役が何度も押し返して、なかなか終わらないものである。皆が最後の力をふりしぼる。ようやく入ると、頭がねぎらいの言葉をかけ、全員で三本締めをする。このようにして、土日の二日間にわたる町内祭礼が終わる。

2　代官山の町会の祭礼

平成二三（二〇一一）年九月、代官山の三つの町会のうち二つの神酒所を訪ねた。

若羽町会では、大人神輿と子供神輿、また子供が曳く山車が出ていたが、大人神輿の渡御を行わない町会もある。氷川神社の田村宮司によると、恵比寿地区町会連合会は一六の町会からなるが、そのうちの氏子区域にあたる一四の町会で、子供神輿を四基持っている。それらの町会が土曜日に恵比寿公園に集合し、四基の子供神輿を合同で担ぎ出し、氷

代官山親交睦会の神輿

川神社への宮入りを行うという。さきの『まちづくりのあしあと』からの引用に見られたように、戦災復興の時期にも子供神輿がまず始まったことを考えると、町内行事として子供神輿が大切にされていることもうなずけよう。

代官山アドレスの居住者からなる代官山親隣会も、大人神輿は出さないが子供神輿や子どもが曳く山車の渡御を土曜日に行っている。今回、その様子を直接見ることはできなかったが、夕刻、神酒所となっている代官山アドレス内の多目的集会施設を訪れ、役員の方にお話をうかがった。午前中と午後二時の二回、子供神輿と山車の巡行を行ったという。また、大人の住民は、翌日の代官山三町連合の神輿渡御に数名が参加するということであった。

つづいて、猿楽町のヒルサイドテラス敷地内、猿楽神社前に設けられた親交睦会の神酒所を訪ね、会長にお話をうかがった。町会である親交会と、祭礼を行う親交睦会は別の組織で、会長も異なる。親交睦会では、土曜日の午前一〇時にまず子供神輿と山車が出発し、代官山アドレス、関東電話工事協会（現在の正式名称は情報通信エンジニアリング協会、猿楽町三番地）を巡って、神酒所に帰ってくる。次に、夕方の午後四時半から大人神輿が出発し、代官山アドレス内の広場まで渡御を行う。翌日曜日は、大人神輿が正午に出発し、午後三時、明治通りの並木橋で代官山三町連合の神輿渡御を行う。この連合渡御は、平成一八年からのことだという。このときは土曜日夕方の大人神輿渡御を見ることができたが、若者を中心にそろいの白い半纏を着た三〇名前後の男女が集合し、威勢よく神輿を代官山アドレスへと担ぎ出していった。担ぎ手の多くは区立鉢山中学校（鶯谷町）の出身者で、卒業後に地元を離れても、祭りのときには戻ってきて担ぐという。また職場などで知り合った友達も連れてきている。一方で、新規住民が担ぎ手に加わることはほとんどないということであった。

3　松濤町会の祭礼

平成二三（二〇一一）年九月、金王八幡宮の氏子区域である松濤町会の祭礼を訪ねた。

松濤町会は、鍋島公園に神酒所を設営して、土曜日の午後と日曜日の午前の二度にわたって子ども神輿・山車の渡御を行う。巡行の行程は土曜日の午後、日曜日の午前とも松濤一丁目、二丁目を巡る長いもので、土曜日の午後は二時間にも及ぶ。参加する子どもは約五〇人である。子ども用の半纏と鈴が貸し出されるが、はじめから甚兵衛や浴衣を着て参加する子どもも多い。同伴する親たちや町会役員らに見守られながら、元気よく神輿を担ぎ、山車を曳いていく。途中、個人宅や観世能楽堂（松濤一丁目）で子どもたちがジュースやお菓子などの接待を受ける。日曜日の午後は、公園内で「子ども大会」というリクリエーション大会を催し、一〇〇人近くの子どもが集まる盛況となっている。

松濤町会の山車に載る太鼓には「大山町」・「松濤町」という二つの町名が記されている。もとは大山町の山車だったが、昭和三八（一九六三）年の住居表示改正で栄通とともに編入されて松濤一丁目、松濤二丁目となったときに、松濤町会としてこの山車を引き継ぐことになったということである。松濤町は古くからの住民と新しい住民が混在している

松濤町会の山車

が、町会役員は栄通で長く自営業を営んでいる人が多いという。そして子どもたちは、神山町や宇田川町、円山町など、近隣の町内からも広範囲に口コミで集まってくるという。

松濤町会で子供神輿・山車の世話をしている四〇代男性の役員にお話をうかがった。自分が小さいころは、山車だけでまだ神輿はなかったという。そのとき山車を引いた記憶はあるが、中学生ぐらいになると祭りに寄りつかなくなり、いつごろから神輿が加わったのか知らなかった、と語った。役員に加わるきっかけは、自分の子どもが地域でお世話になるようになったからだという。

4　神輿の担ぎ手たち

若羽町会の神輿渡御を中心に、代官山の二つの町会、また金王八幡宮の氏子区域である松濤町会の町内祭礼の様子を見てきた。渋谷区内では、人口減少や高齢化により祭礼をとりやめた町会もある（『まちづくりのあしあと』一四七、一九四頁）なかで、いずれも神社祭礼を年に一度の大切な町内行事として維持していることがうかがえた。

とはいえ、おしなべて住民人口の一割が毎年転入、転出しているなかで、祭礼への参加者の確保に苦労している様子もうかがえる。若羽町会では十数年前、一〇人ぐらいしか神輿の担ぎ手がいないという危機的な時期があったことを先述した。そうしたなかで、都内のさまざまな神社で神輿渡御の加勢を行っている神輿会に協力を頼んだり、ポスターなどで担ぎ手を募集し、半纏などの祭り衣装一式を貸し出すといった積極的な対策が打ち出されていったのである。町内のお祭りに関心をもつ新規住民にとって、この敷居の低さはありがたいことだろう。ある六〇代男性は、九年前に引っ越してきたが、すぐに神輿の担ぎ手に加えてもらえたことをとてもうれしそうに語っていた。それ以前には隣の区のマンションに住んでいたが、そこでは神輿を担がせてもらえなかったという。また、代官山では、出身校の同窓生のつながりが、転出後も保たれて神輿の担ぎ手に加わっているという状況があった。

このような住民の転入、転出への柔軟な対応がなされるかぎりにおいて、町会の祭礼は住民を包摂する役割を果たしうると言えそうだ。

5　子どもの参加とケア

渋谷の住宅地においてはまた、町内祭礼は子どものための行事という性格が強い。それがはっきりと表れているのが、松濤町会の子供神輿・山車と「子ども大会」であろう。

そこには、子どもがそうした行事に参加して地域の伝統文化に楽しみ、また子ども同士で親睦を深めるという意義がもちろんあるだろうが、もう一つ注目しておきたいのは、町会の役員たちや、子どもたちに同伴する親による、地域の子どもたちへのケアという面である。松濤町会の四〇代男性の役員からうかがったお話は、親の年代になると、祭礼での世話をとおして、自分の子どもだけでなく地域の子どもたちをケアする関係に入ることを示唆するものである。こうした地域ケア、コミュニティ・ケアにつながる可能性を、町内祭礼はもっていると言えるのではないだろうか。

おわりに

渋谷区に鎮座する大きな神社のひとつ、氷川神社は、その氏子区域の大半が住宅地である。その住民がつくる自治組織である町会が、それぞれ神酒所を設け、子どもや親子のための行事、町の担い手による神輿渡御を行い、住民どうしの結束と次世代への継承を行っている。ただしそれは一定不変というわけではなく、住民の転入、転出が繰り返されるなかで、さまざまな苦労、工夫によってなんとか維持されているものである。

冒頭に述べたように、町会の活動には、現代社会における新たな支え合い、社会包摂の期待がかけられている。その点をふまえつつ、最後に住宅地・渋谷における祭礼の意義を確認したい。

まる一日がかりで、集団的なエネルギーを発散しながら町内を巡る神輿渡御には、都市の祝祭、お祭り騒ぎのイメージを抱きがちだ。だが、そこには「ケアをする関係」が幾重にも組み込まれていることがかいま見える。新たな担ぎ手や子どもたちを迎え入れる役員、神輿や山車が来るのを接待する地域住民や施設、さらには初心者に神輿の担ぎ方を手ほどきする神輿会のメンバーたち。とりわけ、子どもたちの祭礼参加は、その記憶が次の世代へのケアにつながっていくという点で重要であろう。

櫻井治男は、従来からある氏子組織や儀礼慣行に、「福祉文化資源」を見いだす観点を提示しているが[4]、住宅地・渋谷の町内祭礼にもその要素を見ることができるだろう。ただ、人口の流動性があり、単身世帯が増加する傾向をもつなかで、このような祭礼のありようが今後どのような展開をみせていくのか、その活性化の方途も含めて、さらに注視していきたい。

註

(1) 稲場圭信・櫻井義秀編『社会貢献する宗教』(世界思想社、平成一一年)。稲場圭信『利他主義と宗教』(弘文堂、平成二三年)。板井正斉『ささえあいの神道文化』(弘文堂、平成二三年)。大谷栄一・藤本頼生編『叢書　宗教とソーシャル・キャピタル2　地域社会をつくる宗教』(明石書店、平成二四年)。

(2) 辻中豊・ロバート・ペッカネン・山本英弘『現代日本の自治会・町内会――第一回全国調査にみる自治力・ネットワーク・ガバナンス』(木鐸社、平成二一年)五頁。

(3) 伊藤久志「明治期東京市の町組織と氏子集団」(『神道宗教』二一六、平成二一年)

(4) 櫻井治男「神道福祉研究の展開に関する一考察――福祉文化と神社神道に関して」(桑原洋子教授古稀記念論集編集委員会編『社会福祉の思想と制度・方法』永田文昌堂、平成一四年)一七〇頁。

参考文献

『渋谷区住宅白書』(渋谷区都市整備部住宅推進課、平成一〇年)
『渋谷区勢概要(平成二三年版)』(渋谷区企画部広報課、平成二三年)
『渋谷区町会エリアマップ』(渋谷区役所区民部地域振興課、平成二〇年)
『新修渋谷区史』下巻(東京都渋谷区、昭和四一年)
『図説渋谷区史』(渋谷区、平成一五年)
『第一五回　統計渋谷(平成一九年度)』(渋谷区区民部地域振興課統計調査課、平成二〇年)
『東京市町内会に関する調査』(財団法人東京市政調査会、昭和二年)
赤池学『代官山再開発物語―まちづくりの技と心』(太平社、平成一一年)

渋谷区町会連合会創立三十周年記念誌編集委員会編『渋谷区町会連合会創立三十周年記念誌　―まちづくりのあしあと』（渋谷区町会連合会、平成四年）

東京市政調査会編『大都市行政の改革と理念―その歴史的展開』（日本評論社、平成五年）

第三章　祭りからみえてくる「渋谷」
―SHIBUYA109前に集う神輿　金王八幡宮の祭り―

秋野　淳一

SHIBUYA109と祭り

はじめに

私たちが「渋谷」というときに、そこからイメージするのは、待ち合わせをするハチ公前広場やスクランブル交差点、SHIBUYA109や渋谷センター街、あるいは最近開業したヒカリエといった、渋谷駅周辺の場所を思い浮かべるのではないだろうか。こうした私たちがイメージする「渋谷」と、伝統的なイメージを持つ「祭り」とは相容れない、違和感のあるものではなかろうか。しかしながら、毎年九月の敬老の日直前の日曜日になると、SHIBUYA109前に半纏《はんてん》姿の担ぎ手に担がれた神輿が集合し、SHIBUYA109前は一時、祭り一色に変貌を遂げるのをご存じだろうか。これはイベントではなく、れっきとした神社の祭りである。SHIBUYA109前には紫色に白地で「祭」と書かれた垂幕が飾られ、スクランブル交差点からSHIBUYA109、道玄坂上までの道の両側には同様の「祭」と書かれた垂幕と「金王八幡　御祭禮」と書かれた提灯が下げられる。これは渋谷の氏神である金王八幡宮の祭りである。金王八幡宮は、ヒカリエのある渋谷駅東口に出て、国道二四六号線を渡った渋谷警察署の裏手にある。ビルの谷間に閑静な森が広がっているが、これが金王八幡宮の杜である。この金王八幡宮の祭りの一部として、SHIBUYA109前に神輿が集合し、道玄坂を巡幸する「道玄坂神輿連合渡御」が行われているのである。

渋谷の祭りで神輿を担ぐ人たちは一体、どのような人たちなのであろうか。祭りにはどのような意味や役割があるのだろうか。本章では、SHIBUYA109前に神輿が集合する実際から、私たちが普段イメージする「渋谷」とは一味違った「渋谷」を浮き彫りしてみたい。

第一節　鳳輦《ほうれん》の巡幸と宮入り　―金王八幡宮の祭りの現在

本節では、現在の金王八幡宮の祭りについて、平成二二（二〇一〇）年と平成二三年の事例からみておきたい。平成二二年は三年に一度の鳳輦の巡幸が行われ、SHIBUYA109前にも鳳輦は姿を見せている。また、平成二三年は「金王八幡宮御鎮座九二〇年祭」が行われ、氏子町会の神輿が金王八幡宮に宮入りしている。宮入りの後、宮入りに参加した十三町会の神輿がSHIBUYA109前に集合している。

1　SHIBUYA109前、渋谷センター街を巡る鳳輦（平成二二年）

平成二二年の金王八幡宮例大祭は、九月一四日（火）の大祭祭典（一一時）、一八日（土）の神楽殿奉納行事、一九日（日）の鳳輦出御の日程で行われた。そして、一九日の一四時に道玄坂神輿連合渡御が行われた。

一四日の大祭祭典は、一一時から神社の社殿で行われる。境内の神門付近に設けられた祓所で、祓詞《はらえことば》（お祓いの祝詞）を奏上して宮司以下の神職たちがお祓いをし、手水舎で清めをした後、社殿まで行列して昇り、祭典が行われる。祭典は型通りのものであるが、雅楽の音色に合わせて神職が手渡しで神饌（お供えもの）を神前にお供えする「献饌《けんせん》」や宮司が神前に祝詞《のりと》を捧げる「祝詞奏上」、続いて行われる「国歌斉唱」など、厳粛な雰囲気の中にも雅な見どころがある。また、神前に玉串《たまぐし》を捧げ参拝する「玉串奉奠《ほうてん》」では、金王八幡宮の元別当寺・東福寺の住職が玉串を捧げ神前で手を合わせる様子が印象的である。このほか、渋谷区長や都議会議員などが玉串を捧げ参拝する。社殿の中で行われる厳粛で雅やかな神事と社殿の背景にみえる高層ビルとのコントラストは祭りの日の「渋谷」の一コマである。祭典は約一時間で終わり、参列者は直会へと移る。

鳳輦

一八日は、一一時から終日、神社境内の神楽殿で奉納行事が行われている。そして、二一時に本殿から鳳輦に御魂が遷される「御魂入れ」が行われる。この儀礼によって、神社の御神霊が鳳輦に移され、御神霊を載せた鳳輦が青山・渋谷の氏子区域を巡ることとなる。

一九日は鳳輦の巡幸の日である。金王八幡宮の氏子区域は、町会・関連団体でみると、青山・渋谷地域の二七町会に上る。このうち、鳳輦は午前に青山方面の氏子町会を、午後に渋谷方面の氏子町会を巡る。

八時五〇分、境内宝物殿前に曳き出された鳳輦の前で神職によって「発御祭《はつぎょさい》」が行なわれ、そのあと大鳥居前で行列が整列する。行列の先頭には「渋谷三丁目町会」と書かれた高張提灯《たかはりちょうちん》・二本と「金王八幡宮御遷座九二〇年」と書かれた旗を持った渋谷三丁目町会の関係者が半纏姿で陣取る。続いて、太鼓・社名旗（「金王八幡宮」と書かれた旗）・猿田彦・真榊・お祓い神職・賽銭受け・賽銭箱・鳳輦・宮司（浅草の時代屋の人力車に乗る）・神社総代（金王八幡宮の車に乗る）・「金王八幡宮御遷座九二〇年」の旗の順に行列する。行列最後尾の「金王八幡宮御遷座九二〇年」の旗を持つ白衣姿の人たちは、國學院大學専攻科の学生で神職養成の実習の一環として参加する。また、鳳輦を曳き、行列に参加する人員の多くは國學院大學体育連合会によって有志で集められた國學院大學の学生アルバイトである。金王八幡宮の神職は、人力車に乗った宮司のほか、行列の進行などを指揮する神職一名、お祓い神職の二名などに限られる。お祓い神職は行列に付き添いながら氏子の人たちにお祓いをする神職で、お賽銭を頂いて行列が巡幸する沿道の人たちにお祓いをする。先頭の高張提灯を持った町会関係者は、自分たちの町会エリアの巡幸が終わると、次の町会の人たちに引き継ぎ、交替する。渋谷三丁目町会の人たちは、六本木通りを渡った渋谷二丁目の交差点で、次の渋谷二丁目町会の人たちと交替し、渋谷二丁目町会の高張提灯が先頭に立てられる。そして、町会の御神酒所へ着くと、金王八幡宮宮司は人力車から降りて、町会の御神酒所を参拝する。こうした形で鳳輦は各氏子町会を巡っていく。各町会の御神酒所の中には祭壇が設けられる。「金王八幡宮」と書かれた掛け軸を中央に祀り、左右に獅子頭を置き、前には神饌（供えもの）が供えられる。金王八幡宮宮司は、各町会の御神酒所に設けられたこの祭壇に参拝するのである。町会では、御神酒所を基点として奉納金を町内や企業などから受け付けたり、町会神輿の巡幸や町会の行事などを取り仕切る、祭りの際の町会の「本部」となるのである。そのため、町会神輿や山車などは御神酒所付近に置かれ、ここを拠点として町内巡幸や連合渡御へ出発する。

午前中、青山方面のＮＴＴ東日本（渋谷二丁目町会）や渋谷区清掃事務所（渋谷第一町会）の敷地内、表参道駅前の秋葉神社（青山表参道町会）、青山北町アパート内の公園（北青山三丁目自治会）、エイベックスビル前（青山三・四丁目町会）、町会事務所（青山高樹町町会）に設けられた御神酒所を鳳輦が巡り、宮司が参拝している。エイベックスビル前では、ビル前にテントを張って御神酒所が設けられる。宮司はそこに参拝するが、参拝している背景ではエイベックスの広告用の大画面でエイベックス・チャンネル（ＣＭ）の放送が流されているのが面白い。このほか、鳳輦は一部区間で国道二四六号線（青山通り）の車道を通行するが、通行止めにするのではなく左車線によって、一般自動車と一緒に巡幸する。青山方面の巡幸が終わると一旦、神社へ戻り、お昼休みを取る。そして、午後再び行列して渋谷方面の氏子町会を巡る。鶯谷児童遊園地（鶯谷睦会）、元総理大臣の三木武夫邸であった三木武夫記念館（南平台町会）、桜丘公園（桜丘町会駅前商栄会）、渋谷マークシティ・EAST MALLの一階ガード下（渋谷中央街）などに設けられた御神酒所に宮司が参拝する。そして、渋谷中央街を出て、スクランブル交差点を左折し、SHIBUYA109前に向かう。

SHIBUYA 109と鳳輦

一四時七分頃、宮司が人力車より降り、紅い番傘の下をSHIBUYA109前に向かう。沢山の見物人と渋谷一三町会の神輿の担ぎ手らが見守る。警察の警備の姿を鳳輦の近くからは見えず、半纏を着た町会関係者が警備に当たり行列の行く先を開いていく。一四時一二分頃、SHIBUYA109前の中央に鳳輦が置かれ、その周りを渋谷一三町会の提灯を持った半纏姿の町会関係者が勢揃いして囲む。道玄坂町会、宇田川町会、鶯谷睦会、道玄坂上町会、渋谷百軒店町会（道玄坂中町会）、富士見町会、神泉・円山親栄会、栄和町会、渋谷二丁目町会、渋谷三丁目町会、円山町会、渋谷中央街（道玄坂一丁目町会）、神山睦会の一三町会が左右に分かれて提灯を掲げる。カメラや携帯でこの光景を写真に収めようと見物人が殺到するが、関係者以外はロープの外側へ出るようにと町会関係者から厳重に注意される。一四時一八分頃、厳粛な雰囲気の中、金王八幡宮宮司が鳳輦前で祭事を開始する。この間、SHIBUYA109前に集合した町会神輿が担がれることもなく、多数の見物人も静かに見守る。金王八幡宮宮司が大きく鳳輦に一拝し、祝詞が奏上される。祝詞はマイクを通してSHIBUYA109前に朗々と響きわたる。半纏姿の神輿責任者の中には頭を下げて祝詞を聞いている人もみられる。祝詞奏上が終わると、宮司はもう一度深々と一拝する。一四時二二分頃、宮司は鳳輦前から退出する。祭典の時間は約四分である。一四時二三分頃、栄和町会の神輿を敬老神輿として鳳輦前へ移動して、そこで担がれる。そして、三本締めをして再び鳳輦はSHIBUYA109前から出発する。一四時二八分頃、鳳輦は１０９前を出て道玄坂を登る。そして、鳳輦は円山から松濤を巡って、宇田川町会御神酒所を経て渋谷センター街に来る。

一七時頃、渋谷センター街のバスケットボール通り（めぬき通り）をスクランブル交差点まで、鳳輦の行列は巡幸するが、通行人は鳳輦を気に留めることなく、行列を平気で横切ったりする。普段通りの日曜日の渋谷センター街に鳳輦が突如現れたかのようである。そして、スクランブル交差点に差し掛かると、日曜日の夕方のせいもあり、交差点は買い物客などの通行人でごった返している。その中を鳳輦は巡幸していく。ここでも通行人は鳳輦の存在をあまり気に留めることなく、行列を横切る人がほとんどである。それでも中には立ち止まって携帯で写真に収める人も見られた。スクランブル交差点を後にした鳳輦は渋谷駅東口から明治通りを恵比寿方向に進む。渋谷警察署前の国道二四六号線の横断に際しては、警察の交通整理は特に見られず、神職が誘導していた。渋谷三丁目町会の御神酒所で休憩したあと、並木橋から表参道へ向い、神社へ還御した。

以上のように、鳳輦の巡幸は、三年に一回、金王八幡宮の御神霊を載せた鳳輦が氏子町会をくまなく廻り、宮司が各町会の御神酒所へ参拝し、再び神社へ戻るという厳粛な行事であることがわかる。各町会では、鳳輦の行列を迎え、自分たちの町会区域では行列の先頭に立って行列を先導し、次の町会へと引き渡していく。また、沿道では神職によってお祓いがなされている。しかし、その一方で、車道を通行する関係から他の交通とのせめぎ合いがあったり、渋谷センター街やスクランブル交差点では、鳳輦の行列を平気で横切っていく若者たちが存在する。

金王八幡宮の関係者によると、鳳輦は昭和三二（一九五七）年に製作され、それ以降、隔年でオモテの年に巡幸している。昭和四八年より後に毎年巡幸するようになり、平成一〇年まで行われた。この平成一〇年の巡幸を最後に、三年に一回の巡幸に変化した。平成一三年に三年に一回になっての最初の巡幸が行われた。昭和三二年より前は、現在、宝物館に保存されている宮神輿をトラックの荷台に載せて巡幸したという。現在でも保存された宮神輿に例大祭の際、神饌が供えられている。

2　宮入りとSHIBUYA109前の町会神輿（平成二三年）

平成二三（二〇一一）年は、金王八幡宮が鎮座してから九二〇年の節目に当たり、「御鎮座九二〇年祭」が催され、氏子町会の宮入りが二〇年振りに行われた。また、同年三月一一日には東日本大震災が発生し、神輿巡幸の中止も検討されたが、被災地の復興を祈願して神輿巡幸も行われた。日程としては、九月一四日（水）に御鎮座九二〇年祭・復興祈願祭の祭典、翌一五日（木）に神社境内で「鎮魂の夕べ」、一七日（土）に神社境内の神楽殿で奉納行事・大和魂祭り、一八日（日）に宮入りと道玄坂神輿連合渡御（青山の氏子は表参道神輿連合渡御）を行っている。

一四日の御鎮座九二〇年祭・東日本大震災復興祈願祭の祭典は、境内の参道の両側に参列者用のテントを用意して、一〇時四四分頃〜正午過ぎまで厳粛に行われた。宮司の祝詞奏上では、御鎮座から九二〇年・渋谷金王丸常光の誕生から八七〇年・春日局が社殿を造営してから四〇〇年を記念する旨、三月一一日の東日本大震災や福島第一原発の被害か

渋谷センター街を巡幸する鳳輦

らの復興を祈願する旨が奏上された。そして、浦安の舞、国歌斉唱と続き、玉串奉奠では、金王八幡宮責任役員二名、年番総代二名（松濤町会・円山町会）、元・別当寺東福寺住職、東京都神社庁渋谷支部長・隠田神社宮司、明治神宮宮司、東郷神社宮司、渋谷区長、東京都議会議員、渋谷光重、東急建設社長が玉串を捧げ参拝している。直会のあと、一三時半から一四時一〇分頃まで、社殿で「渋谷伝説・金王丸」が安田登（ワキ方下掛宝生方）・土取利行（楽師）・松田哲博（元力士）・奥津健太郎（和泉流狂言方）・白川深紅（渋谷区松濤中学校一年生）によって演じられた。

翌・一五日には、一八時過ぎから、東日本大震災復興を祈願した「鎮魂の夕べ」が行われた。境内の神門付近から拝殿に至るまでの参道の両側に、「金王八幡宮御鎮座九百二十年　東日本大震災復興を祈る　鎮魂の夕べ」という文字や絵が書かれた行灯が灯され、神楽殿では篳篥の演奏が行われた。「もののけ姫」や「ふるさと」、「君が代」などの曲が演奏された。社務所では活け花の展示やお茶の席が設けられていた。

一八日（日）、一一時前から正午過ぎにかけて、渋谷二丁目町会、鶯谷町会、宇田川町会、円山町会、渋谷百軒店町会、神泉円山親栄会、栄和町会、道玄坂上町会、渋谷三丁目町会、ときわ松町会、道玄坂町会、渋谷中央街、神山睦会、富士見町会の渋谷の氏子一四町会の神輿が宮入りしている。夕方の一六時頃には、青山三・四丁目町会、青山表参道町会、青山高樹町町会の青山の氏子三町会の神輿が宮入りしている。

ここでは、実際に観察した渋谷中央街の宮入りを紹介しておきたい。一〇時一八分に渋谷中央街を出発した神輿は国道二四六号線に出て、渋谷警察署の前の交差点から明治通りを恵比寿方向へ進み、並木橋を左折して金王神社前へと到着する。中央街の前を道玄坂上町会の神輿が進む。渋谷一の大きさを誇る中央街の大神輿は三五〇人近い人数で担ぐ。町会の関係者のみならず、「飛雄連」、「浅草志龍」、「江戸祭道」、「泥亀睦」といった四つの神輿同好会の人たちが参加する。一一時三七分頃、「金王神社前」の交差点を左折して、金王八幡宮の大鳥居をくぐる。中央街の青年会のメンバーに担ぎ手は鼓舞されながら必死に神輿を担ぐ。大鳥居付近は中央街の半纏を着た担ぎ手で埋め尽くされる。一一時三九分、道玄坂町会の神輿が金王八幡宮神門の階段の下に到着。神輿責任者の拍子木を合図に神輿を降ろす。そして、道玄坂町会の担ぎ手たちはその場で神職からお祓いを受け、終わるとその場で神門の方向へ向かって柏手を打って参拝する。参拝が終わると、道玄坂上町会の神輿は神門を通らずに、脇の道から境内に入って休憩する。道玄坂上町会がお祓いを受け、参拝を済ます間、渋谷中央街の神輿は神門へ近づいていく。担ぎ手は掛け声を張り上げ、周囲も扇子を仰いだり、手拍子をして盛り上げる。神門前の階段下の中央には御幣が立てられ、その前には中央街の神輿責任者が陣取り、神輿を誘導する。神輿責任者の左右には「渋谷中央街」「道玄坂一丁目」と書かれた高張提灯が掲げられる。中央街の大神輿が神輿責任者の前に達すると、神輿を高々と上げる「サシ」が行われる。担ぎ手は大いに盛り上がる。しかし、神輿を降ろすことを神輿責任者は認めず、扇子を挙げて再度の突入を促す。再度、神輿が突入すると、神門前は中央街の担ぎ手で埋め尽くされる。担ぎ手たちは笛を合図に掛け声を張り上げながら神輿を担ぐ。周りの担ぎ手たちも手拍子をしたり、拳を振り上げながら神輿を鼓舞する。宮入りのクライマックスの瞬

宮入りをする渋谷中央街の神輿

間である。今度は無事、神輿責任者の拍子木が鳴らされ、神輿が降ろされる。一一時四六分、渋谷中央街の担ぎ手は神門前の階段下で神職からお祓いを受ける。そして、氏子総代でもある渋谷中央街理事長の柏手に合せて担ぎ手一同は、神門方向に向かって柏手を打って参拝する。終わるとすぐに神輿が担がれ、金王八幡宮の裏手の休憩場所へ移動する。こうして、二〇年振りの宮入りは僅かな時間であるが、無事終了した。休憩が終わると、中央街の神輿は国道二四六号線を巡幸し、東急プラザの脇で休憩したあと、SHIBUYA109前へ向かう。

SHIBUYA109前での式典は一四時半から一五分程度行われた。平成二三年は宮入りが行われ、神社でお祓いを受けていることもあり、109前の式典には金王八幡宮宮司や神職の姿はみられない。また、例年、道玄坂神輿連合渡御を行う渋谷の氏子一三町会の高張提灯が式典の場で整列するが今年はみられない。平成二三年の年番町会は、渋谷三丁目町会・円山町会・渋谷中央街である。年番町会は、毎年二町会が務めるが、今年は宮入りがあったため、三町会が務めた。年番町会は、「敬老神輿」の役割分担、SHIBUYA109前の高張提灯の並び順（平成二三年は宮入りが中心のため行われない）、「ハチハラエ」（または「ハチアライ」）と呼ばれる打ち上げ場所のセッティングなどを行うという。

式典は、年番町会である渋谷三丁目町会長で祭典委員長の挨拶から始まる。続いて、渋谷区長が挨拶に立ち、次のように述べている。「本年はとりわけ、先程、年番の方からお話がありましたように、九二〇年祭です。そしてまた、この金王丸の生誕八七〇年。さらには春日局による御社殿、啓上・造営四〇〇年という節目の年でございますけども。皆様方が連合して渡御して催行して頂いておりまして、心からお祝いを申し上げたいと思っております。この渋谷は東京を代表する、そういう素晴らしい近代都市でありますが、皆様方が日本人としてのこの崇敬の理念を忘れないで、こうしていつも、いつも伝統文化を大切にして頂いている。心から敬意を表したい。このように思っております。皆様方のこのご活動が必ずやご神徳を頂いて、必ずやこの地域のご発展につながる。そしてまた、皆様方が心にお持ちになっていらっしゃる、東日本のこの中でお亡くなりになられた方に対する鎮魂となり、また復興へのご祈念を申し上げる。そういうことへの大きな意義を持つ連合渡御である。このように思っている次第でございます。がんばれニッポン！そしてまた連合渡御の皆さん、がんばってください。挨拶を終わります。ありがとうございました」と述べ、１０９前に集まった担ぎ手たちは大きな拍手と「ハイハイハイ」という掛け声で応えていた。終わると、金王八幡宮の責任総代が挨拶に立ち、その中で「金王神社にお祀りしてございます第一五代天皇・応神天皇の御鎮座九二〇年になるわけでございます。本当に長い間、この渋谷の街を、繁栄と発展のために、平和のために一生懸命お守りしている、安らかな努力。皆さんも今日は宮入りするために朝早くから本当にお疲れになったことと思います。事故もなく、こうやって連合渡御にご参加頂きまして本当におめでとうございます。」と述べている。責任総代の挨拶が終わると、一四時三六分、敬老神輿に移る。１０９前中央に用意された、年番町会である渋谷三丁目町会の神輿を、僅かな時間であるが渋谷区長をはじめ、各町会の「先輩方」が担ぐ。そして、道玄坂町会会長が挨拶をして、年番町会である円山町会の神輿責任者が、「金王八幡宮！」と叫んでから、三本締めを行う。最後に「がんばろう日本！」といって、SHIBUYA109前に集合した神輿の担ぎ手たちは最高潮を迎える。そして、一四時四三分頃、渋谷三丁目町会の神輿を先頭に道玄坂神輿連合渡御が開始される。

SHIBUYA109 前に集合する神輿（平成 23 年）

　以上のように、宮入りでは、各町会の神輿は盛り上り、神輿を降ろすと担ぎ手は神職からお祓いを受け、神社へ参拝している。また、SHIBUYA109前の式典では、金王八幡宮の由緒をもとに、渋谷区長や責任総代から「伝統文化」や「ご神徳」が語られる。そして、道玄坂神輿連合渡御を行うことによって、金王八幡宮の「ご神徳」を得て、渋谷の街の発展につながるとされる。同時に、東日本大震災で亡くなられた方の鎮魂となると意味づけている。その一方で、109前では多数の見物人がいるものの、祭りには関心を持たず、109の中へ直行する人や足早に通り過ぎていく人もみられる。

第二節　展示をする神輿

次に、金王八幡宮の祭りについて、町会の視点からみておきたい。ここでは、一般にイメージされる「渋谷」に近く、渋谷駅南口に位置する渋谷中央街（道玄坂一丁目町会）を取り上げ、平成二四（二〇一二）年の事例を中心に地域社会（町会）と祭りの関係をみていくこととする。最初に、渋谷中央街の概観を確認した後、祭りの実際をみていきたい。

1　渋谷中央街（道玄坂一丁目町会）の概観

モヤイ像のある渋谷駅南口、東急プラザから渋谷マークシティにかけて、京王井の頭線渋谷駅と国道二四六号線の間の一帯が渋谷中央街（道玄坂一丁目町会）である。住所でみると、道玄坂一丁目の一部が町会区域に当たる。町会組織は、昭和二六（一九五一）年に親和会という組織が結成され、昭和二九年に大和田町町会と改称。国道二四六号線が敷設されると、大和田町町会は二つに分断せざるを得ず、神輿を始めとした町会の所有物を大和田と桜丘町で折半し、神輿は大和田町町会、山車（太鼓車）は桜丘町会に分けられた。その後、大和田町町会から道玄坂一丁目町会と改称した。町会は発足当初から、商店会と密接な関係にあった。渋谷駅前商店会を前身とした渋谷中央街が昭和四四（一九六九）年四月に結成された。そして、昭和四八年七月に、町会を発展的解散として、商店会である渋谷中央街に吸収、業務を引き継ぎ、現在に至っている（『まちづくりのあしあと』一七四頁）。「渋谷中央街」と「道玄坂一丁目」の名称は、祭りに際して、神輿巡幸の先頭を行く高張提灯に両方の名称が一張ずつ書かれている。ここでは便宜上、「渋谷中央街」の名称で統一していきたい。

渋谷中央街は飲食店を中心とした商店街であり、会員の中心はこうした店舗の経営者である。会員数は、平成三（一九九一）年刊行の『渋谷の街のあゆみ』によると二〇〇名、平成四年刊行の『まちづくりのあしあと』によると一七八世帯である。また、『平成8年度　渋谷区商業名鑑』に記載された渋谷中央街の「店名又は屋号」の総数は一三四であり、平成二〇年発行の『２００８　渋谷区商業名鑑』に記載された渋谷中央街の「店名又は屋号」の総数は、賛助会員二〇を含む一三三である。会員は店の営業の合間を縫って町会活動に参加している。昭和六一（一九八六）年度には街路灯の整備、舗装道のカラー化、街路灯の新設、ケーブル地中埋設による電柱撤去などを実現している。平成元年度には、中央街の入口アーチに電光掲示板（スーパーサイン）を設置し、天気予報、ニュース、官庁関係のお知らせなどを間断なく流すようになった。平成二年には渋谷駅を中心とする再開発プロジェクトチームが設置されている。平成一二年にオープンした渋谷マークシティの開発に伴い、マークシティのガード下に「ウェーブ広場」を整備している。そこに、特設ステージを設け、「金王八幡宮例大祭」のイベントや「渋谷サウンドパラダイス」、「クリスマスジャズストリート」、「渋谷アコースステックライブ」などのイベントが行われている。

『まちづくりのあしあと』には、中央街の主な年間行事として、一月の新年会、五月の定期総会、六月の健康診断、七月の一泊旅行、祭礼世話人会・町内害虫駆除、九月の祭礼と渋谷ミュージックフェスティバル、一〇月の日帰りバス旅行、一二月の町内夜警・役員会納会を挙げている。また、毎月一回の常任理事会が開かれている。平成二四年現在でも、ほぼ変わらずこうした年間行事を行っている。月一回の理事会と青年会も行われている。ただし、一〇月の日帰り旅行が都内などの近場での食事会になっている。

渋谷中央街のある道玄坂一丁目全体の人口・世帯数は、国勢調査によると、昭和六〇年では人口が四八五人、世帯数が二三三戸であったが、平成一七年では人口が一六七人、世帯数が一〇〇世帯で、人口と世帯数ともに減少している。現在、渋谷中央街に住んでいる人は三軒だけであるという。いずれもビルを持っているが、住んでいるのは老夫婦だけで、常連客が中心の店を細々と営んでいる。老夫婦は「生まれたところだから離れたくない」というが、その息子たちは世田谷や松濤などに住んでいる。かつては一階が店舗で二階が居住部屋であった。バブルの時に渋谷中央街から移転した。移転後、町会に出ない人も多くなったという。渋谷中央街の平成二四年現在の会員数は、渋谷中央街のホームページによると、一店舗・事務所を一とすると、本会員一一八、賛助会員一四の計一三二である。このうち、祭りで活躍する青年会のメンバーは平成二四年現在、一三人である。

一方で、渋谷中央街に属さない非会員が存在する。中央街事務所によると、七〇～八〇人くらいは町会に未加入のところがある。一つのビルで管理人のみが入会しているといったところもあるという。また、ビル内のテナントも移り変わりが激しく、地方からきたテナントが二千万円かけて改装して店をオープンしたが、商品が高価なため売れず、二ヶ月で引き揚げたというケースもあるという。しかし、祭りに参加するビル管理業の男性によると、所有するビルに六つのテナントが入っているが、移動したのは一軒だけで、町会（町会組合）費は全員払っているという。しかし、町会の活動や祭りには参加していないという。

2 神輿の運搬、東急プラザへの展示

SHIBUYA109前へ神輿連合渡御を行う約一週間前の土曜日の夜、金王八幡宮の神輿庫から渋谷中央街の神輿が出され、渋谷駅南口の東急プラザ一階のショーウィンドーに展示される。

平成二四（二〇一二）年は九月八日（土）の夜に行われた。集合時間の二〇時前、渋谷中央街の遠州屋前に神輿を運搬する中央街関係者、アルバイトの若者らが集合する。平成二四年は國學院大學の卓球部の学生五名がアルバイトとし

て参加した。また、東急不動産の会社員三名も神輿運搬に参加している。合計で約二〇名近くが集まった。

二〇時過ぎ、神輿を積むトラック一台、祭りに使う道具などの荷物を積むワゴン車二台、乗用車などに分乗して、中央街から国道二四六号線を通って金王八幡宮へ向かう。二〇時九分、金王八幡宮の正面参道側、大鳥居近くにある神輿庫前に到着する。渋谷中央街の神輿庫のシャッターが開けられ、神輿の前に置かれた荷物が出される。そして、大人神輿が台車に載せられて横付けされたトラックの荷台まで慎重に移動する。台車からトラックの荷台へは「せーの」と掛け声をかけて一気に移される。大人神輿は参加者総出で持ち上げる。荷台に大人神輿を移してからも「向きが逆」と神輿を動かす方向にも注意しながら荷台の奥へ載せる。大人神輿の周りには担ぎ棒やウマ（神輿を置く台）、太鼓などが載せられる。大人神輿の後には子ども神輿がトラックの荷台へ載せられる。その他の荷物は、「メトロ」や「営団」と呼ばれる営団地下鉄の敷地内と中央街事務所へ運搬する物に分類されてワゴン車に載せられる。営団地下鉄の敷地は荷物置場として祭りに際して借りている。

神輿を積む様子を見物する通行人の姿はなく、近くのレストランからは神輿の運搬とは全く無関係に賑やかな声が聞こえてくる。土曜日の夜の「渋谷」で神輿の運搬は粛々となされていく。

二〇時四二分、神輿を積んだトラック、荷物を積んだワゴン車などに参加者は分乗して東急プラザ前、渋谷中央街へと向かう。神輿を積んだトラックは土曜日の夜の国道二四六号線を走り、東急プラザ前へと横付けされる。

二〇時五一分、東急プラザ一階の出入口前に神輿を積んだトラックが着くと、まず一緒に載せられていたウマや案内板など、神輿の展示に必要な備品が降ろされ、東急プラザの中に運ばれる。また、大人神輿を降ろす前に子ども神輿を荷台から東急プラザの中に移す。通行人の中には神輿を積んだトラックを立ち止まって見たり、携帯で写真を撮る人が少し見られたが、多くの通行人は立ち止まらずにトラックの脇を通り過ぎていく。この時間はまだ、東急プラザ内の一部店舗が営業時間のため、東急プラザの上層階で食事などを終えて一階に降りてきた人たちもこの光景に出くわしなが

東急プラザに展示された神輿

らも東急プラザを後にしていく。

二〇時五五分、いよいよトラックの荷台から大人神輿を降ろす。トラックの荷台から「せーの」で持ち上げてまずは台車に移す。次に、台車に載せた神輿を東急プラザ入口のガラス戸を開け、そこを慎重に通過する。東急プラザの警備員もその様子を心配そうに見守る。台車に載せられた神輿は、ショーウインドーに先においた二つのウマの上に移される。そこで神輿の飾り付けがなされる。この間、二一時になると、上層階へのエスカレーターが停止しシャッターが下ろされる。また、一階のコージーコーナーなどの店舗が閉店するが、タリーズコーヒーは二二時まで営業を続ける。神輿の飾り付けの光景をしばらく見ている男性や「金王八幡宮の祭り」であると一緒にいる人に説明して通り過ぎる人がみられたが、立ち止まることなく通り過ぎていく人も少なくない。また、神輿運搬を手伝いにきた社員とは別に、東急プラザの関係者も展示の様子を見守る。

ショーウィンドーには大人神輿のほか、子ども神輿も展示され、神輿の前には三方に載せられた神饌、左右には獅子頭と榊も供えられる。神饌の前には賽銭箱、子ども神輿の横には太鼓、神輿の案内板、「金王八幡宮御鎮座九二〇年」と書かれた赤い旗二本が立てられる。そして、展示の周辺は柵で仕切られる。平成二三年は、「渋谷中央街」と「道玄坂一丁目」と書かれた高張提灯が一本ずつ飾られたが、平成二四年はこの時点では飾られていなかった。

二〇時五六分、神輿の展示が完成する。完成すると中央街の関係者の中には何人か携帯で写真に収める人がみられた。神輿の運搬に参加した人たち全員が集まり、飲料水が配られ、アルバイトの学生にはその場で給料が支払われていた。そして、渋谷中央街副理事長の挨拶、東急プラザの関係者の挨拶、神輿責任者（町会・青年部）の挨拶がなされ、「東急プラザさんの発展と町内会の皆さまの御多幸」を願って一本締めで終了した。時刻は二一時をまわっていた。

現在、東急プラザと呼ばれる渋谷東急ビルは、昭和四〇（一九六五）年六月一三日に、東急不動産株式会社の安定収入源の拡大と副都心渋谷開発の核としての期待を担って開業し、開業日の総入館者数は五万人以上を数えた（『街づくり五十年』二六七頁）という。

渋谷中央街副理事長のＭ・Ｓ氏（昭和二〇年生）によれば、東急プラザへの展示は昭和五八年から始まったという。昭和五六年に、渋谷中央街が持っていたそれまでの神輿を渋谷三丁目町会へ売って、一千六百万円を掛けて渋谷で一番大きいといわれる大神輿を作った。翌・昭和五七年には東急東横店に展示し、その翌年の昭和五八年から東急プラザに展示するようになったという。同年に金王八幡宮の正面参道側に各町内の神輿庫が新築されている（『東京都神社名鑑』上巻、一四六頁）。

３　例大祭の祭典

平成二四（二〇一二）年は鳳輦の巡幸も宮入りも行われない年であったが、九月一四日（金）の一一時から約一時間に亘って金王八幡宮で例大祭の祭典が厳粛に執行された。祝詞奏上の後、奏楽に合わせて国歌斉唱が行われた。玉串奉奠では、金王八幡宮の責任役員、総代役員、東福寺住職のあと、東京都神社庁渋谷区支部長（穏田神社宮司）、明治神宮宮司、東郷神社宮司が玉串を捧げ参拝した。また、渋谷区長、都議会議員、元渋谷区長、渋谷家一族も玉串を捧げ参拝した。祭典の後、参列者は社務所で直会となった。祭典の最中、神社の拝殿前で参拝する方が二四人おられた。中には沢山のお賽銭を入れて熱心に拝む姿もみられた。一方で、渋谷中央街の関係者の姿は見られなかったが、神社へは毎年一一万円の奉納金を町会から納めている。

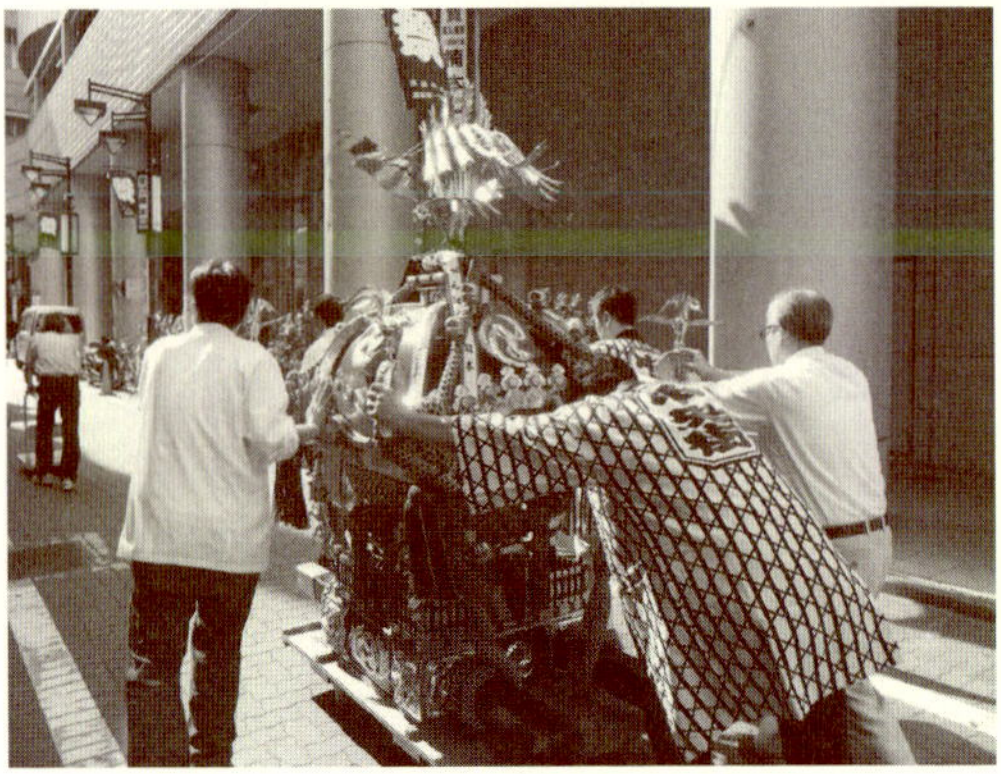

御神酒所へ移動する神輿

翌・一五日（土）には神社の神楽殿で奉納行事が行われている。また、神社の駐車場でもイベントが行われている。しかし、宮入りのあった平成二三（二〇一一）年に比べると、境内に訪れる人は少ない。

4　東急プラザから御神酒所への神輿の移動

金王八幡宮で午前中に例大祭の祭典が行われた九月一四日（金）。渋谷中央街では、一四時、東急プラザに展示された神輿は渋谷中央街の御神酒所へ移される。この日も渋谷中央街の青年会が中心となって、理事やアルバイト五名、東急不動産の社員二名が参加して神輿や荷物の運搬が行われた。展示された神輿の前には賽銭箱が置かれていたが、小銭の音が聞こえる程のお賽銭が入れられていた。また、神輿を移動するために、周辺の荷物から片付け始めている最中にもお賽銭を入れる年配の女性の方がおられた。大神輿は参加者が総出でウマから台車に移し、沢山の人が通行する金曜日の昼間の渋谷をマークシティのガード下に設営された渋谷中央街の御神酒所まで移動する。台車に載せられた神輿が移動する様子は普段は見ることのできない光景である。この間、展示をしていた東急プラザに挨拶に行く。一四時一九分、御神酒所脇に神輿が到着する。子ども神輿の到着を待って、大人神輿を台車からウマの上に載せる。一四時二四分、参加者総出で「せーの」と掛け声をかけて大人神輿を台車からウマの上に移す。子ども神輿は大人神輿の脇に置かれる。神輿の案内板と賽銭箱は大神輿の前に置かれるが、神饌や獅子頭、榊などは御神酒所の中に供えられる。「渋谷中央街」と「道玄坂一丁目」と書かれた高張提灯は御神酒所の左右に、笹竹と一緒に据えられる。大人神輿には、御神酒・米・塩、子ども神輿には米・塩が供えられる。また、「営団」

や「メトロ」と呼ばれる、銀座線乗務管区渋谷車掌事務室・渋谷運転事務室のある敷地に置かれた神輿同好会用の渋谷中央街の半纏や神輿用の柵などを運ぶ。運ばれた柵は、大人神輿と子ども神輿の周囲を囲み、神輿の正面の柵の左右に笹竹が付けられる。「営団」から運ばれた紅白幕は、ウェーブの広場に設置された特設ステージの舞台に付けられる。青年会のメンバーは店の仕事の合間に東急プラザから御神酒所までの移動を行う。そのため、青年会のメンバー総出というわけにはいかず、理事やアルバイトと一緒に二〇名くらいで行う。参加した青年会の人たちも、一七時の御霊入れまで、まだ時間があるため、一旦自分の店に戻る。

第三節　祭りとイベント

1　御神酒所への御霊入れ

御神酒所までの神輿の移動が終わると、一七時から金王八幡宮の神職を招いて、御神酒所への御霊入れと神輿のお祓いが行われる。

一六時四五分頃、金王八幡宮の神職一名が御神酒所へ到着し、御神酒所内で祭典の装束に着替え、準備に入る。町会の人たちは、神職が着替える傍らで榊の葉で玉串を作る。この日は、金王八幡宮の氏子町会の多くの町会では御神酒所への御霊入れと町会神輿のお祓いがなされる。そのため、金王八幡宮の神職は手分けして、青山・渋谷の氏子町会の御神酒所を巡る。渋谷中央街に来られた神職によると、渋谷中央街の後、栄和町会、神山睦会、神泉・円山親栄会の計四ヶ所の御神酒所を廻って御霊入れを行うという。

一七時前、町会の人たちの多くは「中央街」と町会の名前が入った半纏を着て、御神酒所へ集まってくる。午後五時過

御神酒所への御霊入れ

ぎ、中央街の理事長・副理事長、青年会の神輿責任者・副責任者を含む参列者九名で御霊入れの祭典が行われた。御神酒所への御霊入れの祭典は、修祓（お祓い）の後、神職の「オー」という警蹕《けいひつ》によって、金王八幡宮の御霊が御神酒所のご神体（「金王八幡宮」と書かれた掛け軸）に降ろされる。そして、供物を献上する献饌、祝詞奏上が行われた後、参列者全員が玉串を神前に捧げ、参拝する。御神酒所への御霊入れが終わると、神輿の前に移動し、そこで神職による修祓（お祓い）の後、理事長が代表で神輿に向かって参拝し、他の参列者もそれに合せて神輿に拝礼し、祭典は終了する。祭典は時間にして約一五分である。祭典が終わると、御神酒所を閉める。一七時五〇分過ぎ、神輿を照らす照明と御神酒所の左右に取り付けられた高張提灯の灯りの調整を終え、町会の人たちやアルバイトの学生は御神酒所を後にする。柵で囲われた神輿の脇には東急グループの警備会社の警備員一名が立ち、神輿を守る。

2　イベント準備、挨拶回り、神輿組立て

翌・九月一五日（土）。この日は、渋谷の氏子町会の神輿が渋谷１０９前に集合し、道玄坂神輿連合渡御を行う前日に当たる。渋谷中央街では「金王八幡宮例大祭前夜祭」として、御神酒所前に出店を開き、ウェーブの広場の特設ステージでは、午後六時から大森囃子会とアイドルグループ「Aell」（エール）のイベントが行われる。Aellは、健康・エコ・環境問題に真正面から取り組むという女性四人組のアイドルグループである。イベント開始前に、出店を準備し、祭礼実行委員長と神輿責任者らが他町会へ挨拶回りを行い、大人神輿・子ども神輿に担ぎ棒を取り付ける。

アルバイトの学生五名は正午に御神酒所に集合し、出店の準備を始める。ウェーブの広場の特設ステージでは、イベント業者によって舞台のセッティングが行われていて、既に「金王八幡宮例大祭」のパネルがステージ中央に立てられている。渋谷中央街が出す出店では、ソフトドリンク、かき氷、生ビール、フランクフルト、焼きそばが売られる。イベントをやっているとだいたいの人が立ち止まり、ビールなどが売られていると買う人がいるという。長机を出し、その上に焼きそばを作る炒め台、かき氷を作る機械などが置かれ、出店のための準備がなされる。御神酒所脇に置かれた神輿を立ち止まって見る人や写真に収める人が少なからず見られた。中には、「神輿はいつ動くの?」と聞く中年の男性もいた。「明日」と町会の人が答えると残念そうな表情をして去っていった。御神酒所へ奉納金や奉納品を持参する店や関係する町会などが見られた。奉納金や奉納品を納めると、「金王八幡宮」と「渋谷中央街」「道玄坂一丁目」の文字が入った手拭いとお菓子が返礼として渡される。奉納金には領収書が発行される。また、奉納金と奉納品の芳名は「金王八幡御奉納者」の芳名板に奉納金額や奉納品目と一緒に奉納者名が貼り出される。

一三時四七分頃、大人神輿と子ども神輿の担ぎ棒が保管場所から御神酒所に運ばれる。長い棒は二人掛りで運ぶため、アルバイトの学生が動員される。一四時一五分過ぎ、お囃子の会である大森はやし会の人たちと町会の人たちの打ち合わせが行われ、その後、トラックの荷台にお囃子の舞台が組み上げられる。

一四時四〇分頃、渋谷中央街の祭礼実行委員長、神輿責任者、神輿副責任者二名の計四名が車に乗って、関係町会に挨拶に回る。長年関係が深い町会のみならず、本年、中央街の御神酒所へ奉納品を持って挨拶に来られた全ての町会の御神酒所を巡る。そのため、挨拶に巡っている間に渋谷中央街の御神酒所へ挨拶に来られ行き違いとなって、後でその町会へ挨拶にいったこともあるという。本年は、富士見町会、道玄坂上町会、南平台町会、神泉・円山親栄会、道玄坂町会、渋谷百軒店町会、宇田川町会、桜丘町会、鶯谷睦会の順に、計九町会の御神酒所へ挨拶に廻った。各町会の御神酒所へは清酒二本と中央街の手拭いを持参して挨拶する。挨拶回りは約一時間で終わり、一五時三五分頃、中央街の御

挨拶廻り

神酒所へ戻った。既に、大森はやし会のトラックの囃子屋台は組み立てられ、お囃子が奏でられている。また、イベントが行われるウェーブの広場の特設ステージでは、照明や音響のチェックがなされていた。

一五時半過ぎ、神輿の周りの柵や案内板、賽銭箱が一旦片付けられ、青年会を中心とした半纏姿の町会員が神輿前に集合する。アルバイトの学生は出店で売っているため、町会の人と手伝いに来られた神輿同好会の方一名が飾り棒から担ぎ棒へ付け替える。まず、参加者総出で大人神輿を持ち上げ、ウマを前に移動し、神輿の位置を変える。そして、二本の飾り棒を外してから、二本の担ぎ棒を入れていく。そして、ウマを担ぎ棒が支えられる位置まで移動する。神輿の真ん中にある二本の担ぎ棒のほか、その間をトンボと呼ばれる渡し棒を渡し、中央の担ぎ棒の外側に左右一本ずつ計二本の補助棒を付け、組んでいく。渡し棒と担ぎ棒を縄で締めて固定する。

一七時過ぎ、神輿を担げるように組み立てる作業は慎重に続けられているが、特設ステージではアイドルグループ・Aell（エール）のリハサールがなされている。アイドルのファンのみならず、道行く人たちが立ち止まってイベントステージを見ている。神輿を組み立てる作業も、特に年配や中年の男性を中心に立ち止まってみていく人や写真に収めている人たちが見られた。御神酒所脇には中央街の出店のほか、Aellの関連書籍・グッズの出店も出された。一七時一七分、担ぎ棒の取り付けが済むと、縄紐の網掛けや装飾品の取り付けがなされる。大人神輿の屋根の「大鳥」には稲穂が二束取り付けられる。また、大人神輿の傍らでは子ども神輿の飾り棒を外し、担ぎ棒へ付け替える作業と装飾品を付ける作業が行われている。一七時四七分頃、装飾がほぼ終わると、神輿全体の汚れを拭き取る。終わると、大人神輿前に御幣が置かれ、賽銭箱もその前に戻される。近くの路上では、大森はやし会の人たちがお囃子に合わせて、獅子舞を舞ったり、ヒョットコが踊ったりして、多くの若者が立ち止まって見物し、中には中央街の出店で買ったビールを飲みながら見物している人もいる。特設ステージ前には、男性を中心とした多くの若者が集まり、イベントの開始を待っている。

3　イベントと若者の沸騰

イベントのリハーサルと神輿組立

イベント開始前、特設ステージの上に司会の女性が上がり、イベントの進行を案内するだけでなく、中央街の出店の紹介、Aell の物販が出されていることを紹介していた。続いて、大森はやし会が紹介され、明日一六日の「本番」では神輿の先頭を行くことが伝えられていた。そして、一八時からステージの上でお囃子が披露された。観客は静かにお囃子の音色に聞き入っていた。大森はやし会の舞台が終わると、「中央街」の半纏を着た祭礼実行委員長と中央街理事長の挨拶が行われた。祭礼実行委員長からは、明日は後ろにある大神輿が一二時から動くため、もし機会があったら見に来てほしい旨、理事長からは、渋谷中央街に若い人たちが利用できる飲食店が沢山あり、ぜひまた来てほしい旨が伝えられていた。挨拶が終わると、司会からAell の紹介がなされ、一八時二〇分過ぎからAell の一回目のステージが行われた。Aell のメンバーの名前が書かれたTシャツを着たファンの男性（二〇代〜三〇代頃）を中心に観客はステージに向かって「ハイ」と掛け声をかけ、飛び上がって大いに盛り上がっていた。この盛り上がりと人だかりを見て、通行人が立ち止まってステージを見ている人や携帯で写真に収める人が多々見られた。観客の後ろでは中央街の青年会が大人神輿の飾り付けを直していた。一八時五五分過ぎ、一回目のステージが終了。二回目のAellのステージが一九時四〇分から行われる旨が司会から伝えられ、中央街の出店の利用が勧められる。素直に出店でビールやカキ氷などを購入するファンが多数みられた。また、出店の横に出されている物販で、千円以上の購入者はAellとの握手会に参加できることが伝えられ、ステージ上では、Aellとファンで握手会がなされた。握手会がなされている間、ファンや見物人は帰ろうとはせず、ステージ前で握手会の光景を見つめる人や出店のものを飲食するなどして留まる人が多い。握手会が終わると、大森はやし会がトラックの囃子屋台でお囃子を奏し、それに合わせて獅子舞が踊る。通行人の中には立ち止まってみたり、写真に収める人がいるが、二回目のステージを待つ観客はこちらの方にはほとんど視線を向けない。二回目のステージの前に出店のフランクフルトが完売する。一九時四〇分過ぎ、二回目のAellのステージが行われる。一回目のステージと同様に、ファンの男性を中心に大いに沸騰する。通行人がやはり立ち止まって写真に収めたり、一緒に盛り上げっている女性も見られた。ステージが終わると、司会から明日の渋谷中央街の祭りの予定が案内される。二〇時半頃から二一時まで、ステージでAellとファンで撮影会が行われた。この間、御神酒所が閉められ、青年会の人たちは神輿の周りに柵を整える。二一時過ぎ、撮影会が終わると観客たちは帰路に着いた。そして、町会の人たちは出店を片付け、掃除をする。最後に、町会の人たちが集まって、理事長が挨拶をして解散となる。

以上のように、祭りに際してイベントが行われている。渋谷中央街の理事長であるH・S氏（昭和二〇年生）によると、「イベントで中央街の名前だけでも知ってもらえればいい」と話す。イベントの合間の挨拶にもあったが、名前だけでも覚えてもらって、中央街へ飲食に来てほしいという願いがイベントに込められている。つまり、中央街の発展への期待が祭りとともに行われるイベントに託されているといえる。イベントは、毎年、金王八幡宮の祭りに合せて行っている。イベント会社を頼んで、平成二二（二〇一〇）年はブラスバンドを呼んで二時間で一六〇万円以上かかっている。イベントの開催には、渋谷区から五〇万円の補助が出る。平成二三年は、東日本大震災が発生したため、イベントを自粛したため、補助金は支給されていない。しかし、イベントを行うと人が集まり、御神酒所へ奉納金も増えるという。中央街の祭りの費用は、町会（組合）費と奉納金から捻出するため、イベントでの奉納金の増加は重要であり、先にみたように、中央街の出店も繁盛する。そして、渋谷区の補助もあるため、イベントとセットで祭りを行うことは、集客効果のみならず財政面での期待もあるといえる。

イベントと若者の沸騰、背景の神輿

神輿副責任者を務めるS・S氏（昭和四七年生）によると、かつては、九月一四日の「宵宮」にイベントと神輿巡幸を行い、翌一五日にも神輿巡幸を行っていた。ここ一〇年ぐらいで宵宮の神輿は上げなくなったという。以前は、イベントに盆踊りやカラオケをしたという。カラオケや盆踊りは人が集まらなくなってやめたという。また「中央街杯」という景品を用意して、お笑い大会を一〇年以上開いた。十何組かの無名の芸人が競った。無名の時の「９９」（ナインティ・ナイン）もかつて参加した。このほか、藤あや子、狩人、ネプチューンなども来たという。中央街のイベントに出ると「有名になる」というストーリーが中央街関係者から語られるのが面白い。平成二三年は、先に述べたようにイベントが三〇年振りに中止になった。しかし、「イベントはやめてもよいが、神輿だけは出さなくてはいけない。他の商店街が出すのに中央街が出さないわけにはいかない」という。あくまで、イベントは沢山の人を集めることに主軸が置かれている。だからこそ、人が集まらなくなったイベントはやめて他のものに変更していくことになる。

このように、渋谷中央街では、祭りとイベントをセットで行うことによって、祭りを維持し、盛り上げているといえる。

第四節　SHIBUYA109前神輿集合

1　発御式からSHIBUYA109前まで

翌・九月一五日（日）。この日は、金王八幡宮の渋谷の氏子町会、一三町会の神輿がSHIBUYA109前に集合し、道玄坂神輿連合渡御を行う。同じく青山の氏子町会は表参道で十四時半から神輿連合渡御を行っている。

渋谷中央街では、正午に御神酒所から出発し町内を巡った後、SHIBUYA109前に一四時前に到着する。一四時～一四時半までSHIBUYA109前で式典が行われた後、道玄坂を連合渡御し、再び町内に戻って巡幸し、一八時に御神酒所へ帰着する予定である。

一一時過ぎ、既に御神酒所周辺には沢山の中央街の半纏姿の担ぎ手が集合している。この担ぎ手の多くが神輿同好会の人たちである。平成二四年は、「飛雄連」、「浅草志龍」、「江戸祭道」の三つの神輿同好会が参加し、主要な担ぎ手を占めている。神輿同好会の人たちは、神輿の前方の「左肩前」と「右肩前」、神輿の後方の「後」の担ぎ棒を休憩場所など神輿を降ろす場所で担ぐ場所を交替しながら担いでいく。しかし、四本の担ぎ棒のうち、内側の二本は中央街の会員に限られていて、外側の二本を神輿同好会の人たちが担ぐことになっている。そのため、町内会の人と同好会の人を区別するため、同好会の人たちは色の付いたリボンを付ける。飛雄連はピンク、江戸祭道は赤色、浅草志龍は黄色である。この同好会うち、毎年「当番会」を一つ決め、交通整理や神輿の台であるウマを曳き出すウマヒキなどを行っている。平成二四（二〇一二）年の当番会は、飛雄連が務めた。宮入りの行われた平成二三年は、以上の三つの同好会のほか、「泥亀睦」が緑色のリボンを付けて参加し、当番会は浅草志龍が務めている。

一一時二四分頃、御神酒所脇の大人神輿を十字路の路上まで移動する。また、同じ頃、神輿副責任者は、高張提灯と旗を持つ学生アルバイトの四名と神輿の巡幸ルートの確認を行う。担ぎ手には四つの神輿同好会のほか、東急不動産の社員が二〇名程度参加する。半纏の前側には「道玄坂一丁目」とともに「東急不動産株式会社」の文字が入っている。

一一時四五分頃、御神酒所前に町会員、神輿同好会らの担ぎ手が集められる。そして、神輿が出発する前に「発御式」が行われる。一一時五〇分過ぎ、司会のアナウンスのもと、「金王八幡宮の御神体へ向かって深く礼」の合図のもと、担ぎ手たちは御神酒所へ向かって拝礼し、「直れ」の声で拝礼を終える。そして、司会から「道玄坂一丁目町会町会長・渋谷中央街理事長、並びに氏子総代」と紹介された渋谷中央街理事長から挨拶がなされる。理事長は、参集頂いた担ぎ手の人たちへの感謝のあと、「事故ない安全な渡御」が行われ、無事に町内へ戻ることを強調していた。続いて、神輿責任者が、参集頂いた担ぎ手の人たちへの感謝のあと、神輿巡幸の世話をする渋谷中央街の青年会のメンバーを一人一人名前を呼んで紹介する。紹介されたメンバーは「よろしくお願いします」と担ぎ手に挨拶をする。そして、神輿の巡幸ルートの説明、神輿同好会の紹介とリボンの色を紹介、大森はやし会の紹介を行う。それぞれの紹介に当っては「よろしくお願いします」と挨拶し、盛大な拍手が送られる。最後に、「中央街の神輿は渋谷の一二基ある中で一番大きな神輿のため、担ぎ手が多く否が応でも目立ってしまいま

渋谷中央街神輿　発御式

すので皆さまのマナーをお願いしたい」とのことと、町内会と神輿同好会の担ぎ場所の違い（内側二本は町内会、外側二本は同好会）について改めて注意を喚起し、「無理ないように」「事故のない渡御」を確認し、挨拶を閉めていた。そして、発御式の最後に祭礼実行委員長が挨拶に立ち、参集頂いたことへの感謝、ここでも「事故のない渡御」が確認され、三本締めで閉めて発御式を終えた。盛大な拍手がなされ、担ぎ手たちは神輿の前に集まっていく。

一二時四分頃、神輿責任者の拍子木を合図に渋谷中央街の神輿が出発する。大森はやし会の囃子屋台（トラック）を先頭に、「渋谷中央街」と「道玄坂二丁目」と書かれた高張提灯二本と金王八幡宮御鎮座九二〇年祭の旗、神輿の順に巡幸する。手拍子と大森はやし会のお囃子に合わせて、休憩場所の遠州屋前まで渡御する。酒屋である遠州屋までは僅かな距離で、遠州屋前には長机が出され、ビールやつまみなどの準備に追われている。神輿は遠州屋前の到着が近くなると、手拍子と掛け声で盛り上がる。一二時一一分頃、神輿は遠州屋前に到着し、神輿責任者の拍子木の合図でウマの上に神輿が降ろされる。ここで一〇分間の休憩となる。担ぎ手たちは盛んにビールを口にするが、毎年、神輿の組み立てなど準備を手伝い、神輿巡幸の世話をする同好会の男性は、飲み過ぎによって巡幸の後半で神輿を担げなくなり、担ぎ手の不足を心配する。休憩中には、大森はやし会による獅子舞がお囃子に合わせ踊られ、担ぎ手たちを楽しませる。遠州屋から大森はやし会に金一封が奉納された。神輿責任者から遠州屋に休憩のお礼が言われ、一二時二三分頃、遠州屋から神輿が出発する。遠州屋を出た神輿は国道二四六号線の歩道を池尻方面に少し進み、右折して渋谷中央街の中に戻り、居酒屋の千両、東急プラザ脇に位置し、中央街の入口であるアーチビジョン下で休憩する。アーチビジョン下での休憩の際、折からの雨に担ぎ手たちは横浜銀行の厚意によって銀行内で雨宿りをする。

一三時八分頃、アーチビジョン下を出発した神輿は、車道を渋谷マークシティの連絡通路の下をくぐり、スクランブル交差点を左折し、キューフロント前まで進む。車道には、青年会の人たちによってロープが張られ、通行するバスや自動車の合間を縫う形で巡幸する。神輿と交通とのせめぎ合いが見られる。渋谷マークシティの連絡通路の下は音が反響することもあって、担ぎ手たちは大いに盛り上がる。信号で待つ人や通行人が立ち止まって神輿の巡幸を眺めている。携帯で写真に収める人も少なくない。渋谷マークシティの連絡通路の下をくぐり終わって、スクランブル交差点側に出ると、連絡通路の上から窓越しに立ち止まって神輿の巡幸を眺める人が多数見られる。スクランブル交差点でも、信号待ちの人たちも含め、見物人は多数いるが、交差点を横断する人たちと交差する。横断する人たちは神輿の合間をすり抜けていく。スクランブル交差点では警察によって交通整理がなされ、スクランブル交差点からSHIBUYA109方面の車道は通行止にされている。スクランブル交差点を左折して、すぐに、一三時二〇分頃、キューフロント前の車道で神輿を降ろして休憩に入る。スクランブル交差点では渋谷三丁目町会の神輿と一緒になる。休憩場所はスクランブル交差点に近く、横断する人や他町会の神輿も来たため、神輿をさらに前に移動する。一三時二三分過ぎ、拍子木を合図に再び出発する。神輿はSHIBUYA109前を通過し、文化村通りをヤマダ電機前まで進む。この付近をSHIBUYA109方向に路上を巡幸すると、あたかも神輿は１０９へ向かって巡幸しているかのようだ。特に、若い担ぎ手にとってはSHIBUYA109前付近の巡幸は「一番気持ちいい」ことであるようだ。担ぎ手は掛け声を出しながら、笛の合図に合わせて巡幸する。SHIBUYA109前では雨が降っている性もあり、雨宿りをしながら神輿の巡幸を写真に収める人も見られる。１０９を左に見ながら通過し、文化村通りを東急百貨店本店方向に向かって進む。途中、対抗車線を巡幸する道玄坂上町会の神輿や渋谷三丁目町会の神輿とすれ違う。すれ違いざまにお互いの神輿が掛け合いをして少し盛り上がる。渋谷中央街の神輿はヤマダ電機がある道玄坂二丁目東交差点で

SHIBUYA109へ向かう渋谷中央街神輿

Uターンして、再びSHIBUYA109前に向かって戻る。SHIBUYA109前を通過し、スクランブル交差点よりの所定の場所に向かい、ここで神輿を降ろす。ただし、すぐには神輿を降ろさないで、何度か揉んで祭りを盛り上げる。一三時四二分、ようやく拍子木が鳴らされ、神輿を降ろしここで休憩となる。担ぎ手にはオムスビなどが配られる。この後、SHIBUYA109前で一四時から式典が行われ、各町会の神輿が金王八幡宮の神職によってお祓いがなされる。そのため、渋谷中央街の子ども神輿もSHIBUYA109前、大人神輿の隣まで来る。子ども神輿は、町会員と三つの神輿同好会の子どもたちが担ぐ。

2 SHIBUYA109前式典

SHIBUYA109前には続々と渋谷一三町会の神輿が集まってくる。平成二四（二〇一二）年の当番町会は、道玄坂町会と渋谷二丁目町会である。渋谷二丁目町会の大人神輿が敬老神輿として式典で担がれる。そのため、109前中央のすぐ脇に、渋谷二丁目町会の神輿が置かれる。道玄坂町会からは子ども神輿が出された。一四時過ぎ、SHIBUYA109前に一三町会の高張提灯が集合して並ぶ。また、町会の神輿の間を通って、金王八幡宮宮司と祓い幣を持った神職たちが行列して、高張提灯の間を抜けて109前中央に到着する。そして、金王八幡宮の神旗がSHIBUYA109前に翻る。一四時四分、渋谷二丁目町会の神輿が高張提灯に囲まれた109前中央に出される。カメラを持った見物人たちが、SHIBUYA109を背景にした高張提灯や神輿を写真に収めようと盛んにシャッターを切る。

一四時一〇分過ぎ、SHIBUYA109前で「道玄坂神輿連合渡御式」が始められる。最初に、年番総代より挨拶がなされる。その中で「この伝統ある歴史を次の世代、さらに次の世代へ受け継いでいきたいと思います。そのためにも、子どもの神輿も参加しております。皆さんの元気を次の世代に伝えていきたいと思っています。」と挨拶した。続いて、「渋谷で一番元気な男」として司会から紹介された渋谷区長が挨拶に立つ。その挨拶の中で、渋谷が大きく変わろうとしていること（ヒカリエの開業、今後の駅街区の誕生）を挙げた上で、「しかしながら、いくら変っても変ってはならないもの。それは伝統であり、歴史でございます。皆様方が金王（八幡）宮様をお祭りをして、そしてこうして神輿を担いで町々に幸せを、これをお配りしていただくならば、渋谷はいつまでも元気で、そしてまたいつまでも発展をする。このように思っている次第でございます。」と述べ、一四町会の道玄坂神輿連合渡御に対して心からお礼を述べたい旨を伝え、挨拶とした。渋谷区長に続いて、今度は金王八幡宮の責任総代が挨拶に立つ。その挨拶の中で、今日は金王八幡宮の例大祭であり、例大祭とは氏子である皆様の繁栄を願うことであり、今年は金王八幡宮が御鎮座九二〇年を迎え、益々渋谷の街の繁栄と皆様方のご健勝とご多幸を祈念する旨が伝えられた。これらの挨拶が終わると、司会から、神輿のお祓いがなされるため、被り物を外し担ぎ手は起立するように促される。そして、大麻《おおぬさ》を持った神職が渋谷二丁目町会の神輿のお祓いをしたのを皮切りに、金王八幡宮宮司がマイクを通して祝詞奏上がなされている間、一三町会の神輿のお祓いに神職たちが慌ただしく走り回る。背景では音楽が流れている中、宮司の祝詞がSHIBUYA109前に朗々と響く。高張提灯を持った神輿責任者や担ぎ手の中には頭を下げている人もみられる。見物人は高張提灯の外側から見て、写真に収める人もいるが、高張提灯の合間を通り過ぎる人や祭典には興味を示さずに１０９に滑り込んでいく人もいる。祝詞奏上が終わると、敬老神輿に移る。平成二四年は、年番町会の渋谷二丁目町会が出した敬老神輿のほか、「お孫さんたちがお祖父ちゃんに負けるな」ということで道玄坂町会の子ども神輿が敬老神輿と一緒に担がれる。敬老神輿は、スーツに半纏を羽織った渋谷区長をはじめ、氏子総代や各町内の年配

SHIBUYA109前へ並ぶ高張提灯

の関係者が神輿を担ぐ。渋谷中央街からは祭礼実行委員長が参加した。一四時二一分、「道玄坂商店街」の旗を先頭に、敬老神輿の脇に、子ども神輿が入ってくる。司会から子ども神輿は元気いっぱいで、敬老神輿もお孫さんに負けないようにと促される。そして、一本気を入れて敬老神輿を上げ、同時に子ども神輿も上げられる。敬老神輿と子ども神輿が互いにその場で揉み合う。僅か数分の時間であるが SHIBUYA109 前で敬老神輿と子ども神輿が担がれる。この式典を見物する人たちに年配の老人が多数見られる。敬老神輿が終わり、年番町会の挨拶のあと、渋谷の発展を祈念して三本締で閉め、年番町会である渋谷二丁目町会の神輿を先頭に道玄坂神輿連合渡御に移る。金王八幡宮宮司以下の神職と責任総代は悠々と神輿の間を通り、渋谷駅方面に抜けていった。

3　道玄坂神輿連合渡御と還御

一四時三五分、渋谷中央街の神輿も道玄坂神輿連合渡御に SHIBUYA109 前から出発する。今度は、SHIBUYA109 の左脇を進み、道玄坂を登っていく。神輿の巡幸を立ち止まって、あるいは坐って見物する人は多数いるが、どちらかといえば熟年層が多い。中央街の神輿のほか、一三町会の神輿が順々に道玄坂を登っていく。ちょうど、強い西日に向かって神輿は進み、かつ坂道を登るため、担ぎ手にとっては苦しいところである。担ぎ手たちは、お囃子に合わせて掛け声を出し、盛り上げて坂道を突破しようとする。１０９を過ぎた右手、ユニクロの店舗前には「天城連峰太鼓」との垂幕がかかり、大太鼓がその下にセットされている。

一四時四六分、道玄坂を登り、Uターンしてきた先頭の渋谷二丁目町会の神輿とすれ違う。道玄坂は神輿と半纏姿の担ぎ手で溢れかえる。ビルの窓や階段などから眺めている人もみられる。道玄坂の信号と、道玄坂町会の御神酒所の前を通過し、かつてYAMAHA渋谷店があった辺りでUターンする。そして、一五時過ぎ、反対側の道玄坂ケンタッキー前で神輿を降ろして休憩となる。担ぎ手の中には、フライドチキンとポテトを店で購入し食べる担ぎ手もいる。休憩の最中、大森はやし会の獅子舞とヒョットコ面を付けた子どもが道路の中央で踊り、見物人の興味を惹いていた。一五時一五分頃、神輿は再び担がれて、今登ってきた道玄坂を下っていく。担ぎ手にとってはこの下りも苦しいところである。沿道には歩道の片隅に腰かけて神輿を見物したり、写真に収める人が多数見られる。109横の休憩場所に近づくと、担ぎ手たちは掛け声を張り上げ、手拍子をしながら盛り上げる。109前で見物する人も多数見られる。ただし、どちらかといえば熟年層が多い。一五時二八分頃、109前横で、神輿を降ろし再び休憩に入る。109前で待ち合わせをする若者も神輿が休憩する光景を眺めるが、全く関心を示さず、109へ入っていく若い女性も多い。道行く通行人も立ち止まってみる人もいるが、関心を示さずに通り過ぎる人も少なくない。一五時三三分、再び神輿責任者の拍子木を合図に神輿が担がれ、109横からスクランブル交差点を通り、中央街へ戻っていく。109前の「道玄坂下」交差点では横断する通行人と神輿が交差する。立ち止まって眺めるカップルや外国人も見られるが、足早に通り過ぎる人も少なくない。しかし、109前からスクランブル交差点へ神輿を担いだ多数の半纏姿の担ぎ手が巡幸する様は壮観である。特に、神輿と109のコントラストは見どころである。

SHIBUYA109 前で担ぐ敬老神輿と子ども神輿

一五時四四分、スクランブル交差点に渋谷中央街の神輿が差し掛かる。交差点は沢山の通行人でごったがえしている。警官数名が交通整理に当っている。中央街より先に道玄坂神輿連合渡御に入った道玄坂町会の神輿は、スクランブル交差点を横断し、渋谷駅前ハチ公口の交番前で神輿を高々と上げる「サシ」をしていた。中央街の担ぎ手は、道玄坂町会と同じように「交番へ神輿をサそう」と話す。中央街の神輿は、信号が青になってから掛

還御する渋谷中央街の神輿

け声を張り上げながらスクランブル交差点をハチ公側に横断する。すぐ脇を通行人が横断する。警官が笛を吹きながら、交通整理をする。中央街の神輿は、車道を渋谷マークシティの連絡通路の下まで車道を巡幸する。そして、連絡通路下の横断歩道を京王線渋谷駅側に横断し、そこで休憩となる。連絡通路の下は音が反響する性もあり、担ぎ手たちは掛け声を張り上げ、手拍子をしながら大いに盛り上がる。神輿はすぐに降ろさず、少し揉んだあとで、一五時四八分、拍子木を合図に神輿が降ろされる。連絡通路下は京王井の頭線渋谷駅の出入口に当り、担ぎ手にとってはひとつの見せ場となっているようだ。一六時七分、休憩が終わり再び神輿が担がれる。お囃子と笛に合わせながら担ぎ手たちは威勢よく神輿を担ぐ。神輿を担いでいない周りの担ぎ手も手拍子をしながら笑顔で盛り上げる。そこから、歩道を神輿は巡幸し、東急プラザ脇のアーチビジョンをくぐり、ヒグチ薬局前で休憩となる。ここでは、東急プラザから差入として飲料水が担ぎ手に配られる。ここから再び、町内を巡幸する。途中の休憩場所である「中華一番前」と「ＶＩＮ・鳥竹前」といった飲食店前では、店の商品の餃子や焼き鳥などが数は限りがあるが配られる。担ぎ手たちは我先に並んでこれらのものを手にする。薄暗くなり始めた一七時半過ぎ、御神酒所のすぐ近くである「ＶＩＮ・鳥竹前」での休憩を終えて出発する。ここから町内をぐるっと回って遠州屋から御神酒所まで還御する。美味しいつまみを入れ、残すところあと少しとなった担ぎ手たちは先ほど以上に盛り上がり、お囃子や笛に合わせながら掛け声を張り上げ元気よく巡幸する。ビルとビルの間に挟まれた道もあり、音の反響が盛り上がりを助けている。遠州屋の横を左折し、富士そばのある十字路で一旦神輿を降ろす。そして、数分後、歓声を上げながら神輿を上げ、マークシティのガード下の御神酒所までの真っ直ぐの道を威勢よく進む。担ぎ手たちは手拍子をしながら、神輿を盛んに揺さぶり、掛け声を張り上げながら巡幸して大いに盛り上がる。この御神酒所までの最後の巡幸が一番盛り上がる。飲食店の二階で食事をしながら巡幸を眺める人も見られる。

一七時五四分、マークシティのガード下まで神輿が入るが、すぐには降ろすことが許されず、一旦後退する。そして、再び御幣が立てられた神輿責任者の立つ方向へ神輿は威勢よく突入する。ガード下に入ると音の反響も手伝って担ぎ手は手拍子をしながら大いに盛り上がる。担ぎ手の中には子どもを肩に載せてこの光景を見せている人もいる。神輿は御神酒所前で、神輿の正面に御神酒所が来るように向きを変える。やがて大きな歓声が上がり、御神酒所前で、神輿をサス（神輿を高々と上げる）。担ぎ手たちは拍手をして大いに盛り上がる。神輿のサシを携帯で写真に収める担ぎ手もみられる。しかし、これでは神輿は降ろされず一旦ガードの外まで後退させられて、再び御幣が立てられた神輿責任者に向かって突入していく。手拍子をしながら担ぎ手たちは声を張り上げ、最高潮を迎える。正にこの辺りが中央街の祭りのクライマックスである。さらに何度か戻されたあと、一八時、ようやく拍子木が鳴らされ、担ぎ手の歓声と盛大な拍手の中、神輿が降ろされる。そして手拍子をして大いに盛り上がる。

一八時二分過ぎ、御神酒所の「金王八幡宮御神体」に一同で拝礼する。そして、渋谷中央街理事長、神輿責任者が挨拶をする。挨拶の度に盛大な拍手が担ぎ手から送られる。特に、神輿責任者が「お陰様で無事還御できました。また来年もここで会いましょう。よろしくお願いします」と挨拶をすると、担ぎ手たちは盛大な拍手を送って盛り上がっていた。最後に、祭礼実行委員長が音頭をとって三本締めをし、神輿巡幸は終了した。終了後、神輿同好会の関係者や大森はやし会の人たちは、理事長や祭礼実行委員長、神輿責任者ら中央街の関係者に挨拶をして帰路に就く。御神酒所と御神酒所前に置かれた神輿では、すぐに片付けが始められる。

一八時二〇分、神輿がトラックの荷台に載せられ、子ども神輿やウマなどの関連する祭具が荷台へと運ばれる。また、その他の金王八幡宮大鳥居脇の神輿庫に神輿と一緒に納められるものがワゴン車などに載せられる。一八時五〇分過ぎ、金王八幡宮の神輿庫まで出発し、神輿や関係する道具を中央街の神輿庫へ納める。二〇時近く、再び中央街御神酒所前へ戻り、理事長が挨拶をしたあと、神輿責任者が三本締で閉め、祭りは終了する。中央街の関係者、アルバイトは中央街の店で二〇時半から打ち上げとなる。

なお、「鉢洗い」（あるいは「鉢祓い」）と呼ばれる打ち上げ（反省会）は、青年会が九月二九日に、世話人会は一〇月上旬の予定で行われた。

4　渋谷中央街と祭り

本節の最後に、渋谷中央街の人たちの「声」を紹介し、中央街と祭りとの関係を考えてみたい。

平成二二（二〇一〇）年から神輿責任者を務めるM・I氏（昭和四三〔一九六八〕年生）は、「祭りがないのは考えられない。祭りがない街はかわいそう。絆がないからだ。」と話す。I氏は神輿副責任者を一年経験したあと、すぐに神輿責任者になった。通常は何年か副責任者を経験してから神輿責任者になるという。一年目は反省ばかりであった。そして二年目に金王八幡宮への宮入りを迎える。神輿責任者として宮入りをできたのは光栄であるという。警察には宮入りができるように何度も掛け合った。宮入りを終え、町内に戻ったときはホッとしたと話す。I氏は中央街ではないが同じ道玄坂一丁目で生まれ、お店が中央街に移ってからずっと関わっている。神輿は子ども神輿から担いでいる。祭りは嫌だと思ったことがないという。

青年会長も務め、「祭り好きである」というM・H氏（昭和三〇年生）は、一八歳頃（昭和四八年頃）、初めて大人神輿の手伝いをした。同じ頃、東急の人たちと地元の人で「飛雄連」という神輿同好会を作り、各地の祭りで神輿を担いだという。この頃は町会の人も沢山いた。二六〜三八歳まで神輿責任者を務めた。昭和五六年に現在の大神輿が作られた。その時、神田の宮惣からトラックの荷台に積み、荷台の四方に篠竹を立てて帰ってきたときは嬉しかった。Hさんはちょうど昭和五六年に現在の神輿が作られるが、その前の神輿の最後の神輿責任者である。前の神輿は宮本町会である渋谷三丁目町会に売られ、渋谷三丁目町会は現在でもこの神輿を使っている。

理事長のH・K氏（昭和二〇年生）は、神輿を見ながら「毎年、毎年、風格が出てくる。きっとみんなの気持ちが入っているに違いない。担ぎ手は代わっているかもしれないが、五十年後も担いでいたらすごいこと。そのためにも伝承していきたい。」と話す。イベントの際、渋谷中央街の名前だけでも知ってもらいたいと話していたH・K氏である。祭りに商店街の永続を託しているといいえる。

祭りに参加するK・K氏（昭和三八年生）は、「今日一日、御神酒所へ詰めてくれなんていわれるとうんざりする。それでも、いざ臨んでみると祭りは楽しくなってくる。」と話している。こうした肯定的意見だけでなく、「疲れる」「大変だ」といった声も聞かれる。しかし、祭りを「やめるわけにはいかない」という声も多く聞かれ、必ずしも積極的な理由とはいえないものの、他の商店街との関わりや町会内の人間関係もふまえつつ、祭りは継続されている。

このように、祭りを大事に考える人や祭り好きな人たちは、地域社会とのつながりや商店街の永続を祭りに託している。イベントを祭りに合わせて実施し、人集めに一役買っているのも、祭りに多くの人を集め、祭りを切っ掛けに渋谷中央街を少しでも知ってもらい、将来につなげたいと考えている。しかし、必ずしも祭りに対して積極的・能動的な会員ばかりではない。店の営業の合間に、年に一回の祭りは辛い面もある。それでも、嫌だと感じても、いざやってみると楽しくなっているという要素も祭りは持っているようだ。また、「他の商店街がやっているのに、うちだけが神輿をやめるわけにはいかない」、「すごく大変だが、お祖父さん、お祖母さんが楽しみにしている。やめるわけにはいかない」という声も聞かれる。中央街で商売を続けていくには、付き合いもあり祭りに参加せざるをえない面もある。だからこそ、見る人を多く集める要素の維持が不可欠となる。見る人が多い祭りは、「見る人が多いから辛いけど止めるわけにはいかない」という意味付けにつながる。同時に、「多くの人が集まれば、渋谷中央街のことを広く知ってもらうチャンス」になる。だからこそ、人を集めるイベントが祭りとセットで行われるのではなかろうか。つまり、「人に見られる」「人が集まる」要素によって祭りが持続している。そうした意味では祭りは、参加する会員にとっては、商店街の人間関係を維持し、将来の発展につなげるためには不可欠なものであると位置づけているようにみえる。渋谷の駅街区の再開発に着手した東急不動産が神輿の準備や神輿巡幸を手伝うのは、こうした祭りの重要性を認識しているからに他ならないのではなかろうか。ひとことでいえば、祭りへの参加や協力は地域の中での人間関係を円滑にできるといえる。逆にいえば、祭りを資源として捉え、利潤追求のために祭りを活用しているといえるかもしれない。東急グループと地域社会（商店街）との結び付きは、東急プラザの神輿展示やSHIBUYA109前での式典のように祭りを介して現出する。東急グループと商店街は、共に結び付きながら発展しようという心意が祭りからみえてくる。それは再開発を下支えする。しかし、ビルのテナントとして、町会費を払わず、祭りに参加しない経営者にとって祭りはほとんど意味のないものに過ぎないのではなかろうか。ビルの一角をテナントとして借りている場合、流動性が強く、必ずしも地域社会との関係性が重視されない。それは、テナントの利益が地域の発展と必ずしも結び付いていないからではなかろうか。そうした場合、祭りは都市の中の風景に過ぎないのかもしれない。

第五節　渋谷の街の変化と祭り

本節では視点を変えて渋谷の街の変化と金王八幡宮の祭りとの関係を、SHIBUYA109前での神輿集合（道玄坂神輿連合渡御）に焦点を当てながらみていきたい。

1　歩行者天国と道玄坂神輿連合渡御の誕生

大阪万博が開催された昭和四五（一九七〇）年の八月一六日の日曜日、渋谷で歩行者天国が始まる。同じ年に銀座・新宿・池袋・浅草では歩行者天国が開始されていて、そこに渋谷が加わる形であった。渋谷では、道玄坂通りと栄通りを中心とした区内の計二六本（計二一・三キロ）がその対象となった。毎週日曜日と祝日の正午から午後七時までで、この時間帯はバスの迂回措置を取られている。初日の八月一六日には一五万三千人の人出を記録している（『朝日新聞』昭和四五年八月一四日付、同八月一七日付）。『まちづくりのあしあと』の道玄坂町会の項によると、「道玄坂が歩行者天国になったので、各町会の若い人達の協力により、渋谷金王八幡宮の祭礼（毎年九月一五日、敬老の日）に各町会の御神輿を道玄坂に（約二〇基）集合させ、そのうち一基を各町会の六〇才以上の人達で敬老神輿として担ぎ、その模様をＮＨＫ及び民放テレビで放映された、それ以降祭礼行事として現在に引継がれている。」（一五四頁）と記している。しかしながら、道玄坂町会の資料によれば、「当時の道玄坂周辺の町会及び道玄坂商店街振興組合の有志・諸先輩の発案に依り、お宮・宮総代・氏子総代・有志町会の理解と情熱の結果『道玄坂で御神輿を担ごう』の合い言葉のもと昭和四二年の例大祭より連合渡御がスタートした」という。歩行者天国が開始される以前の昭和四二年に道玄坂での連合渡御が始められたとの見方もある。いずれにせよ、現在のSHIBUYA109前の神輿集合につながる道玄坂の連合渡御が昭和四二年〜四五年頃、新たに始められたことは間違えなさそうだ。金王八幡宮によると、元々は鳳輦の到着に合わせてお祓いをしていたのが、だんだんと周辺の町会の神輿が集合するようになり、連合渡御を行うようになった。道玄坂の振興を目的に神輿連合渡御を行うようになったという。歩行者天国という外的な要因だけでなく、町会の人たちの連合渡御を行いたいという思いもあったようだ。道玄坂町会の資料によれば、「連合渡御が始まった当初は、各町会間で簡単な打合せ程度。道玄坂町会から集合時間の連絡程度にて執行。現在の様な式典ではなく当町会の御神酒所前で簡単な挨拶程度の物であった。」という。そして、道玄坂町会では、「参加町会へのお土産としてお菓子等を届け一応の礼儀を尽くし連合渡御の維持に努めてきた」といい、このお土産代は道玄坂町会の祭礼決算書に計上されているという。つまり、道玄坂の神輿連合渡御は、始められた当初、道玄坂町会が中心になって行われていたことがわかる。そして、現在のような式典は行われず、挨拶程度で道玄坂町会から連合渡御に来た他町会にお土産がお礼として出されていたことがわかる。ただし、ここで注意しておきたのは、昭和四二年~四五年頃の時点では、SHIBUYA109はまだ存在していないことである。連合渡御が始められた当時、道玄坂では、旧防災建築街区造成法（昭和四四年に都市再開発法へ発展的に解消）に基づき、「恋文横丁」とそこに連なる一帯の再開発が計画され、高層化が進められていた。そうした中で、「恋文横丁」のあった第一ブロックに緑屋、第三ブロックには道玄坂センタービルが建設されるが、第二ブロックの道玄坂と栄通りに挟まれた扇の要部分、「丸国マーケット」と呼ばれた現在のSHIBUYA109のある場所は、権利者との話し合いが進まず再開発が遅れていた（『朝日新聞』昭和四三年七月一六日付、同昭和五一年五月二〇日付）。SHIBUYA109前で神輿が集合し、式典が行われるようになったのは、後で触れるように近年のことである。

2　渋谷の人の流れの変化と祭り

昭和四七（一九七二）年に区役所通りが「公園通り」と命名され、翌・四八年には西武パルコ店が開店する。そして、昭和五〇年に「スペイン坂」が命名される。パルコの開業を契機として、公園通りの開発が進み、公園通りが若者の街として演出されるようになると、渋谷の人の流れが道玄坂から公園通りへシフトしていった。昭和五二年、新玉川線（渋谷―二子玉川）が開通する。この新玉川線を道玄坂では「第二の黒船」と期待して、新玉川線の出口を道玄坂へ直結させるなどして、人の流れを変え、道玄坂へ若者を取り戻そうとした（『朝日新聞』昭和五二年四月五日付）。そんな中、同年の九月一五日、道玄坂に六〇歳以上のお年寄り百人が集まり、重さ四〇〇キロの「老人みこし」を担いでいる。最高齢の参加者は八六歳で「若い者には負けられぬ」と参加したという（『朝日新聞』昭和五二年九月一六日付）。翌・五三年の九月一五日、道玄坂で「敬老みこし」に六〇歳以上のお年寄り約三〇人が集まり、二五〇キロを超す神輿を担いでいる。小雨の影響もあり予想よりも参加者が少なかったという。お祓いのあと、「ソリャ、ソリャーッ」と掛け声を掛けながら坂道で神輿を担ぎ上げた。雨脚が強まり万一を心配して一〇分足らずで終了となったが見物客から拍手が送られている。しかし、祭りの中心は若い衆で、各町内から参加する一五の神輿を担ぐのは二〇代、三〇代が圧倒的に多いという（『朝日新聞』昭和五三年九月一六日付）。当時は、現在のように109前で敬老神輿を担ぐのではなく、道玄坂の坂道で敬老神輿を担いでいたこと、担ぐ前にお祓いがなされていたことがわかる。同じ年、東急不動産が経営する東急ハンズが開業している。そして、昭和五四年、ファッション・コミュニティ109（現・SHIBUYA109）が開業する。既に、昭和五一年の八月に丸国マーケットなどが取り壊されている（『朝日新聞』昭和五一年五月二〇日付）。そのあとに東急グループが調整役となり、再開発ビルとして109が建設された。現在でも109の一階入口付近に「道玄坂共同ビル」の看板と「大規模小売店舗　丸国産業有限会社・他10名　昭和53年7月20日」の銘板が付けられている。円筒形のビルをデザインした建築家・竹山実氏は、「どこから見ても同じ印象になるようなデザイン」にし、「渋谷のアイデンティティーになるようなものになってほしかった」という（『読売新聞』平成二〇年九月二九日付）。

109が開業した同じ年、渋谷警察署付近から宮益坂上までの青山通りの坂が「金王坂」と命名され、「金王坂」の碑が渋谷駅東口町会・渋谷二丁目町会・渋谷第一町会・渋谷宮益町会によって建立される。碑文には「明治、大正、昭和と波瀾万丈の過程を経て市区改正、町名変更に伴ない先輩諸氏の築かれた幾多の功績をたたえ、由緒ある金王の地名を保存し、ここに金王坂と命名する」と刻まれている。「金王」の名は、「役所とは関係なく、住民の間から地名が浮び上がった」という。金王八幡宮にちなんで、かつては「金王町」とよばれた「鎌倉時代から開け、渋谷のなかの渋谷ともいうべき伝統の町」は市区改正や町名変更によって「金王」の名を失ったが、その「伝統」を坂の名前に託しているという（『朝日新聞』昭和五四年一〇月一二日付）。一方、二年後の昭和五六年には、今度は道玄坂に「道玄坂の碑」が建てられている。地元商店街の有志約千人が拠金して、道玄坂に与謝野晶子の歌碑・道玄坂の由来碑・供養碑の三つが一組となった「道玄坂の碑」が完成し、同年一月三一日に除幕式が行われた。この碑には「道玄坂の栄光再び輝く日を。そして道玄坂が渋谷の中心であることを忘れないために」、「老いも若きも気軽に楽しめる商店街を造り、とくに若い人たちには青春の思い出を刻む坂道に」となるようにとの願いが込められているという（『朝日新聞』昭和五六年一月二七日付）。

同じ昭和五六年には、先に述べたように、渋谷中央街では新しい神輿が新調されて、翌・五七年には東急東横店に、翌々年の五八年には東急プラザで新調された渋谷中央街の神輿の展示が行われている。『まちづくりのあしあと』によれば、昭和五二年に道玄坂親栄会が神輿を新調（一六三頁）、昭和五四年七月に南平台町会が子ども神輿を購入（一八二頁）、昭和五五年九月には富士見町会の神輿が、「町会員の親睦、青少年の育成等、町会に活力をと思い」（一六四～一六五頁）、新調されている。また、渋谷中央街の新調以前の神輿は渋谷三丁目町会が購入している。そうした中で、昭和五八年には金王八幡宮の正面参道側に各町内の神輿庫が新築されている（『東京都神社名鑑』上巻、一四六頁）。また、道玄坂町会の資料によれば、昭和五五年頃、「現在の「金王八幡宮例大祭連合渡御実行委員会」の前身となる、神輿連合渡御に参加する「一二町会合同会議」が開催され始めた。一方、公園通りでは、昭和五一年にパルコパート2、昭和五六年にはパルコパート3ができている。公園通りを抱える神南・宇田川町会では神輿を昭和五九年に新調している。神南・宇田川町会は、NHK放送センターの近くの北谷稲荷神社の氏子区域である。神南・宇田川町会には、それまで子ども神輿が一基あるだけで、北谷稲荷神社の秋祭りは今一つ盛り上がらなかったという。デパートや東京電力の新館工事が相次いだ第二の建築ブームが到来し、それを機会として昭和五八年の末から地元の商店街に寄付を募って目標額の二千七百万円を集めた。神南・宇田川町会は、公園通り商店街振興組合と「神南・宇田川睦会」を結成し、昭和五九年二月に神輿を注文している。そして、同年の九月九日の午後、神輿のお披露目パレードが公園通りで行われたという

（『朝日新聞』昭和五九年九月八日付）。

以上のように、「金王坂」や「道玄坂」の碑が建立されるのと時期を同じくして、参加する町会によって「一二町会合同会議」が組織され、神輿の新調や購入が相次いでなされ、金王八幡宮の神輿庫も作られ、渋谷中央街の神輿の展示が始められた。そして、公園通りでも神輿が新調され、パレードが行われている。渋谷の街が開発によって大きく変化していったこの時期（一九七〇年代後半から八〇年代初め）、「伝統」が改めて強調され、二〇～三〇代の若い担い手も少なくなく、渋谷の祭りが盛んであったといえるのではなかろうか。

3　渋谷の街の性格とSHIBUYA109の変化

西武パルコの仕掛け人で、昭和六一（一九八六）年当時のパルコ社長であった増田通二氏は、『朝日新聞』（昭和六一年一〇月九日付）の「街は舞台だ」という記事の中で、渋谷の街の欠点について、次のように指摘している。「人がとことこきて、買い物が終わればまた、とことこ帰ってしまう。今でも言えるんですが、渋谷の街には落ち着いて楽しめる核がない。ふと気が付いてみたら、例えば公園通りに浮浪者がいない。何でここには、いてくれないのだろうかと考えてみたら、若者の数の多さと歩くスピードが速すぎる。浮浪者は座りきらんのです。それに、渋谷を歌った演歌がないものも気になってます。」と指摘した上で、「「安住感」というものが、一種の新しい街の年輪を作っていくはずだから、渋谷には浮浪者と苔（こけ）が必要じゃないかと思っているんですよ。」と述べている。増田氏が述べるような渋谷の街の欠点を少しでも克服しようと、街を歩く人たちを立ち止まらせるため、様々な工夫がなされるが、その一つとして待ち合わせ場所が作られていく。昭和五五年には渋谷駅南口に、ハチ公と並ぶ待ち合わせの名所となるモヤイ像が作られる。昭和六一年には公園通りにハチ公像に代わる待ち合わせ場所として、現在の西武モヴィータ館（旧シード館）前にＮＡＮＡＫＯ像が作られている（『地域情報誌 大向界隈』№28）。

そうした性格を持つ渋谷の街で、SHIBUYA109は、開業から二年が経過した昭和五六年に商戦の参考にするため来館者について調査を行っている。来館者は平日で二万六千人で平均年齢は二十一・六歳。男女の入館比率は六七対三三で女性の方が多く、滞留時間も女性が四六分、男性が三四分と女性の方が長いことが判明している（『朝日新聞』昭和五六年九月一日付）。しかしながら、総支配人の相馬邦夫氏によると、開業当初の１０９は女性向けの店舗だけでなく、紳士服店、レコードショップ、本屋、呉服屋もあり、普通のファッションビルであった。バブルが崩壊した後も、渋谷の街には一〇代〜二〇代前半を対象にした店が揃う地下一階だけは常に賑わっていたという。そして、平成七（一九九五）年頃から、毎年若い女の子向けのテナントを数フロアずつ増やしていき、数年後に全館が高校生から二〇代前半向けの店を集めたビルに生まれ変わり、上層階へも客足が向くように変化した。同時期に、歌手・安室奈美恵のファッションを真似た「アムラー」やコギャルなど渋谷発のスタイルが流行を作るようになっていった。その後、「カリスマ店員」が生まれるなど、現在も流行を発信し続けている（『読売新聞』平成二〇年九月二九日付）。こうして、SHIBUYA109は、ギャルの「聖地」などと呼ばれるようになり、若者が足を止めて、楽しめる核になっていった。１０９の開業当初から出店している「CECIL McBEE」を展開するジャパンイマジネーションの木村達央氏によれば、１０９は「客のニーズに応じてテナントを機微に入れ替えて成功した。『１０９の奇跡』と言っても過言ではない」という（『読売新聞』平成二〇年九月二九日付）。「１０９の奇跡」は、地元・道玄坂にとっては再開発の成功でもある。つまり、SHIBUYA109は、地域社会にとっては再開発の成功のシンボルとしての性格も帯びるようになっていく。

4　SHIBUYA109前での神輿集合の開始時期

金王八幡宮によると、道玄坂神輿連合渡御の際、現在はSHIBUYA109前に町会の神輿が集合しているが、それ以前は道玄坂の途中、新大宗ビルの辺り（百軒店入口の向い、道玄坂町会の御神酒所が作られる辺り）に本部があり、挨拶をするのに使うような舞台が設営され、そこに神輿が集合していた。１０９が出来てからもそこで行っていた。金王八幡宮の神職によると、平成四（一九九二）年は道玄坂の途中で式典を行い、神輿のお祓いをしたという記憶があるため、平成五年以降に１０９前に集合し、そこで式典が行われるように変化したという。平成四年は金王八幡宮の御鎮座九百年祭が行なわれた年であり、記憶に残っているという。この記憶を裏付けるため、『渋谷区ニュース』などの記事を以下に確認していきたい。

平成三年一〇月一日発行の『渋谷区ニュース』（№６８５、渋谷区役所）には、「敬老神輿「わっしょい、わっしょい」９月１５日道玄坂」と解説のある写真が掲載されている。道玄坂町会の関係者のよれば、神輿の背景に写る「田や」の看板は、かつて道玄坂の途中（百軒店の入口の辺り）にあった店であるという。

平成六年一〇月一日発行の『渋谷区ニュース』（№７６９、渋谷区役所）には、「敬老みこし　道玄坂周辺の渋谷祭りで９月１５日の敬老の日に、恒例の敬老みこしが披露されました。時々小雨が降るなか、おとしよりたちは元気な掛け声を上げてみこしを担ぎました。」とあり、敬老神輿を担ぐ写真が掲載されている。

平成６年の渋谷区ニュースの写真

現在の道玄坂（百軒店入口付近）の写真

平成８年の渋谷区ニュースの写真

写真の場所は、１０９前ではなく道玄坂の途中のようである。

ここで注目すべきは、敬老神輿の担いでいる場所である。敬老神輿は式典が行われる場所で担ぎ、そこから移動はしないという。つまり、平成三年と平成六年は道玄坂の途中で敬老神輿を担いでいることから、式典が行われた場所は道玄坂の途中でSHIBUYA109前ではないことがわかる。このことは、平成四年に道玄坂の途中で式典が行われ、そこでお祓いを行ったという神職の記憶とも一致する。そして、興味深いことに、平成六年の写真を境として、『渋谷区ニュース』に掲載される道玄坂神輿連合渡御の写真が撮影される場所が道玄坂からSHIBUYA109前へ移行していく。

平成八年一〇月一日発行の『渋谷区ニュース』（№８２７）には、「９月１５日、雨上りの青空の下、道玄坂では数々の御輿が繰り出しました。今年は、富山県小杉町の人たちも参加し、威勢のいいかけ声が、ビルの谷間に響き渡りました。」とあり、鶯谷睦会の神輿の写真が掲載されている。背景に１０９パート２が写っていることから、撮影の場所はSHIBUYA109前の横断歩道を渡ったところであることがわかる。

平成九年一〇月一日発行の『渋谷区ニュース』（№８５５）には「９月１５日、道玄坂にも御神輿が繰り出し、道行く人ども、威勢のいいかけ声に包まれていました。」とあり、敬老神輿の写真が掲載されている。前年と同様に、背景にSHIBUYA109-②が写っていることから、撮影の場所はSHIBUYA109前の横断歩道を渡ったところであることがわかる。つまり、平成九年にはSHIBUYA109前で敬老神輿を担いでいることから、少なくとも平成九年にはSHIBUYA109前で式典が行われていたと考えられる。なぜなら、既に述べたように、敬老神輿は式典が行われる場所で担ぎ、そこから移動はしないため、SHIBUYA109前で敬老神輿を担いでいるということは109前で式典が行われたことを意味するからである。平成九年一一月一日発行の『地域情報誌 大向界隈』(No.4、渋谷区役所大向出張所)によると、「例年の通り、9月14日・15日の両日、金王八幡宮祭りが行われました。何と言ってもこのお祭りのメインは、15日の12町会による御神輿の練り歩きです。威勢のいい掛け声と共に109前から道玄坂上まで練り歩き、お祭りも最高潮に達しました。」とあり、静岡県湯ヶ島町から「天城連峰太鼓」が今年も来て、神輿の練り歩きに合わせて太鼓を披露したという。渋谷109前から道玄坂上まで神輿が巡幸したことがわかる。

平成一〇年九月一五日付の道玄坂町会の資料には、「各町会の御神輿は各町会区域を渡御しつつ集合場所(109前各指定場所)に14:00までに集合・待機」とあり、平成一〇年にはSHIBUYA109前に神輿が集合するように変化していたことが確実である。この平成一〇年には、「金王八幡宮例大祭連合渡御実行委員会」が発足し、参加町会協同の連合渡御の運営組織が作られ、従来の道玄坂町会を中心とした連合渡御から変化している。

平成一一年一〇月一五日発行の『地域情報誌 大向界隈』(No.12)によれば、「今年も毎年恒例の9月14・15日の両日に行われました。15日は台風16号の上陸でお天気が心配されましたが、風はいくらか強かったものの、幸い雲ひとつない秋空となり、12町会の御神輿が繰り出されました。威勢のよい掛け声とともに109前に集合した御神輿は、宮司さんのお払いを受けた後、今年もはるばる静岡県湯ヶ島町より応援に駆けつけてくれた『天城連峰太鼓』に送られて、道玄坂上まで練り歩きました。」という。平成一一年には109前で神輿が集合し、お祓いがなされていることがわかる。

このように、SHIBUYA109前に神輿が集合し、式典が始められたのは、道玄坂途中で敬老神輿を担ぐ写真からSHIBUYA109付近で敬老神輿を担ぐ写真へ変化した平成七年か平成八年頃の可能性が指摘できる。平成七年は、SHIBUYA109が若者向けのテナントに変化し始めた時期であり、同年には阪神淡路大震災やオウム真理教による地下鉄サリン事件が発生した年である。こうした時流の中で式典会場を道玄坂からSHIBUYA109前へ移し「金王八幡宮例大祭連合渡御実行委員会」が組織され道玄坂の祭りから「渋谷」の祭りへとシフトしていったとみられる。

5　SHIBUYA109と地域社会

若者の絶大な支持を得るSHIBUYA109であるが、地域社会と隔絶して存在しているわけではない。まず、組織でみると、109内のテナントの多くが地元・渋谷道玄坂商店街振興組合に属している。『平成8年度　渋谷区商業名鑑』には、渋谷道玄坂商店街振興組合の箇所に、109内のテナントとして、八九の店名が記載されている。また、渋谷駅前のスクランブル交差点の向かい側、神南一丁目に立つ109-②のテナントとして、五五の店名が記載されている。平成二〇（二〇〇八）年発行の『2008　渋谷区商業名鑑』には、渋谷道玄坂商店街振興組合の箇所に、109内のテナントとして、地下二階から地上八階まで一二八の店名が記載されている。また、109-②のテナントとして、地下二階から地上七階までの五二の店名が記載されている。平成八年と平成二〇年を比較すると、テナントそのものの数の増加が窺えるが、商店街振興組合に所属するテナント数が増加している。現在、金王八幡宮の祭りに際して、「祭」と書かれた垂幕が109に付けられるが、109-②にも「祭」と書かれた垂幕が付けられる。ここも渋谷道玄坂商店街振興組合のエリアに当るからである。次に、SHIBUYA109のホームページに掲載された「SHIBUYA109店頭イベント広場〔スペース〕使用規則」についてみてみたい。店頭イベント広場は109の一階、正面入口前のイベントスペースを指す。金王八幡宮の祭りにおいて、式典が行われる場所である。その使用規則の第五条にイベントの「申し込みの制限」を挙げ、その一つに「当イベント内容がシリンダー、周辺商店街、町会の催事と競合する場合」が制限対象となるとしている。「周辺商店街、町会の催事」と地域社会への配慮がしっかりと明記されている。また、「基本方針」として「広場イベントは、通行人、観客及びスタッフがイベントと融合して楽しんでいただくため、安全を第一とし、それらの人々に危険や危害が及ぶことのないイベント開催をお願いします。したがって多くの観客やファンを動員し、周辺が混乱するイベントの開催はお断りします。」と謳われている。このことは、祭りにおいても、観客を巻き込んだ沸騰は安全上の問題もあり、制限される方向性を持つことが窺われる。

おわりに

金王八幡宮の祭りにおいて行われるSHIBUYA109前の神輿の集合は、渋谷中央街の事例にみられるように、町会や商店街といった渋谷の地域社会の人たちが、再開発を進める東急グループと結び付きながら、神輿同好会の力を借りて持続していることがわかる。そこで、強調されるのは「伝統」であり、伝統ある渋谷の氏神・金王八幡宮の「ご神徳」によって渋谷の街の「繁栄」がなされ、今後の「発展」につながるというストーリーである。また、「老人」や次世代を担う「子ども」の元気さが強調される。式典が行われるSHIBUYA109は、女子高生やギャルの「聖地」であるのみならず、地域社会と密接に関わる再開発のシンボルでもある。しかしながら、祭りはSHIBUYA109に買い物に来る若者を巻き込み、地域社会の人たちと共に一体化するまでには至っていない。祭りにリアリティを感じていないのである。あくまで、彼女たちの一体化する対象は、１０９の中にある。それは流行の最前線であり、かつては憧れの対象であったカリスマ店員であったが、現在は親しみやすい店員である。また、１０９付近を通行する人たちは、渋谷の街の性格にみられるように、歩くスピードが速く、立ち止まりにくい。一方、祭りを担う町会や商店街は、交通からの安全や担ぎ手同士のトラブルを防ぎ、マナーを重視する。また、１０９前の「場」の使用規則もあり、羽目を外して沸騰しにくい現状があり、秩序の範囲内での盛り上りに留められる。参加する神輿同好会の側は、あくまでも「楽しみ」で神輿を担いでいるのであり、町会とのトラブルを起こさないためには、町会の秩序を超えて神輿を担ぐことは遠慮することになる。その結果、日常の形式性が祭りでも逆転しにくく、保たれることになる。つまり、見物人を巻き込み、日常の構造が逆転するような「祝祭」には発展しにくいのではなかろうか。そうした観点からみれば、SHIBUYA109前の神輿集合は、一年に一回、渋谷に定着する大人と、渋谷を訪れる若者が出合い、交差する数少ない場であるといえる。そして、地域社会の大人たちは、氏神・金王八幡宮の名のもとに、町会名の入った揃いの半纏を神輿同好会や有志の担ぎ手に着用させ、神輿とともに109前に集合する。そして、若者たちに対して、「元気」であることを強調し、普段は見えにくい自分たちの存在を主張しているかにみえる。つまり、祭りからみえてくるのは、渋谷の戦後の歴史の中で再開発を進め、若者の街を形成した町会や商店街といった地域社会と、再開発によって集うようになった若者の両者の存在である。そして、両者を仲介するのが、祭りを資源化する東急グループであり、SHIBUYA109であることである。同時に、両者を仲介するのは、渋谷中央街のイベントであり、過疎の街「渋谷」の神輿巡幸を賑やかなものに演出する神輿同好会や有志の担ぎ手であることである。まさに、仲介者は「見せる」存在である。祭りは現代の渋谷の街の縮図を反映しているといえるかもしれない。そして、地域社会の大人たちは、祭りを通じて自分たちの存在を主張し、訪れる若者を振り向かせ、自分たちの商店街の客として取り込んでいきたいと考えている。渋谷という現代都市で行われる祭りに、地域社会の未来が託されているのである。祭りをSHIBUYA109前に誘致することによって、道玄坂の祭りが「渋谷」の祭りに変化し、SHIBUYA109は本当の意味で、建築家がデザインに託したように「渋谷のアイデンティティー」となりつつあるのかもしれない。

参考文献

『渋谷区史』渋谷区役所、昭和二七年
『街づくり五十年』東急不動産株式会社、昭和四八年
『東京都神社名鑑』上巻、東京都神社庁、昭和六一年
柳川啓一『祭と儀礼の宗教学』筑摩書房、昭和六二年
吉見俊哉『都市のドラマトゥルギー―東京・盛り場の社会史―』弘文堂、昭和六二年
薗田稔『祭りの現象学』弘文堂、平成二年
『渋谷の街のあゆみ』渋谷区商店会連合会、平成三年
『まちづくりのあしあと　渋谷区町会連合会創立三十周年記念誌』渋谷区町会連合会、平成四年
茂木栄『まつり伝承論』大明堂、平成五年
石井研士『銀座の神々　都市に溶け込む宗教』新曜社、平成六年
『平成８年度　渋谷区商業名鑑』渋谷区区民部商工課・渋谷区商店会連合会、平成八年
『２００８　渋谷区商業名鑑』渋谷区商店会連合会、平成二〇年
石井研士「現代における「よみがえり」考」『國學院雜誌』一一三巻第八号、平成二四年
金王八幡宮ホームページ　http://www.geocities.jp/ynycr674/
渋谷区ホームページ　http://www.city.shibuya.tokyo.jp/
渋谷１０９ホームページ　http://www.shibuya109.jp/
渋谷中央街ホームページ　http://shibuyachuogai.com/

〔追記〕調査に当っては金王八幡宮、渋谷中央街、道玄坂町会の関係者の皆さまにお世話になりました。また、平成二三（二〇一一）年・二四年の調査に当っては、國學院大學大学院文学研究科神道学・宗教学専攻の本城由季、古山美佳、大江あゆ子、木村善彦の各氏の協力を得ました。末筆ながら感謝申し上げます。

第四章　渋谷の寺院
―近世を中心として―

遠藤　潤

はじめに

この章では、近世を中心として、渋谷の寺院の歴史的実態と特徴について論じたい。「渋谷の寺院」という言葉で想起されるのは、一方では現在の行政区域としての渋谷区内の寺院であり、もう一方としてはいわゆる〈渋谷〉と呼び習わされている地域の寺院である。

このうち、特に対象の曖昧さが問題になるのは後者である。國學院大學の渋谷学研究会においても、これまでシンポジウムや研究会を通じて、さまざまな視点に即して多様な〈渋谷〉の範囲を議論してきた。ただし、歴史的視点から論じようというこの章での問題関心からすると、これらの議論とは別に、近世の歴史的実態に即した、言い換えれば歴史上実際に語られた「渋谷」の範囲を明らかにし、それとの関係において寺院の問題を論じることが必要になる。

こうした問題関心から、まず現在の渋谷区域における寺院の状況を論じたい。その上で、歴史的な〈渋谷〉へと対象を絞りつつ、〈渋谷〉の寺院のあり方について、神社や神祇との関係も視野に収めながら説明していくこととする。

第一節　自然環境と寺院の立地

渋谷区域の寺院の立地は、この地域の自然環境によってどのように規定されているのだろうか。

渋谷区域の自然環境について、林和生は「台地と川がつくった魅力あふれる街・渋谷」（『渋谷学叢書2　歴史のなかの渋谷』所収）において、台地と川にその主たる特徴を見ている。ふだん渋谷に生活するものであればまさに足で実感することであるが、渋谷駅周辺の地域は渋谷駅を底とするようなすり鉢状をなしており、駅から出発するとどこに行くにも緩急の坂を上らなければならない。これは台地を渋谷川・古川水系の川が刻んでできた地形に由来している。渋谷駅から明治通沿いを南へと流れる渋谷川はさすがに川として認識されているが、すでに地下化されたり埋め立てられたりした川も少なくなく、地形と川の結びつきは今日必ずしも意識されていない。

渋谷区域のうち、千駄ヶ谷方面について見ると、この地域の谷を形成した渋谷川は、近世には新宿追分のあたりに水源を持つとともに、大木戸（現在の新宿御苑北東、四谷公会堂周辺）において玉川上水から水を引いており、千駄ヶ谷町（国立競技場の北西）で両者は合流していた。この合流地点から少し下流に境妙寺、立法寺、順正寺、聖輪寺、そして瑞円寺が位置している。

これをさらに沿って下ると、原宿村、穏田村などを通って宮益坂と道玄坂を共に下った地点（現在の渋谷駅）に至る。現在の原宿駅から渋谷駅に向かう遊歩道は、この川筋の上に作られたものである。ここも丘陵地を川が削って谷が形成されている。穏田村の長泉寺などはこの谷に立地している。さらに宮益坂下を過ぎて広尾方面に南下すると、金王八幡宮や東福寺、氷川神社、宝泉寺、室泉寺、福昌寺など渋谷川の谷に寺社が位置している。

渋谷川に流れ込む川筋としては、以上のほかに青山の町場からの流れがある。江戸時代に水が確認されるのは、現在の根津美術館の庭園にある池である。これは近世に湧水の「水溜」として存在しており、そこから細い川が曲がりながら南下して天現寺橋で渋谷川に合流する。この水溜の北側には馬蹄状をした細い低地があり、北側の青山の町とは高低差があって、梅窓院など青山の町場に形成された寺院は、高い側に位置している。現在の青山墓地の西側が、外苑西通りがこの低地を筋をたどっている。「水溜」の南東に隣接する長谷寺もやや高い土地にある。

他方、代々木・幡ヶ谷方面について見ると、こちらは渋谷川の支流がある。代々木村の北部（現在の代々木四丁目周辺）から始まり、現在の代々木公園の西側を南へ下り、宮益坂下で渋谷川と合流する。この流れについては、川近くの高台に八幡社（代々木八幡）と福泉寺があるほかは、近くに目立った寺社はない。

さて、このような自然環境をなす渋谷区域であるが、ここにおける寺院の立地と自然環境との関係は明確に説明することはむずかしい。

特徴的な場所に立地している寺院はある。例えば渋谷区から港区にまたがっているが、先に触れたように梅窓院や長谷寺、大安寺がある。これらの寺は、現在一部は外苑西通りとなっているU字に取手のついた形状の低地を見下ろすやや高い場所に位置している。これらの低地は近世には青山原宿村などの田畑となっており、北側には青山の町場が広がっている。高い土地の端に位置しているという点で地形的には特徴ある立地ではあるのだが、よく知られた近世の文書類を紐解いても、その意味を明らかにすることはなかなか難しい。

また、渋谷川・古川沿いには、光林寺、祥雲寺、東北寺、室泉寺、福昌寺、宝泉寺、氷川神社、金王八幡宮、東福寺など多くの寺社が位置している。これらの地域には、川が水をもたらすとともに、台地からの湧水がいくつかの場所で存在しており、水に関わる伝承を持つ寺社も少なくない。しかし、水という自然条件から水に関わる神仏が信仰されるという形で直接結びつくよりは、後で述べるように、水という要素は金王丸説話と結びついたさまざまで伝承の中で意味を与えられるケースが多いようである。

第二節　歴史的鳥瞰から見る渋谷の寺院

時代を近世に限定した際の渋谷の寺院については、のちに詳しく説明するとして、寺院の縁起などを参照しながら渋谷区域の寺院を鳥瞰すると、まず次のようにいいうる。

渋谷区域の寺院は、開創年代によって近世以前と近世以後に大きく二分でき、後者が圧倒的多数を占めている。近世以前に開創された寺院について、その歴史についてみると、現存する、あるいはかつて内容が知られた史料に鎌倉以来の武家による由来（歴史）が語られることが少なくない。これらは近世、特に中期以降の人々の寺院の歴史的理解を反映しており、中世の同時代的な理解ではないものが多いことには注意が必要であるが、逆に近世中期以降の段階での「江戸時代以前創建の寺院」の起源については、多くの場合、鎌倉以来の武家との結びつきがその根源的意味を与えているといえる。

近世に開創された寺院の成立要因をみると、第一にあげられるのは武家による開創である。すなわち、徳川家康が江戸の都市建設を開始し、現在の渋谷区の地域も江戸にやってきた武士たちの領有が始まる中で、そうした武士のうちでも代表的な二人の旗本、青山忠成と内藤清成に関わっていくつかの有力寺院が建立された。

次に考えられるのは、在地の農民による建立である。近世についての一般的な理解からすると、あるいはこの在地の農民による建立がかなりの数を占めるというイメージがあるかもしれないが、渋谷区域においては、こうした建立はそれほど多くはない。これは、後述するように、近世に渋谷という場所が帯びた性質に起因するところが大きい。

このほか、有力寺院が起因となってその関連寺院が続いて創建されるというケースも見られる。ここでは、渋谷区域の武家や町人、農民の社会の影響よりも、近世の寺院が宗派を基礎として形成した社会（部分社会）による規定のほうが強く働いている。

また、歴史的展開過程について、『新修 渋谷区史』における寺院関係記述の構成や記述を参照しながら概観するとおおよそ次のようになる。

いくつかの寺院は近世以前に成立していたが、近世初期創立の寺院（長泉寺、妙祐寺、聖輪寺、福昌寺、龍巌寺、正春寺、長善寺、清岸寺、法界寺など）があり、その後、近世初期に転入してきた寺院（寂光寺、仙寿院など）がある。また、まとまった数をなすものとしては、祥雲寺とその子院や関連寺院（祥雲寺、景徳院と東江寺、霊泉院、香林院、天桂院、真常庵、棲玄庵、大聖寺、天桂庵など）がある。その後、近世中期以降もいくつかの寺院は転入してきた。また、有力寺院の門前には門前町屋が形成され、渋谷では、妙祐寺門前（寛永五〈一六二八―〉／町奉行支配　延享三〈一七四六―一八一七〉）、長谷寺門前（天和元〈一六八一―〉／町方支配　延享二〈一七四五―〉）、東福寺門前（町方支配　延享三〈一七四六―〉）、青山では、宝永二（一七〇五）年に谷中から転入してきた善光寺門前（町方支配　宝永三〈一七〇六―〉）や梅窓院門前（寛政六〈一七九四〉、取り払い）がある。

第三節　現渋谷区域の近世と〈渋谷〉の範囲

現在の渋谷区の範囲は、多くの人が「渋谷」の名前から思い起こす地域ばかりでなく、より広い地域を含んでいる。渋谷区の公式ウェブサイトでは、区の行政サービスの基本となる地域区分として、新橋地区（恵比寿、東、広尾）、恵比寿地区（鶯谷町、恵比寿、恵比寿西、恵比寿南、猿楽町、代官山町、鉢山町、東）、氷川地区（渋谷、神宮前、東、広尾）、大向地区（宇田川町、神山町、桜丘町、渋谷、松濤、神泉町、神南、道玄坂、南平台、円山町）、上原地区（上原、富ヶ谷）、西原地区（大山町、西原、元代々木町、代々木など）、初台地区（初台、本町、代々木）、本町地区（幡ヶ谷、本町）、笹塚地区（笹塚、幡ヶ谷）、千駄ヶ谷地区（千駄ヶ谷、代々木）、神宮前地区（神宮前、千駄ヶ谷）の十一を挙げており、区の出張所も一部を除いてこの単位で設置されている。もちろん、これらは行政による区分であって生活上の実感とは異なるという批判もあるだろうが、基本的に、現在の区内の地域区分の感覚の目安にはなるだろう。

これらのうち、通常「渋谷」の名前から想起される地域に該当するのは、おおよそ氷川地区、大向地区あたりであろうか。これは、渋谷区の領域からするとかなり限定された部分となる。これに対して渋谷区の行政区域がここまで大きいのは、近代以降の渋谷区成立に至る歴史的過程の結果である。

ところで、近世には「渋谷」はどのような範囲を示していたのだろうか。『新編武蔵風土記稿』などを参考にしながら一瞥しておきたい。

現在の渋谷区域は、近世には大きくは豊島郡に含まれていた。豊島郡は、幕府の直轄領および旗本の知行地を総称する呼称としての七領、すなわち麻布、貝塚、野方、峡田、岩淵、戸田、淵江の各領に分属していたが、現渋谷区域は麻布領および野方領の一部にあたる。

『新編武蔵風土記稿』によれば、豊島郡麻布領は、麻布町在方分、桜田町在方分、竜土町在方分、今井町在方分、飯倉町在方分、芝金杉町在方分、本芝町在方分、上渋谷村、下渋谷村、渋谷宮益町在方分、上豊沢村、中豊沢村、下豊沢村、穏田村、原宿村などからなる。また、豊島郡野方領は、内藤新宿、千駄ヶ谷村、代々木村、幡ヶ谷村、角筈村、柏木村、東大久保村、西大久保村、諏訪村、戸塚村、大久保新田、源兵衛村、下戸塚村、下高田村、市ヶ谷町在方分、牛込村、牛込肴町在方分、早稲田村、中里村、上落合村、下落合村、池袋村、中丸村、金井久保村、新田堀之内村、上板橋村、下板橋宿、長崎村、葛ヶ谷村、中荒井村、中村、谷原村、田中村、上石神井村、下石神井村、関村、竹下新田、土支田村、上練馬村、下練馬村などからなる。このように、現在の渋谷区の地域は、近世には麻布領の上渋谷村、下渋谷村、渋谷宮益町在方分、上豊沢村、中豊沢村、下豊沢村、穏田村、原宿村、および野方領の千駄ヶ谷村、代々木村、幡ヶ谷村などに二分されていたのであり、今日の地域的な結びつき方にも影響している可能性は考えられる。

　地域的なつながりについては、このほか街道筋によるつながりを考慮する必要がある。すなわち、矢倉沢往還（大山街道）によって、町方では青山の町々、渋谷宮益町、渋谷道玄坂町などが結びつけられていた。一方、甲州街道は、西から代々木村、幡ヶ谷村、角筈村、千駄ヶ谷村などを貫き、内藤新宿に続いていた。現在、矢倉沢往還は国道二四六号、甲州街道は国道二〇号として、ともに東京の主要な道路となっているが、このような二本の道筋の違いが、沿道地域のイメージや地域的な結びつきを規定していた。その具体的特徴については、今後改めて考察しなければならない。

第四節　青山家と渋谷の寺院

　右の二本の道筋は、近代都市江戸の草創期に、この地域における都市形成に強い影響を与えた二人の旗本と深く結びついている。すなわち、青山忠成と内藤清成である。

　青山忠成（一五五一―一六一三）と内藤清成（一五五五―一六〇八）はともに三河国岡崎の出身で、徳川家康に仕えた。二人は家康の関東入国時に先発して入国のための環境を整え、入国後の文禄元（一五九二）年には、本多正信（一五三八―一六一六）を加えた三人が関東総奉行に任じられ、領国経営にあたった。江戸幕府が開かれた後、三人は老中として幕府で重要な位置を占めた。青山と内藤は、慶長一一（一六〇六）年に家康の怒りに触れて、秀忠によって関東総奉行の職を停止され失脚するが、のち許された。青山は原宿村を中心に赤坂から上渋谷村に至る地に、内藤は四谷から代々木村に至る地に、それぞれ大きな屋敷地を与えられた。ともに、家康から馬で乗り回した土地を全て与えると言われて、馬でその地域を一巡して広大な土地を得たという、囲い込み説話が残されている。その後、内藤家の屋敷は存続するが、青山氏は、忠成の子忠俊の代に改易され屋敷が没収された（根岸前掲論文、一一八頁などを参照）。

このように、青山忠成と内藤清成は、現在の渋谷区域が近世初頭に町や村として整えられる始まりの時期に重要な役割を果たした人物であり、史実としてだけではなく、地域の由緒を語る言説の点でも大きな影響を与えていた存在であった。

それでは、両者のうち、狭義の渋谷における寺院と青山家の関係について見ることとしたい。

青山忠成が亡くなったのは慶長一八（一六一三）年であるが、葬られたのは青山や渋谷の寺院ではなく芝の増上寺であった。渋谷周辺の寺院で青山家とゆかりがある寺院には、玉窓寺がある。慶長六年、忠成の娘玉窓秀珎が亡くなり、青山家の下屋敷に場所が設けられて葬儀が行われた。慶長九年に位牌所が設けられ、やがて寺となったらしい。寛永一五（一六三八）年二月に将軍徳川家光が鷹狩の節に当寺を詰所とした。天和二（一六八二）年一一月、隣接する紀州和歌山藩徳川家の屋敷の教会の場所に替地を授かって移転となった。『御府内備考続編』所収の「縁起」や『江戸名所図会』によれば、同寺の正観音には中将姫が香木によってこれを作ったという伝承があり、『武江年表』文化一四（一八一七）年の項にはこの観音の開帳の記事がある。

青山忠成の次男である忠俊（一五七八〜一六四三）は、東福寺が別当を務めていた金王八幡社の整備を行った。忠俊は、元和元（一六一五）年以来徳川家光の補導役となり、同二年に老中となった後も同役として家光の教育にあたった。『新修 渋谷区史』が『台徳院殿御実記』に依拠して説明しているところによれば、忠俊は慶長一七年に、当時九歳の家光が世子の地位につくことを家光の乳母春日局とともに願って、氏神として信仰していた金王八幡社に熱心に祈願し、同年九月には願いが成就したことに感謝して、忠俊は材木等を春日局は百両をそれぞれ奉納した。そして、元和元年には同社の造営が行われたという（『寛政呈譜』〈『東京市史稿』市街篇第二、所収〉、および『渋谷学ブックレット〈渋谷〉

の神々』二八〜二九頁)。一方、建立年代について、東京都近世社寺建築緊急調査の報告書である『東京都の近世社寺建築』(東京都、一九八九年)は、本殿および拝殿については、絵様から判断して「旧東福寺鐘銘」に記述のある元禄元(一六八八)年であると推測している。

忠俊は同九年に、家光の怒りに触れて改易となり、上総国大多喜に減封となった。寛永二(一六二五)年に遠江国小林に退居し、同九年には相模国今泉に移った。忠俊は同国溝郷(現・相模原市南区下溝)の龍淵山天応院(曹洞宗)の中興に寄与し、同二〇年に没した際はこの寺院に葬られた。

忠俊の四男である青山幸成(一五八六〜一六四三)は、現在の青山の地に梅窓院を建立した。幸成は寛永一〇(一六三三)年に遠江国掛川藩主となり、同一二年に摂津国尼崎藩に転封となった。寛永二〇年の逝去に際して、その菩提のため、現在の青山の地にあった幸成の下屋敷に、幸成の側室を大檀越として長青山宝樹寺梅窓院が建立された。院号は幸成の法名から、山号は側室の法名から、それぞれ取られたという。開山祖には、浄土宗大本山増上寺一二世である中興普光観智国師を勧請し、知恩院末である。その後、現在に至るまで青山家の菩提寺となっている。

『武江年表』の記事によれば、宝永七(一七一〇)年一一月、梅窓院の鐘を改鋳しようとした際に、当時の住持である法蓮社寿誉鏡的上人の夢に龍女が現れ、「私は畜身であって仏果を得がたい、そのため一面の鏡を持参した。願わくは、これを加えて鐘を鋳造していただければ、解脱を得る因縁となるでしょう」と述べた。夢から覚めてみると傍らに一面の鏡があり、上人は奇異に思って、この鏡を加えて改鋳したという。

このように渋谷に隣接する青山の地には青山家に関係する寺院が建立されるとともに、金王八幡社については、青山忠俊によって近世の隆盛の基礎となる整備が行われたのであった。

第五節　各宗派の触頭と寺院

江戸幕府は、慶長六（一六〇一）年から元和二（一六一六）年まで、仏教諸宗に対してさまざまな法度を出して、寺院政策の基礎を固めた。その中で、一宗派については本山を一つとすることとされ、末寺は本山との関係において寺格が定められることとなった。この本末関係にしたがって近世の寺院は各宗派の本山のもとで組織化され、幕藩権力は本山を通じて全国の寺院や僧侶を掌握することとなった。

このような体制の中で、幕府と諸宗を媒介する窓口が必要となった。すなわち、幕府が寛永一二（一六三五）年に寺社奉行を設置すると、仏教諸宗ではこれに対応して江戸の窓口である触頭寺院をそれぞれ設定した。触頭は本山との連絡を行うとともに、江戸に位置する寺院との間には、本山にも劣らず密接な関係があったと考えられる。

ここでは江戸の触頭制度に照らしつつ、現在の渋谷の寺院について宗派別の概略を見ておきたい。

まず、徳川家とも関係の深い浄土宗寺院についてみると、触頭として江戸四ヶ寺あるいは触頭四ヶ寺と呼ばれる寺院があった。浅草の田嶋山快楽院誓願寺、愛宕権現社の西にある光明山和合院天徳寺、深川の当智山重願院本誓寺、浅草南元町の東光山西福寺の四寺であり、いずれも知恩院末である。

これに加えて三縁山増上寺派の増上寺、信州善光寺宿寺が触頭としての役割を果たした。

増上寺は、天正一八（一五九〇）年の家康の関東入国とともに師檀関係を結び、徳川家の菩提所として本格的に発展し、近世を通じて繁栄を誇った。もと武蔵国豊島郡貝塚（現在の赤坂から麹町一帯）に所在していたが、慶長三（一五九八）年に現在地に移転した。慶長年間（一五九六～一六一五）に伽藍の造営や経典など寺内の整備が進められた。

善光寺（善光寺宿寺）は、信州善光寺兼帯所と呼ばれ、東叡山支配で、信州善光寺のうち浄土宗系である大本願上人の宿院であった。その創建については、『御府内備考続編』では不明とするが、『江戸名所図会』は永禄元（一五五八）年に谷中に創建されたとする。宝永二（一七〇五）年一二月に青山百人町に移転した。

これらとは別に横断的なものとして、関東十八檀林を考慮する必要がある。関東十八檀林は、江戸幕府によって浄土宗の僧の学問所として定められた十八ヶ寺のことである。江戸では、増上寺、伝通院（小石川）、霊巌寺（深川）、幡随院（下谷）、霊山寺（本所）の五ヶ寺がこれにあたる。増上寺は元和元年（一六一五）に関東十八檀林の筆頭とされた。また、小石川の伝通院は、家康の生母お大が葬られた寿経寺を、幕府が保護するとともに改称した寺院であるが、当初から檀林の一つに位置づけられ、やがて江戸の浄土宗において重要な位置を占めるようになった。また、江戸ではないが、川越の蓮馨寺は永禄元（一五五八）年の開創で、鎮西派、知恩院末で孤峰山宝地院と号した。江戸時代前期の浄土宗僧侶である存応慈昌によってやはり関東十八檀林の一つに加えられ、大きな力を有していた。

現在の渋谷区域にあたる範囲での近世の浄土宗寺院には、幡ヶ谷の法界寺、代々木の清岸寺、千駄ヶ谷の長善寺、原宿の延命寺、同所の長安寺の五ヶ寺があった。

法界寺は元和から寛永年間（一六一五〜四四）頃の成立であり、貞享年間（一六八四〜八八）以降、元禄八（一六九五）年の浄土宗寺院由緒書（東京都増上寺文書）成立までの間に十八檀林の一つである蓮馨寺の末寺となった。

長善寺は増上寺末、元和九（一六二三）年の草創を伝え、清願寺は小石川伝通院末、寛永元（一六二四）年頃の成立であるという。また、延命寺は元禄元（一六八八）年の開創で、長安寺は浄土宗京都知恩院末で大宝山龍泉院と号する（『新編武蔵風土記稿』）。元禄八（一六九五）年に赤坂の一ツ木村から当地に移転してきた。古跡／新寺／新地の別に照らせば、延命寺は新地である。

次に曹洞宗であるが、同宗では、大僧録司関東三ヶ寺、曹洞宗江戸三ヶ寺がおかれ、これらの寺院は触頭としての役割を果たした。大僧録司関東三ヶ寺は安国山総寧寺（国府台）、太平山大中寺（下毛富田）、長昌山竜穏寺（越生）からなり、それぞれ小日向、窪三田、麻布に江戸宿寺（出張所）をおいた。また、江戸三ヶ寺は、妙亀山総泉寺、万松山泉岳寺、万年山青松寺からなる。総泉寺は下総の総寧寺の末寺、浅草橋場町の西側に位置した。泉岳寺は、近世は下野の大中寺の末寺で、慶長一七（一六一二）年に外桜田に開創された。寛永一八（一六四一）年に類焼したのち、現在地に移転した。青松寺は、前述の関東僧録三ヶ寺の一つと同じく越生の竜穏寺末で、文明八（一四七六）年に貝塚で開創され、慶長五（一六〇〇）年（『武江年表』によれば、寛永一八〈一六四一〉年）に現在地である愛宕下へ移転した。竜穏寺は平安時代に天台系の修験寺院として開創されたが、一旦衰微し、足利義政がこれを再興した。永正元（一五〇四）年に現在地に移転し、慶長一七（一六一二）年に大僧録司関東三ヶ寺の筆頭とされ、二三ヶ国の曹洞宗寺院を統括することとなった。

さて、現在の渋谷区の範囲の近世曹洞宗寺院としては、長泉寺、福昌寺、瑞円寺がある。

長泉寺は渋谷にあり、愛宕下の青松寺の末寺であった。『新編武蔵風土記稿』ほかによれば、むかし穏田村の字堂免と呼ばれるあたりに文治年中（一一八五～八九）創建の古刹があったが、宗門・寺号が伝わっておらず、観音堂のみがあった。この本尊である観音を、名主長吉の先祖である田中左膳義直が大永年中（一五二一～二七）に自宅地に遷して草堂を営み、天文一五（一五四六）年、僧の春的をおいて守らせたという。文禄元（一五九二）年、青松寺七世瑞翁が譲り受け、慈雲山長泉寺を唱えて法地とした。年を経て堂宇が崩壊していったんほとんど廃寺となったが、青松寺一四世不中が復旧した。寛永一三（一六三六）年秋、徳川家光が放鷹のときに観音縁起を聞き、地域の年貢を除いたという。

福昌寺は下谷高岩寺末で下渋谷村にあった。寛文一〇（一六七〇）年に類焼で諸記録を焼失したため開創の詳細は不明だが、『新修 渋谷区史』によれば天正から文禄頃（一五七三～九六）の創立と推測される。住持である耕国が、徳川家光の代（一六二三～五一）に、寺社奉行安藤重長から拝領したという。

瑞円寺は、相模国の宝泉寺末で高雲山金剛院と号し、千駄ヶ谷八幡（鳩森八幡）の別当であった。宝泉寺はもとは能登総持寺末で、寛文一〇（一六七一）年の宝泉寺末寺帳（『藤沢市史』二）によれば、総持寺から分れた五派の一つである「太源派」と称し、末寺一一一ヶ寺を有している（『日本歴史地名大系』）。後述するように、近世の社伝などでは、千駄ヶ谷八幡について、別当寺院の立場からの意味づけが行われていた。

つづいて臨済宗について見ることとしよう。

触頭について、まず五山僧録として、勝林山金地院（芝切通）と京の南禅寺の江戸宿寺があった。妙心寺派については、妙心寺派四ヶ寺として天沢山麟祥院（湯島）、仏日山東禅寺（高輪）、蒼竜山松源寺（牛込）、大雄山海禅寺（浅草）が触頭の役割を担った。また、大徳寺派触頭としては、万松山東海寺（品川）と瑞泉山祥雲寺（渋谷）があった。これらのうち、現在の渋谷区域において臨済宗内の重要な位置を占めたのは祥雲寺であった。

祥雲寺の淵源は、元和九（一六二三）年に筑前福岡藩主である黒田忠之（一六〇二〜五四）が父の長政の冥福を祈って赤坂溜池の自邸内に建立したことに始まる。このときは、黒田長政の法号「興雲院古心道卜」にちなんで、興雲寺と称した。その後、寛永六（一六二九）年、今井台町（史料では麻布台町と記されることが多い）に移転して寺号を祥雲寺に改称した。さらに、寛文八（一六六八）年の大火で類焼し、現在地に移転した（『御府内備考続編』）。

『御府内備考続編』によれば、祥雲寺には六軒の塔頭があった。鳳翔山景徳院、霊泉院、香林院、天桂院、真常庵、棲玄庵である。また、景徳院の合寺として妙高山東江寺があった。祥雲寺が今井台町にあったころに塔頭として建立されたのは天桂院のみで、景徳院と香林院は、当初、別の寺院として建立されたが、寛文八（一六六八）年に類焼して祥雲寺に移して再建された。霊泉院は、寛文九年に祥雲寺が現在地を拝領したのちに敷地内に建立された。また、真常庵と棲玄庵は元禄年間（一六八八〜一七〇四）に霊泉院の和尚である徳峯や功海が建立したものである。また、香林院所管の寺院に大聖寺がある（『渋谷区史』）。大徳寺末の寺院として、隣接地域には天現寺（麻布広尾）や天真寺（麻布本村町）などがある。

一方、妙心寺末の寺院には、東北寺（下渋谷村）、吸江寺（下渋谷村）、鷲峰寺（上渋谷村）、周辺地域に円通院（青山御掃除町）、松泉寺（赤坂新町）などがあった。これらのうち、東北寺と吸江寺は麻布桜田町から移転してきた。

東北寺は寛永六（一六五三）年に至道無難が麻布桜田町に草庵を起立したのを始まりとし、元禄九（一六九六）年に麻布桜田町から下渋谷村に移転した（『新編武蔵風土記稿』）。

一方、吸江寺は石潭良全を始祖とする。『新編武蔵風土記稿』によれば創建の経緯は次の通りである。豊後国大友氏の臣福井氏の子に生まれた良全は、のちに江戸に来て麻布桜田町に仮住まいをした。当時、板倉重宗（一五八六～一六五七）の室が良全に帰依し、寛永初年に麻布桜田町の中に臥雲庵と号する草庵の跡を見つけ、慶安三（一六五〇）年に一宇を創建して、普光山吸江寺と銘し石潭を住まわせた。このときの境内は八八〇坪であったが、崖があってこれが年々崩れるうえ、窪地なので大雨の際に「悪水」が押し入り、居住に難儀していた。元禄一四（一七〇一）年桶屋次郎兵衛が下渋谷村に所持していた「野畑」二八五〇坪と土地交換をして移転した。古跡としての地面は八五〇坪、これに二千坪を添地としたが、このうち五百坪は墓地として免税された（「地子古跡寺社帳」）。この移転は、一説には宝永三（一七〇六）年のこととともいう（『新編武蔵風土記稿』）。

また、上渋谷村の鷲峰寺はのちに廃寺になったという（『渋谷区史』一九五二年）。

隣接地ではあるが、青山御掃除町の円通院は、もと稲荷の社地であった場所に立地し、その稲荷と結びついて存立している点で興味深い。青山御掃除町は、文政期（一八一八～三〇）の「町方書上」によれば青山大善亮の屋敷跡の一部が御掃除の三〇人に一括して与えられ、元禄九（一六九六）年に武家地・町地改の際に古来の町屋を申し出て以後町屋を許可され、町並拝領屋敷となったという（『日本歴史地名大系』）。円通院は、東奥和尚が当所に別庵を結んで住居したことを端を発し、板倉弥治兵衛をはじめとする掃除組三〇人が檀家となった（『御府内備考続編』）。稲荷はこの寺院の鎮守とされた。名を旭飛稲荷大明神といい、『御府内備考続編』にはその由緒が次のように記されている。

この神体は、三河国嶺田郡小美村にあったものだが、家康の入国の際に御掃除の者三〇人がお供として同行したときに、この神体を当地へ持参して板倉氏の敷地内に勧請していた。その後、三河国に住んでいた尾の先の白い狐が、当院に住んでいるのを御掃除の者が見つけ、三河からこの地に移ってきたのだと理解した。そのため、御備稲荷とも呼ぶ。この狐は由緒が記された当時でもこのあたりに住んでおり、ときどき目撃者がいるという。祭礼は毎年二月初午のときに行われ、湯立神楽を修行するという。

このように、円通院は、寺院であるとともに、稲荷信仰にも重きが置かれていることがわかる。

次に真言宗を見ることとしたい。真言宗の触頭としては、真言律関東総本山として、宝林山大悲心院霊雲寺（湯島）があり、真言宗江戸四ヶ寺として、金剛宝山根生院（湯島切通町）、万徳山弥勒寺（醍醐寺三宝院末・本所）、摩尼珠山真福寺（愛宕下）、愛宕山円福寺（愛宕）があった。また、これらとは別に、高野学侶在番屋敷（芝二本榎町）、古義真言宗の大徳院（南本所元町）も触頭であった。

渋谷区域の真言宗寺院には、室泉寺（下豊沢村）、聖輪寺（千駄ヶ谷）、荘厳寺（幡ヶ谷）などがある。このうち、真言律宗の室泉寺は、『新編武蔵風土記稿』によれば、もと浄土真宗の寺院として芝金杉にあったが、元禄一三（一七〇〇）年に旗本の松平忠益がこの地に移して真言律宗に改宗し、和泉一宮大鳥神社神鳳寺の宿寺としたという（『日本歴史地名大系』）。安政六（一八五九）年二月に開山快円慧空の百五十回忌が行われた（『武江年表』）。また、新義真言宗の聖輪寺は、大和国長谷寺小池坊の末寺で、『御府内備考続編』所収の「略縁起」によれば、本尊である如意輪観音は古くは渋谷氏の信仰するところであったという。

続いて一向宗についてであるが、江戸の触頭には、裏京都輪番として東本願寺（浅草）、表門跡輪番として西本願寺（築地）、飯沼報恩寺宿寺である高竜山報恩寺（浅草田原町）、また高田山無量寿院専修寺末江戸三寺として、光沢称念寺（浅草）、至心山唯念寺（浅草）、静竜山澄泉寺（溜池）の三ヶ寺、仏光寺派として光照山西徳寺（下谷）の各寺院がその任にあたった。

狭義の渋谷地域には一向宗の寺院は少ないが、西本願寺末の妙祐寺はその一つである。『御府内備考続編』の記事によれば、弘安九（一二八六）年、一遍によって天護山圓證寺として開創されたと伝え、その後、学恩という僧侶が中興したが火事によって焼失した。寛永二（一六二五）年に浄土宗僧侶である了頓がこの寺を宮益坂に満歳山学恩寺の名称で再興し、同寺は延宝五（一六七七）年には妙祐寺に改称されたという。延享三（一七四六）年に渋谷妙祐寺門前は町奉行支配となった。

次に法華宗（日蓮宗）について見ることとしたい。『江戸砂子』によれば、法華宗の触頭には、京本国寺末触頭三寺として、平河山報恩寺（本所）、妙祐山宗林寺（谷中）、妙祐山幸竜寺（浅草）があり、京妙満寺末触頭三寺として、長遠山慶印寺（浅草）、鳳凰山妙国寺（品川）、経王山本光寺（南品川）があった。また、池上末触頭として長祐山承教寺（二本榎）、身延末触頭として大光善立寺（浅草寺町）、慈雲山瑞輪寺（谷中上三崎南町）、中山末触頭として竜江山妙法寺（谷中三崎町）があり、伊豆玉沢触頭二寺として、長昌山大雄寺（谷中）と連紹山恵光寺（市ヶ谷）があった。ほかに、日蓮宗末勝劣派において寛文七（一六六七）年から触頭となった寺院に徳栄山本妙寺（小石川のちに本郷菊坂町）があり（『東京市史稿』宗教篇三）、久遠寺触頭には報新山宗延寺（浅草神吉町）があった。

現在の渋谷区内の法華宗の寺院で、近世において最も広く知られていたのは仙寿院（千駄ヶ谷）であろう。狭い意味での渋谷地域には含まれないが、簡単に紹介しておきたい。

仙寿院は甲州巨摩郡の本遠寺末で、寛永五（一六二八）年に設けられた草庵を起源とする。本遠寺は、徳川家康の側室で、紀州和歌山藩祖徳川頼宣の生母であるお万の方が甲州身延山久遠寺二二世日遠を開山として創建した寺院である。仙寿院の名称もお万の方にちなむもので、彼女が家康の没後に日遠上人から受けた法名を、寛永五年に紀伊殿山屋敷の内に創建された草庵の名前として用いたものである。正保元（一六四四）年に現在地に移転して寺堂を建立して東漸寺と名づけたが、仙寿院の名称は通称として使い続けられた（『御府内備考続編』）。開山は日遥上人である。『江戸名所図会』によれば、あたりの地勢や林泉の趣が谷中の日暮里に似て美観であったので、この寺院の庭は「新日暮里」の名称で呼ばれ、三月の花の盛りには、人々が群集したという。

青山の地にはいくつかの法華宗寺院が立地した。安房国小湊の誕生寺の末寺である長広山立法寺は、寛永八（一六三一）年に青山権田原甲賀町に草庵として創始され、のち元文二（一七三七）年に千駄ヶ谷村に転居した。中興開基は境妙院日性である。この寺院は、のち近代になってから廃寺になったという。青山権田原には他に法雲院や長徳山妙行寺があり、渋谷地区には穏田村の蓮光山妙円寺や青山久保町の速栄山持法寺があった。

妙円寺は立法寺と同じく誕生寺の末寺である。寛永四（一六二七）年に四ッ谷千日谷（のち元鮫河橋八軒町）の内に結ばれた草庵を起源とし、宝永三（一七〇六）年、穏田村の現在地に移転した（『御府内備考続編』、『新編武蔵風土記稿』）この宝永の移転では、檀家の百姓又兵衛が所持地二反七畝二五歩を寄進したという。寛延元（一七四八）年には稲荷社を勧請している。

妙行寺は法華宗陣門流の越後国本成寺の末寺で、寛永元（一六二四）年に当時小石川にあった同流の本妙寺寺中の僧妙音院が赤坂に起立したのが始まりである。その後、赤坂の寺町に移転したのち、用地を召し上げられて四ッ谷に移り、さらに寛文五（一六六五）年に青山権田原の地に至った（『御府内備考続編』）。原宿の持法寺も本成寺の末寺である。

法雲院は、『御府内備考続編』によれば、日栄上人（一七七六歿）が鬼形鬼子母神一体を感得し、宮川助五郎の元鮫河橋の土地七二坪を借りて庵屋を建立したのに始まり、のちに青山権田原に移ったという。天明七（一七八七）年に類焼して記録類は焼失してしまった。

このように、青山周辺には、江戸前期から中期にかけての転入などにより法華宗の寺院がいくらか集まっていたといえる。

最後に、天台宗の寺院について触れておく。江戸の天台宗寺院については、東叡山寛永寺が触頭を務めた。渋谷区域の天台宗寺院の多くは神社の別当であり、金王八幡宮の東福寺、氷川社の宝泉寺、代々木八幡の福泉寺などがある。このうち、金王八幡と別当の関係については後の段で改めて触れることとしたい。単独の寺院としては、東叡山末の高耀山恵雄院寂光寺（千駄ヶ谷）がある。『御府内備考続編』によれば、同寺院は元和期（一六一五〜二四）の起立で、はじめは法華宗であったらしい。寛永六（一六二九）年に千駄ヶ谷の地に移り、元禄一一（一六九八）年以降に天台宗になったという。

第六節　近世渋谷の別当や修験と神仏関係

ところで、渋谷の別当寺院にとって、神仏の関係はどのように理解されていたのだろうか。まず、金王八幡社の別当東福寺から見た神と仏について『渋谷金王桜八幡宮霊仏霊宝記』（國學院大學学術資料館蔵）を通して検討することとしよう。

この史料の表題には「渋谷金王桜八幡宮霊仏霊宝記」とだけあるが、実際には、（一）「渋谷金王桜八幡宮霊仏霊宝記」（宝暦九己卯正月十五日　武州豊嶋郡渋谷山東福寺）、（二）「武州豊嶋郡渋谷山正八幡宮名木名所記」（宝暦九年）、（三）「金王桜八幡開帳」（宝暦十一年辛巳正月十五日　武州豊郡渋谷金王桜／八幡別当　東福寺）の三点の著述が合綴されている。「金王桜八幡宮霊仏霊宝記」の奥書の日付は、最初「十一年辛巳」と記したものを訂正して「宝暦九己卯」としており、推測するに、宝暦一一（一七六一）年の金王八幡の開帳に際して、それまで伝えられてきた二点の書物を改めて筆写ないし再編集したものと考えられる。

（一）「渋谷金王桜八幡宮霊仏霊宝記」では、金王八幡の持つ「霊仏」や「霊宝」について、八幡の縁起と関わらせながら説明がされている。それによれば、草創は平安時代後期の武将河崎（渋谷）基家が天喜五（一〇五七）年に八幡大菩薩の加護によって奥羽で成果を上げたため、源頼義と義家がこれに感じて、康平六（一〇六三）年三月に勝地を選んで宮を造営し、男山八幡（石清水八幡）を勧請して祭った。基家の嫡子である渋谷金王丸に至って代々氏族の鎮守としたという。

この歴史物語にもとづく形で霊宝と神像・仏像などの説明がされる。ここで対象として記述される霊宝・霊仏は次の通りである。正八幡大菩薩像、北條氏綱（一四八七～一五四一）ゆかりの上杉、形見の薬師（義朝の守り本尊）、十一面観音（金王丸の守り本尊）、月輪の御旗、六孫王経基公笄、河崎基家の太刀、渋谷入道公土佐坊昌俊僧像、神劔、難産守護の念珠、日朗聖人の曼陀羅、星冑、長刀である。

ここで神像・仏像を含む宝物の由緒が語られるときに、現代の眼から見て特徴的なのは、平安後期から鎌倉時代にかけての武将、特に渋谷氏との関わりで説明がされている点である。宝物は由緒や歴史の中で位置づけられ、人々は宝物に触れることで由緒や歴史を想起する。ここで想起される歴史は、渋谷金王丸をはじめとした中世の〈渋谷〉に関係した武将たちの物語を主軸とするものである。

「渋谷金王桜八幡宮霊仏霊宝記」は宝暦一一年までには成立しており、さまざまな名所図会や地誌に先行して、金王八幡の「名所」としての語りを発信している点、それが開帳と結びついている点も近世の信仰のあり方を検討する上では注意すべき点だと考える。

他方、渋谷における修験における近世の神仏関係はどのようなものであっただろうか。この点について、宮益町の御嶽権現社は興味深い様相を呈している。『御府内備考続編』にしたがって同社における仏教や修験の関与の具体相の一端を見てみたい。

『御府内備考続編』によれば、同社は、元亀年間（一五七〇—七三）に甲府の武田家家臣の臣下である石田茂昌が所持していた「尊像」を社の現在地に持参し、僧侶である衾無が宮を建立したことに始まると伝え、この衾無を「開祖」と位置づけた。当初「別当神主」のいないまま推移していたが、新地奉行寺社改の藤堂主馬や沖津内記による帳面には記録されていた。元禄一三（一七〇〇）年一二月一八日に当時の寺社奉行永井直敬から宮守を置くよう仰せ渡され、曹洞宗（『御府内備考続編』の記事によれば臨済宗妙心寺派）下谷正慶寺弟子希鈍を宮守としたという。希純は「中興開基」とされ、正徳四（一七一四）年一一月一八日に没した。

寛政元（一七八九）年八月、宮守である智田が当山派修験目黒触頭の学宝院祐弁を相続し、当社別当兼帯となった。学宝院は青山の鳳閣寺の末である。鳳閣寺は古義真言宗兼当山派修験で、三宝院御門主御直末諸国当山派修験宗惣触頭であった。

このように、近世の御嶽権現社では、「尊像」を僧侶が社の神体として祀ることにその歴史が始まったと伝え、途中記録が不明な時期を経て、寺社奉行の命によって曹洞宗ないしは臨済宗の僧侶を「宮守」として置き、やがて当山派修験の「別当」に代わるという経緯をたどった。祭祀対象として、『御府内備考続編』の調査の時点では、神体および前立の神体に加え、本地仏として不動明王、相殿として弁財天と千手観音が祀られていた。不動明王や弁財天、千住観音が、どの段階で祭祀対象に加えられたのかという点については現在のところ明らかにしえないが、「尊像」を起点としていることは近世の当社の神仏関係を考える上でも注意に値する。すなわち、奉仕者は、当初の僧侶から修験へと変わったが、「尊像」は当初からあくまで神体として祀られたのであり、これについては神仏の別が不明瞭であったわけではない。もちろん、この「説明」自体が『御府内備考続編』の編纂された段階のもので、修験による説明であるという限定性には配慮が必要かもしれないが、近世における神仏の区別を具体的に考える一つの例にはなるだろう。

また、狭義の渋谷からは離れるが、区内の千駄ケ谷八幡についても見てみたい。同社については、別当である瑞円寺の僧侶天室叟が万治三（一六六〇）年九月に記した「鳩森正八幡宮略縁起」が「文政寺社書上」に引用されて今日に伝えられており（『新修渋谷区史』所収）、別当の視点からの神社の意味づけをみることができる。これによれば、聖徳太子が一六歳のときに物部守屋退治のために誉田八幡宮に一七日間参籠して霊夢を見、退治が実現したのちに、その霊夢に見た八幡神の姿を自ら彫刻したという。また、渋谷金王丸はあるとき大軍に遭遇して命の危険に遭ったときにこの八幡に祈念したところ、無事に帰陣できた。その御礼に参詣したところ、境内で神秘的な体験をし、その後大軍を破ることができた。そのため、生涯身に着けていた恵心僧都作の守り本尊である阿弥陀如来を千駄ヶ谷八幡宮に奉納して、本地仏としたという。また『江戸名所図会』では「社記曰く」としてさまざまな由緒が語られる中で、貞観二（八六〇）年に慈覚大師が東国を遊化した際に、村民たちが慈覚に神体を求め、慈覚はそれに応じて宇佐八幡宮が山城国鳩の嶺に移ったという故事を思って、神功皇后・応神天皇・春日明神等の神体を作って、正八幡宮と崇めたと記している。

第七節　近世渋谷の寺院と庶民信仰

江戸時代は、幕府や諸藩によって宗旨の統制が行われた反面、庶民においては幕藩による制度を逸脱しない範囲でさまざまな信仰が展開した時代として知られる。このような状況下で、渋谷の地域にはどのような現象があっただろうか。仏教に関するものをいくつか見てみたい。

江戸に広く見られるものとしてさまざまな開帳があるが、現在の渋谷区域のいくつかの寺院でも開帳が行われた。その概略について、青山など隣接・関連地域を含めて紹介しておこう。

開帳に関しては、渋谷に隣接する青山に位置する南命山善光寺（善光寺宿寺）がまず注目される。この寺院が将軍の命によって谷中から青山百人町に移転したのは宝永二（一七〇五）年のことだが、『武江年表』の記事によれば、宝暦五（一七五五）年四月に阿弥陀如来の開帳が行われた。同書には、その後、宝暦一一年四月、安永六（一七七七）年同月、天明三（一七八三）年同月、天保一〇（一八三九）年同月、嘉永三（一八五〇）年三月にそれぞれ阿弥陀如来ないし三尊仏の開帳の記事が記されており、嘉永三年の記事には「境内に見世物等出る」と特記されている。

また、青山善光寺では、さほど回数は多くないが他寺の出開帳も行われた。明和七（一七七〇）年には鎌倉杉本寺の観音の出開帳が催された。杉本寺では、行基作、慈覚大師円仁作、恵心僧都源心作の三体の十一面観音が本尊かつ秘仏とされており、この三体が出開帳の対象となったと推測される。嘉永元（一八四八）年三月には大坂和光寺阿弥陀如来の開帳が催された。

信州の善光寺は江戸での出開帳を何度も行ったが、会場となったのは多くの場合は青山の善光寺ではなく、主として回向院だった。『武江年表』によれば、回向院では、元禄五（一六九二）年六月に信州善光寺前立如来の開帳が行われ、元文五（一七四〇）年、安永七（一七七八）年六月にそれぞれ開帳が行われた記事が見られる。元禄五年の開帳の時には、本田善光夫婦と子息の像をこの機会に江戸で作らせたという。また、寛延二（一七四九）年七月には信州善光寺南門前西の苅萱親子地蔵尊の開帳がなされた。

青山善光寺では、文化一四（一八一七）年三月に信州善光寺本尊一光三尊弥陀如来（「難波堀江弥陀如来」）の開帳が行われた。

この他、享和三（一八〇三）年五月には浅草伝法院で信州善光寺如来の開帳が催され、文化七（一八一〇）年八月には護国寺で信州座光寺村元善光寺如来の開帳が行われるなど、善光寺関係の江戸での開帳はさかんに行われた。

青山ではほかに、青山梅窓院の泰平観音の開帳が文化一四（一八一七）年三月、青山久保町の高徳寺の十一面観音の開帳が宝暦一一（一七六一）年、青山玉窓寺観音の開帳が文化一四（一八一七）年三月に、それぞれ催されたことが

『武江年表』の記事に見える。

　渋谷の地域では、渋谷金王八幡宮において何回か開帳が行われた。『武江年表』では明和三（一七六六）年四月、享和二（一八〇二）年四月、文化一一（一八一四）年四月の開帳が確認され、すでに見たように、宝暦一一（一七六一）年の開帳ではそれにあわせて「渋谷金王桜八幡宮霊仏霊宝記」などの文書が整えられるなどしている。

　渋谷の寺院の開帳としては、現在の渋谷区域からは外れるが、長谷寺の観音があげられる。長谷寺では古くから奈良長谷寺の観音と同じ木片で造られたといわれる小さな観音が祀られていたが、正徳六（一七一六）年この古仏を体内に納める形で二丈六尺の大きな観音像が建立された。その後、延享二（一七四五）年二月から大像観世音御首仏の開帳が行われた。また、安永六（一七七七）年四月、本尊である二丈六尺観世音腹籠の像や古仏・霊宝の開帳がなされた。腹籠とは、大きな観音像の中に小さな観音の収められているあり方を指している。ちなみにこの大観音像は第二次世界大戦の戦火で焼失し、その後三丈三尺の観音像が造られて現在に至っている。長谷寺では、京都の清水寺関係の出開帳も行われれた。安永四（一七七五）年三月、京都の清水寺奥院千手観音および脇士の毘沙門天・地蔵菩薩、眷属の二十八部衆の開帳が催され、文化九（一八一二）年三月には京都清水寺観世音の開帳が行われた。後者について『武江年表』では、参詣者が多く、山内に諸商人の仮屋が軒を連ねたと記している。

　隣接地域のうち、広尾天現寺の毘沙門天も『武江年表』では数回の開帳が確認できる。宝暦八（一七五八）年、文化一二年、天保一〇（一八三九）年、弘化二（一八四五）年の記事がある。千駄ヶ谷では、仙寿院の鬼子母神（天保一〇〈一八三九〉年）や聖輪寺の如意輪観世音（明和五〈一七六八〉）の記事も見られる。また、開帳ではないが、文久元（一八六一）年三月に青山鳳閣寺で百日芝居の興行があり、青山ではめずらしいこととして多く人が集まったという。

　近世の渋谷ないし周辺の寺院の性格を考える上でも注目される出来事であろう。

　近世には、庶民の信仰の一形式として、複数の寺院について順序を決めて拝礼する巡拝の設定が各地で盛んになった。江戸で代表的なものには、江戸三十三所観音参り、弁財天百社参り、江戸南方・山の手・東方各四十八地蔵尊参り、閻魔参り（百ヶ所参り）、弘法大師江戸八十八所参りなどがある。

江戸三十三所観音参りは、享保二〇（一七三五）年刊の『江戸砂子拾遺』にその早い例が見られる。同書によれば、現在の渋谷区域及び周辺地域に関わるものには、二十番 千駄ヶ谷聖輪寺、二十一番 青山教学院、二十二番 渋谷東福寺、二十三番 渋谷長谷寺がある。

弁財天百社参りは、寛延四（一七五一）年刊の『江戸惣鹿子』に見える。二十六番 下渋谷福昌寺、二十七番 下渋谷室泉寺、二十八番 渋谷八幡東福寺、二十九番 千駄ヶ谷寂光寺、三十番 千駄ヶ谷八幡瑞円寺が現在の渋谷区に含まれるものである。

地蔵巡拝については、『地蔵尊巡拝道しるべ』と『南方地蔵尊道しるべ』が寛政六（一七九四）年に刊行され、南方、山の手、東方の各四十八地蔵尊参りを記している。渋谷のあたりは南方四十八地蔵尊参りに含まれ、具体的には、三十九番 楔地蔵（青山梅窓院）と四十番 満米地蔵（青山原宿長安寺）があげられている。地蔵は、本来、衆生が輪廻する六道（天・人・修羅・畜生・餓鬼・地蔵）のそれぞれに現れて衆生を救うとされて六体の地蔵（六地蔵）が立てられるようになったが、やがて六道が六の道と解釈されて、村や町の六つの入口に地蔵を立てる風習が成立した。都市では京都に早くからの例が見られるが、江戸では、浄土宗の僧侶空無の発願によって元禄四（一六九一）年に完成したものと、僧侶地蔵坊の発願によって享保初年に完成したものの二つがある。前者は江戸の北側及び東側に設定されていて渋谷とは関わりがない。後者は主要な街道に沿って設定されているが、現在の渋谷区域と関わる甲州街道については、四谷太宗寺が二番の地蔵となっており、渋谷よりも内側に「江戸」の地域が想定されていることがわかる。これに対して、地蔵巡拝では渋谷あたりも組み込まれたのである。

閻魔参り（百ヶ所参り）は藪入りの日である一月一六日に行われるようになったものである。渋谷および近隣では、青山に三箇所、すなわち青山泰平観音境内、青山教覚院（ならびに脱衣婆）、青山善光寺境内地蔵堂内があり、渋谷では渋谷福昌寺（十王・脱衣婆）と渋谷氷川社内の二箇所が設定されていた。

他方、宝暦年中（一七六一〜五四）に諦信によって、江戸と近在をあわせて弘法大師八十八箇所参り（御府内八十八箇所参り）が始まった（塚田芳雄『御府内八十八箇所考』）。『東都歳事記』によれば、三月一〇日から二一日にかけて行われたという。

その順路は時代によって若干の差異があるが、塚田前掲書が引用する『金の草鞋』によれば、渋谷区域及びその近隣を廻る順序は、四谷南寺町の顕性寺（現・新宿区須賀町一三―五）の後、西南に向かって千駄ヶ谷の聖輪寺（現・千駄ヶ谷一―一三―一）、ほぼ南に下って青山の熊野権現の別当である浄性院（現在の熊野神社は、神宮前二―二―二二）と続き、矢倉沢往還を東に進み赤坂の威徳寺（一ツ木、現・赤坂四―一―一〇）、南に下って不動院（麻布市兵衛町、現・六本木三―一五―四）、さらに南に下って延命院（麻布本村町、現・南麻布三―一〇―一五）を経て、渋谷川沿いの道を西へ移動して室泉寺（下渋谷）を廻り、南東に下って目黒行人坂の高福院（現・上大崎二―一三―三六）に至る。このうち浄性院は、明治期に入って廃寺となり、札所は明治七（一八七四）年に原宿の龍岩寺（現・神宮前二―三―八）に移された。

このように、江戸における各種の巡拝においては、渋谷およびその周辺地域も多くの巡拝の一環をなしたのである。

第八節　渋谷の寺院が迎えた近代

近代になり、渋谷の地が都市として発展するようになると、それに伴って渋谷の寺院にもさまざまな変化が生じた。

明治初年、いわゆる神仏判然令によって神祇信仰と仏教との区別の明確化が図られる中で、これまでのあり方が困難になったのは修験や別当であった。羽黒修験の法性寺（幡ヶ谷）は真言宗の荘厳寺（幡ヶ谷）に合併され、宮益町の修験で御嶽権現社の別当だった学宝院は廃寺となった。東福寺（金王八幡宮別当）、と宝泉寺（氷川社別当）、福泉寺（代々木八幡宮）などの寺院は、神社とは独立した寺院として新たに出発した。

維新後、臨済宗の祥雲寺の塔頭である隆興院・春宵院・興（真）常院・棲玄院や祥雲寺塔頭の香林院持であった天桂院などは廃寺となった。

近代都市建設に伴う渋谷の変容は寺院の立地にも影響した。明治四二（一九〇九）年に陸軍省が代々木練兵場を設置するが、その用地にあった浄土宗の龍池山不断院清岸寺は、当時幡ヶ谷にあって荒廃していた法界寺と合併してこの寺の地に移り、寺名を法界山清岸寺と改めた。

大正初年の明治神宮外苑の造営の際には、千駄ヶ谷にあって用地に該当した寺院として、大正四（一九一五）年に境妙寺（天台宗）が上高田（現・中野区）に、大正八年に立法寺（日蓮宗）が和田本町（現・杉並区）にそれぞれ転出した。

都市計画によって環状五号道路の神宮前から新宿に至る部分が昭和五（一九三〇）年に開通するが、これに伴って千駄ヶ谷の順正寺（浄土真宗本願寺派）が全山をあげて烏山（現・世田谷区）に移転した（東京都世田谷区教育委員会『せたがや　社寺と史跡（その三）』）。

昭和一三（一九三八）年一二月に、東京高速鉄道（現・地下鉄銀座線の一部）が青山六丁目（表参道）から渋谷まで延伸された。この工事の関係で、大山街道南側に位置する妙祐寺（浄土真宗本願寺派）が墓地の一部を烏山（現・世田谷区）に移した。同寺は第二次世界大戦の戦火で全堂を焼失し、戦後の第一次都市計画により現地復興が不可能となって、昭和二三年から二四年にかけて墓地を烏山に移転し、本堂と庫裏を再建した（世田谷区立郷土資料館編刊『平成二十二年度特別展　烏山寺町』平成二二年）。

このように、東京の都市形成を直接の原因とした寺院の移動や転出が渋谷区域でも見られたが、渋谷の都市構成が大きく変容していく中で寺院の存在基盤も影響を受けることとなった。具体的には、戦後を中心に昼間人口が減少する中で、寺院によっては檀家の数の減少が見られる。都市に立地するという特徴を生かしつつ、こうした状況に対応するための動きも始まっている。

さて、近代になってから渋谷区域に成立した寺院には、近代の仏教運動の流れの中で創建された寺院もある。その例として西原の雲照寺を紹介したい。

雲照寺（西原三―三一―一）は、幕末から明治期にかけて活躍した僧侶雲照（一八二七～一九〇九）に関わって成立した寺院である。雲照は、真言宗僧で正法律の興復や雲伝神道という神道説を説いたことで知られる慈雲尊者飲光（一七一八―一八〇四）の強い影響を受け、幕末期から明治期にかけての日本のためには戒律を重視した仏教復興が必要であるという認識にもとづき真言宗や仏教界全体に対する運動を行うとともに、神儒仏の三道が一致・一貫する国体運動の必要性を考え、さまざまな社会運動を行った。雲照は戒律中心主義に立脚する僧侶養成機関として栃木県那須の雲照寺、岡山県倉敷の連島僧園、東京の目白僧園を開設した。明治四二（一九〇七）年に雲照は亡くなったが、その後、三機関のうち目白僧園が目白台にあった京都東寺の末寺蔵王寺を幡ヶ谷に移し、名称を雲照寺と改めたのである。雲照の履歴や活動については、横山全雄「近代の肖像　一〇三―一〇七　釋雲照略伝」『中外日報』（二〇〇七年）などに詳しい。渋谷区域に関わる近代の仏教運動として注目に値しよう。

おわりに

以上、渋谷の寺院のあり方について近世を中心に述べてきた。中世以前の由緒を持ついくつかの寺院に加えて、渋谷という地域では近世初頭に青山氏と関係から建立された寺院があり、また隣接地域を含めた町と村にはそれぞれその地域の特性に応じた寺院が成立した。町場では開帳などを行う寺院があり、村では村の人々を檀家として存在する寺院があった。江戸の都市形成との関係では、江戸の中心部から周辺へと寺院が転出するという大きな動きの中で、渋谷でも中心的な地域からの寺院の転入が見られた。近代になって、東京が近代都市として整備・拡充されていくと、渋谷の寺院の中にはその立地を変更するものもあり、特に戦後には昼間人口の減少を受けて寺院によっては檀家数の減少も生じた。

近世において渋谷は町と村の両方を含む地域として存在しており、両者の特徴を併せ持っていた。また、大都市江戸の一部としての渋谷という観点からいえば、渋谷はその周辺に位置するものであった。金王八幡社と東福寺など近世の早い時期に江戸の人たちに知られた寺社もあったが、時代が進んで巡礼など都市の信仰が周辺地域への拡大を含む形で展開する中で、渋谷の地もそのような信仰・参詣の対象として江戸の人々に認識されていくようになる。近代以後の渋谷は、都市域を拡大していく東京のその内部に取り込まれて、その性格を大きく変えた。近世における檀家を基礎とした村の寺院としての存立、あるいは都市の外縁の寺社に対する観光的まなざしなどが、変容を余儀なくされた。そして、その先に今われわれが目の当たりにしている渋谷の風景が現出するのである。

＊本章は、主として近世の文献資料にもとづいて記述したものである。さまざまな制約のため、筆者の扱うことができた資料は限定されており、また、諸寺院の現状についても当方の調査が行き届かず、そのため不正確な記述のあることをおそれる。読者においては、別の出典などによって何かお気づきの点があれば、ご教示いただければ幸いである。

一次文献・参考文献

菊岡沾凉『江戸砂子』享保一七年刊（早稲田大学図書館蔵）
菊岡沾凉『続江戸砂子』享保二〇年刊（早稲田大学図書館蔵）
『新編武蔵風土記稿』文化・文政期編纂（間宮士信等原編、蘆田伊人編集校訂、根本誠二補訂『大日本地誌大系　新編武蔵風土記稿』全九巻、雄山閣出版、平成八年）
『御府内備考続編』文政九〜文政一二年頃成立（『御府内寺社備考』名著出版、昭和六一―六二年）
斎藤月岑『江戸名所図会』天保五・天保七年刊（市古夏生・鈴木健一校訂『江戸名所図会』筑摩書房、平成九年）
『東都歳時記』天保九年刊（『東都歳時記』平凡社、昭和五七年）
斎藤月岑『武江年表』正編　嘉永三年刊・続編　明治一五年刊（金子光晴校訂『武江年表』平凡社、昭和四三年、今井金吾校訂『武江年表』筑摩書房、平成一五年）
有田肇『渋谷町誌』渋谷町誌発行所、大正三年
上山和雄編著『渋谷学叢書2　歴史のなかの渋谷』雄山閣、平成二三年
鈴木理生『江戸はこうして造られた』筑摩書房（ちくま学芸文庫）、平成一二年（初出、『幻の江戸百年』筑摩書房、平成三年）
塚田芳雄著刊『御府内八十八箇所考』昭和五〇年
『新修　渋谷区史』全三巻、東京都渋谷区、昭和四一年

【コラム】② 渋谷怪談

石井 研士

四谷怪談は周知の怪談話であるが、「渋谷怪談」という映画があるのをご存じだろうか。二〇〇四年に封切られた映画で、「渋谷怪談2」も同時上映された。「渋谷怪談」の主演は水川あさみさんで、ホラー映画の「仄暗い水の底から」や「のだめカンタービレ」にも出演している若手女優である。「渋谷怪談2」の主演は、NHKの連続テレビ小説「梅ちゃん先生」ですっかりお茶の間の人気者になった堀北真希さんである。ちなみに「渋谷怪談2」は堀北真希さんの初主演映画である。

「渋谷怪談」は、これまでのジャパニーズ・ホラーに都市伝説を融合させたホラー映画といわれる。監督は堀江慶、脚本は「自殺マニュアル」の福谷修である。

「渋谷怪談」のストーリーは次のようなものである。女子大生リエカは、友人二人といっしょに、出会い系サイトで知り合った男子学生たちとキャンプ場で合コンをする。東京へ戻った彼らの周辺で異変が起こるようになり、合コンに参加したメンバーが次々に謎の死を遂げる。キャンプ中に男子学生の一人がふざけて首を折った水子地蔵の祟りではないかと考え修復するが、その後もメンバーは死ぬ。原因は、リエカたちがキャンプに行くために荷物を預けた渋谷のとあるコインロッカーであることが判明する。そのロッカーは、かつて赤ん坊の死体が見つかった呪いのロッカーであった。リエカと良平は呪いを止めるべくロッカーへ向かうが、ふたりの前に現れた少女へと成長した赤ん坊の霊によって、良平はロッカーの中に飲み込まれ、リエカも意識不明となり入院する。

「渋谷怪談2」は「渋谷怪談」の続編である。病室でリエカは息を引き取った。高校生の綾乃は、家庭教師をしていたリエカから死の直前にコインロッカーの鍵を手渡される。綾乃は鍵をロッカーに戻してしまう。その頃、女子高生たちの間で「渋谷のあるコインロッカーにプレゼントを入れて相手に告白すると、必ず恋が成就する」という都市伝説が流布する。しかしながら、ロッカーを利用した者たちは、次々に少女であるサッちゃんの霊によって謎の死を遂げていくのだった。綾乃はすべての元凶がコインロッカーにあると確信し、医師の掛沢とともに呪いを止めるべくロッカーへ向かうが、サッちゃんの霊に掛沢は殺されてしまう。綾乃は、間一髪、リエカの霊によって救われるが、入院した綾乃の枕元にサッちゃんが再び姿を現す。

映画は興行的に成功した。以後、系統を引く作品が継続的に制作されることになった。二〇〇四年一〇月から二〇〇五年二月まで「渋谷怪談 サッちゃんの都市伝説」として全一四話のオムニバス形式のドラマがブロードバンド配信された(一話「サッちゃんメール」、二話「アイスクリーム」、三話「あこがれの人」、四話「チェーンメール」、五話「三本足」、六話「心霊写真マニア」、七話「耳たぶの白い糸」、八話「友達だよね」、九話「公衆トイレ」、一〇話「リフォーム」、一一話「安すぎる自転車」、一二話「TVの砂嵐」、一三話「扉」、一四話「サッちゃん」)。二〇〇五年には「渋谷怪談 THE リアル都市伝説」が封切られ、二〇〇六年「渋谷怪談 THE リアル都市伝説」がブロードバンド配信された(一話「リアルなお化け屋敷」、二話「怖い合コン」、三話「隙間男」、四話「試着室」、五話「お人形」、六話「首つり教室」、七話「赤いホームページ」、八話「リアル都市伝説」)。

そして二〇〇七年からは『渋谷の女子高生が語った呪いのリスト』がオリジナル・ビデオ・シリーズとしてリリースされている。さらには、こうした関連映像以外にも、小説として刊行されたり、実際に興業用の怪奇屋敷が建てられるなど広がりを見せた。

こうした雑多な制作者や制作会社による異なる作品をひとくくりに論じるのは必ずしも容易ではないが、作品に共通して見られるある種の雰囲気は存在する。

まず最初に疑問に思うのは、なぜ渋谷だったのだろうかという点である。新宿でも原宿でも池袋でもなく「渋谷」であることに、現代的な意味が存在するのであろう。しかしながら意外にも、実際に渋谷の映像が用いられている場面はわずかである。最初に制作された「渋谷怪談」では、実際にセンター街でロケが敢行されている。しかしながら、その他の作品では必ずしも「渋谷」そのものへのこだわりは見られない。ストーリーのキーとなる「コインロッカー」も渋谷に存在するものではない。

呪いや祟りがテーマとはなっているものの、そうした怪奇が発露する装置は、現代を象徴するような「女子高生」「ケータイ」「インターネット」「コインロッカー」である。ストーリーは都市伝説であり、主人公は特定の誰かではなく、どこでも起こりうるようなものである。

渋谷で一九九〇年代に開花した独特の若者文化は、奇抜なあるいは華やかな表現的個人主義とは裏腹に、匿名性と、どす黒い行き場のない情念を併せ持つ文化なのではないか。

第五章　渋谷のキリスト教

石井　研士

東京山手教会

はじめに――渋谷とキリスト教

渋谷という街の発展とキリスト教との関係を思い浮かべたときに、象徴的な教会が思い浮かぶ。東京山手教会である。渋谷駅から公園通りを通り、西武デパートの前を通ってパルコへと向かう大通りに面して建つモダンな教会である。昭和四八（一九七三）年にパルコが建設され、渋谷が若者にもてはやされるようになった一角に、教会は位置しているのである。

東京山手教会の地下にジャンジャンという小劇場が設けられたのは昭和四四年七月である。建物左側の入り口から降りていく地下にあった。美輪明宏や津軽三味線の高橋竹山のライブ演奏をはじめ、この時代に青春を過ごした者であれば知っていたにちがいない前衛劇場である。教会と前衛劇場の組み合わせが、時代の先端を走り始めた渋谷をよく象徴していたように思える。

次の文章は、当時のジャンジャンの思い出をつづった個人のブログである。

この都会の街中の教会の地下に不思議で素敵な空間が存在していた。小劇場渋谷ジャンジャン。この一〇〇人くらい入れば満員になる小さな劇場で美輪明宏は定期的にライブを行っていた。時間になりジャンジャンに入るとその狭さに驚いた。前座？の女性のステージが終わり遂に美輪明宏の登場である。オープニングは意外にもサラッと出てきて普通に話し始める。マイクを通さなくてもその声は十分に通るほどの小さな劇場だと痛感する。そして歌い始めた瞬間その劇場の空気は一変した。僕は一瞬にして髪の毛が逆立ちするほどの鳥肌が立った。美輪明宏のＣＤは持っているもののシャンソンなんかはほとんど知らない僕がその世界にどんどん引き込まれていくのがわかる。曲が進行するに従って短編小説を何本も読んでいるような錯覚に陥る。しかもそんなドラマティックな曲の合間にあるトークがまた長くて楽しいのだ。腹がよじれるほど面白い話の裏側にはとても深いメッセージがあったりとにかく自分と向き合うにも素晴らしい時間であったような気がする。この小さなスペースで美輪明宏の歌声を聴けたことは幸せだと思う（http://blogs.yahoo.co.jp/ryusbar64/1005059.html）。

渋谷の公園通りの教会の地下に「ジャンジャン」はありました。そこではジャンルを問わず、様々な催しをやっていました。〝渋谷の文化〟すべてが、その小さな店に結集しているような雰囲気が漂っていました。私もその雰囲気に惹かれ、一九七〇年代、度々訪れていました。その中で最も私が感銘を受けたのは、津軽三味線の「高橋竹山」のステージです。その津軽三味線の音色は素晴らしいものでした。日本の伝統芸能の奥の深さを思い知らされるような響きで

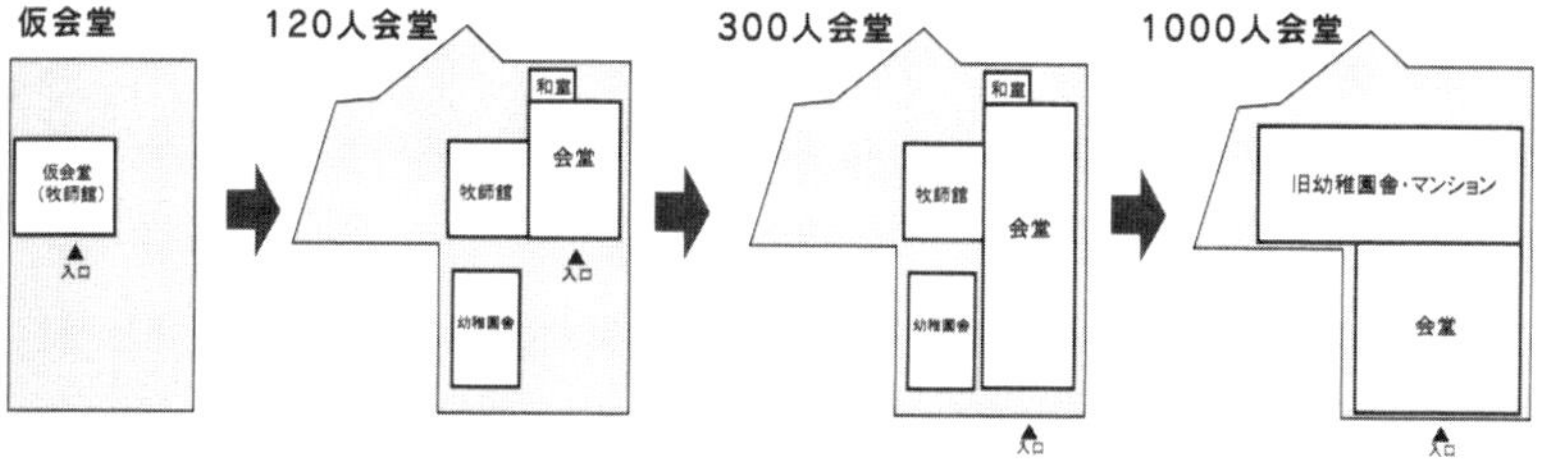

山手教会「建築変遷図」（『日本基督教団山手教会 60 年史』より）

した。その音色は私の魂を貫くようでした。「高橋竹山」の生の演奏を聴くことが出来た事は幸せな事だったと今しみじみ思います。又、別の時に観た、ロックと文楽のコラボの「梅川・忠兵衛」も文楽人形の動きにロックの音が重なるという画期的な演目でした（http://blogs.yahoo.co.jp/julywind727/13095162.html）。

山手教会が教会の地下を賃貸のスペースに当てたのは、経済的理由によるものであった。昭和三三年に三〇〇人会堂を建設して教勢上昇の機運に乗った教会は、さらに昭和四一年に一〇〇〇人会堂の建築を行う。教会敷地内に山手マンションを建築し分譲したが、建築費不足のため教会地下の地上権まで手放さざるをえなかったのである。

ジャンジャンは平成一八（二〇〇六）年四月に閉じた。東京山手教会は現在も位置を変えず存続している。教会の詳細な年史には、ジャンジャンのことは一言も触れられていない。渋谷駅周辺には他にも活動を続けている教会が少なくない。それにもかかわらず、現在の印象は薄い。都市的と表現されるキリスト教が、渋谷の街の発展とどのように関わりながら推移してきたかを見てみたいと思うのである。

後述するように、私たちが考察の対象とする「渋谷」とキリスト教を考えたときに、いくつか特定の教会に着目する必要が生じる。教会の設立された場所と年代、そして資料の有無と内容によるものである。

第一節　渋谷の教会

現在渋谷区には二六の教会（宗教法人）が存在する（第六節参照）。この中で、私たちが考察の対象とする「渋谷」に位置するのは、東京山手教会、美竹教会、渋谷教会、中渋谷教会、Hi-b.a. 高校生聖書伝道教会、渋谷日本基督会の六教会である。渋谷での開設が早い順にごく簡単な説明を付しておく。

中渋谷教会は大正六（一九一七）年に桜丘町八―一二に設立された。渋谷駅から一〇分ほどの距離にありながら、「渋谷」のイメージからは遠い、専門学校や小規模なオフィスビルの林立する場所に位置している。

初代文部大臣森有礼の三男・明は、青年期に信仰を得て、明治三七（一九〇四）年に市ヶ谷日本基督教会において植村正久から洗礼を受けた。森は大正三年に中渋谷桜丘で福音伝道を開始し、やがて伝道教会となり、大正六年に中渋谷日本基督教会が建設された。その後、牧師は今泉源吉（昭和四年）、山本茂男（昭和四三年）、佐古純一郎（昭和六二年）と歴任されている。

美竹教会は、渋谷駅から明治通りを原宿の方面に行った、渋谷地下鉄ビル・メトロプラザの裏に位置している。宮益坂に面した御嶽神社からほど近い距離にある。

美竹教会が現在の地（渋谷二―一四―一二）に移転してきたのは昭和一一（一九三六）年三月のことである。浅野順一夫妻が青山北町にあった自宅で日曜学校を始めたのが最初である。翌年、集会は美竹町一〇に移転し、日曜学校は美竹日曜学校と称するようになった。牧師は、浅野順一（昭和三三年）、平野保（昭和六二年）、上田光正（平成六年）が勤めている。牧師の浅野順一郎は後に青山学院大学のキリスト教学科教授を勤めている。

渋谷教会は、渋谷駅から渋谷警察署方面へ出て、青山通り沿いのクロスタワーの隣である。広い青山通りに面して、瀟洒な教会が建っている。

渋谷教会は、昭和四年一二月に代々木富ヶ谷で、藤村勇と四人の出席者で礼拝を始めたのが最初である。戦後になって現在の土地に移り、現在の会堂は平成二（一九九〇）年一一月に完成したものである。

論文の冒頭で述べた東京山手教会は、昭和二三（一九四八）年に赤坂の霊南坂教会より独立して現在の場所に開拓伝道されていらい、何度か会堂を立て替え今日の姿となった。

Hi-b.a. 高校生聖書伝道協会（High school born againers）は、もっとも渋谷駅に近い教会である。渋谷駅から見てヒカリエの隣接ビル内に位置している。

アメリカでブランド・リードが、自宅で教会の高校生集会をしたのが始まりである。リードは昭和一三年にHi-b.a.を伝道団体としてニューヨークに結成。日本での活動は昭和二六年から始まった。イエス・キリストを自分の個人的な救い主と信じ、聖霊によって新生した者が真のキリスト者であることを強調する団体である。

Hi-b.a. 高校生聖書伝道教会

第二節　渋谷へのキリスト教の普及

文明開化にともなってキリスト教が渋谷の地に進出してきたのは、明治も終わりの頃になってからである。横浜や、居留地に隣接した銀座と比較するとかなり遅い。それでも複数のプロテスタント教会が開設されている。

『新修渋谷区史』には、渋谷でのキリスト教の始まりとして明治三七(一九〇四)年の千駄ヶ谷ルーテル教会、明治三八年の原宿基督同胞教会、明治三九年の日本基督千駄ヶ谷教会、明治四〇年の豊沢教会、明治四一年の渋谷基督同胞教会、明治四三年の中渋谷クリスチャン教会、同年の千駄ヶ谷基督教会が記されている。さらに年代は不明であるが、日本メソヂスト渋谷講義所聖シオン教会(羽根沢三八六番地)、日本賛美団の二教団が記されている。

明治三〇年代になって活躍を始めた教会の多くは同胞教会である。ドイツ改革派教会の流れを汲むアメリカのキリスト同胞教会(The United Brethren in Christ)は一八九〇年代に日本伝道を開始した。明治三七年七月二日、当時の千駄ヶ谷村大字原宿で日曜学校を開設した。翌年、日本基督同胞教会原宿教会(牧野典次牧師)が創立され、明治四四年には、同胞教会本部の援助を受けて原宿七〇番地に土地を取得し、コーサンド宣教師とアメリカ同胞教会本部の援助により会堂と牧師館が献堂された。また、幼児教育を重視する同胞教会の伝統を引き継いで、大正七(一九一八)年には、幼稚園が開設されている。牧師の牧野典次は明治四年生まれで早稲田専門学校を経て青山学院大学神学部に学んだ人物である。

豊沢教会はアメリカ同胞教会宣教師ジョセフ・コーサンドが明治四〇年二月に自宅で行っていた集会を始まりとしている。初代牧師は大野義信で、二代目の牧師が、原宿教会の牧師も努めた牧野典次である。場所は教会名の豊沢(現在の恵比寿二丁目)で、現在もその地にある。

当時渋谷では、同胞教会が、宣教師コーサンドを中心とした日本人の牧師の活躍で数カ所の活動拠点を設けていたと考えられる。

第三節　大正期のキリスト教会

『新修渋谷区史』の「大正期の宗教」におけるキリスト教の記述は、わずかである。明治期に千駄ヶ谷と豊沢（恵比寿）に定着していた教会には言及することなく、東京都民教会（千駄ヶ谷三丁目一番地）、在日本基督同胞教会社団法人（下渋谷一九一二番地）、聖シオン教会（下渋谷羽根沢三八六番地）、福音ルーテル教会が列挙されており、わずかに東京都民教会について数行の解説が付されているだけである。

中渋谷教会　旧会堂

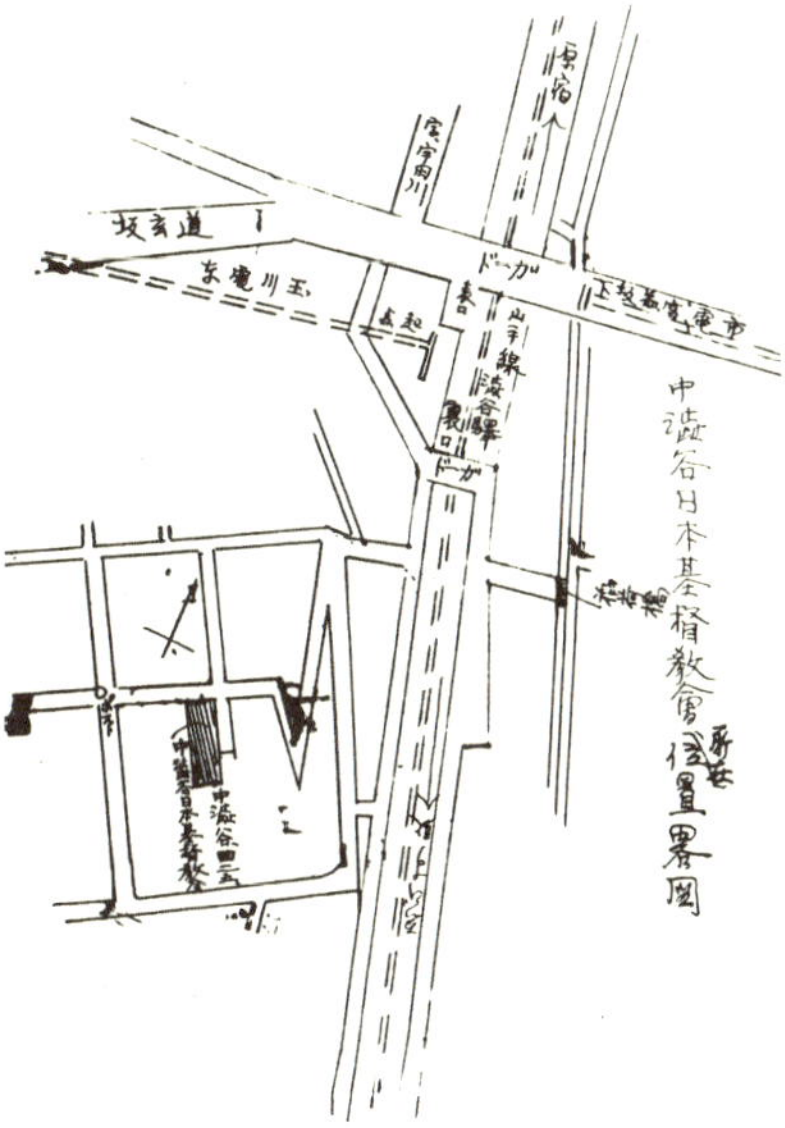

大正 10（1921）年頃の渋谷駅から中渋谷教会への略図
（2 点とも『目で見る中渋谷教会の歴史 1917-1987』より）

東京都民教会は、当時東京市民教会と称した。都民教会となったのは、都政が敷かれた昭和一八（一九四三）年になってのことである。日本組合監督教会牧師であった久布白直勝は大正七（一九一八）年七月四日に「東京の市民の精神をキリスト信仰で養う」との理想を掲げて教会を開設した。開設当初から附属幼稚園を併設していたが、関東大震災で焼失した。

先に記述したように、中渋谷日本基督教会は大正六（一九一七）年に森明を牧師として設立された。当時の思い出が信者によって残されているが、中渋谷の地についてはほとんど記述が見られない。わずかに「中渋谷の野や林にでては、一人祈った」と記されているだけである。大正一〇年の旧会堂の写真が残されている。会堂は現在の桜丘町（渋谷駅から恵比寿に向かう右側の高速道路に挟まれた地域）に位置していた。駅からは近かったが、まったくの郊外である。

第四節　昭和のキリスト教

昭和になってキリスト教は、しだいに活動を制限されていくことになった。昭和一三（一九三八）年当時の渋谷のキリスト教一覧が残されている。

表1　教会一覧（昭和一三年当時・『新修渋谷区史』）

日本基督教団	渋谷日本基督教会	松濤町三七	尾嶋奥治
	上原伝道教会	代々木上原町一二九五	赤岩昇
	角筈教会笹塚伝道所	幡ヶ谷笹塚町一一八三	松原英一
	美竹伝道教会	宇田川町二二	上遠章
	千駄ヶ谷教会	千駄ヶ谷五―八五六	豊田吉
日本組合基督教会	城南基督教会	代官山二―三	小川勇年

日本聖公会	聖シオン会堂	永住町二三	多田義隆
	聖愛教会	幡ヶ谷町三―三六〇	巽芳三郎
バプテスト教会	原宿バプテスト教会	穏田三―七九	高橋輝明
メソヂスト教会	日本メソヂスト派城西教会	幡ヶ谷西原町八六五	鈴木富次郎
美普教会	日本美普豊分キリスト教会	豊分町二	伊藤興雄
日本福音教会	代々木福音教会	代々木町八三四	本山勇司
日本基督同朋教会	渋谷基督同朋教会	豊分町五一	寺尾章二
	原宿基督同朋教会	原宿一―七〇	横田格之助
救世軍	渋谷小隊	山下町二一―六	山室軍平
日本聖教会	渋谷聖教会	桜丘町五―六	板井康祐
基督同信会	基督同信会富ヶ谷伝道所	代々木富ヶ谷一五五七	澤田忠治
日本宣教会	代々木日本宣教会	幡ヶ谷笹塚町一四六六	相田喜介
	桜丘宣教会	桜丘町九四	相田喜介
無所属	聖園教会	代々木初台町五三六	岡部岩三郎
	上原聖園教会	代々木上原町一一〇八	遠藤今朝
	東京ユニオン教会	穏田一―四―八五	トーマス・エーヤンク
基督伝道隊	基督伝道隊渋谷伝道館	衆楽町一〇	藤村勇

美竹教会は昭和一一（一九三六）年に現在の渋谷二―一四―一二に移転してきた。『美竹教会七十周年記念誌』

美竹教会

には、詳細な教会活動と信者による複数の思い出が掲載されているが、渋谷という土地に関する記述はわずかである。わずかに関係する記事から、当時の状況を列挙すると次のようになる。

昭和一二年一一月、日本基督教連盟から日支事変の将兵家族への慰問文、慰問袋等のため献金の勧誘があった。同じ月に委員会では戦争協力は取り得ずという態度を決める。一二月に婦人会が戦没者遺族を弔問している。昭和一四年一〇月二五日、防空演習中も祈祷会を守ったことが記されている。昭和一八年になると礼拝にも「信仰・学問・戦争」「福音と祖国愛」など時局を思わせる内容が増えてくる。八月には礼拝後、男女青年会勤労奉仕による防空壕作りが行われ、一一月には学徒入営壮行会が催されている。昭和一九年一〇月、浅野牧師が応召された。一一月には長老会において警報下における礼拝、祈祷会の扱いが決められた。そして昭和二〇年五月二三日、祈祷会解散後、空襲により会堂が焼失、二日後には金王町の浅野牧師の住居も焼失した。以後、礼拝は青山学院大学チャペルで行われることになる。

同じ時期、中渋谷教会の状況を『中渋谷教会八十年史』から見てみよう。昭和一二年以降、しばらくは当時教会で懸案となっていた会堂建築のための土地購入等に関する記事が重要な位置を占めていて、渋谷という場所に関わる記述はわずかである。牧師の山本孝によると（「記憶の糸をたぐって―昭和一七年～二一年」）、昭和一七年になって灯火管制が厳しくなった。消火訓練、伝達訓練等のため家庭の主婦が拘束される機会が多くなり、礼拝出席がだんだんと困難になった。それでもクリスマス礼拝など礼拝は維持されていたが、昭和一八年になると「青年達の応召と、学徒の工場への動員の結果、教会堂の管理と防衛に当たっていた人たちもいなくなり、その補充も不可能になった。あの大きな建物を、警報下に誰一人守備する者がいない」状況となった。礼拝が困難になり、教会の周囲が次々と空襲で焼かれるようになったのは、昭和一八年の終わりから二〇年五月にかけてである。隣地は焼けたものの教会はそのまま残った。

東京の空襲は昭和一七年四月一八日が最初である。渋谷区への空襲は、昭和一九年一一月二七日から昭和二〇年五月二九日に至るまで一二回に及んでいる。『新修　渋谷区史』に掲載されている焼失区域図を見ると、渋谷駅周辺も広範囲にわたって焼失していることがわかる。

戦時下での教会活動は、とくに渋谷に位置する教会に特別だったわけではなかったろうと考えられる。敵国の宗教であるキリスト教に対する世間の目は厳しくなり、さらに交通事情の悪化や空襲など、活動は大きく制約を受けたのだった。日本基督教団は、昭和一五（一九四〇）年一〇月一七日の皇紀二千六百年奉祝全国基督教信徒大会における「プロテスタント諸教派が合同して宣教・伝道の任にあたる」という決議に基づいて合同し、戦時体制への貢献を余儀なくされた。

第五節　戦後のキリスト教ブームと渋谷の教会

戦後、「渋谷」は急速に変貌をとげていった。渋谷区の復興は渋谷駅を中心とする一帯から急速に始った。

戦後、信教の自由と政教分離が制度的に保証され、ＧＨＱが奨励したこともあって、キリスト教ブームが捲き起こる。『戦後宗教回想録』には「新日本建設キリスト運動や聖書の売り出しを中心に、昭和二二年から二三年にかけてはキリスト教ブーム到来の感さえあった。多くの青年達が、信仰そのものよりも教会の異国的な雰囲気や文化の香りに

昭和 24（1949）年当時の渋谷教会
（『日本キリスト教団渋谷教会創立 80 周年記念誌』より）

引き寄せられて教会を訪れたのも、官庁や会社でキリスト教研究会やバイブル研究会が一種の流行のように盛んに開かれたのもこの頃だ」と記されている。

しかしながら渋谷の教会では、こうしたキリスト教ブームをそのまま記述した教会はみられない。それでも当時の日本人がキリスト教に対して興味や関心を抱いた雰囲気は感じられる。

中渋谷教会では、戦後直後の記述は会員の死亡を告げる内容が続き、痛ましい。昭和二一年になって疎開先から復帰した会員がしだいに礼拝に参加するようになり、教勢も旧に復したという。「世間には戦争の反動や軍国主義にとって代わる若い世代の自由欲求から教会のバイブルクラスなどにあこがれて集まるもの、外国、外国崇拝の心から何となく教会に出入りするような群衆であふれる教会も多かった中で、中渋谷は進駐軍兵士の出席者もなく、例によって静かに着実に礼拝を捧げることができた」という。

渋谷教会は、昭和二〇年五月二五日の空襲で衆楽町（現在の恵比寿西二丁目）にあった会堂、牧師住居が全焼した。その後恵比寿の地が区画整理のために不利な場所になるという話を聞き、また電車の便がよいところを求めて現在の青山通りに面した渋谷の地に移り、昭和二四年に牧師館を建てた。建設当時の教会の写真が残されているが、周囲には他の建築物は見えず、教会の前の通りである青山通りは舗装されていない。渋谷教会の記録には、当時の渋谷との関わりを記す記載はこれだけである。

昭和二六年に宗教法人法が施行されたが、各教会は法人化することに議論があったようである。渋谷区の戦後のキリスト教の状況が把握できるのは、昭和三九年の宗教法人名簿である（表2）。キリスト教にとっては抑圧され、宗教団体として強制的に合同された状況から、信教の自由を元に分離、独立が可能になって、大きな変化が生じた。なおかつ、すでに述べたとおり、昭和二二年から二三年を中心にしてキリスト教ブームと呼ばれるブームが起こったわけで、全体としては増加している。

昭和一三年と昭和三九年の表を比較するとわかるように、日本基督教団傘下の教会がかなりの数増加している。また、所属する包括法人が変わるなどの事例もわかる。日本基督教団は大きく躍進したが、他の教会は総じて減少傾向にある。

現在の渋谷教会

表2　教会一覧（昭和三九年九月　宗教法人・『新修渋谷区史』）

日本基督教団		
東京都民教会	千駄ヶ谷三―一	高井清
初台教会	代々木五―三二	湯浅与三
城南教会	代官山町一一	星野三雄
代々木中部教会	代々木二―二六	大沼田実
中渋谷教会	桜丘町五―一九	山本茂男
聖ヶ丘教会	南平台町四六	稲垣守臣
豊分教会	豊分町一一	伊藤与雄
城西教会	西原一―一九	宮城定

	渋谷教会	金王町一一	藤村勇
	上原教会	代々木一―二六二八	赤岩栄
	代々木教会	元代々木町二六	飯泉寛
	原宿教会	原宿一―七〇	神政三
	美竹教会	美竹町四一	平古保
	豊沢教会	豊沢町五一	寺尾章二
	東京山手教会	宇田川町四	平山照次
	ベテル教会	代々木五―四	熊谷政喜
	聖徒教会	原宿二九	吉田隆吉
日本福音教団	幡ヶ谷教会	西原二―三八	佐々木金之助
日本基督改革派	東京恩寵教会	下通五―二〇	常葉隆興
国際基督教団	代々木教会	千駄ヶ谷四―六九三	吉本美枝
カトリック・ミラノ外国宣教会		氷川町五六	マルティノ・サルバトーレ
カトリック・レデンプトール修道会		代々木二―一六	アルマン・テモンティニー
渋谷日本基督会		松濤町三七	森豊吉
日本児童福音伝統協会		松濤町二五	ケネス・アタウェイ
代々木八幡基督の家		富ヶ谷一―三〇	森幸男
高校生聖書伝道協会		金王町三五	ケネス・ダブリュー・クラーク
カトリック・聖ドミニコ修道会		南平台五一	ベルナルド・マリートラハン

第六節　変貌する教会

戦後の渋谷の発展はめざましいものだった。人口と世帯の増加は二三区では新宿についで多く、闇市に始まった商業も東急会館（昭和二九〈一九五四〉年）、東急文化会館（昭和三一年）など東急の街として復興を遂げた。その後は本書でもたびたび触れられているように、西武百貨店（昭和四三年）、一九七〇年代になってパルコ（昭和四八年）が開店し、センター街は時代の先端を行くファッションをした若者が集まる場所となったSHIBUYA109の初売りには五千人が開店を待ち、一日六万人が来店する。

それでは、渋谷駅の周辺に位置する教会は、戦後の渋谷の発展にどのような影響を受けたのだろうか。

現在、渋谷区に位置するキリスト教の宗教法人は〈表3〉のようになっている。牧師が交代している教会が見られるが、昭和三九年当時と大きな変化は見られない。しかしながら、渋谷の発展とは裏腹に、教会と関わる人の数はしだいに減少に向かっている。

表3　教会一覧（平成一九年一月一日現在）

日本基督教団		
初台教会	代々木初台町六二九	湯浅與三
代官山教会	代官山町一四—一八	上原秀樹
代々木中部教会	代々木二—二六—八	中村公一
中渋谷教会	桜丘町八—一二	及川信

聖ヶ丘教会	南平台町九—一四	山北宣久
広尾教会	広尾二—一二—一二	佐藤安彦
城西教会	西原一—一九—三	安田俊朗
渋谷教会	渋谷二—一四—一二	藤村和義
代々木上原教会	上原三—一八—三	村上仲
代々木教会	元代々木町二六—八	藤崎三牧
原宿教会	神宮前三—四二—一	土橋晃
美竹教会	渋谷一—一七—一七	上田光政
豊沢教会	恵比寿二—三二—一八	原牧人
東京山手教会	宇田川町一九—五	長崎哲人
ベテル教会	富ヶ谷一—三五—九	内藤留幸
聖徒教会	恵比寿南三—一—一六	松井睦
本多記念教会	代官山八—二	梅津裕美
日本基督改革派　東京恩寵教会	恵比寿西一—三三—九	三野孝一
国際基督教団　代々木教会	代々木一—二九—五	吉本美枝
渋谷日本基督会	松濤町一—二五—六	弓田覚造
東京第一科学者キリスト教会	神宮前五—六—三	神澤エリザベス
高校生聖書伝道協会	渋谷二—二二—一六	中臺孝雄
東京に在る教会	代々木一—四五—一二	松本和與

東京ユニオンチャーチ　　神宮前五―七―七　　西山千
ジャパン・ゴスペルワーク　　本町一―三〇―七　　廣野敦治
道会　　神山町二一―一一　　志藤初

『中渋谷教会八〇年史　資料編』に記載された陪餐会員（礼拝に出席する会員）と受洗者の数をグラフに表すと〈図1〉のようになる。戦後増加した陪餐会員は一九八〇年頃から二五〇名超えた数値で安定しているように見える。しかしながら新たに受洗する者は極端に少なく、実態としては会員の高齢化が進行していると考えられる。

美竹教会はどうだろうか。『美竹教会七〇周年記念誌』に記載されたクリスマス礼拝の参加者数は、一九六〇年頃を境に急減し、現在は一〇〇名ほどになっている〈図2〉。

本論の冒頭で言及した山手教会の現住陪餐会員、受洗者、日曜礼拝の参加者は〈図3〉のようになっている。山手教会でも受洗者は毎年数名にとどまり、現住陪餐会員数も減少している。

こうした結果だけから見ると、一九七〇年代以降の渋谷の商業的発展に伴う、若者を中心とした膨大な数の群衆は、教会に向かうことはなかったということができる。

おわりに―都市化とキリスト教

キリスト教における信者の減少は、何も渋谷に限ったことではない。文化庁編『宗教年鑑』には、宗教系統別の信者

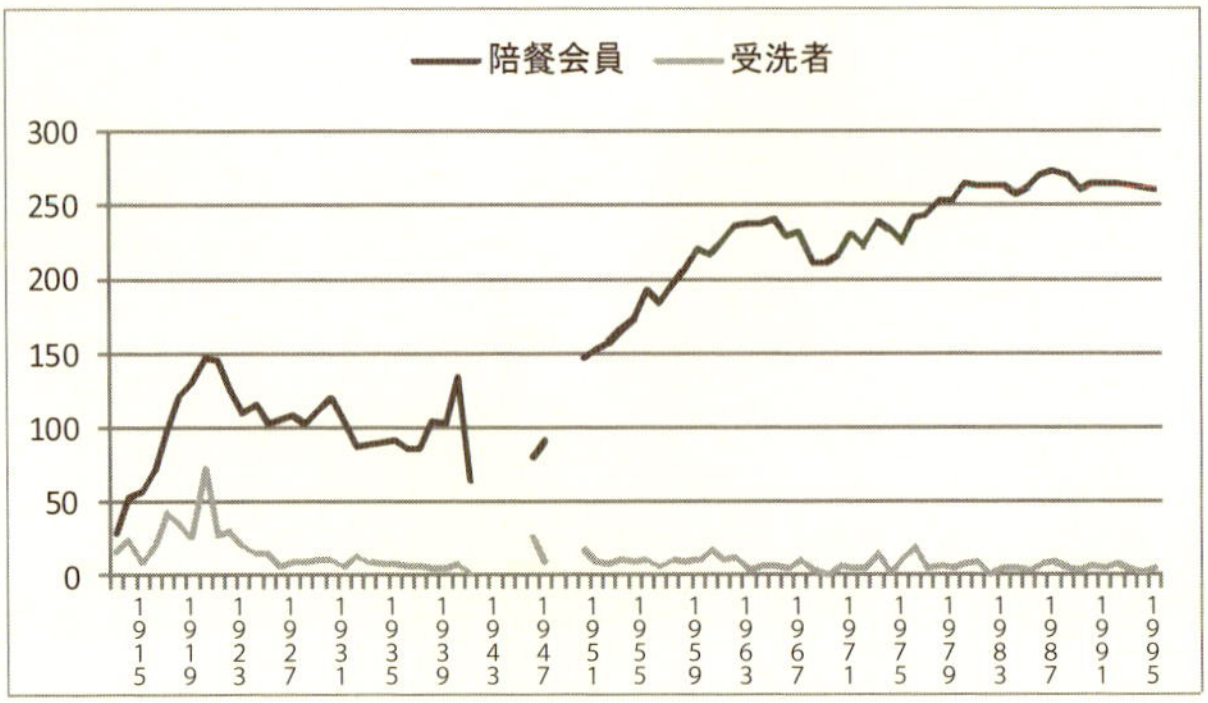

図1 会員数の変化（中渋谷教会）

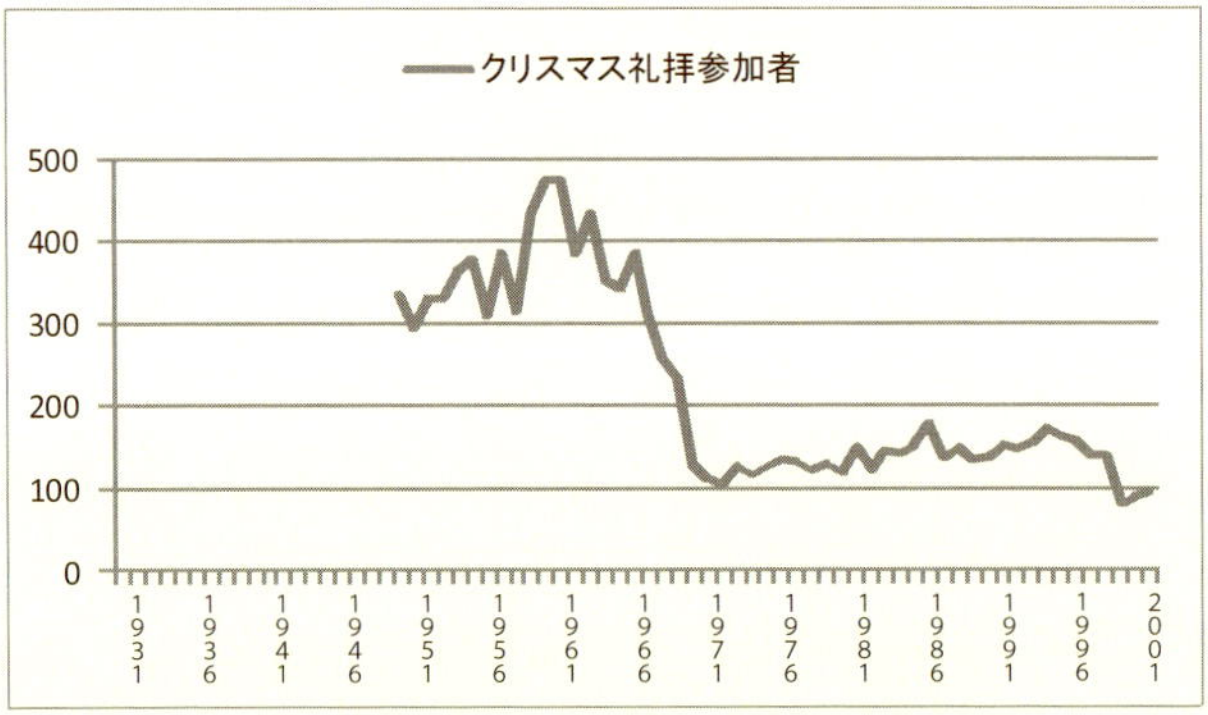

図2 クリスマス礼拝数の変化（美竹教会）

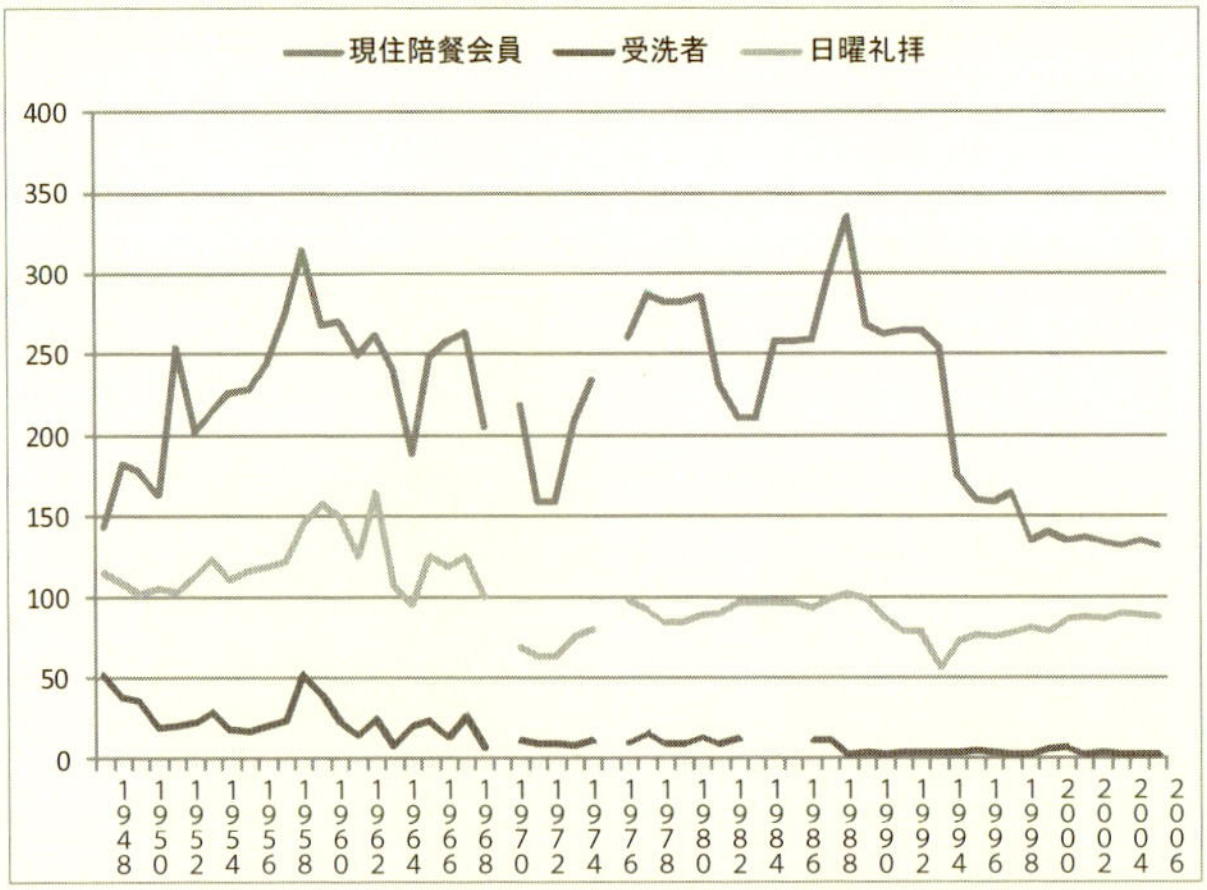

図3 会員数の変化（山手教会）

数が記載されているが、これによると、昭和二三（一九四八）年に二三万人ほどであったプロテスタントの信者数は、その後増加して現在は四七万近くなっている。しかし一九七〇年代からはほとんど微増であり、キリスト教の将来を危ぶむ声も聞かれる。（財）日本クリスチャンアカデミー理事の斎藤善久は、日本基督教団の現状をかなり厳しく指摘している。斎藤によれば、日本基督教団の年間受洗者は二千名で、教会数一七〇〇で割ると、一教会の受洗者は一年間に一・二名となる。教会の礼拝出席者数は約三五名で高齢化している。財政的に自立できていない教会が三割あり、「クリスチャン人口一％論は近い将来〇・五％に修正しなければならないかもしれない」と述べている。（斎藤善久「一〇年後日本のキリスト教は存在しうるか？」『はなしあい』二〇〇五年一一月号）

信者数の減少が都市化だけによるものと考えるのは早計である。教団の教義の時代的解釈の有効性、組織のあり方、教会の経営・財政的問題等多様である。しかし、渋谷に位置する多様な歴史的経緯と信仰を有する教会が同様に信者数を減少させているとすれば、現代文化を象徴するようなファッションや人混みは、少なくともキリスト教会へと向かう文化でも人々でもなかったことになる。

参考資料

近藤勝彦『プロテスタント日本伝道百五十年：ともに記念し、ともに伝道するために』日本基督教団美竹教会、平成一九年
東京山手教会史刊行委員会編『愛と平和の希求　東京山手教会二五年史』東京山手教会、昭和五〇年
日本キリスト教団東京山手教会創立四〇周年記念誌編集委員会『葡萄の実は豊かに　東京山手教会とわたし』東京山手教会、昭和六三年
東京山手教会六〇周年委員会編『日本基督教団東京山手教会六〇周年史』東京山手教会、平成二〇年
日本キリスト教団渋谷教会教会創立八〇周年記念誌小委員会編『渋谷教会創立八〇周年記念誌』日本キリスト教団渋谷教会、平成二一年
日本基督教団中渋谷教会編『中渋谷教会八〇年史』日本基督教団中渋谷教会、平成九年
日本キリスト教団中渋谷教会「目で見る中渋谷教会の歴史」編集委員会編『目で見る中渋谷教会の歴史　一九一七―一九八七：教会建

設七〇周年記念』日本キリスト教団中渋谷教会、昭和六二年
上田光正他編『美竹教会七十周年記念誌』日本基督教団美竹教会、平成一五年
Hi-b.a. 高校生聖書伝道協会編『高校生世代に福音を伝える：日本 hi-b.a. 六〇年の歩み、そして未来へ』平成二三年

第六章　新宗教と渋谷

石井　研士

はじめに――新宗教と渋谷

渋谷という現代を象徴する場所と新宗教、ヒーリング、スピリチュアル、占いなどとの関わりは、実に深いものがある。ターミナル・ステーションのような、匿名で大量の人々が移動する場所では、そうした現象は、多かれ少なかれみられることである。しかしながら、渋谷でのその関係は、新宿でも原宿でも池袋でも生じることがなかったような事態を生ぜしめたのである。二〇世紀末の「渋谷」というトポスには、特殊な宗教性を呼び寄せるようななんらかの条件なり雰囲気が存在したように思うのである。

平成四（一九九二）年夏、テレビのワイドショーが、連日、時間の大半を裂いて報道を繰り返していたのは、世界基督教統一神霊協会（統一教会）の合同結婚式についてであった。この年に韓国で行われた合同結婚式に、歌手の桜田淳子、新体操の山崎浩子ら複数の著名人が参加を表明していた。テレビをはじめとしたメディアは、しばしば教団の本部を背景にしてレポートを行ったが、場所は渋谷区松濤で、東急本店の少し先であった。

統一教会の合同結婚式

旧オウム真理教東京本部

オウム真理教の前身、オウム神仙の会が発足したのは、渋谷駅にほど近いマンションの一室だった。会の発展に伴って、名称をオウム真理教に改称し、本部は移動したが、南青山のビル一棟をオウム真理教東京本部としていた。渋谷駅から一五分ほどの距離である。國學院大學からは、渋谷方面とは反対側に数分下った場所であった。平成七年四月二三日、地下鉄サリン事件が発生して一ヶ月たった頃、教団幹部・村井秀夫が刺殺されたのは、東京本部ビルの前の路上だった。

平成五年頃だったと思うが、渋谷駅ハチ公口に托鉢僧を見るようになった。出で立ちに違和感が感じられた。袈裟がない。わらじではなく地下足袋を履いている。この托鉢僧が所属していたのは高島易断総本部発真会（本部・赤坂）で、私が実際に見たのは日本人であったが、少し前には東南アジア系の外国人をアルバイトで雇い托鉢をさせていた。週刊誌に報じられて外国人はいなくなったものの、見るからに修行僧ではない托鉢僧が立ち続けていた。日本テレビの番組がドキュメンタリーで取り上げ、その偽物ぶりを取材したことがある。

　平成一二年頃、JR渋谷駅から渋谷警察署へと続く歩道橋の上で、複数の若い男女が並んで「最高です！」と叫んでいた。法の華三法行の若い信者たちである。福永法源を教祖とする法の華三法行は、平成一三年に詐欺で摘発された。教団は、高級住宅街として知られている松濤の一角に、右脳会館、アースエイド松濤会館、天行力宇宙エネルギー館、超宗史法館といった聞き慣れない名前の館物を多数所有していた。

　平成一九年に、知人の女性からヒーリングサロンについて相談を受けた。ヒーリングという言葉に誘われて、渋谷駅近くのビルのヒーリング・サロンに通うようになったという。マッサージやアロマテラピーなど、リラックスを目的に一ヶ月ほど通ったところ、急に先祖の因縁を持ち出され、色紙など高額な商品を買わないと幸せになれないと言われるようになった。怪しい団体ではないか、という内容だった。

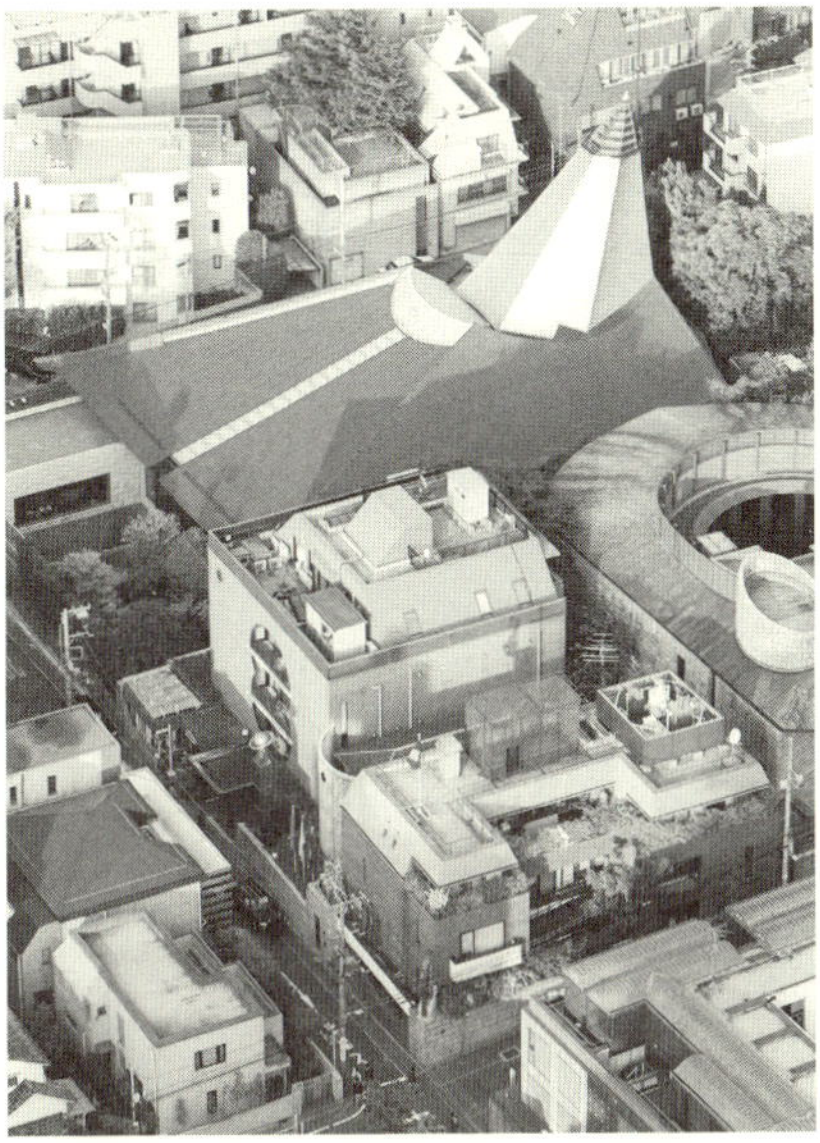

渋谷区松濤の「法の華三法行」教団施設（奥から足裏府ファッション館、アースエイド松濤会館、右脳会館）
［読売新聞社提供・2000 年 5 月 8 日撮影］

渋谷の托鉢僧

　相談から一ヶ月もしないうちに、この団体は捜索を受けた。「神世界」である。神奈川県警は平成一九年一二月二〇日、詐欺容疑で有限会社「神世界」（山梨県甲斐市）と下部組織の「びびっとうきょう・青山サロン」（東京都港区）、および関与が疑われていた神奈川県警警視宅などを一斉に家宅捜索した。

同サロンを経営する女性役員が横浜市内の会社役員に「あなたの会社は戦国時代は首切り場。処刑された人の霊がさまよって運気を下げている。特別祈願が必要」などと嘘をいい、現金約四九〇万円をだまし取った疑いであった。

神世界は、占いによる運勢や姓名の鑑定、お守り販売などを目的に、平成一二年二月に設立された有限会社で、「びびっととうきょう」などのヒーリングサロンを全国で百店以上展開していた。最初は千円程度の手軽な料金で「体験ヒーリング」などに勧誘し、その後「霊視鑑定」や「除霊」などを持ち出し、高額商品の販売が行われていた。霊感商法に詳しい弁護士によると、被害者は数千人、被害額は百億にも届くほどだった。

渋谷には、ヒーリングサロン、ヒーリングヨガ、占い、オーラ診断、タロット占い、チャネリング、霊視、瞑想、パワーストーン等を扱う店が、実に多く存在する。それぞれの項目をインターネットで検索していくと、幾層にも宗教的な世界が網の目のように重なっている錯覚すら覚える。

他方で、戦後、急速に信者数を増やしていった霊友会、立正佼成会、世界救世教、高度経済成長期に多くの信者を獲得した創価学会の支部は、駅周辺には存在しない。

第一節　渋谷区における新宗教の歴史

1　明治期の新宗教

新宗教と一般にいわれる宗教団体の成立・発展は幕末維新期からというのが、学問的な定説である。天理教、金光教、禊教、黒住教、如来教などが代表的な教団である（『新宗教事典』弘文堂、平成元年）。

渋谷に関して資料から明らかになるもっとも古い時期の新宗教の大半は、教派神道に属するものである。近世、渋谷近郊の村々には数多くの講が存在した。とくに盛んであったのは、伊勢講、三峯講、御嶽講、榛名講、大山講、富士講などであった。こうした講は、明治以降も神社の講として存続したが、富士信仰をめぐり教派神道として教団となったものも少なくない。扶桑教、実行教、丸山教などはそうした教団である。他方で、当時の制度的な問題から、神道流派の一部として活動していた天理教や金光教など、明治になって一派独立したものもある。

『新修　渋谷区史』に「明治中期以降の宗教」として挙げられている新宗教は、天理教、天祖大宮教会本院、扶桑教の三教団である。

天祖大宮教会本院は明治四三（一九一〇）年に代々幡村代々木に設立されたが、これは明治二二（一八八九）年に神道実行教直轄天祖教本部が改称されたものである。それゆえに、神道実行教の支部としては明治二二年以前に存在することになるが、その起源はよくわかっていない。

実行教は、近世の富士信仰をもとに柴田花守が明治一五年に神道実行教として独立したことに始まる。

同時期に天理教も渋谷の地に根を下ろした。『新修　渋谷区史』の「明治後期の宗教」では、神道天理教会下田支教会足柄出張所東京布教所が明治二四年に千駄ヶ谷村千駄ヶ谷に創設されたと記されている。設立者の名前はない。二年後の明治二六年には、志村久三郎が渋谷村中渋谷六四二番地に日本橋支教会豊島支教会を創始し、明治三四年に教会堂が竣工された。さらに明治四一年には川名勝次郎が渋谷町下渋谷字豊沢一七〇二番地に本豊分教会を設立したと記されている。

天理教は、天保九年（一八三〇）に中山みきが奈良県天理市で開いた宗教である。関東で天理教の布教が始まったのは明治一〇年代である。複数の信者が関東で布教したことがわかっているが、一般的には上原佐助が明治一八年に東京で布教し、浅草新吉原で信仰が盛んになったことを嚆矢としている。上原は岡山生まれで、明治一二年に入信し、明治一八年に商売のために東京へ出て布教を始めたのだった。上原の教会の系統は東京東明組（東系）といい、明治時代の東京における天理教の一大勢力であった。

『天理教伝道史Ⅶ　関東地方篇』によると、先に記した下田支教会足柄出張所東京布教所の明治二四年という設立年が合わない。足柄出張所が開設されたのは明治二六年であり、東京布教所がその支教会であるとすれば、それ以降ということになる。日本橋支教会豊島支教会は志村久三郎・南豊島布教所として記載がある。

天理教は東京に布教が始まって急速に信者を獲得し支部が形成されていく。病気直しの神様として広がっていったようだ。東京での布教は新吉原から始まるが、「どんな病気も助かるという話が、新吉原の女たちに伝えられれば、梅毒に悩む女たちや楼主たちが、たずねて来、または頼みに来ることは当然であろう」。お産から精神的な病まで、布教の手がかりとして病人を探すという方法をとった天理教は渋谷の地に次々に教会を設けることになった。

後述するように、天理教の教会は、以後、数多く渋谷の地に誕生した。しかしながら現在までその教勢が維持されているわけではない。

扶桑教では、大教庁が明治三一年に芝神明町から渋谷村中渋谷に移転した。扶桑教は角行が元亀三（一五七二）年に富士道を開いたことを起源とする教団であるが、明治六年になって宍野半が富士一山講社を結成し、さらに明治八年に神道事務局所属の扶桑教会となった。明治一五年に一派独立して扶桑教となった。それゆえに、明治後期には扶桑教の本部が渋谷にあったことになる。本部は現在世田谷区松原に置かれている。本部内に八岳教会本部が明治一八年に創設されており、本部の移転とともに渋谷へ移動した。

教派神道系の教団は、明治維新以降に宗教団体をめぐる法制度の変更によって一派独立したものであり、その母体となる講社は近世から連綿と渋谷の地にも広がっていたのである。

2　大正期の新宗教

大正期に渋谷に存在した新宗教として知られているのは、天理教と神道大成教の二教団である。天理教は明治期よりも教会数を増やしているが、明治期のものとは異動がみられる。明治期に存在が確認された扶桑教や天祖大宮教会本院の記述はなくなっている。

天理教の教会は七教会に増えている。

表1　天理教教会一覧（大正期）

本豁宣教所	大正四（一九一五）年	豊多摩郡渋谷町大字下渋谷八七三番地
本摩宣教所（高安大教会東本分会）	大正五年	上渋谷三一五番地
江都分教会	大正一一年	豊多摩郡代々幡町大字代々木山谷一六〇番地
道博布教所	大正一二年	桜丘六五番地
神館分教会	大正一四年	原宿二丁目一七〇番地
真友分教会	大正一四年	本町四丁目二六番地
道代分教会	大正一五年	幡ヶ谷本町三丁目五六一番地

神道大成教は天善教会を、現在の渋谷駅からほど近い穏田一丁目九七番地に設けている。神道大成教は平山省斎が御嶽教や禊教に関わりを持つ教会を中心に明治一五（一八八二）年に一派独立した教派神道のひとつである。

3　昭和期の宗教

昭和の資料には、これまでと異なってかなり多くの教団名を見ることができるようになる。昭和七（一九三二）年の渋谷における新宗教教団は神道大教、扶桑教、実行教、大成教、神習教、御嶽教、神理教、禊教、金光教、天理教の一〇教団である。どれも教派神道系の教団である。昭和一三年の一覧では、教団も支部も大幅に増加している。

表2　昭和七年と一三年の教会の異動

教団名	『新修渋谷区史』（昭和7年）		『新修渋谷区史』（昭和13年）	
神道大教			神道天命教会分教会	幡ヶ谷原町919
	神道出雲教東京分院	千駄ヶ谷町穏田164	神道出雲教会東京分院	穏田町3丁目63
	神道日御碕教会東京分院	代々幡町代々木1315	神道御碕教会東京分院	代々木大原町1315
			神道天聖教会天佑伸支教会	代々木山谷町437
大社教			初台教会所	代々木初台町539
扶桑教	実明教会本院	渋谷町大和田98	実明教会本院	大和田町98
	日月誠教院本部	代々幡町代々木286	日月誠教院本部	代々木山谷町236
	天真教院本部	代々幡町代々木976	天真教院本部	代々木西原町967
			東京大教会所	大向通17
	日月昭教会	代々幡町代々木83	日月昭教会	代々木新町83
	白髭教会	渋谷町丹後6	白髭教会	丹後町6
			安教会	幡ヶ谷笹塚町1376
			玉光教会	穏田3丁目167
大成教	淘宮広部分社	渋谷町大和田785		
	天喜教会本部	千駄ヶ谷町穏田97		

実行教	大日本国薬教会本院	千駄ヶ谷町原宿85
神習教	日月明照教会	千駄ヶ谷町原宿１７０
御嶽教	和合教会所	渋谷町景丘12
	神託教会青分局	千駄ヶ谷町原宿１７１
神理教	稲荷神徳教会	渋谷町恵比寿通１丁目37
禊教	附属心理界教会	代々幡町代々木２８９
金光教	金光教	渋谷町栄通１丁目２
天理教	本豊支教会	渋谷町新橋２
	保代支教会	代々幡町代々木２５０
	渋谷支教会？	千駄ヶ谷町原宿１７０
	東中野支教会	千駄ヶ谷６０９
	東中央支教会	千駄ヶ谷町穏田19
	四谷支教会	千駄ヶ谷町千駄ヶ谷７２８

天善教会本部	穏田１丁目97
一心千勝教会所	幡ヶ谷原町８４９
日月明照教会	原宿２丁目１７０
和合教会所	景丘町12
神詫教会青分局	原宿２丁目１７１
大国教会	千駄ヶ谷４丁目７４９
稲荷神徳教会	恵比寿通１丁目37
渋谷教会所	栄通１丁目20
東本大教会本豊宣教所	新橋町２
東本大教会本保分教会保代支部会	代々木山谷町２５０
越の国大教会本島分教会渋谷支教会	原宿２丁目１７０
高安大教会西成分教会東中野宣教所	千駄ヶ谷４丁目６０９
東本大教会本摩宣教所	竹下町５
東本大教会本保分教会保無宣教所	幡ヶ谷笹塚町１０５３
東本大教会本代宣教所	幡ヶ谷笹塚町１０９８
東大教会白子分教会　千山支教会代々幡宣教所	代々木初台町６８０
東大教会牛込分教会　四谷支教会参道宣教所	原宿２丁目１７０
東大教会本保分教会　保代支教会代司之宣教所	代々木新町78
東大教会　本豁宣教所	代官山町８

東大教会　本晟宣教所	幡ヶ谷中町１４５８
東大教会本芝分教会　本富久宣教所	幡ヶ谷笹塚町１０８２
東大教会本通支教会　道博宣教所	鉢山町1
東大教会本芝支教会　本義宣教所	幡ヶ谷原町８４０
東大教会本美宣教所	長谷戸町69
東大教会豊多摩分教会　多摩幡宣教所	幡ヶ谷本町２丁目１０２
東大教会深川分教会　川越支教会東渋谷宣教所	南平台町23
東大教会本明支教会　本明王宣教所	代々木山谷町２９３
東大教会本芝分教会　本整宣教所	幡ヶ谷本町３丁目５１８
東大教会本明支教会　本功宣教所	幡ヶ谷中町１５４５
東大教会　代々木宣教所	代々木西原町８９６
越の国大教会本島分教会東中大支教会	穏田2丁目19
越の国大教会本島分教会　本京支教会本護宣教所	幡ヶ谷笹塚町１０３９
越の国大教会本島分教会　東中央支教会本曙宣教所	幡ヶ谷本町２丁目１９２
高安大教会古市分教会	｜
高安大教会都南支教会道代宣教所	代々木本町３丁目５６１
高安大教会大島分教会豊保宣教所	千駄ヶ谷４丁目７１９
高安大教会都分教会都鴨宣教所	代々木山谷町３０５
高安大教会泉東支教会明芝宣教所	新橋町51
奈良中教会萩支教会萩東宣教所	幡ヶ谷本町３丁目５９３
名東大教会国名分教会　船宮支教会江都宣教所	幡ヶ谷本町１丁目79

日本橋大教会南豊支教会豊神宣教所	八幡通1丁目12
日本橋大教会駿河台支教会御代幡宣教所	代々木山谷町102
日本橋大教会日芝宣教所	代々木本町1丁目88
日本橋大教会武多支教会武秀宣教所	幡ヶ谷笹塚町1013
日本橋大教会日誠宣教所	豊沢町38
郡山大教会中央分教会中福宣教所	伊達町17
郡山大教会中央分教会中明宣教所	幡ヶ谷笹塚町1141
郡山大教会中央分教会中湊宣教所	穏田1丁目104
平安中教会平幡宣教所	幡ヶ谷本町1丁目57
平安中教会理野郷宣教所	幡ヶ谷原町858
嶽東大教会館山分教会神館宣教所	向山町36
嶽東大教会館山分教会陽東宣教所	千駄ヶ谷5丁目902
河原町大教会西浦分教会　武神支教会明禎宣教所	代々木山谷町181
錦江分教会貴祥宣教所	代々木山谷町93
東愛中教会愛都支教会愛中宣教所	猿楽町23
湖東大教会真友宣教所	幡ヶ谷本町3丁目459
山名大教会夷隅分教会　御宿支教会東右京宣教所	幡ヶ谷笹塚町1140
撫養大教会香川分教会　小倉山支教会明朗宣教所	千駄ヶ谷4丁目814
御津中教会津東支教会東道宣教所	幡ヶ谷本町3丁目629
御津中教会津東支教会元興宣教所	幡ヶ谷原町939
御津中教会津東支教会東美坂宣教所	代々木原町1626

扶桑教会	ひとのみち教団東京支部	渋谷町大和田98	PL教団東京支部	渋谷町大和田98
セブンスデー・アドベンチスト教団			セブンスデー・アドベンチスト日本連合伝道部会	穏田3丁目164番地
生長の家			生長の家本部	原宿3丁目266番地
新日本宗教団体連合会			新日本宗教団体連合会	代々木本町743番地

『新修 渋谷区史』には、昭和一三年に確認された教団がかなり詳しく掲載されている。昭和七年の教団に加えて、生長の家、ＰＬ教団、セブンスデー・アドベンティストが見られる。これらの教団は、これまでの教派神道系の教団ではない。

生長の家は、昭和四年に、大本の機関誌を編集していた谷口雅春が神示を得て、翌年立教した教団である。唯神美実相哲学に基づく人類光明化運動を唱えたが、これは「心の法則を研究しその法則を実際生活に応用して、人生の幸福を支配するために実際運動を行う」というものである。

ＰＬ教団は、御嶽教、扶桑教の傘下に所属するひとのみち教団であったが、昭和一一年に始まる弾圧によって昭和一二年に解散を余儀なくされた。その後地下生活を強いられ、創設者の子どもである御木徳近が佐賀県でＰＬ教団の立教を宣言したのは昭和二一年になってのことである。『新修 渋谷区史』の記載は、昭和一一年の弾圧の前に、扶桑教傘下のひとのみち教団が現在の道玄坂にあったことを示していると考えられる。ＰＬ教団は昭和四四年に渋谷区神山町一六―一に東京中央教会とＰＬ東京健康管理センターを開設した。

PL 東京中央教会と健康管理センター

セブンスデー・アドベンティスト教団はすでに明治時代から日本での布教を行っていた。昭和四年に豊多摩群杉並町天沼に本格的な病院を開設して医療伝道も行うようになった。その後も天沼を拠点に活動を行っていたが、昭和一四年に宗教団体法が発令された後、宗教法人としての申請をしたが受理されず、外国人宣教師は全員日本を離れた。『新修渋谷区史』に掲載されているセブンスデー・アドベンチスト日本連合伝道部会（穏田三丁目一六四番地）は、外国人宣教師たちが退去する前のことであろう。

第二節　戦後における渋谷区の新宗教

戦後、宗教団体をめぐる法制度は大きく変化した。その時代の宗教団体のあり方、ひいてはその時代の日本人の宗教性は、宗教をめぐる法制度によって大きな制約を受けてきた。

ポツダム宣言受諾による終戦と、その後の連合国占領軍による統治下、総司令部（GHQ／SCAP）によって発せられた、いわゆる人権指令によって宗教団体法は廃止され、神道指令によって、「信教の自由」の十全な施行とともに、神社に対する特別の保護の停止、神道施設の公的機関からの撤去、国家と神道との完全な分離が命じられた。昭和二〇（一九四五）年一二月、宗教団体法に代わって勅令により宗教法人令が公布された。

宗教法人令は届け出制で所轄庁の許可を必要としなかった。そのために、神々のラッシュアワーといわれるように、宗教団体法の下で法人格を獲得できなかった宗教団体がつぎつぎと宗教法人となっていった。戦後の宗教行政に深く関わった宗教学者岸本英夫は、新宗教の勃興を戦後の宗教動向の特徴のひとつに挙げている。

しかし、そうした法人の中には、宗教活動を装った団体や詐欺まがいのものも見られ、多くの問題を生むこととなった。その後、宗教法人令に変わって、昭和二六年に宗教法人法が施行され、一部改正を経て現在に至っている。

表3　戦後の新宗教

包括団体名	昭和39年10月現在	平成23年12月現在（宗教法人のみ）	所在地	代表者氏名
至誠真柱教	大孝大教会	大孝大教会	本町2—41—13	岩本　カツ
	東京大嶽大教会	東京大嶽大教会	笹塚2—5—7	峰村　まつ子
神道大成教	天善教会		穏田1—97	飯田　金吾
		天照山神社分祠	神宮前6—5—3	飯田　典親
金光教	代々木教会	代々木教会	笹塚2—31—19	湯川　太郎
	青山教会	神宮教会	神宮前2—26—2→千駄ヶ谷2—4	江口　雅子
	麻布教会	麻布教会	恵比寿4—12—11	松本　信吉
神道大教	心大教教会		穏田3—79	品川　聖平
	天聖天佑伸支教会		代々木山谷町437	中里　タノ
扶桑教	安世教会		笹塚3—25	小林　まつ
神習教	大洋講社		幡ヶ谷本町2—761	鈴木　タエ
出雲大社教	初台教会		初台1—15	椎名　胤秀
すめら教	大師教会		長谷戸町4	織田　貞子
	池光教会		神泉町21	石川　禎
日本教部宗祖自修団	天皇道和光堂	天皇道和光堂	永住町32→東3—1—3	熊田　貴子
惟神会	惟神会	惟神会	大和田町95→桜丘町30—11	川俣　均→永原　達也

日本山妙法寺大僧伽	東京中僧伽	東京中僧伽	神泉町30→神泉町8－7	栗田　行純→武田　隆雄
妙智會教団	妙智會教団本部教会	妙智會教団本部教会	代々木3－3－3	宮本　惠司
辯天宗	東京別院	東京別院	渋谷1－11－16	大森　光祥
東京第一科学者キリスト教会	東京第一科学者キリスト教会	東京第一科学者キリスト教会	神宮前5－6－3	坪井　靖子
道会	道会	道会	神山町21－11	志藤　初
天理教	本道分教会	本道分教会	本町6－1－25	遠田　道一
	平幡分教会	平幡分教会	幡ヶ谷1－25－10	栗原　徹夫
	本明王分教会	本明王分教会	初台2－8－5	本多　重晴
	本義分教会	本義分教会	幡ヶ谷2－17－12	可児　義規
	本晟分教会	本晟分教会	幡ヶ谷3－44－7	鈴木　みち
	真友分教会	真友分教会	本町4－26－14	小井塚　廣文
	東右京分教会	東右京分教会	笹塚3－28－2	和田　道興
	本冨久分教会	本冨久分教会	笹塚1－36－1	西澤　繁樹
	渋谷分教会	渋谷分教会	神宮前3－2－16	永島　宗行
	鶉山分教会	鶉山分教会	千駄ヶ谷5－18－11	坂本　泰国
	道博分教会	道博分教会	鉢山町5－4	酒井　道子
	本豊分教会	本豊分教会	恵比寿2－21－16	川名　良造
	本代分教会	本代分教会	笹塚3－50－7	酒井　俊昭
	東道分教会	東道分教会	本町5－15－7	鴻野　秀次
	江都分教会	江都分教会	本町1－21－10	杉浦　成和
	豊正分教会	豊正分教会	幡ヶ谷2－41－3	板橋　操
	本中美分教会	本中美分教会	本町6－14－18	高橋　年行
	東中央大教会	東中央大教会	神宮前5－14－2	柏木　大明
	日之久分教会		幡ヶ谷3－29－9	川崎　富子
	笹安分教会		幡ヶ谷3－75－3	田中　治子

道代分教会	西原2―28―16	三本　元之
紀元分教会	幡ヶ谷2―9	後藤　タカ
本豁分教会	恵比寿東3―10	渡辺　政子
本蒼分教会	幡ヶ谷2―47	渡辺　シズエ
浜西分教会	猿楽町1	坂口　儀
本中幡分教会	幡ヶ谷2―18	榎本　イ子
都暢分教会	代々木山谷町305	高安　栄枝
深中分教会	羽沢町31	鈴木　光蔵
東曙分教会	本町6―15	伊藤　金弘
神館分教会	原宿2―170	小島　初江
東中央大教会	穏田1―9	柏木　大安
四谷分教会	代々木1―31	清水　藤次郎
本中美分教会	本町6―14	高橋　誠一
理野郷分教会	本町6―33	藤丸　満夫
実央分教会	原宿2―170	石丸　茂
保笹分教会	笹塚2―24	雨宮　治平
本芝富分教会	富ヶ谷1―51	大塚　勇
本美分教会	恵比寿日1―10	天海　利雄
東竹分教会	上原3―21	柴田　あさよ
神京分教会	本町5―1	満丸　栄蔵
東本陽分教会	原宿2―170	柏木　正幹
大竝分教会	初台1―32	菊池　清子
保代分教会	初台1―41	大沢　釜太郎
地久分教会	代々木深町1610	小林　輝
本羽中分教会	松濤町5	中村　こと

	本羽上分教会		永住町50	渡辺　武治
	愛中分教会		猿楽町22	国井　貞一
	東大門分教会		穏田1—9	磯部　勝膳
	東神江分教会		代々木2—36	江崎　護
		東苓分教会	笹塚1—24—13	大仁田　英輔
単立法人		生昇会	東4—9—4	クレイブ　良和

明治以降の渋谷における新宗教の変化を見たときに、いくつか気づくことがある。まず第一は、教派神道の教会の減少である。近世に、民衆の間に広く浸透していた講を活動母体として形成された教派神道、とくに富士信仰に関わる扶桑教や実行教などの教団は、少なくとも渋谷駅周辺からは姿を消した。

第二に、幕末維新期に多くの人々を信者として教勢を拡大していった天理教や金光教は、しだいに教会数を増やし、渋谷区における一大勢力となったが、戦後は減少を続けて今日に至っている。

天理教は、明治一四（一八八一）年に設立された下田支教会足柄出張所東京布教所を嚆矢とし、大正五（一九一六）年には三教会、昭和七年に六教会、昭和一三年には五三教会と大きく増加し、現在の宗教法人法（昭和二六年）施行後も、五〇教会（昭和三一年）を維持していた。しかしながら、その後減少し、平成二一年には二三教会までに減少した。とくに繁華街の渋谷には、教会が多かった時期も教会が設けられたことがない。

第三に、新宗教の勃興期を、幕末維新、大正末から昭和初期、戦後、二〇世紀末の四期とすると、第三期を代表するＰＬ教団と生長の家が渋谷区に位置している。しかし、その活動は必ずしも活発とはいえない状況である。

第四に、戦後になって急速に信者数を増やしていった霊友会、立正佼成会、高度経済成長期に巨大化した創価学会は、渋谷駅周辺に見られない。こうした全国的な規模を持つ教団であるから、各地域はブロックなど、布教の区域の中に収められているが、活動の拠点は離れている。

統一教会本部

霊感商法

「統一教会が実質指揮」

福岡地裁判決

3700万円支払い命令

「献金しないと先祖のたたりがある」と不安をあおって多額の献金をさせたり、印鑑などを買わせる霊感商法は世界基督教統一神霊協会（統一教会）による組織ぐるみの不法行為だとして、福岡市内の女性二人が統一教会を相手に約四千九百万円の損害賠償を求めた訴訟の判決が二十七日午前、福岡地裁（中山弘幸裁判長）で言い渡された。中山裁判長は「献金勧誘行為は社会的に相当とはいえず違法で、信者と教会との間には実質的な指揮監督関係があった」と述べ、統一教会の責任を認め、献金額に慰謝料も含めた計三千七百六十万円を支払うよう命じた。

全国霊感商法対策弁護士連絡会によると、霊感商法をめぐる訴訟は係争分だけで全国に約二十件あるが、裁判所が同協会との絡みで統一教会の責任を認めたのは初めて。

判決はまず、統一教会の信者らによる原告二人に対する行為は「信者らにとって布教活動の一環として行われたものであったとしても、その目的、方法、結果において到底社会的に相当な行為とはいえない」として民法七〇九条の不法行為にあたると認めた。

さらに、信者らは「いわゆる霊感商法や献金を求める行為は教会の教えに基づいた実践であると理解していた」とした。

そのうえで、統一教会と信者との関係について「身も心も教会にささげて、教会のために活動する信者ら

霊感商法の被害を報じる新聞
（平成6年5月27日・朝日新聞夕刊）

おわりに――世紀末と渋谷

東京でもっとも華やかな町であった新宿から、賑わいが渋谷へと明確に移行していくのは一九七〇年代になってからである。昭和四八（一九七三）年にパルコが開店し、その後、若者文化発信の町へと変貌していく。

社会との摩擦を繰り返す教団が渋谷に目立つようになるのは、そうした時期以降である。昼間人口と夜間人口の差が急速に拡大し、ターミナル駅としての機能が拡大していった。パルコ、センター街、SHIBUYA109を中心に若者が集まりはじめ、時代の先端を行くファッション、文化を生み出していった。平日も休日も、多様で渋谷に住まない人々が街を埋め尽くすようになる。匿名で孤立し不安を抱えた人々に不可解な手をさしのべる団体が現れ始めた。

本論の冒頭でも記した、比較的渋谷の地に関わりを持った二教団を今少し詳しく取り上げてみよう。

世界基督教統一神霊協会（統一教会）と霊感商法

統一教会が日本で最初に礼拝を行ったのは、昭和三四（一九五九）年一〇月、新宿区にあった雄鶏舎という時計店の二階であった。教会は入教していた東京都渋谷区東北沢の熱心な信者の土地を譲り受け、センターを建設し

た。統一教会が東京都から宗教法人として認証されたのは昭和三九年で、設立場所は現在本部のある渋谷区松濤であった。

本部が渋谷にあるせいか、渋谷には多くの関連企業が置かれている。関連企業のひとつ世界日報社は、かつてＪＲ渋谷駅前ビルに電光看板を設けていた。本部前にある愛美書店では、多くの関連書籍が置かれている。渋谷には他にも渋谷教会（宇田川町三七―一七　宮坂ビル２Ｆ）がある。

霊感商法は一九八〇年代になって社会問題化した。霊感商法とは悪質商法の一種で、霊感があるかのように振舞うことで、不幸の原因が先祖の因縁や霊の祟りであるとして、不当に高額な金銭などを取る商法である。被害者弁護団によると、統一教会による被害総額は年間四〇億円に上る。

平成二一（二〇〇九）年六月一一日の印鑑販売をめぐる特定商取引法違反事件では警視庁公安部が渋谷教会に対する家宅捜索に乗り出した。

法の華三法行代表・福永法源

法の華三法行の巨額詐欺事件

警視庁と静岡県警の合同捜査本部は平成一一（一九九九）年一二月一日、静岡県富士市にある宗教法人法の華三法行の教団本部など、北海道から福岡県まで九都道府県の教団施設・幹部の自宅など計七四カ所に対し詐欺容疑により一斉捜査を行った。

家族の病気に悩んで個人面談に訪れた主婦三人に対して足裏診断を行い、「このままではがんになる」などと述べ、富士市の天声村で開催される研修に誘い、多額の研修費を納めさせた。研修後も掛け軸代、水子供養代を請求し、一人あたり二二五万円から一千万円を支払わせていた。

強制捜査に対して教団側は、足裏診断の正当性を主張し、お金を出すことは「身銭を切るという大切な行」と述べるなど、宗教的行為であることを強調した。

平成一二年四月二八日福岡地裁は、詐欺的脅迫的に研修費などの名目で多額の金銭を支払わされ被害を受けたとして二七人が総額二億三千七百万円の賠償請求を求めていた訴訟で、教団の組織的不法行為を認め、教団と福永元代表に対して支払いを命じた。

裁判長は判決で、足裏診断は研修に勧誘するための悪質な手段であり、福永元代表だけが聞くことのできるとされる天声も金を出させるための手段にすぎないと指摘した。教団側が宗教上の喜捨金などを宗教団体行為であることを強調したのに対して、社会通念に照らして教団活動が組織的な不法行為であると判断した。

さらに合同捜査本部は同年五月九日、元代表の福永法源をはじめ教団の最高幹部一二人を詐欺の疑いで逮捕し、教団施設など一八カ所を家宅捜査した。教団をめぐる詐欺事件は教祖の逮捕にまでいたったことになる。

法の華三法行の詐欺も、渋谷を中心に行われたわけではない。それでも教団が松濤という渋谷駅に隣接した高級住宅地に施設を持つことには十分な意味があったと思われるのである。

どの事件も、あるいは教団もとくに渋谷を意識して活動しているという事実は把握できなかった。それでも、社会との特異な関係を持つ教団がこうも渋谷に引き寄せられてくることには何らかの意味が、たとえ教団や信者が意識していなくても、存在するのではないだろうか。

第七章　「渋谷」の小さな神々

秋野　淳一

はじめに

若者の街「渋谷」。渋谷SHIBUYA109やスクランブル交差点、センター街など、私たちがイメージする「渋谷」は、渋谷駅からほど近い場所に広がっている。しかし、この「渋谷」には、様々な「小さな神々」が存在していることをご存じだろうか。例えば、待ち合わせ場所としても名高い、渋谷駅前のハチ公の銅像。実は年一回、神社の神職を招いて慰霊祭が行われている。東急東横店や西武渋谷店といったデパートやビルの屋上には小祠（小さな神社）が祀られている。地蔵や道祖神、慰霊碑も存在する。さらには、信仰の対象には今のところなっていないようだが、何らかの願いや思いが込められた様々なモニュメントが街角に立てられている。意外にも、渋谷駅から程近い距離にこれらの神々は祀られているのである。

そこで、本章では、渋谷駅前のハチ公銅像を起点に「渋谷」の街を巡り歩きながら、これらの神々について紹介していきたい。そして、そこから浮かび上がる「渋谷」について考えてみたいと思う。

第一節　ハチ公前広場から公園通り・渋谷センター街に坐す神々

1　渋谷駅前のハチ公の銅像と慰霊祭

「渋谷」の待ち合わせ場所として有名なハチ公の銅像は、ＪＲ渋谷駅・ハチ公口の渋谷駅前広場にある。秋田犬の「ハチ」は、飼い主である上野英三郎博士の帰りを渋谷駅まで迎えに行き、上野博士が亡くなった後も、渋谷駅に迎えに行って上野博士の帰りを待ち続けた。その姿が人々の共感を呼んで「忠犬ハチ公」の名で親しまれ、昭和九（一九三四）年四月二一日に渋谷駅前にハチ公銅像が建てられた。しかし、翌昭和一〇年にハチは亡くなった。その後、渋谷駅のハチ公銅像は、昭和一九年、戦時下の金属回収令によって供出し撤去された。そして、戦後、渋谷駅にハチ公銅像は再建され、今日に至っている。しかし、現在、毎年四月八日にハチ公の慰霊祭が行われていることは案外知られていない。ハチ公の命日の三月八日の一か月後に行なわれている。そこで、ここでは、平成二四（二〇一二）年四月八日（日）に行われたハチ公慰霊祭の模様と戦後の慰霊祭の変遷について、ごく一部を紹介しておきたい。

慰霊されるハチ公銅像

（1）ハチ公慰霊祭の現在

四月八日の正午からハチ公銅像前にて慰霊祭が行われた。参列者は、約六〇名であった。ハチ公周辺は柵で仕切られ、関係者以外の立ち入りが制限させていた。それでも、柵の外側から多くの見物人が携帯やカメラで写真に収めていた。警備員は、通路のため柵の前で立ち止まることをやめるように促していた。ハチ公銅像の周辺には、西武渋谷店、パルコ渋谷店、東急グループ、秋田犬保存会、秋田県大館市などから贈られたお花が飾られていた。

慰霊祭はまず、司会から開会の挨拶がなされる。次に、主催者である忠犬ハチ公銅像保存会会長（東急電鉄）から挨拶がなされる。そして、来賓である渋谷区長と渋谷区議会議長が挨拶をしたあと、金王八幡宮の神職によって祭典が始められる。ハチ公銅像と参列者に対してお祓い（修祓）をした後、宮司がハチ公像に深々と頭をさげる「祭主一拝」を行う。そして、お供えものをハチ公像に献じる「献饌」（供えられた御神酒の蓋を開ける）をしてから、ハチ公銅像に向かって祝詞を奏上する。「祝詞奏上」が終わると、「玉串奉奠」が行われる。まず、宮司が玉串をハチ公像に奉げ参拝する。次に、①忠犬ハチ公銅像保存会会長、②渋谷区長、③渋谷区議会議長、④上野和人氏（上野博士の孫）、⑤秋田県大館市副市長、⑥渋谷警察署署長、⑦渋谷消防署署長、⑧東京商工会議所渋谷支部長、⑨渋谷税務署副署長、⑩忠犬ハチ公銅像保存会名誉会長、⑪銅像製作者・安藤氏、⑫その他の参列者一同が玉串をハチ公像に捧げ、手を合わせて参拝する。玉串奉奠が終わると、供え物が下げられる「撤饌」（供えられた御神酒の蓋を閉める）、再び「祭主一拝」がなされる。さらに、忠犬ハチ公銅像保存会会長と渋谷区長が花輪をハチ公銅像の首に掛ける「花輪献上」が行われる。最後に司会から閉会の挨拶がなされ、一二時四五分頃、慰霊祭は終了する。参列者は一三時から渋谷エクセルホテルに会場を移して、懇親会を行う。

（2）戦後のハチ公慰霊祭の変遷

昭和二三（一九四八）年の八月一五日、渋谷駅の軒下にハチ公銅像が再建され、その翌二四年の四月三日には渋谷駅前広場で全国秋田犬コンクールとともに慰霊祭が行われている（『朝日新聞』、昭和二四年四月四日付）。その後、ハチ公

ハチ公慰霊祭の光景（平成２４年）

銅像は渋谷駅の軒下から駅前広場中央に移された。昭和二八年の一一月八日には、ハチ公銅像に秋田犬の三頭が先輩の偉業をたたえてチャンチャンコとカーネーションのレイの首輪を贈っている（『朝日新聞』夕刊、昭和二八年の一一月八日付）。これは秋田県主催で都内に開かれた「産業と観光展」にちなんだもので、午後からは東横デパートの屋上で「ハチ公祭」が催された。詳細は不明であるが、デパートの屋上で遊ぶ子供たちやアベックも、上野動物園長や動物愛護会理事長らの講演に耳を傾けたという。

昭和三一年八月一五日には、ハチ公銅像が昭和二三年八月一五日に再建されたのを記念して「第一回ハチ公祭」が行われた。東映の女優やミスＱＲなどを乗せた宣伝カーやオープンカーが青山墓地のハチ公の墓と渋谷駅前の銅像をめぐって花やかな自動車行進を行い、墓と銅像の前にはハチ公が生前好物だったヤキトリなどが供えられた。銅像前では幡ヶ谷小学校児童の作文朗読が行われた。また自動車行進は二子玉川まで延ばし、ここではハチ公祭を記念して都内の保護施設の子ども五百人を招き、夜遅くまで野球教室や演芸会が開かれた（『朝日新聞』、昭和三一年八月一六日付）。このハチ公祭の翌月の九月には地下街工事によって渋谷駅軒下に移動している。そして、地下街工事が終わり、昭和三二年一一月四日には新設された「ハチ公小公園」に移された。この際、ハチ公像維持会ではハチ公の新移転を機会に盛大な「ハチ公祭り」を行い、ハチ公をたたえる運動資金と新会員を集めようと計画し、準備委員会が設置された。準備委員会の初会合では、「①ハチ公祭りを年中行事にする。その時期をこんどの地下街落成式と一緒にやるか、中元、歳末大売出しのころにするが、サクラの咲くころか、それともハチ公命日の八月一五日にするかを決める②ハチ公祭りを渋谷名物に盛り上げるため、東横デパート、各商店街、交通機関が協力する③PRとしてはハチ公を〝食いもの〟にするのはどうかと思われるが〝ハチ公マンジュウ〟といったものを売出す」（『読売新聞』、昭和三三年一一月一一日付）ことなどが検討されたという。

昭和三七年四月八日には、午後から銅像前で「ハチ公まつり」が行われている。ハチ公像は、周囲を地元の人たちが持ち寄った花輪やサクラの造花で飾られ、カーネーションの首輪が付けられた。そして、神職による祝詞奏上が行われ、忠犬ハチ公銅像維持会の関係者が参列して、その「遺徳」を偲んだという（『朝日新聞』、昭和三七年四月九日付）。翌三八年の三月八日、ハチ公の命日に、銅像維持会員や渋谷駅長ら一〇人によって、ハチ公像に花で編んだ首輪をかけ、果物や草花をお供えして飾った後、青山墓地にある上野英三郎博士とハチ公の墓前で供養を行っている（『朝日新聞』、昭和三八年三月九日）。

昭和四〇年四月八日には、没後三〇年を記念してハチ公像前で慰霊祭が行われた。銅像には美しいレイが掛けられ、果物やマンジュウ、ハチ公の好物だった焼き鳥などが供えられた。渋谷駅開業八〇周年記念行事で一日駅長を務めた日活女優の芦川いずみ氏や再建されたハチ公銅像の台座の題字を刻んだ当時小学生であった羽島（旧姓佐々木）敦子氏らも参列し、約千人の観衆が詰めかけたという（『読売新聞』、昭和四〇年四月九日付）。また昭和四三年四月八日にも忠犬ハチ公銅像維持会の主催で慰霊祭が行われた。広場には造花のサクラやボンボリの飾りがなされ、ハチ公銅像にはレイがかけられ、焼き鳥・マンジュウ・果物かごなどが供えられた。地元商店街の関係者や通行人も約百人が参列する中で慰霊祭は行われ、神職によるお祓いの後、渋谷駅長や渋谷区長らが玉串を捧げ、「今後も渋谷の発展を見守って下さい」と祈願したという（『読売新聞』、昭和四三年四月九日）。

昭和六一年四月八日、忠犬ハチ公銅像維持会が主催してハチ公慰霊祭が行われた。生まれ故郷の秋田県大館市からハチ公と同じ秋田犬も参加して子供たちの人気を呼んでいたという（『読売新聞』、昭和六一年四月九日付）。以上のように、ハチ公慰霊祭は昭和三〇年代、ハチ公をモチーフとした祭りに発展した時期があり、集客への期待がハチ公に託されていたことが窺える。

西武渋谷店の東伏見稲荷大神（遠景）

西武渋谷店の東伏見稲荷大神（近景）

2　西武渋谷店の東伏見稲荷大神

スクランブル交差点を渡り、渋谷センター街には入らずに、公園通り方向に進むとすぐ左側に西武渋谷店（旧・西武百貨店渋谷店）がみえてくる。手前にあるのが西武渋谷店A館であるが、「井の頭通り入口」交差点の信号を横断した反対側に西武渋谷店のB館がある。

実はB館の屋上には稲荷神社が祀られている。現在B館屋上は、屋上フリースペース立入禁止のため、一般の方の見学はできないが、閉鎖中の出入口の窓から、その姿をわずかに見ることができる。植木をあたかも「鎮守の森」に見立てたように配置した合間から、赤い鳥居が見える。この鳥居は入口の鳥居で、二つ目の鳥居には「東伏見稲荷大神」の額面が付けられている。そして、その後ろの左右に燈籠を配置し、奥には台に載せられた小さな祠がある。その下には賽銭箱が置かれている。祠の左右には榊を供える台と狐の像がある。祀られている神さまは東伏見稲荷大神である。

西武渋谷店の担当者によると、そもそも東伏見稲荷大神を祀るようになったのは、現在の西武池袋本店（旧・西武百貨店池袋本店）を開店する際に、京都の伏見稲荷を祀ったのが発祥という。現在でも、池袋本店の屋上には伏見稲荷大神が祀られている。そうした縁があって、商売繁盛を願って、伏見稲荷を分霊した東京の東伏見稲荷を祀ったという。昭和四三（一九六八）年に渋谷店はオープンするが、開店当初からB館屋上に祀っている。

毎月一日の午前中（開店前）、管理職一同約三〇名が参拝する。幟を左右に二本立て、榊を上げ、米・塩・水・果物・スルメイカ・油揚げ・野菜などを供え、賽銭を上げて一・二名ずつ順番にお参りをする。また、新年の営業開始日に当たる正月二日にも、管理職一同で参拝を行っている。

3 ロフトの道祖神

西武渋谷店B館を出て、A館との間を通る井の頭通りを東急ハンズ方面に向かって進むと、右側に西武渋谷店ロフト館がある。その入口に道祖神があり、花が供えられている。

渋谷ロフト館の担当者によると、この道祖神は昭和六二（一九八七）年、渋谷西武ロフト館ができる時にロフト館の脇の「間坂」（まさか）に道のシンボルとして、坂沿いに井戸・燈籠などともに作られた。古くからの日本の風景をモチーフとして坂の途中に作ったという。

ロフトの道祖神

道祖神を作ると、拝む方がいて、お賽銭のように小銭を置いていく方がいた。そこで、むげにもできないので、お花を供えているという。花は定期的にお花屋さんに頼んで交換してもらっている。道祖神をお参りしている人は実際には見たことはないが、早朝お参りをされているようで、一円玉が上がっているのを見たことがあるという。

NANAKO像

4　NANAKO像

渋谷ロフト館の脇の「間坂」を登っていき、公園通りに出たら左折する。そして、山手教会の手前、シブヤ西武モヴィータ館の前に、招き猫のような銅像があるのをご存じだろうか。この銅像は、NANAKO像とよばれ、昭和六一（一九八六）年にハチ公に代わる待ち合わせ場所として作られたものである。「NANAKO」の名は公募によって選ばれた（『地域情報誌 大向界隈』No.28、渋谷区役所大向事務所、平成一五年）。シブヤ西武モヴィータ館のホームページによると、「NANAKO」は、ハチ公の「8」に対して、「7」（NANA）なのだという。ハチ公の「雄」に対して、NANAKOは「雌」である。銅像の後ろに回ってみると、「寅年参月石工」の銘が刻まれている。しかし、銅像には小銭が供えられてはいない。

平成元（一九八九）年一二月四日付の『朝日新聞』には「ライバル道玄坂をキャッといわせたい」という記事が掲載されている。それによると、渋谷公園通り商店街振興組合が歳末交通安全キャンペーンの一つとして一二月三日に「公園通り猫まつり」が開催されたという。仮装行列で有名なベルギーのイーブルの猫まつりにヒントを得て、映画「公園通りの猫たち」を封切る東映のバックアップを得て実現したという。中心のイベントは賞金付きの街頭仮装猫パレードだという。「ライバルの道玄坂は、ハチ公に代表される犬の街。うちは猫で勝負したい」といい、いずれは公園通りの暮れの恒例イベントにしたいという。「公園通り」対「道玄坂」の対抗関係は、「イヌ」対「ネコ」という形を借りて競い合っている。しかし、NANAKO像の前で待ち合わせをする人はほとんどみられない。

5 近江美容室の伏見稲荷

シブヤ西武モヴィータ館から公園通りをNHK放送センター方面に登っていく。そして、「渋谷区役所前」交差点に立つと、六階建てのアップル近江ビルの屋上に、緑の木々の合間から赤い鳥居が見える。この鳥居は、六階の近江美容室の伏見稲荷のものである。オーナーのR・O氏（昭和七年生）によると、愛知県の犬山から名古屋に移られた後、東京オリンピックが開催された昭和三九（一九六四）年に東京に移った。O家では先祖代々、鬼門祀りをしていて、O家の移転と一緒に伏見稲荷も移動した。稲荷には、毎朝のお参りの他、毎月一日と一五日に水・榊・米を供えてお参りする。また、美容室の新しいスタッフが入った時やO家の一族が来店した際に、お供えして参拝する。祭りは、毎年二月の初午に近くの北谷稲荷神社の宮司を招いて、管理会社と美容室が参列して祭典を行う。以前は、ビルの全テナントから御神酒をお供えし、全テナントで祀ったという。

R・O氏は二〇歳頃、疎開先の愛知県の犬山で美容室を始め、二三、四歳頃、名古屋に出て中日劇場の近くの三階建

伏見稲荷の鳥居（遠景）

伏見稲荷（近景）

てのビルの一階で美容室を営んだ。店の二階は家族の部屋、三階が従業員の部屋で、その脇のベランダに稲荷神社を祀っていた。渋谷に移転した際には四階建てのビルの屋上に祀った。この時から、近くの北谷稲荷神社との付き合いが始まり、現在の宮司さんで三代目であるという。そして昭和六三年にビルの建て替えを行った。現在の六階建てのビルに変わり、稲荷神社も四階から六階へ移動した。建て替えの間、稲荷神社の御霊を北谷稲荷神社へ遷し、建て替えが終わった際に、御霊を戻し、遷座祭を行った。そして、北谷稲荷神社の宮司から、稲荷神社の周りに樹木がないのは「曝しものにされているから良くない」といわれ、稲荷神社の周りに植木を置くようになったという。植木を置くようになってから、気持ちも落ち着き、テナントも落ち着いたという。また、美容室の研修生が美容師の試験前に、夜遅くまで研修生二人で実技の練習をしていた。その際、窓の外のベランダを「ふっと白いものが通った」のを見たという。その研修生は試験への合格が難しいと思われていたが、その後、美容師の試験に合格した。その「白いもの」はお稲荷さんであったのではないかと語られている。

このように、近江美容室の伏見稲荷は土地の移転やビルの建て替えなどを経ながらも祀り続けられてきたことがわかる。

6　二・二六事件慰霊碑

「渋谷区役所前」交差点から、渋谷公会堂を左に、NHK放送センターを見ながら、松濤方面に向かうと、左側に渋谷地方合同庁舎（渋谷税務署・東京法務局渋谷出張所）の建物がみえてくる。そして、「渋谷税務署前」の信号までくると左側に、片手を空に向かって上げている観音像がみえる。その下には「慰霊」と書かれていて、祭壇には、花や水が供えられ、線香が手向けられている。これは、二・二六事件慰霊碑である。

二・二六事件は昭和一一（一九三六）年二月二六日、陸軍の青年将校らによって、高橋是清大蔵大臣が殺害され、国会議事堂や首相官邸周辺が占拠された事件である。しかし、なぜこの場所に慰霊碑があるのであろうか。慰霊碑の脇にある碑文には、二・二六事件を起こした青年将校が事件後軍法会議にかけられて東京陸軍刑務所で刑死した。その陸軍刑務所があったのがこの地であり、関係する犠牲者のいっさいの霊を合わせ祀り、事件から三〇年を記念して昭和四〇年二月二六日に慰霊碑建立を発願したと書かれている。

『渋谷ふるさと語り　二十一世紀の孫たちへ』によると、渋谷の町が若者で賑やかになった頃、とても不思議なことが起こった。代々木の陸軍衛戍監獄があった場所にはその後、法務局が建てられたが、法務局の職員が夜残業をしていると、「ザワザワと、何か人の気配がする。」「軍靴の音がする」といい、職員は残業を嫌がった。昭和五六年、ある事務官が赴任し、何も知らずに宿直をしたら理由のわからない死に方をした。その亡くなられた場所はちょうど、二・二六事件で一九名の将校が処刑された正にその場所であった。そのため、昭和五七年の盆に、安全菩薩を祀り、不慮の死を遂げた事務官の冥福を祈り、僧侶を呼んで懇ろに供養した。そして、新合同庁舎ができたときには、大きな慰霊観音が建立されたという（一一六～一一七頁）。

二・二六事件慰霊碑

7　宇田川地蔵

「渋谷税務署前」の交差点から、NHK放送センターを右に見ながら、井の頭通りが交差する「NHKセンター下」の信号まで坂を下りる。ここで、左折して井の頭通りを渋谷センター街へ向かって歩くと、「神南小学校下」の信号の手前、「宇田川町」のバス停の近く、平屋建ての民家の脇に瓦屋根のお堂がある。このお堂の中に宇田川地蔵が祀られている。

宇田川地蔵は、藤田佳世の『大正・渋谷道玄坂』によれば、

宇田川子育地蔵尊

元々は道玄坂の坂下、現在のスクランブル交差点の辺りに祀られていた。祀られていた当時は、辺りには宇田川という川が流れ、その川の畔、宇田川橋のたもとの松の下に宇田川地蔵は祀られていた。そして、日露戦争の直後、道玄坂付近が市街地化し始めた明治四〇（一九〇七）年頃、宇田川を塞いでその上に家屋を建てるため、地蔵は宇田川町の高台に移された。この高台は、現在の西武渋谷店B館裏にあり、近くには衛戍監獄があった。この監獄に勤める息子を持つ老女が宇田川地蔵に花や線香をよく供えていたという。昭和二〇年（一九四五）の五月、米軍の空襲による難を受け、宇田川地蔵は損傷した。その後、宇田川町の現在地に移され、今日に至っている。

8　オーク・ヴィレッジの被官稲荷

宇田川地蔵から井の頭通りを、西武渋谷店方向に向かって進み、「神南小学校下」の交差点を直進する。そして、東急ハンズを過ぎた辺りで右折し、夢二通りを進むと左側に「渋谷BEAMよしもと・ムゲンダイホール」がみえる。その反対に「オーク・ヴィレッジ渋谷」ビルがある。このビルの屋上には稲荷神社が祀られている。ビルの屋上に鳥居と祠があるのが、少し離れた宇田川町駐車場付近から見ることができる。変電施設などがある屋上部分の僅かなスペースに浅草の被官稲荷神社から受けた御札を御神体として祠を祀っている。

オーナーのM・K氏（昭和一八年生）によれば、貸しビルを営まれる前は旅館をしていたというが、その頃から稲荷の御札を室内に祀っていた。昭和五五（一九八〇）年に現在の場所にビルを建て、貸しビルを始めた。その時に、「お稲荷さんを無くすと祟りがある」といわれ、出入りの大工さんに手作りで祠を作って貰い、屋上に稲荷をお祀りしたという。また、旅館の居間に祀っていた「内神宮」と呼ばれる神棚（天照皇大神宮・明治神宮・金王八幡宮の御札を祀った）、屋上につながる最上階の事務室内に祀っている。というのも、「内神宮と稲荷を同じ所に祀ってはいけない」といい、別々に祀っているという。内神宮の氏神札は、毎年金王八幡宮から頂いているが、「被官稲荷大神」の御札は二、三年に一回の割合で何かの折に新しい御札に取り替えるという。

稲荷へは、昔は毎日、御飯を供えて参拝し、毎月一回（一日）、榊を上げ、油揚げ・御神酒・水を供えて参拝をした。現在では、月に一回水だけは替えるが、カラスが来ていたずらをするため、供物を奉るのを年に一、二度にして、祠にネットを張ったという。かつては、「お姿」（狐の白い像）も祠に祀っていたが、カラスが狙うので飾らなくなった。また、正月を迎えるに当って、注連縄を張り替え、柿を載せた鏡餅を一対、お供えする。

被官稲荷神社の鳥居（遠景・平成 24 年）

被官稲荷神社の祠（近景・平成 21 年）

稲荷を屋上に祀るのは「一番上でないと失礼」との意識があり、ビル化を計画する段階から屋上に稲荷の祠を祀るイメージをしていたという。祠の向きについては、「神さまは北面するのは良くない。南面か東に向くのが良い。北が上座で、南から北へ向うのは自分の地位が低い。」という。また、稲荷の真下に事務所用の部屋があるが、その部屋の会社は「商売が繁盛する」といわれ、実際にその部屋を事務所とした会社が利益を上げたという。その部屋には何かがあるのではないかといわれている。そして、その会社は同じ階の他の部屋へ事務所を移転したが、今でもお稲荷さんにお酒などの供物を供えているという。

M・K氏がお稲荷さんの御札を受けてきた浅草の被官稲荷神社は、浅草寺の隣にある浅草神社の境内末社としてある。浅草の被官稲荷は、安政元（一八五四）年に江戸の町火消の頭領であった新門辰五郎が、妻が重病を患った時に、伏見稲荷に願を掛けたところ、病気が平癒したため、安政二年に伏見稲荷から勧請して祀ったという。被官稲荷への入口には新門辰五郎が奉納したという鳥居がある。「被官」の意味は不明だが、「官を被る」ということから出世を意味していると解され、現在でも多くの参拝者が訪れる。稲荷の一角では、「お姿」（雌雄一対の狐像）を受けることができる。かつては、ここで受けた「お姿」も持ち帰って屋上の稲荷に祀っていたが、現在では「被官稲荷大神」の御札を取り替えるのみである。

第二節　松濤から道玄坂に坐す神々

次に、オーク・ヴィレッジ渋谷から、夢二通りを東急百貨店本店の前に出て右折し、東急文化村を過ぎて神山町方面へ進む。そして、左側に、宗教法人世界基督教統一神霊協会の本部がある「神山町東」の信号を左折すると、やがて閑静な松濤に入ってくる。

1　社団法人観世会の能楽堂と正一位観世稲荷社

「神山町東」の信号からしばらく道なりに歩いていると、道が左に曲がるが、すぐ横を眺めると木立の中に鳥居がみえる。そして、観世能楽堂の入口がある。中に入っていくと右側に稲荷神社が祀られている。小さな朱塗りの鳥居と由緒が書かれた案内板が入口にある。

二六世観世宗家の観世清和氏によると、観世家は室町幕府から京都の西陣に「観世屋敷」を与えられたが、徳川家康の江戸開府とともに、観世家も江戸に移った。その際、氏神も江戸に持ってきた。一方、京都市上京区の屋敷跡は観世町と呼ばれ、現在でも観世龍王社とともに観世稲荷社が祀られている。観世稲荷は「一足稲荷」とも呼ばれるが、いつ頃から祀られているかは定かではないという。松濤にある観世稲荷社は、清和氏の祖父（二四世）が京都の伏見稲荷から勧請したといい、松濤の観世稲荷社は港区の愛宕神社の神職にお願いをして祭祀を行っているという。

観世能楽堂の観世稲荷神社

2　栄和町会の大山稲荷神社

観世能楽堂から、東急文化村・東急百貨店本店の方へ坂道を下っていくと、向かって左側、都知事公館の手前に小さな森がひっそりとある。この鎮守の森が大山稲荷神社である。神社の入口には、左右に狛犬ではなく、狐の像が一対立っていて、二つの鳥居が設けられている。奥には拝殿と本殿があり、左側には神輿などを収納した祭典庫がある。

大山稲荷神社を祀る栄和町会によると、毎年二月（初午祭）と一一月に金王八幡宮の神職を招いて祭典を行っている。参列者は栄和町会の関係者であるが、近年は参列者が減少したという。また、九月の金王八幡宮の例大祭には、大山稲荷神社の祭典庫から栄和町会の神輿を出し、SHIBUYA109前へ集合し、式典のあと、道玄坂神輿連合渡御を行っている。栄和町会の御神酒所は、東急百貨店本店脇に作られる。

平成二一（二〇〇九）年には、東急文化村の二〇周年を記念して、七月五日の日曜日に「第一回渋谷時代祭」が開催された。その際、東急文化村の地元である栄和町会の神輿が一基参加した。時代祭当日、一一時から大山稲荷神社で、金王八幡宮の神職により祭典が行なわれた後、神輿は東急百貨店本店（一一時半）、SHIBUYA109（一二時二〇分）、東急百貨店本店の順に巡った後、再び大山稲荷神社に戻り、直会となった。

栄和町会の大山稲荷神社

3　円山町の道玄坂地蔵

大山稲荷神社から坂道を下って東急文化村・東急百貨店本店の裏側を通り、東急百貨店本店を左にみながら「松濤郵便局前」の信号を横断し、「道玄坂上交番前」の信号へ続く坂道を登っていく。二つ目の十字路、スペースタワーの手前、ホテルルペイブランの先を左折し、しばらくいくと再び十字路に出る。左側に「三長」という料亭があるが、十字路を渡った料亭の一角にお堂がみえ、中にお地蔵さんが祀られているのがわかる。これが道玄坂地蔵である。円山町のホテル街の一角に祀られている。お地蔵さんには、花や缶コーヒーが供えられている。また、面白いことに、口元に口紅のような紅い色が付けられている。

道玄坂地蔵は、豊沢地蔵とよばれ、元は道玄坂上にあった。宝永三（一七〇六）年という古さを持つといわれ、多摩

道玄坂地蔵

川三十六地蔵の一つとして四の日の縁日は大いに賑わった。特に、大正四（一九一五）年頃と大正七・八年頃が最も賑わったという（『渋谷区史』九七〇～九七一頁）。松川二郎は『全国花街めぐり』の中で「渋谷の街」を取り上げ、道玄坂上にあった道玄坂地蔵について、「古い話をするなら、今の神泉谷あたりは往時は「隠亡谷戸」と云つて、火葬場だつた處である。ここで荼毘に附した亡者の冥福を祈る爲に、建立した大きな石の地藏尊が、今でも彼の坂上の交番の隣に、『石　北澤道』など書いた石標と共に残って居るのを知る人があるや否や、背に「文化三年」と刻んである。文化三年といへば春花秋雨こゝに百餘年、曩には火葬場への曲り角に立つて冥界の道案内者、今日は花街の守護佛？藝妓から赤いよだれ掛などを贈られて艶めかしく、地藏さまも定めて感慨無量であらう。將たそれとも、予が職掌は六道の能化、色の道だけは管轄外ぢやと苦り切つて在す乎。兎に角花街の入口に、巡査とならんで地藏尊が立つておはすは無類の奇觀である。この地藏さまと、仲吉の「はだか甚句」などがまづ道玄坂名物であらう。」（一四六頁）と紹介している。ここで興味深いのは、この辺りは、昔は火葬場であって荼毘に付した亡者の冥福を祈るために地蔵を建立したという伝承である。昭和二五（一九五〇）年一〇月五日発行の『渋谷区ニュース』（四七号、渋谷区役所）によると、火葬場の供養のために地蔵が建てられたという伝承を紹介し、昭和七・八年頃の道玄坂改修前に交番の後ろにあった地蔵を現在の場所へ移したという。道玄坂上商店街では南平台有志と共同で上通り四丁目七番地先にある道玄坂地蔵尊の地蔵まつりを一〇月中旬頃行う計画を立てているとしている。地蔵講を作って毎月六回（十日に二回ずつ）の割合で供養を行い、その日は縁日を開き、付近の商店は割引売出しを行うというものである。地蔵の所有者は高橋三枝氏で、地蔵にはよく香花が供えられていたという。また、飯沼彦一郎の「道玄坂地蔵二世の由来」（『地域情報誌 大向界隈』No.15、渋谷区役所大向出張所、平成一二年、所収）によれば、交番の脇にあった地蔵は二度の火災で焼失し、焼失して一年くらい経った頃、渋谷松竹劇場主（当時）の高橋長衛門という人の寄付で道玄坂地蔵二世を作り、昭和新道（円山町の三長という料亭の側）に祀ったとしている。

平成九（一九九七）年三月一九日、東京電力のOLが円山町のアパートから遺体で発見される。殺害によって様々な事実が浮き彫りになっていく。佐野眞一は『東電OL殺人事件』の中で、東京電力本社で働いたあと、渋谷駅で降り、SHIBUYA109の女子トイレに入って化粧を施し、道玄坂を登り、円山町のラブホテル街を抜けて道玄坂地蔵のお堂の前に立ち、道行く男性に声を掛けて売春をしたという。こうしたことも影響したせいか、インターネット上では道玄坂地蔵は東電OLの名前を取って「泰子地蔵」とよばれている。

4　道玄坂のモニュメント・「時の化石」

道玄坂地蔵から来た道をホテルルペイブランのある十字路まで戻り、そこを右折すると「道玄坂上交番前」の交差点に出る。そこから道玄坂を渋谷駅方面に下っていくと、SHIBUYA109の付近に様々なモニュメントがあるのに気がつくだろうか。ひときわ目立つのが、109正面脇にある、大きな卵の上に小さな卵を載せたような石像がある。これは「時の化石」と名付けられた石像で、彫刻家・大木達美氏によって平成三（一九九一）年に設置されたものである。ユーモラスなデザインが目を引くことから待ち合わせ場所としても使われている。

「時の化石」が設置される一〇年前、円山町の風俗街が繁盛していて、道玄坂周辺の電話ボックスには業者のピンクビラがびっしりと張られていた。道玄坂商店街振興組合の若手が連日、パトロールやビラ回収に走りまわり、回収したビラが一日二万枚を数えたこともあったという。業者とのいたちごっこが続いたある日、道玄坂商店街振興組合の人が知人である大木氏に相談したところ、「追い立てるばかりでなく、道玄坂を彫刻が置けるような文化的な街並みに変えてみてはどうか」と提案した。その言葉が契機となって、業者追放から文化的なまちづくりへ商店街振興組合の活動はシフトしていった。そして、組合員から募金を集め、道玄坂の歩道を整備し、街路灯を五五基設置した。そして、平成三年七月に、「時の化石」をはじめ七つの像が設置された。それによって「まちの空気は入れ替わったようだった」といい、作品にピンクビラが張られることはなかったという（『読売新聞』平成三年五月四日付）。

5　渋谷駅南口のモヤイ像

SHIBUYA109前からスクランブル交差点まで戻る。そして、今度は東急プラザがある渋谷駅南口に出る。南口の一角にはモヤイ像がある。ここでは待ち合わせをする人が多くみられ、ハチ公像と並ぶ待ち合わせ場所として著名である。モヤイ像は昭和五五（一九八〇）年に新島観光協会によって、新島産の坑化石を使って作られ、設置された。「モ

時の化石

モヤイ像

小松稲荷の鳥居と祠（遠景）

小松稲荷（初午祭・平成23年）

ヤイ」とは、新島の方言で「力を合わせる」を意味する。モヤイ像の表に若者（アニイ）、裏に老人（インジイ）の顔が彫られていて、世代を超えて協力して行く姿を象徴するという。「都会のコンクリートジャングルに助け合いの心が根付いてほしい」との願いが込められているという（『地域情報誌 大向界隈』№28、渋谷区役所大向事務所、平成一五年）。モヤイ像には供えものや小銭が置かれていることは今のところみられない。

6 遠州屋の小松稲荷

渋谷駅南口にある東急プラザの七階から九階のトイレに向う通路の窓から、正面の赤レンガ色の六階建てのビルの屋上に小さな祠が見える。また、近くの路上から屋上を見上げると、コンクリートの台の上に祠が載り、赤い小さな鳥居が一つ建っているのがわかる。この遠州屋の屋上に祀られた祠は小松稲荷という。

遠州屋の代表取締役であるT・I氏（昭和二八年生）によると、元々、遠州屋は現在の道玄坂一丁目の場所に移る前は、現在の宮益坂下の「みずほ銀行渋谷支店」の位置に店があった。現在でもその土地は遠州屋の所有である。天保一二（一八四一）

年から、そこで酒屋を始めたという。お店と住居の中庭に、井戸と一緒に稲荷を祀られていた。中林啓治の『記憶のなかの街　渋谷』には、明治時代の宮益橋付近に遠州屋が（二六・二七頁）、大正三（一九一四）年頃の宮益橋付近の佇まいに遠州屋が描かれている（三三頁）。第二次世界大戦中、山手線から何メートルは強制疎開ということになり、現在の道玄坂の場所に店を移し、店とともに稲荷も移動した。移動の際には、金王八幡宮の神職を招いて遷座祭を執り行った。小松稲荷は元々は町内会で祀っていたものを、町内会の家が途絶えて祀り手がいなくなったため、I家で祀り始めたと伝えられている。現在、毎年二の午の午前中に、六階屋上の稲荷に榊を上げ、油揚げ・メザシ・米・水・塩・御神酒などを供え、幟を立て、T・I氏の御家族で参拝する。その後、太鼓（中ぐらいのもの）を叩いて、近所の特に子どもがいる家に、お稲荷さんとお鮨の入ったお弁当・ヌタ（アサリと小松菜を味噌であえたもの）・御菓子を「お稲荷さんの日なのでよろしくお願いします」と言って配って歩くという。お稲荷さんへの供物や飾りは、その日の夜まで祀っている。その他、正月にもお参りをするという。

平成二三（二〇一一）年は、二月二〇日の日曜日が二の午に当り、屋上の祠に「正一位小松稲荷大明神」の幟を立てて参拝した後、近所の開いている店舗にお弁当とヌタ、御菓子を配った。屋上の祠には供物を供えず、一階の店舗奥に御神鏡と榊を祀った祭壇を設け、塩・米・油揚げ・鰯とメザシ・お饅頭を供えた。お饅頭は休日なので特別に供えたという。宮益坂下にお店があった当時は、金王八幡宮の神職による祭典の後、現在と同じように、太鼓を叩いて近所の子どもがいる家に御菓子などを配って歩いたという。

第三節　渋谷駅東口から青山方面に坐す神々

1　東急百貨店東横店の東横稲荷神社

東急東横店の東横稲荷神社

渋谷駅東口、東急百貨店東横店の東館屋上の一角に東横稲荷神社はひっそりと祀られている。神社の入口には、左右に燈籠が立ち、中に入ると右側に手や口をすすぐための小さな手水舎がある。「東横稲荷神社」と書かれた額面を付けた朱色の鳥居をくぐると、その奥に注連縄を張った小さな祠がある。左右には榊を奉り、ペットボトルの水と日本酒の一升瓶が供えてある。榊は、毎月一日と一五日に新しい榊に替える。神社の周りは樹木が取り囲み、小さな鎮守の森が形成されている。この樹木の手入れは、年末に専門の職人を呼んで行い、注連縄を張り替えて正月を迎える。また、新年の営業開始日に当る正月二日に、東急百貨店東横店の店長以下管理職一同が集合して、新年の参拝を行う。一番大きな祭りは、年一回、二月の初午の日に金王八幡宮の神主さんをお呼びして行う初午祭がある。開店前の午前中、御神酒・鯛・昆布・野菜などの供物をお供して、店長以下の管理職が参列して、商売繁盛を祈願する。一般の方の祭典への参列はできないが、東急東横店の営業時間内であれば、神社への参拝は可能だ。平成二四（二〇一二）年現在、東急東横店のパンフレットには、屋上の施設として「東横稲荷神社」が掲載されている。

東急百貨店東横店の前身、東横百貨店は昭和九（一九三四）年一一月一日

に開店したが、昭和初期の東横百貨店の「店内売場配置図」に、屋上の施設として小鳥・自動木馬・子供自転車とともに「東横稲荷」が見える（『東京横浜電鉄沿革史』六八三〜六八四頁）。開店から三ヶ月を経過した翌・二月一〇〜一三日の三日間、屋上で「東横稲荷初午祭」が行われ、同時に東横百貨店で「全店奉仕賣出し」がなされた（『東京朝日新聞』夕刊、昭和一〇年二月一〇日付広告欄）。初午祭が終了した翌日の二月一四日の午後一時から屋上で「東横稲荷豆まき」が行われた。この豆まきには東映の俳優が参加した（『読売新聞』夕刊・昭和一〇年二月三日付・広告欄、『東京朝日新聞』夕刊・昭和一〇年二月三日付・広告欄）。ここからは、東横稲荷神社は東横百貨店の開店当初から屋上に鎮座し、祭祀が行われていたことがわかる。

なお、同じ渋谷にある東急百貨店本店の屋上には、稲荷神社を祀っていない。

2 日本薬学会長井記念館の壽稲荷

渋谷警察署前から六本木通りを六本木方面に進み、渋谷クロスタワーを過ぎて坂を登っていくと左側に公益社団法人・日本薬学会長井記念館がある。この記念館の一階、ラウンジ前の中庭に壽稲荷が祀られている。

壽稲荷前に立てられた渋谷区教育委員会の案内板によると、江戸時代に信州高島藩下屋敷（諏訪氏）の屋敷神として勧請されたと推定されている。稲荷の右脇には、石造手水鉢があり、そこには明和八（一七七一）年の銘がある。明治一三（一八八〇）年に旧徳島藩医であった長井琳章が高島藩の屋敷地を購入している。その後、琳章の子で薬学者（日本薬学会初代会頭）の長井長義の子孫が昭和三七年に日本薬学会に土地の一部を寄贈した。その際に、壽稲荷も日本薬学会の所有となったとしている。壽稲荷本殿と石造手水鉢は渋谷区の指定有形文化財に指定されている。

日本薬学会のホームページでは、「長井記念館紹介動画」（映像）で壽稲荷について触れ、毎年二の午（二月中旬）に壽稲荷祭を行っていることが紹介されている。また、長井記念館が立地する渋谷二丁目町会の『六十年のあゆみ　そし

て明日へ　渋谷二丁目町会創立六十周年記念誌』によれば、町会の二月の行事として、「薬学会「壽稲荷」祭礼参加」（四八頁）とある。日本薬学会の関係者と地元・渋谷二丁目町会の人たちが参列して祭りが行われていることがわかる。渋谷二丁目のT・K氏（昭和一七年生）によれば、K氏が子どもの頃、長井さんの屋敷に鬱蒼とした森があり、この森の中にお稲荷さんが祀られていたという。渋谷駅からわずかな距離の場所で、祀り手を変えながらも、江戸時代から祀り続けられている稲荷神社の存在に驚かされる。

3　小林ビルの藤田稲荷

日本薬学会長井記念館を出て、六本木通りを「渋谷二丁目」の交差点まで進み、ここを左折して青山学院大学を右手に見ながら、青山通りに交わる「青山学院前」の交差点まで行く。ここで歩道橋を渡り、青山通りの反対側に降りる。そして、今度は、こどもの城を右手に見ながら渋谷方面に戻る。しばらく進むと、都営バスの「渋谷二丁目」のバス停が左側にあり、その前に小林ビルがある。このビルの屋上には、実は稲荷神社が祀られている。しかし、青山通りの路上から見上げることはできない。

屋上に祀られている稲荷神社の名を「藤田稲荷」と呼ぶ。小林ビルのT・K氏（昭和一七年生）によると、藤田稲荷は明治頃からあるという。T氏のお祖母さんの家をY家といったが、Y家は元々、今の東急百貨店本店の方にいて材木屋を営んでいた。江戸時代の末頃である。Y家が入る以前は藤田屋が瀬戸物屋を営んでいたが盗賊の襲撃を受けて皆殺しにあって空地になっていた。Y家はその空地を買って材木屋を始め、その後現在地に移転した。そして、藤田屋が皆殺しに合ってかわいそうだといい、またY家がこっち（現在地）に来て商売が上手くいったため、「藤田」の名をとって「藤田稲荷」として祀るようになったという。Y家のお祖父さんの代のことである。

屋上に祀られた稲荷神社には大小二つの祠がある。T氏の叔母によると、藤田屋には小さな子どもがいて、盗賊の襲撃の際に不幸な目に合ったため、それで祀っているという。小さな祠の方に小さな子どもを祀っているという。中庭に祀っている頃は、大小の祠の大きさが現在のものよりもその差が大きかったという。

その後、Y家の跡継ぎがなくK家で藤田稲荷を祀るようになった。昭和二七、八年頃には、K家の中庭に藤田稲荷を祀っていた。祭りは年に一回、初午の時に行った。昔は近所の人を皆呼んだため沢山の人が集まったという。夕方になると飲みにきていた。戦前の祭りはかなり賑やかであったという。その後、戦争中に祀りは中断したが、戦後、K家によって祀りが続けられる。昭和六二（一九八七）年にビル化し、地上から屋上へ稲荷を遷座した。ビルを建設する間、御霊を氏神の金王八幡宮へ一年半預けていた。また、地上に祀ってあったときの土台だけはとっておいて、ビルが落成した後、すぐに土台を屋上に移し、その上に浅草の業者に依頼して造った社を載せて祀った。鳥居も一緒に作られ祀られた。藤田稲荷は伏見稲荷や豊川稲荷などとは異なる性格のため、鳥居は赤く塗らないという。

K家では二月の初午に金王八幡宮宮司（または神職）を招いて屋上の稲荷前で祭典を行っている。近年、二月は寒いため、三月末から四月初めの午の日に行

小林ビルの藤田稲荷

小林ビル（右側の祠）と青山セブンハイツ（左側の屋根）の藤田稲荷

っている。平成二四（二〇一二）年は四月三日に行われた。祠の前の両側に「藤田稲荷大明神」の旗を立て、お供え餅・米・塩などの供物を供えて祀る。宮司の祝詞奏上のあと、K家の御家族が玉串を捧げ稲荷に参拝する。屋上は家族・近い親戚など一五、六人が参列して行われる。平成二四年は一〇人が参列したという。祭典が終わるとビル内で神職を交えて参列者で直会を行う。

年一回の祭りのほか、K家の当主が毎朝、朝起きると必ず屋上に上がって参拝する。また、一日と一五日には祠を清掃して榊を新しいものに取り替えている。暮れの最後には、松飾りをして注連縄を張っている。

なお、小林ビルに隣接する青山セブンハイツの屋上にも藤田稲荷が祀られている。昭和二五年頃、分祀したという。青山セブンハイツの「セブン」は七人の地主で建てたビルのため「セブンハイツ」と命名したといい、七人の中で一番土地を広く所有している方が屋上の稲荷神社を祀っているという。小林ビルの屋上から隣の青山セブンハイツのビルの屋上に鎮座した藤田稲荷の屋根を微かに見ることができる。

4　学校法人清水学園の「衣は人なり」登美神社

小林ビルから青山通りを渋谷方面に進むと「宮益坂上」の交差点に出る。この交差点から近くのビルの屋上に鳥居と小さな社殿が見える。これは「きもの」（着物）の学校である「学校法人清水学園専門学校　清水とき・きものアカデミア」の九階建てのビルの屋上に祀った「「衣は人なり」登美神社」である。この神社には学園の創設者・清水登美氏を祀っている。「衣は人なり」登美神社の鳥居には、「衣は人なり」の額面を飾り、学園の創設者の衣服への精神を今に伝えている。清水登美氏は平成六（一九九四）年五月一六日に亡くなられ、翌平成七年に現在の学園長の清水とき氏（大正一三年生）によって祀られた。清水とき氏によると、「母のために、きもの（着物）の学校を続けてきたから最後に神社を建てた」といい、創祀に当って金王八幡宮の神職を招いて遷座祭を行ったという。また、屋上に神社を祀るに当って、先ほど紹介した小林ビルの藤田稲荷を参考にしたという。清水登美氏はK家の庭にあった藤田稲荷によくお参りしたという。小林ビルのT・K氏は、清水とき氏から「T・Kさんと同じように神社を屋上に作った」と聞いたという。現在、屋上の「衣は人なり」登美神社から、小林ビルの藤田稲荷を遠望することはできないが、隣の青山セブンハイツ屋上の藤田稲荷を見ることができる。

毎年五月の母の日（休日の場合は直近の平日）に学園の生徒がカーネーションを供えてお参りを行っている。また、一〇月一七日の創立記念日には午前中、登美氏が一番好きだった百合の花を供えて生徒を含めた学園の皆さんでお参りをする。このほか、清水学園では二月八日に金王八幡宮の神職を招き、学園内のホールで蒟蒻に使い古した針を刺す

「衣は人なり」登美神社の遠景

屋上に祀られた「衣は人なり」登美神社。
参拝をするのは、清水とき氏。

「針供養」を行っている。蒟蒻から抜いた針は世田谷区の淡島神社へ納めるという。また、学園内の神棚には登美氏と織物の神さまである文布神社の御札を祀り、ビル一階の登美氏の写真の前には水とお茶が毎日供えられる。

敗戦後の困難な時期を乗り越えて、「衣は人なり」の精神のもと、熱心に歩まれてきた清水登美・とき氏母娘の思いを「衣は人なり」登美神社は象徴的に伝えているといえる。

おわりに

このように、「渋谷」の街には意外にも小さな神々が少なからず祀られていることがわかったと思う。これらの神々を大きく三つに分類すると、(1)屋上や地上に祀っている小祠(小さな神社)、(2)地蔵や銅像、慰霊碑など供物が供えられ参拝が行われている偶像、(3)供物の献上や参拝は行われないが、何らかの願いが託された偶像・モニュメントである。ここでは、これらの神々の特徴についてみておきたい。

(1)小祠(小さな神社)

本章で取り上げた小祠は、東伏見稲荷大神(西武渋谷店)、伏見稲荷(近江美容室)、被官稲荷神社(オーク・ヴィレッジ渋谷)、観世稲荷(観世能楽堂)、大山稲荷(栄和町会)、小松稲荷(遠州屋)、東横稲荷神社(東急百貨店東横店)、壽稲荷(日本薬学会長井記念館)、藤田稲荷(小林ビル)、藤田稲荷(青山セブンハイツ)、「衣は人なり」登美神社(清水学園)の一一社に上る。ここから浮かび上がる「渋谷」の小祠の特徴として、以下の七点が挙げられる。

①大多数が「稲荷」を神さまとして祀る神社である。

小祠に祀られた神さまに注目すると、「衣は人なり」登美神社（清水学園）を除く、一〇社全てが「稲荷」を神さまとして祀っている。

②「人を神に祀る」神社がある。

「衣は人なり」登美神社は、清水学園の創設者・清水登美氏を神さまとして祀っている。また、「衣は人なり」登美神社に離接する小林ビルの藤田稲荷も「人を神に祀る」要素がみられる。小林ビルの藤田稲荷、盗賊の襲撃によって皆殺しに遭った藤田屋にちなんで命名され、祀られた大小二つの祠のうち、小さい方の祠は亡くなった子どもを祀るとしている。青山セブンハイツの藤田稲荷は、小林ビルの藤田稲荷から分祀され、藤田稲荷によく参拝していた清水登美氏は、登美氏の後を継いだ娘の清水とき氏によって屋上の神社へ神として祀られている。清水とき氏が「衣は人なり」登美神社を作る際、参考にしたのは屋上に祀られた小林ビルの藤田稲荷であったという。「衣は人なり」登美神社と藤田稲荷の間には影響関係がみられる。

③ビル化や祀り手の変化に適応しながら、祀り続けられる小祠が多い。

現在、ビルの屋上に祀られた小祠は、東伏見稲荷大神、伏見稲荷、被官稲荷、小松稲荷、東横稲荷神社、藤田稲荷（小林ビル）、藤田稲荷（青山セブンハイツ）の七社である。このうち、元々は地上や室内に祀られていたものがビル化の際、屋上に祀られたという事例が、伏見稲荷（近江美容室）、被官稲荷神社（オーク・ヴィレッジ渋谷）、小松稲荷（遠州屋）、藤田稲荷（小林ビル）、藤田稲荷（青山セブンハイツ）の五社ある。一方で、地上に祀られた小祠は、観世稲荷、大山稲荷神社、壽稲荷の三社あり、祭祀が持続している。特に、壽稲荷は、江戸期から現在まで祀り続けられている。また、小祠の祀り手の変化もみられる。小松稲荷（遠州屋）は、かつては町内会で祀っていたものをＩ家で祀るように変化し、藤田稲荷はＹ家の跡継ぎが途絶え、Ｋ家で祀るように変化し、さらには稲荷神社を分祀している。壽稲荷（日本薬学会長井記念館）は、諏訪高島藩、長井家、日本薬学会長井記念館と祀り手を変えながら持続している。

④デパートの小祠やビル化の後に祀り始めた小祠は、最初から屋上に祀られている。

デパート（百貨店）にある東伏見稲荷大神（西武渋谷店）と東横稲荷神社（東急百貨店東横店）の二社は、いずれもデパートの開業当初から屋上に祀られている。そして、デパートの棟の中で最も古い建物の屋上に祀られている。東急百貨店東横店では東館、西武渋谷店はB館が古い。そのため、新たにできた東急百貨店本店の屋上には稲荷神社を祀っていない。また、「衣は人なり」登美神社（清水学園）は、登美氏の死後、最初から屋上に祀られている。伏見稲荷（近江美容室）は渋谷に店が移転する前の名古屋の段階で屋上に祀られていて、渋谷に移転した当初から稲荷神社が屋上に祀られている。つまり、これらの事例には、小祠は「屋上に祀る」という前提があったことが窺える。

⑤小祠を祀り続けるのは、個人の強い意思によるところもみられる。

特に、伏見稲荷（近江美容室）、「衣は人なり」登美神社（清水学園）の二社が該当する。伏見稲荷は、度重なる店の移転にも関らず、オーナーの強い意志に支えながら祀り続けられている。「衣は人なり」登美神社は、清水とき氏の亡き母への思いが、母を神として祀り、神社への祭祀の持続を支えている。

⑥家やお店が移動すると祀られた小祠も一緒に移動する。

小松稲荷（遠州屋）、伏見稲荷（近江美容室）、観世稲荷（観世能楽堂）の三社が該当する。特に、小松稲荷では、初午祭の時、太鼓を叩いて近所の子どものいる家にお弁当・お菓子・ヌタを配るといった儀礼習俗も移動している。

⑦小祠の周りに、植木を含めた樹木を配置して、神さまを「奥」に隠そうとする傾向がみられる。

東伏見稲荷大神（西武渋谷店）、東横稲荷神社（東急百貨店東横店）、伏見稲荷（近江美容室）の三社が該当する。また、小松稲荷（遠州屋）もスペースがあれば、植木を置きたかったといい、「衣は人なり」登美神社（清水学園）もカラスの害がある前は、緑の植木を「夏に暑くないように」と小祠の周りに置いていた。しかしそれは、単に小祠の周りに「鎮守の森」を作ろうというだけではないようである。東伏見稲荷大神の事例が象徴的で、屋上の入口の扉から、直接見えにくいように植木を配置し、わざわざ鳥居を二つ用意して参拝の経路まで変えて、神さまを「奥」に隠そうとする傾向がみえる。つまり、奥に神さまが「コモル」（籠る）といった伝統的な日本の神さまの性格が屋上の小祠にも見てとれる。植木を祠の周囲に配置はしていないが、路上からは見えにくい場所に祀られた小林ビルと青山セブンハイツの藤田稲荷にも同様な性格が考えられる。

以上のように、「渋谷」の小祠は、伝統的な日本の神さまの性格と共通項を持ちながら、集団だけでなく、個人の強い意志にも支えられ、ビル化や祀り手の変化、家や店の移転といった大きな変化にも適応しながら、自在に祀り続けられてきたといえる。

（2）祀られている偶像

本章で取り上げた、供物が供えられ参拝が行われるなどして祀られている偶像は、ハチ公銅像、ロフト道祖神、二・二六事件慰霊碑（慰霊観音）、宇田川地蔵、道玄坂地蔵の五例ある。ここから浮かび上がる特徴として、以下の二点が挙げられる。

①慰霊または供養がなされている偶像が多い。

ハチ公銅像、二・二六事件慰霊碑、道玄坂地蔵が該当する。ハチ公銅像では毎年、金王八幡宮の神職を招いて慰霊祭が行われている。二・二六事件慰霊碑は、その名の通り二・二六事件で処刑された青年将校らを慰霊するものである。道玄坂地蔵は、かつては火葬場の亡者に対する供養、近年では東電ＯＬという非業の死を遂げた亡者の供養という願いが託されている。

②移転を重ねながらも存続する偶像がみられる。

ハチ公銅像は、何度か渋谷駅前を移動し、また戦争中は金属として供出されながら戦後、復活している。宇田川地蔵も道玄坂下の宇田川の畔から移転し、戦争を経て現在地に祀られた。また、道玄坂地蔵も道玄坂上の交番の脇から現在地へ移転している。移転を重ねながらもハチ公銅像や地蔵は持続し続けている。

(3) 願いが託された偶像・モニュメント

本章で取り上げた、供物の献上や参拝は行われないが、何らかの願いが託された偶像・モニュメントは、NANAKO像、時の化石、モヤイ像の三例ある。「招き猫」の形を模したNANAKO像はハチ公に代わる「待ち合わせ場所」として期待されている。また、モヤイ像は「助け合いの心が根付いてほしい」という思いが石像に託され、「待ち合わせ場所」として成り立っている。道玄坂の「時の化石」は、「文化的な街へ」との願いを託して造られ、ピンクビラを撃退し、結果として「待ち合わせ場所」として機能している。

(4)「渋谷」の小さな神々における共通項

以上、「渋谷」の小さな神々について、大きく三つに分けてその特徴について考えてきた。最後に、これらに共通する特徴を考えておきたい。

第一に、小祠や地蔵、ハチ公銅像は、ビル化や移転などの社会的な変化に適応しながら持続している点が挙げられる。この背景には、小祠や地蔵など祀られる神々には、「粗末にはできない」という観念が窺える。被官稲荷神社(オークヴィレッジ渋谷)の事例のように、「お稲荷さんを無くすと祟りがある」といって、ビル化の際に屋上に新たに祠を作ってまで祀った心意の背景には、こうした観念が窺える。また、ロフトの道祖神は、賽銭を供え、参拝する人が現れた結果、「むげにもできない」ため、花を供え始めている。

第二に、ハチ公銅像や地蔵、慰霊碑、小祠の一部には、慰霊または供養の観念がみられる点が挙げられる。ハチ公銅像や道玄坂地蔵、二・二六事件慰霊碑のみならず、人を神に祀る「衣は人なり」登美神社や藤田稲荷（小林ビル）にもこうした観念が窺える。都市空間で慰霊や供養がなされるのは、東京都千代田区大手町一丁目の将門塚の事例からも同様の観念が窺える。二・二六事件慰霊碑や被官稲荷神社では、「祟り」が言語化されていて、「祟る」存在であるため、祭祀が強化されている。

第三に、ビル化などの社会的な変化の時期に、祭祀が強化されたり、新たに碑やモニュメント、小祠などが作られる点が挙げられる。例えば、二・二六事件慰霊碑は、昭和五六（一九八一）年の不慮の死の翌・昭和五七年に安全菩薩が作られている。また、被官稲荷神社は、旅館の柱に祀った御札から、屋上の祠へと発展したのは、昭和五五年のビル化の際である。宮益坂の御嶽神社のビル化も、渋谷駅南口にモヤイ像が作られたのも昭和五五年である。第三章の「祭りからみえてくる「渋谷」」で触れているが、昭和五四年にSHIBUYA109が開業するが、同じ年には渋谷警察署付近から宮益坂上まで登る坂道に伝統ある名を残すために「金王坂」と命名され、「金王坂」の碑が建立されている。与謝野晶子の歌碑・道玄坂の由来碑・供養碑が三つ一組となった「道玄坂の碑」が道玄坂上に建立されるのが、昭和五六年である。金王八幡宮の渋谷のいくつかの氏子町会で神輿の新調や購入がなされ、敬老神輿が強調されるのも同時期である。つまり、「渋谷」の再開発が進み、ビル化が進む昭和五五年前後に、小さな神々の祭祀が強化されたり、新たな神々が作り出されている。

このように、「渋谷」の小さな神々は、社会変化の中で細々と祭祀が続けられているのではなく、変化によって祭祀が逆に強化されたり、新たな神々を生み出しながら、「渋谷」という都市空間の中に溶け込む形で持続しているといえる。つまり、「渋谷」という、一見すると合理的に思える都市空間にも、小さな神々の息吹からわかるように、非合理的な世界が存在していることがわかる。

参考文献

秋野淳一「〈渋谷〉における地上の小祠と屋上の神々」石井研士編『〈渋谷〉の神々―ターミナル都市に息づくカミとホトケ―』國學院大學渋谷学研究会、平成二三年
石井研士「戦後の東京都の神社にみる境内建物の高層化について（下）」『神道学』第一五七号、平成五年
石井研士『銀座の神々　都市に溶け込む宗教』新曜社、平成六年
石井研士「〈渋谷〉の稲荷」『朱』第五五号、伏見稲荷大社、平成二三年
佐野眞一『東電OL殺人事件』新潮文庫、平成一五年
『渋谷区史』渋谷区役所、昭和二七年
中林啓治『記憶のなかの街　渋谷』河出書房新社、平成一三年
野田正穂・原田勝正・青木栄一編『東京横浜電鉄沿革史』日本経済評論社、昭和五八年（復刻）
野村敬子編『渋谷民話の会 渋谷ふるさと語り二十一世紀の孫たちへ』渋谷区、平成一三年
藤田佳世『大正・渋谷道玄坂』、青蛙房、昭和五三年
松井二郎『全国花街めぐり』誠文堂、昭和四年（井上章一編『近代日本のセクシュアリティ　風俗からみるセクシュアリティ』二一、ゆまに書房、平成一九年所収）
『六十年のあゆみ そして明日へ 渋谷二丁目町会創立六〇周年記念誌』渋谷二丁目町会、平成二四年

第八章　渋谷の《祝祭》
―スクランブル交差点につどう人々―

髙久　舞

はじめに

渋谷では平日、休日問わず人が集まる様々な催し事が行われている。デパート内では季節ごとにバーゲンや展示会、物産展などが開催され、ハチ公口や１０９前などには特設ステージが設けられ有名人のパフォーマンスや、企業サンプルを配るイベントも行われ、夜になるとアマチュアバンドによる演奏も繰り広げられる。選挙活動やデモ行進といった政治的パフォーマンスも含め、屋内屋外問わず行われるこれらの催しに多くの人が集まり、見物し、参加する。

写真１と２はその一例である。写真１は平成二三（二〇一一）年一二月三一日の渋谷駅前スクランブル交差点（写真３）で、二〇一一年へと年が明けたまさにその瞬間であり、写真２は平成二二年のＦＩＦＡ男子Ｗ杯において日本チームが勝利した際の様子である。いずれも渋谷駅前スクランブル交差点（以下、スクランブル交差点）で行われる行為であり、近年メディアで取り上げられることも多くなったが、その実態について詳細なレポートや論考は皆無であるといってよい。

写真１　０時直後のスクランブル交差点
（筆者撮影　平成 24 年）

写真２　FIFA 男子 W 杯での日本チーム勝利時のスクランブル交差点
（筆者撮影　平成 22 年）

写真３　普段のスクランブル交差点（午後６時頃）
（筆者撮影　平成 25 年）

本論では、スクランブル交差点で行われる二つの事象を具体的に報告しながら、宗教文化の中でこれらがどのように位置づけられるか、多少の考察を行うことを目的とする。

第一節　渋谷のあけおめ

1　カウントダウン現象の実態

渋谷では毎年一二月三一日から一月一日にかけて、新年になる瞬間にカウントダウンを行うという現象が起こっている。この年越しカウントダウンでは実際どのような行為が行われているのか。渋谷における年末から年始にかけてのカウントダウンをする行為に関して、筆者は平成二一（二〇〇九）年、平成二二年、平成二三年の三年間調査を行っている。

一〇年以上前になるが、平成一三年の新世紀を祝うカウントダウンイベントではＱフロント（写真４）の大画面を使いカウントダウンを行ったことがあり、その際に地下鉄の屋根に登っていた若者四人が重軽傷を負うという事故が発生した。大画面で映像を流すことは不許可であったことが発覚し、広告代理店二社が書類送検されている（平成一三年四月三日「東京新聞」夕刊九頁）。少なくとも平成一三年の段階ではカウントダウンが行われていることが確実であるが、一体いつからこのような行為が始まったのか現時点では不明である。ここでは、三年間の調査をまとめる。まずは平成二一年調査の全体的な様相から報告する。(1)

写真４　Ｑフロント
（著者撮影　平成 24 年）

（1）スクランブル交差点（二一時〜二三時）

平成二一年一二月三一日の午後九時から調査を開始した。ハチ公前やスクランブル交差点では人数はさほど多くなく（写真５）、年齢層は一〇代後半〜二〇代くらいが大半であり、海外の人が目立っていた。

二二時半頃になると、警察が動き始める。それまで交番前に何人かいた程度であったが、Ｑフロント側にも増えていく。（写真６）

写真５　12 月 31 日午後九時頃の様子
（筆者撮影　平成 21 年）

写真６　22 時頃、警備が始まる
（筆者撮影　平成 21 年）

写真７　23 時頃のセンター街入口
（筆者撮影　平成 21 年）

また、いつも遅くまでついている大画面は三台とも消灯した。

二三時をまわると、センター街入口（写真7）には人が集まってきた。年齢層を見るとやはり一〇代後半から二〇代が多く、家族連れやカップルはないに等しい。大半が四名～八名くらいのグループであった。その中でとにかく目立っていたのは海外の人々である。調査開始の二一時頃は、いつもよりは外国人の数が多いという程度の認識であったが、この時間になると明らかに日本人よりも数が多く、また国際色豊かである。見た目と言語でしか判断できなかったが、韓国、中国、西欧系、東南アジアと様々な人種がいた。Qフロントにあるスターバックス・コーヒーの店員の話によると、毎年大みそかは外国人が多いという。スクランブル交差点では、二三時頃から斜め横断が禁じられ、警察も数が増えるため、通常とは違う雰囲気が醸し出されるためか緊張感が高まっていく。警察はスピーカーで「渋谷でのカウントダウン行事は行われません」と日本語でアナウンスした後、英語でも同じ内容のことをアナウンスしていた。この点からも外国人が多いことは明らかであろう。

スクランブル交差点付近には徐々に人が集まって来ているという状況の中、他の場所がどのようになっているのか確認した。

（2）センター街（二三時）

センター街の中に入ると、普段の土日や祝日と変わらず人通りが多く賑わっていた（写真8）。スクランブル交差点付近同様、センター街でも多くの外国人を目にする。奥に進み十字路に差し掛かるとセンター街の入口と同じ様に人がたむろしている。彼らはそれまで見かけなかった派手な服装をした若者達ばかりであった。さらにその先に進んで行くと急に人気がなくなり、外国人はもちろんのこと、日本人が少々歩いている程度となる（写真9）。

（3）東急ハンズ～公園通りスペイン坂（二三時一〇分）

東急ハンズの周辺は車の通りもほと

写真8　23時頃のセンター街の様子
（筆者撮影　平成21年）

写真9　人通りの少ないセンター街の奥
（筆者撮影　平成21年）

んどなく、人もほぼ皆無である。さらに公園通りにも人は見当たらず（写真10）、パルコの入口で順番待ちをしているように座っている数人のみであった。スペイン坂も同様にほとんど人は歩いていなかった（写真11）。

写真 10　23 時頃の公園通りの様子
（筆者撮影　平成 21 年）

写真 11　スペイン坂も人通りは少ない
（筆者撮影　平成 21 年）

（4）文化村通り〜道玄坂〜モアイ像周辺（二三時二〇分）

文化村通りは、駅から直接通じる表通りということもあり、比較的人がいた（写真12）。東急本店方面へ更に進むと、より人の数は増えていく。皆、店からあふれ出るようにして騒いでいた。道玄坂は坂を上るほど人通りは少なくなるが、坂の下から中頃にかけては人通りも多く賑わっていた。

筆者が確認した中で最も人が少なかったのは、井の頭線近くの中央街やモアイ像の周辺である。平日でもこの辺りは飲み屋が多いため人通りが多いにも関わらず、この日は閑散とした。

（5）スクランブル交差点（二三時半〜）

二三時半を回るとスクランブル交差点のハチ公側と反対側にあたるセンター街入口付近は人で溢れかえっていた（写真13）。警察から度々「カウントダウン行事は行わない」という趣旨の放送はあるが効力を発しておらず、道に留まった人々は歓声をあげていた。この年、歓声をあげていたのは九〇パーセントがアルコールを片手にした海外の人達であった。日本人は彼らを囲うように足を止めていた。「ここで何か行われるのか?」「なんでこんなに人がいるのか?」と戸惑う声が聞こえ積極的には参加していなかったものの、何かがあるのではないか、なんだか楽しそうという雰囲気に呑まれていくように、はじめは戸惑っていた日本人も中心の外国人と同じ様に段々騒ぎ出す人も増え、輪が広がっていった。（写真14）

騒ぎのピークとなるのは二三時五〇分頃からである。ロケット花火を上げた若者がおり、その周りにいた人は火をつける瞬間パニックになって逃げようとするが、ロケット花火が打ちあがった瞬間少し離れた場所にいる人々は、その音

写真12　比較的人通りのある文化村通り（筆者撮影　平成21年）

写真13　23時半頃、人があふれるスクランブル交差点（筆者撮影　平成21年）

写真14　輪の中心で肩車をする外国人（筆者撮影　平成21年）

写真15　横断歩道を渡りながらハイタッチを繰り返す
（筆者撮影　平成22年）

写真16　年明け1時間後のスクランブル交差点
（筆者撮影　平成22年）

で更に歓声をあげ熱気を帯びていく。

カウントダウンは突然始まった。どこからともなく「二〇秒前」という声が聞こえると、小さかった声が段々大きくなり「三、二、一」という声とともにクラッカーやお酒や水が空中を飛んだ。「ハッピーニューイヤー」と「あけおめ」という声が方々から聞こえ盛り上がりは最高潮に達する。

その直後から、今度は信号が青になるたびに横断者たちがハイタッチをしていくという現象が始まった。ハイタッチの中心になっているのは、やはり外国人という印象である。ハイタッチの横断者たちは毎回ほとんど同じ人物である。つまり、信号が青になるとハイタッチをしながら反対側に渡る。赤になると待ち、また青になるとハイタッチしながらもと来た方に戻る、ということを繰り返しているのである。（写真15）

ある者は午前〇時に前と同様の場所で歓声をあげ酒を飲み、ある者はハイタッチを行っているが、それ以外に彼等の写真を撮りながら見物している人達も大勢いた。写真を撮ってその場を去る者もいるが、その内ハイタッチの中に入る者や歓声をあげて集まった輪に飛び込む者もいる。そして、この熱狂は三〇分ほどで段々と落ち着きを取り戻してくる。

新年が明けて三〇分ほど経つと、センター街入口では騒いでいる人達はいるもののカウントダウンの時のようにその場にいる全員が同様に興奮していることはなくなった。またハイタッチをする人もいなくなり、普通に横断歩道を渡る（写真16）。さらに四五分を過ぎると警察車両もいなくなり斜め横断禁止も解除され、普段よりも少し人気のない夜の渋谷に戻った。

（6）平成二二年、平成二三年調査

平成二二年、平成二三年でも平成二一年の様相と基本的には変わらない。あいかわらず外国人の数は多く、集まる場所もハチ公前のスクランブル交差点である。

平成二二年では、海外の人達は警察に止められると戸惑ったようにしていたのが印象的であった。ニューヨークのタイムズスクウェアではお揃いの帽子が配られたり、風船が配られたり、アーティストによるライブが行われたり、主催者のいるカウントダウンイベントがあるが、それと同様に渋谷でもイベントのつもりでやってきている人達も多くいるようである。二三時五〇分くらいまでは、前年度と同様に海外の人達が中心に騒いでいたのだが、新年の明ける一〇分前にサッカーの応援歌を歌いながら七名ほどの若い男性の集団が徐々に出来上がっていた輪の中に飛び込んできたため、彼らが輪の中心となっていった。

平成二三年は、警察の抑止力が少なかったことや、フォーエバー21のビルでカウントダウンを行ったこともあったせいか、午前〇時になったとたんに、警察の規制を飛ばしてスクランブル交差点内に入り込んでしまった（写真1）。前述の通りこの時間は斜め横断が禁止されているため、縦横断と横横断を交互にするよう信号も変えている。にもかかわらず人が入り込み、交差点内に人が溢れかえってしまったため、完全に交通が麻痺してしまった。また、年々人数が増えて行っている傾向にあると思われる。

以上がカウントダウンの概要である。では、どのような人々がここに集まってくるのだろうか。平成二二年に行った聞き取り調査を報告する。

2 カウントダウンにやってくる人々

聞き取り調査を開始したのは、人が徐々に集まり始めていた二三時過ぎからである。ゆっくりと話を聞く時間がなくなるべく多くの人に話を聞くことが目的だったため、どこから来たのか、どうしてここに来たのかという二点を中心に訊ねてみた。

(1) アメリカから来た四人家族（留学生、旅行者）

父、母、兄、妹の四人家族で、妹は栃木県に留学をしており、多少の日本語を話すことができた。昨年末のこの場所でのカウントダウンをyoutubeで見て、アメリカにいる家族を年末年始に合わせて日本に呼び寄せ、カウントダウンパーティー（実際はパーティーではないが）にやってきた。

(2) オーストラリアから来た若い男性（留学生）

神奈川に留学してきている。六本木で遊んでいる時に、日本の友達からこのカウントダウン行事の話を聞いてやってきた。

(3) 台湾の女性とその仲間達数人（旅行者）

国際的な旅行サイトである「couch surfing」で知り合った仲間達だという。このサイトは平成一六（二〇〇四）年に始まったサイトで、他国を旅行する際にお互い助け合おうというようなコンセプトを元にしている、いわゆるソーシャルネットワーキング・サービスである。そこで知り合い、日本にいる旅行者が年末年始に五〇人ほど集まり、近くの飲み屋で飲んでいたのだが、昨年も参加したカウントダウンにその中の数人がスクランブル交差点まで来た。

（４）アメリカから来た学生（旅行者）

宿泊先のホテルのイタリアンレストランでボーイに渋谷のカウントダウン行事の話を聞いて、ここまで来た。

（５）日本人の二〇代（とみられる）女性二人

「ここに来れば人がいるから」という答えであった。とにかく、人が集まっている場所に行って騒ぎたいということである。

（６）見学者

中心になって騒がない見学者も多くいる。平成二三年の調査では、人の流れを確認した。人がごった返し、大騒ぎとなっているのは、前年度、前々年度と同様に主としてQフロントの前になるが、三〇分程前から道路の反対側ではその様子を撮影する人々がベストポジションを探し始めた。たまたま通りかかって撮影している人も写っているが、少し高い所にあらかじめのぼっておき、写真を構えている人達も多く存在する。

他にも、たまたま通りかかり行きたい方向に行けないために留まって様子を見ている者、待ち合わせしながらその様子を携帯電話を通じて実況している者などもいた。

3　年越しカウントダウンにおける人々の様相

三年間の調査で得られた情報を元に場、群衆形態、人々の三点に注目してまとめてみたい。

まず、場と群衆形態についてまとめる。図１は駅前スクランブル交差点の略図であり、カウントダウンが行われる場所である。×の書かれている横断歩道が歩行禁止となる。

群衆の形態であるが、ここでは集まる人々を「群衆」と「集団」と分ける。群衆は「多数の人々が、一定の空間で物

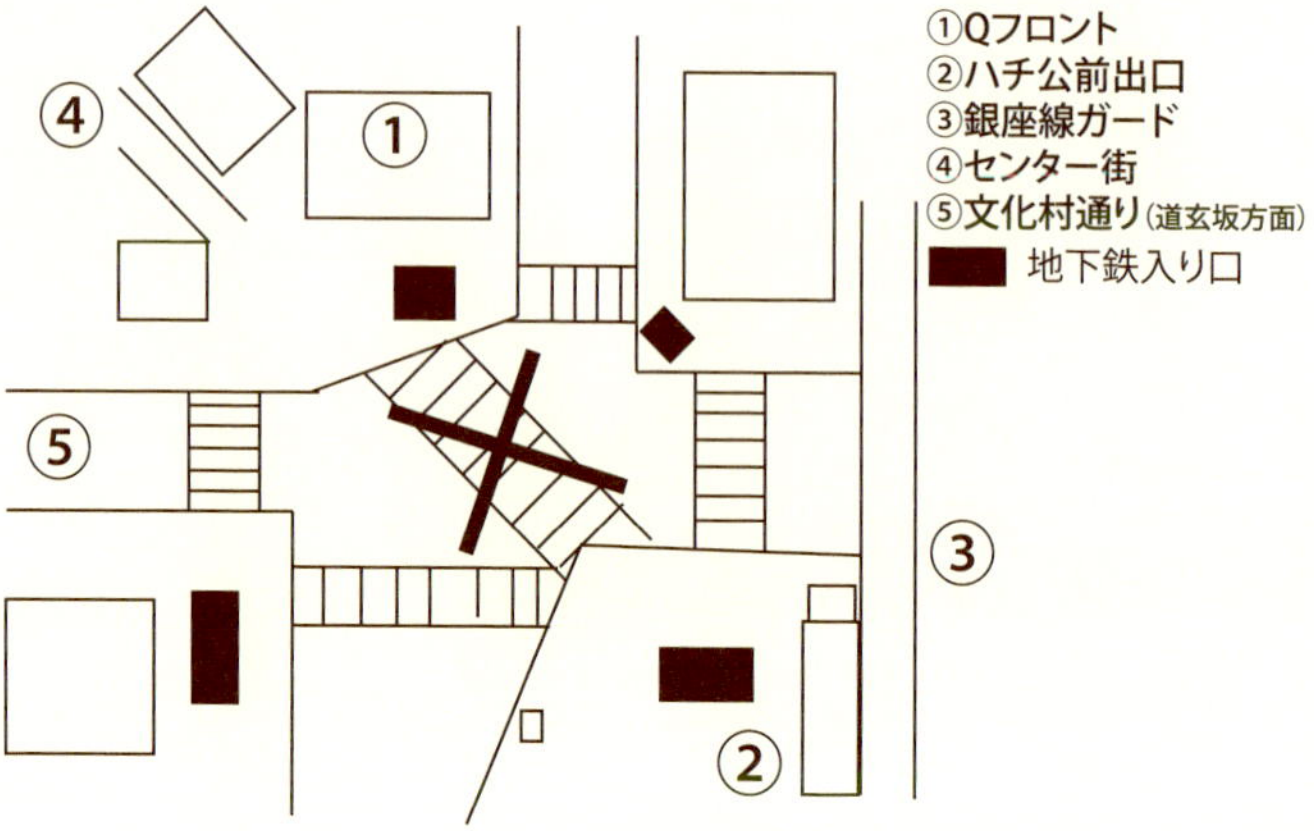

図1　カウントダウンが行われる場の略図

理的に接触をもちながら一時的、非組織的に集まっている状態」（『日本国語大辞典 第二版』）集団は「個々が集まって団体をつくること」（『日本国語大辞典 第二版』）を指す。スクランブル交差点付近で足を止めてその場に留まっている人々全体を表現する際に群衆という語を使用し、一時的にせよ一定の団体をつくりその中においては同様の行動をしていることから、層が形成された後の形態は集団と表現する。

二三時の段階では、センター街や道玄坂などへ歩いて行く人がほとんどであった。ハチ公前は待ち合わせで留まっている人はいるが、彼らも待ち合わせていた相手が来ると動き出す。

二三時半になると、歩かずに道に留まる人が多くなってくる。留まる場所というのは、図2で示した（A）（B）（C）の三カ所である。特に（A）の箇所では友人同士でお酒を飲みながら話していたり、写真を撮り合っていたりしているが、何か期待感を持っている様子が見受けられた。また、（B）では（A）や（C）の様子を写真や動画で撮るために留まってカメラを構える人が増えていくため、二三時半にはこの場所も道としての機能を果たさなくなっていく。まだ多少の人の流れは見えるが、それまでの時間帯のようにセンター街や道玄坂へ行くよりも留まり騒ぎ始めている人々の方に興味を持ち、彼らの方へ向かう人も多くなる。騒いでいる集団に吸い込まれる様にその輪が段々と大きくなっていくのは二三時半を過ぎたあた

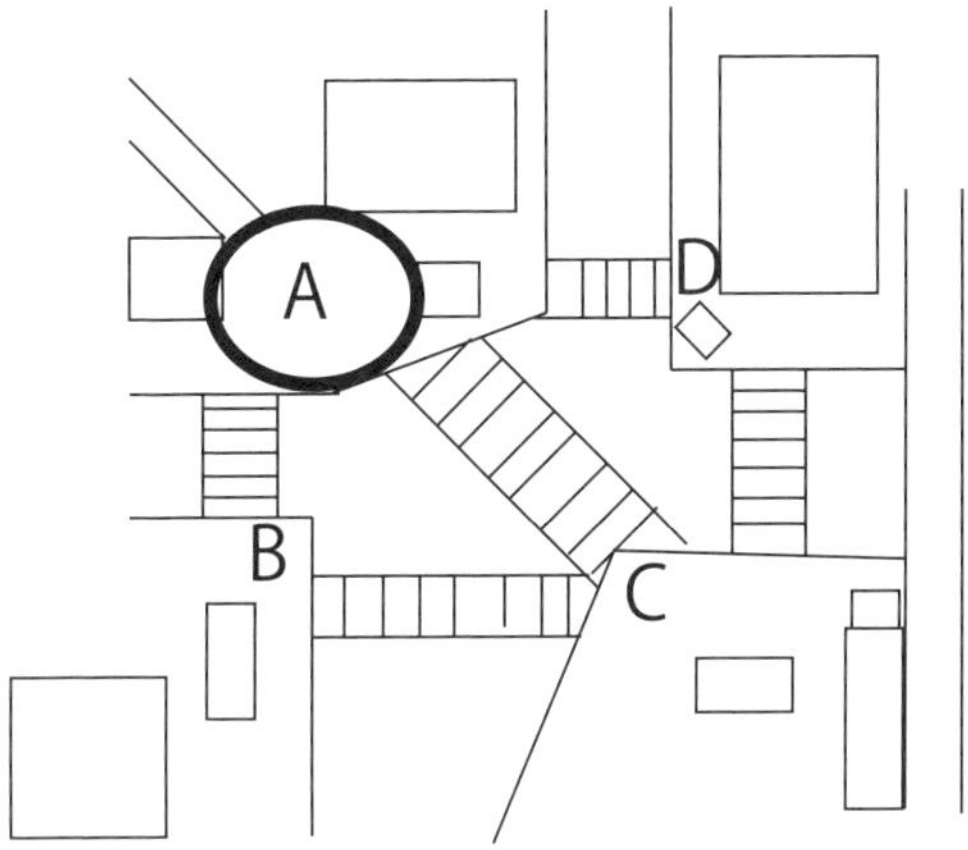

図２　人々の留まる場

りからである。

二三時四五分頃になると、センター街の奥から交差点へ向けて集まって来る人が増えていく。この頃になると（C）も集団が形成されているため、駅から出て来た人達はその輪に入っていく。何かの目的を持ってセンター街や道玄坂の方へ進む人もいるが、（B）のところでも人が留まっているため、身動きがとれなくなりそのままその場から動けなくなる人も多くなる。というのも、（B）の場所には道玄坂から駅に向かう人達も多いため、駅から道玄坂へ、道玄坂から駅へ行く人々が出会う場所になるのである。そのため、自分の意思に反して留まざるを得ない状態となる。それは、（A）の場所でも同様であり、センター街から駅へ、駅からセンター街へ抜ける場所の交差点となっている。

以上のような過程を経てできあがった群衆の形態は三つの層の集団になっていた（図3）。平成二一年は、一部の外国人が中心になりその周りで日本人が盛り上げ、さらにそれらを見ている日本人がいるという三つの層ができていた。平成二二年も外国人は多数いたが、一部の日本人が急に乱入して騒ぎ出したことにより、彼らが中心となった。その周りを外国人、日本人が盛り上げ、さらにその外周に見物人がいるという形になった。いずれにしても、中心となる層、その周りで盛り上げる層、それを見物する層に別れることは明らかである。これらの層はきちんとした境があるわけ

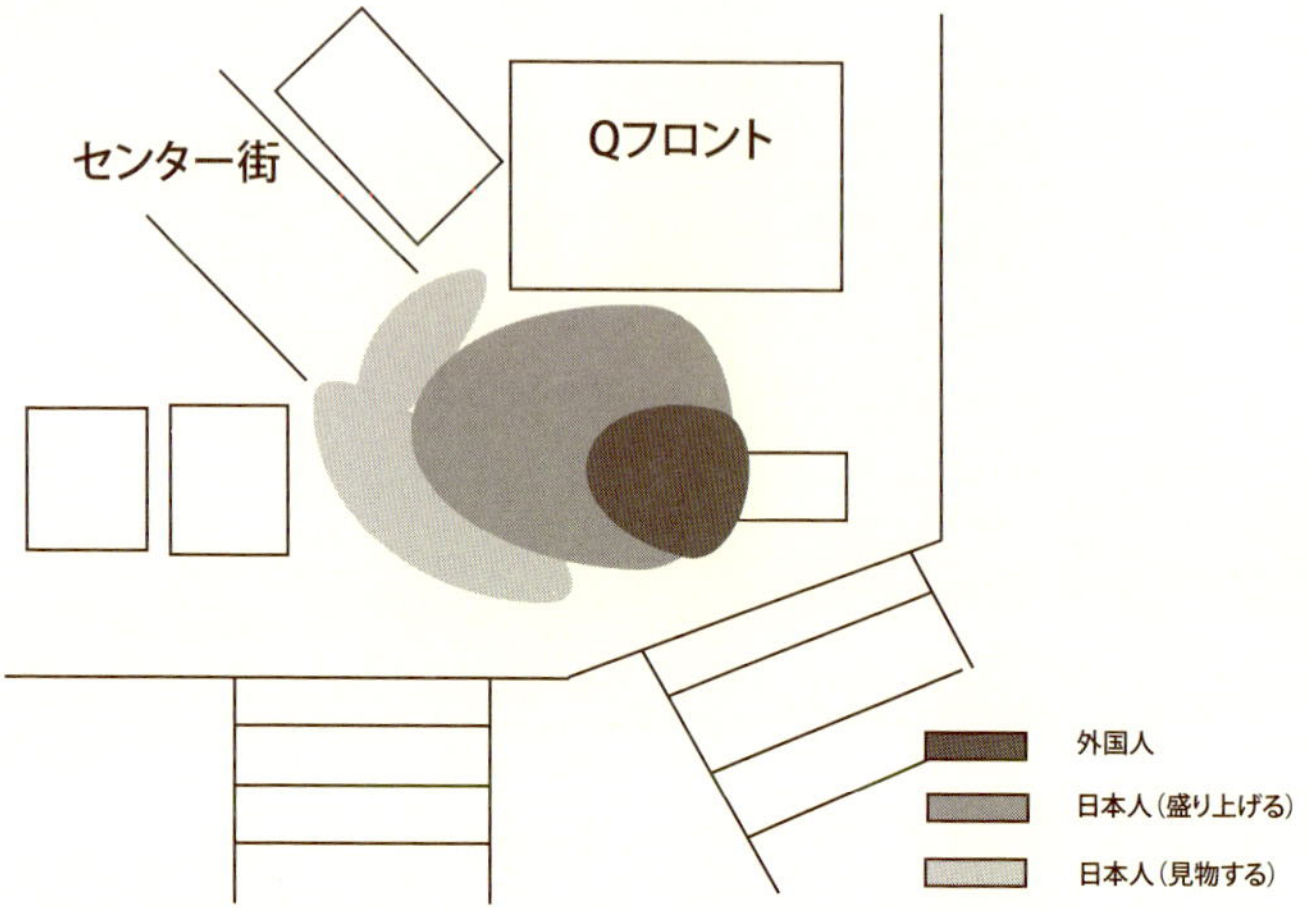

図３　三つの層を織り成す集団の概念図（平成21年調査時）

ではない。きっかけさえあれば中心の層にも、中間の層にも、見物の層にもなることができる交流のある群衆である。

最後に、この集団を形作る人々についてまとめる。筆者が話を聞けた範囲では、「カウントダウン行事」があるという情報を持ってやってきた場合、人が集まっているからやってきたという目的が明確にない場合の二つに分けられる。前者はネットや人づてといった他所からの情報を仕入れてきたことが多く、外国人が多くみられる。後者は後述するサッカーの影響もあると考えられ、渋谷のスクランブル交差点に行けば何かやっているのではないかという期待感で訪れる日本人が多いようである。前述した三つの層の中では中心の層、中間の層に彼らがいることは多い。このほかに、「ここで何か行われるのか？」「なんでこんなに人がいるのか？」と戸惑う声も方々から聞こえてきたこと、また単純に身動きが取れなくなった人々もいることから、違う目的でやってきてたまたま参加もしくは見学したという場合も考えられる。こういった人々が一番外側の見物の層を形成している。

年越しカウントダウンと同様の形態はサッカーでの国際試合勝利時の際にもみられる。次節では試合に勝った際にどのような現象がみられるのか調査をふまえて報告する。

第二節　サッカーW杯に沸く渋谷

1　新聞記事からみる渋谷で騒ぐ行為

サッカーのＦＩＦＡ男子ワールドカップ（W杯）に日本が初参戦したのは平成一〇（一九九八）年である。この時は一勝もすることができずに終わった。四年後の平成一四年は日韓合同開催ということで、日本での開催に湧いていた年である。表は、読売新聞、毎日新聞のデータベースから「渋谷」「スクランブル交差点」「駅前交差点」「ハチ公前交差点」を検索して平成二四年八月までまとめている。記事の内容から最も早くスクランブル交差点において騒ぐ行為が取り上げられているのは平成一四年のワールドカップからであることが確認できる。「歩行者側が青になるたび、若者らが路上に一斉に飛び出してハイタッチ」とあるが、実際にはハイタッチだけでなく集団を形成して騒いでいる若者も数多くいた。ワールドカップは平成一八年にも開催されたが、この年に平成一四年のような渋谷での記事は確認できなかった。次に確認できるのが平成二二年である。この時のサッカー日本代表は快進撃を見せ、連日メディアでも取り上げられていた。

新聞記事から読み取れることとして、記事にされるほどスクランブル交差点がにぎわったのは、平成一四年と平成二二年だということである。平成一八年にもＦＩＦＡ男子W杯は行われ日本も参加しているもの記事には取り上げられていない。youtubeなどで確認する限りでも試合が終わり、平成一四年や平成二二年のようにスクランブル交差点を使ってハイタッチを行っている様相は確認できなかった。平成一八年は、日本は一回も勝利することなく終わっており、勝利というのも大きなキーワードになっていると考えられる。

また他のスポーツではなくサッカーに限定されることも注目しておきたい。平成二三年のＦＩＦＡ女子W杯において

表　「渋谷 and スクランブル交差点」「ハチ公前交差点」「渋谷 and 駅前交差点」に関連する新聞記事

年月日	話題	内容	新聞の種類	
一九八六年九月一三日	二五〇枚の宝くじが盗まれる	被害を受けた売り場は、国電渋谷駅のハチ公前スクランブル交差点を渡ったところにある街頭ボックス／事件	読売新聞	東京夕刊
一九八九年九月二七日	「Bunkamura」オープン	左上の写真は、そのハチ公像がある渋谷駅前交差点。／文化	読売新聞	東京朝刊
一九九一年一月二三日	駅周辺で土地の値段が上がる	上昇率五位の渋谷区宇田川町の峰岸ビル前。ＪＲ、私鉄を含む六路線が集中する渋谷駅に臨み、スクランブル交差点をはさむハチ公前広場は昼夜の別なく若者でにぎわう。／経済	読売新聞	東京朝刊
一九九二年一月一六日	道玄坂野外彫刻展の紹介	ハチ公前交差点の歩道にあるＵ字形の作品は「風の標識」。／文化	読売新聞	東京夕刊
一九九五年五月三〇日	大型ディスプレー登場	若者の街、東京都渋谷区のＪＲ渋谷駅ハチ公前交差点に、発光ダイオードによる世界初のフルカラー屋外大型ディスプレー「スーパーライザ渋谷」がお目見えした。／文化	毎日新聞	東京朝刊
一九九五年七月二三日	選挙運動	渋谷駅のハチ公前で「このまま村山内閣に任せておくわけにはいかない」。約千人の支持者から拍手がわいたが、多くの若者たちは立ち止まりもせずスクランブル交差点を行き交っていた。／政治	毎日新聞	大阪朝刊
一九九六年五月二九日	ＰＨＳの売り上げ上昇	渋谷駅前のスクランブル交差点を激しく行き交う若者たちが、ズボンのポケットやバッグからおもむろに電話機を取り出す／経済	読売新聞	東京朝刊
一九九六年六月三日	テレビ番組で道交違反	ＪＲ渋谷駅前のスクランブル交差点内での縄跳びや、信号機の支柱を鉄棒のように使った器械体操、歩道橋の欄干の上での倒立などを行った。／事件	毎日新聞	東京夕刊
一九九六年八月六日	テレビ番組に書類送検	東京・渋谷のスクランブル交差点で長縄跳びをするなど、道交法で禁じられた危険な行為をした疑い／事件	読売新聞	東京夕刊
一九九七年二月二日	町でのポイ捨てについてのコラム	若者であふれる渋谷。駅のハチ公前のスクランブル交差点で立ち止まり、足元を見る。／社会	読売新聞	東京朝刊
一九九七年四月一二日	渋谷区のカラス対策係始動	ＪＲ渋谷駅ハチ公前交差点と駅南口の東急プラザ前の街路樹で、巣の撤去作業を行った。／社会	毎日新聞	地方版／東京
一九九八年二月五日	口コミで人気の男子校生の写真集発売	9人が渋谷・ハチ公前のスクランブル交差点に並ぶ場面や、レストランで食事をしたりといった場面を撮った。／文化	読売新聞	東京朝刊
一九九八年七月一〇日	売れてる店の秘密	渋谷のハチ公前交差点から「１０９」までのわずか数十メートルの間に、5軒のドラッグストアがひしめく。／経済	毎日新聞	東京夕刊
一九九九年一〇月一一日	交差点に向け花火発射の男が逃走	「ハチ公前交差点」にある営団地下鉄半蔵門線の入り口の屋根（高さ2・8メートル）から20歳ぐらいの男が束になった打ち上げ花火を交差点に向けて発射した。／事件	毎日新聞	東京朝刊
一九九九年一一月二八日	ビル壁面でゲームＰＲ	ゲームイベントが渋谷のハチ公前広場で開かれた。スクランブル交差点の対面にある縦23・5メートル、横19メートルの巨大ビジョン／文化	毎日新聞	東京朝刊

一九九九年一二月九日	花火発射男、逮捕	東京・渋谷の「ハチ公前交差点」で10月に打ち上げ花火が発射されて通行人がけがをした事件で、３人を逮捕。打ち上げ花火計約６６０本をハチ公前交差点に向けて発射／事件	毎日新聞	東京夕刊
一九九九年一二月九日	渋谷の花火事件、逮捕	東京・渋谷駅前交差点で今年十月、通行人がロケット花火にあたってけがをした事件／事件	読売新聞	
二〇〇〇年一月二五日	渋谷で異臭騒ぎ	渋谷のＪＲ渋谷駅前スクランブル交差点付近を歩いていた通行人から「路上の排水口からくさいにおいがする」と１１９番通報があった。／事件	読売新聞	東京朝刊
二〇〇〇年三月一四日	「大道芸」でオランダ人逮捕	渋谷駅前交差点で、渋谷警察署長の道路使用許可を受けず大道芸をした疑い／事件	毎日新聞	東京夕刊
二〇〇〇年一〇月三日	似顔絵師の紹介	東京・渋谷のハチ公前。一度に二千人もの人が目の前のスクランブル交差点を行き交う。／社会	毎日新聞	東京夕刊
二〇〇〇年一二月六日	絵本「メイシーちゃん」紹介	東京・渋谷のハチ公前交差点前の「Ｑフロント・ビルボード」では巨大スクリーンでメイシーの世界が楽しめる。／文化	毎日新聞	東京朝刊
二〇〇一年四月三日	新世紀イベント強行で書類送検	昨年の大みそかから今年の元日にかけ、ＪＲ渋谷駅前のビル壁面にある大型スクリーンにカウントダウン映像を流し、多くの通行人を集まらせて駅前交差点などを不正に使用した疑い。／事件	毎日新聞	東京夕刊
二〇〇一年六月二二日	道路特定財源「見直し」の波紋	当時は渋谷ですら未舗装の汚い道だったが、それが今は巨大なスクランブル交差点ができている。／政治	毎日新聞	地方版／山梨
二〇〇二年六月一〇日	サッカー・日韓Ｗ杯	渋谷駅前交差点では、乗用車から花火が打ち上げられ、運転していた大学生（22）らが道交法違反（道路における禁止行為）容疑で取り調べを受けた。／スポーツ	毎日新聞	大阪夕刊
二〇〇二年六月一〇日	サッカー・日韓Ｗ杯	渋谷駅前で機動隊員に体当たりする。また、駅前交差点では、乗用車から花火が打ち上げられ、運転していた大学生（22）らが道交法違反（道路における禁止行為）容疑で取り調べを受けた。／スポーツ	毎日新聞	東京夕刊
二〇〇二年七月一日	サッカー・日韓Ｗ杯特集	日本・チュニジア戦の後、渋谷のスクランブル交差点でサポーター同士が出合い頭にハイタッチしてた。いつもは目さえ合わせないように歩いているのに……。／スポーツ	毎日新聞	東京夕刊
二〇〇三年四月六日	ハチ公バスの紹介	写真＝窓が大きく見晴らしのいい車内。外の景色に吸い込まれる（ＪＲ渋谷駅前交差点で）／社会	読売新聞	東京朝刊
二〇〇三年四月八日	投稿記事　テーマ「テレビ五〇年」	渋谷の駅前交差点あたりでカーチェイスをするような場面に、また心を躍らせたいものです。／社会	読売新聞	東京朝刊
二〇〇三年五月七日	鯛飯料理屋の紹介	渋谷駅ハチ公口からスクランブル交差点を渡って、若者であふれるセンター街を抜けると、落ち着いた町並みになる。／社会	読売新聞	東京朝刊
二〇〇三年五月二六日	ＮＨＫ放送技術研究所の一般公開	公開では、３２０インチ（縦4メートル、横7メートル）の大画面に、東京・渋谷駅前のスクランブル交差点全体を上から撮影したシーン／文化	毎日新聞	東京朝刊

二〇〇三年一〇月二二日	中国人スリ、逮捕	JR渋谷駅前交差点で、現金などを盗もうとした。／事件	読売新聞	東京朝刊
二〇〇三年一〇月二二日	中国人スリ、逮捕	渋谷駅前交差点で、信号待ちをしていた大田区に住む私立高校の女子生徒のバッグから財布を抜き取ろうとした疑い。／事件	毎日新聞	地方版／東京
二〇〇四年一月八日	コラム	東京は渋谷、ハチ公前広場の脇にある駅前交差点はすさまじい。／社会	毎日新聞	東京夕刊
二〇〇四年六月二七日	選挙啓発イベントの紹介	渋谷駅周辺に投票日をPRするステッカーを貼ったタクシーが登場。ハチ公前広場のスクランブル交差点やセンター街を通るコースで特別に無料で走らせ、多くの若者が乗り込んでいた。／政治	読売新聞	東京朝刊
二〇〇四年七月二九日	芸能人デート番組ブーム	午前十一時、東京・渋谷駅前のスクランブル交差点。停車した車の運転席から降り立ったのは、「ＫｉｎＫｉ　Ｋｉｄｓ」の堂本剛。／文化	読売新聞	東京夕刊
二〇〇四年一〇月二一日	台風二三号の被害状況	激しい雨に見舞われたJR渋谷駅前のスクランブル交差点。／自然	読売新聞	東京朝刊
二〇〇四年一二月三一日	福袋の話題	東京・渋谷のスクランブル交差点にある大型ビジョンで放映する権利を1万2000円の福袋にした。／経済	毎日新聞	東京朝刊
二〇〇五年四月一七日	地方版／秋田　のコラム	東京の超高層ビルの群れは気持ちが悪かったし、渋谷のスクランブル交差点を渡る時、押し寄せる人波に恐怖さえ感じた。／社会	毎日新聞	地方版／秋田
二〇〇五年五月二一日	文芸批評家・新保裕司氏のコラム	東京・渋谷のスクランブル交差点。大型スクリーンから音が無節操に吐き出され、雑音となって渦巻いている。／社会	読売新聞	東京夕刊
二〇〇五年九月五日	衆院選ルポ	選挙ルポを書こうとJR渋谷駅のハチ公前にやってきた。目の前はスクランブル交差点。／政治	毎日新聞	東京夕刊
二〇〇五年一〇月一三日	映画「アバウト・ラブ／関於愛」紹介	東京編は、台北からの留学生と画家の日本人女性との出会い。下山監督は「日本に来た外国人は、スクランブル交差点でぶつかりもせずに人々が行き交う様子にみな驚く。人の動きを撮りたいと思い、交差点の真ん中でドラマを進行させたかった」と話す。渋谷の交差点が重要な舞台となる。／文化	毎日新聞	東京夕刊
二〇〇五年一一月二日	［とうきょう歴史散歩］忠犬ハチ公像	スクランブル交差点の信号が変わるたび、人と車の流れが交互に押し寄せる。その渋谷駅前にたたずむ忠犬ハチ公は、言わずと知れた渋谷のシンボルだ。／社会	読売新聞	東京朝刊
二〇〇六年六月九日	関東甲信で梅雨入り	東京・渋谷駅前のスクランブル交差点では、雨あしが強くなったり、弱くなったりする中、行き交う人々が、色とりどりの傘の“花”を咲かせていた。／自然	読売新聞	東京夕刊
二〇〇六年六月二八日	コラム	渋谷のスクランブル交差点を歩くと、まず年配者だからといって道を譲ってくれる若者はいない。／社会	毎日新聞	東京朝刊
二〇〇六年八月一日	女性の足を蹴る容疑者逮捕	葛西被告は6月17日、JR渋谷駅前のスクランブル交差点で、女性の足を数回けって近くの交番に突き出された／事件	読売新聞	東京夕刊
二〇〇六年八月七日	渋谷・円山町に関するコラム	渋谷ハチ公前。1日の乗降客230万人を抱える渋谷駅は、早朝から深夜まで人を吐き出す。スクランブル交差点の先には、ギャルの聖地「センター街」がそびえる。／社会	毎日新聞	東京夕刊

二〇〇六年八月二五日	地方版／埼玉　記者日記	流行の最先端（と思っていた）渋谷に「初上陸」した。すると飛び込んできた光景は渋谷駅前のスクランブル交差点だった。／社会	毎日新聞	地方版／埼玉
二〇〇六年九月一一日	「ワイルド・スピードX3　TOKYO　DRIFT」の紹介	作り込まれた車が、ネオンが輝く新宿の街を猛スピードで駆け抜け、大勢の人々が行き交う渋谷のスクランブル交差点に突っ込んでいく。／文化	毎日新聞	東京夕刊
二〇〇六年九月一八日	有人自動販売機が登場	販機は渋谷駅ハチ公口スクランブル交差点そばの「QFRONTビル」前に、きょう午後8時まで設置される／社会	読売新聞	東京朝刊
二〇〇六年一〇月一日	若者向け読書フェアの話題	この書店は、渋谷駅からセンター街に向かってスクランブル交差点を渡ってすぐの場所にある大盛堂書店駅前店／文化	読売新聞	東京朝刊
二〇〇六年一一月六日	写真家・荒木経惟の紹介	そんなふうにずっと東京で撮ってきた。生まれ育った三ノ輪の街。渋谷のスクランブル交差点。新宿副都心の高層ビル群。／文化	毎日新聞	東京夕刊
二〇〇七年六月一八日	［東京の記憶］空中ケーブル「ひばり号」	若者でごった返す渋谷駅前。スクランブル交差点からハチ公口を眺めると、／社会	読売新聞	東京朝刊
二〇〇七年一二月二〇日	ビニール傘のPRイベント紹介	東京・JR渋谷駅前のスクランブル交差点で19日、緑色の花が描かれたビニール傘を差した約100人の男女が一斉に歩いて渡るパフォーマンス／文化	読売新聞	東京朝刊
二〇〇八年一月八日	地方版／新潟　コラム	久々に訪れたJR渋谷駅前。見慣れない光景に出くわした。「FREE HUGS」（ハグしましょう）と書かれたプラカードを掲げた若い男性。スクランブル交差点を渡る通行人に向かって手を広げ「イエーッ」と叫ぶ。／社会	毎日新聞	地方版／新潟
二〇〇八年一月二〇日	コラム	東京本社版の夕刊「散歩の言い訳」の取材で、作家の赤瀬川原平さん（70）と、東京・渋谷のハチ公前を歩いた。10代、20代、外国人があふれ返るスクランブル交差点を描く／社会	毎日新聞	東京朝刊
二〇〇八年一月三一日	100枚の渋谷今昔　写真集を区が発売	渋谷駅前のスクランブル交差点付近にあった「ひばり号」／文化	読売新聞	東京朝刊
二〇〇八年二月七日	写真集「渋谷の記憶」の紹介	渋谷駅前のスクランブル交差点付近にあった「ひばり号」／文化	読売新聞	東京朝刊
二〇〇八年三月二六日	炎上広報マンはオタク（連載）	仕掛けたのはシブアニだ。渋谷駅前のスクランブル交差点。ハチ公前に立ったら、首をやや右に向けて上の方を見てみよう。※シブアニ：公共へのメッセージを込めた創作アニメを、プロアマを問わず募集。渋谷駅前の交差点から見える大型モニターで上映されている。／文化	読売新聞	東京朝刊
二〇〇八年七月三日	ドラマ「あの日、僕らの命はトイレットペーパーより軽かった」紹介	ドラマの最後、平和な渋谷のスクランブル交差点で主人公が号泣するシーンがある。／文化	毎日新聞	東京夕刊
二〇〇八年九月一二日	選挙運動	渋谷駅・ハチ公前広場には聴衆が集まった。7年前の総裁選では小泉氏や、同氏を支持した田中真紀子・元外相が「自民党をぶっ壊す」と絶叫した時は、スクランブル交差点、歩道橋、ビルのガラス越しまで人が埋め尽くした。／政治	読売新聞	東京朝刊
二〇〇八年九月二九日	［東京の記憶］渋谷109　流行発信、少女のお城	当時も渋谷は若者でごった返し、スクランブル交差点には人があふれていた。／社会	読売新聞	東京朝刊

二〇〇八年一二月一七日	防犯商業利用について	1日30万人が行き交う東京・渋谷のハチ公前交差点。その頭上約30メートルで、大型ビジョンの上下に設置された2台のカメラが通行人の姿を追っていた。／社会	読売新聞	東京朝刊
二〇〇九年一月九日	コラム	午後5時。年の瀬の日曜日、東京・渋谷。駅のロータリーから数百メートルにわたり、空車のタクシーが列を作った。スクランブル交差点の信号が赤になった。／社会	毎日新聞	東京朝刊
二〇〇九年五月八日	コラム	自分のせきの音量は、人通りの激しい東京・渋谷のハチ公前交差点くらい大きい――。／社会	毎日新聞	東京朝刊
二〇〇九年六月一七日	ねこまんまブーム	SHIBUYA DINING ぷん楽：JR渋谷駅徒歩1分、ハチ公広場前スクランブル交差点角。／文化	読売新聞	東京夕刊
二〇〇九年七月二四日	コラム	米タイム誌の「東京10名所」は目からうろこだ。「渋谷駅前のスクランブル交差点を見ずに帰国するな」とある。／社会	毎日新聞	東京朝刊
二〇〇九年九月九日	コラム	渋谷は夏休みの土曜日とあって、若者、家族連れであふれていた。2次会場に移動する途中、私たちはスクランブル交差点を前の人についていくのが精いっぱいだった。／社会	毎日新聞	東京朝刊
二〇〇九年九月二七日	［中年版・自由研究］方向オンチ克服 コラム	買い物客でごった返す渋谷駅前のスクランブル交差点へ／社会	読売新聞	東京朝刊
二〇〇九年一〇月二日	16年夏期五輪、東京招致	映像とコペンハーゲンからの映像が、渋谷区のハチ公前交差点にあるマイティビジョン渋谷や、アルタビジョン新宿（新宿区新宿）で上映される。／社会	毎日新聞	地方版／東京
二〇〇九年一一月四日	ロンドンにスクランブル交差点が登場	ロンドン随一の繁華街の交差点に、東京・渋谷駅前のスクランブル交差点をモデルにした横断歩道が登場した／社会	読売新聞	東京夕刊
二〇〇九年一一月五日	渋谷の交差点をモデルに	ロンドン都心の交差点、オックスフォード・サーカスにこのほど、通行者の混雑緩和のため、「有名な東京・渋谷の交差点」（タイムズ紙）をモデルにしたスクランブル交差点が誕生した／社会	毎日新聞	東京朝刊
二〇〇九年一二月二日	「あぶらもん」がブーム	SHIBUYA DINING ぷん楽：JR渋谷駅徒歩1分、ハチ公広場前スクランブル交差点角。／文化	読売新聞	東京夕刊
二〇一〇年四月一八日	常滑市参事 総務省キャリア官僚の紹介	東京に戻ってしばらく、渋谷のスクランブル交差点の人波をただ、ぼう然と見つめていた。／社会	読売新聞	中部朝刊
二〇一〇年四月一八日	尖閣諸島沖漁船追突事件	日本の領土の間を抜け、第1列島線を越えたことは着実に戦略が具体化している証明である。「渋谷駅前のスクランブル交差点のような（にぎやかな）場所に大勢でやってきた、という感じだ。／社会	毎日新聞	西部朝刊
二〇一〇年六月一九日	渋谷厳戒 機動隊100人待機	カメルーン戦が終わった直後、渋谷駅前のスクランブル交差点には、近くの店で観戦していた若者らが続々と集結。／スポーツ	読売新聞	東京夕刊
二〇一〇年六月二五日	南アフリカW杯	スクランブル交差点の信号が、歩行者側が青になるたび、若者らが路上に一斉に飛び出してハイタッチ。「ホンダ、ホンダ」「岡ちゃん、岡ちゃん」などのコールが響いた。。／スポーツ	毎日新聞	東京夕刊

二〇一〇年六月三〇日	南アフリカw杯	渋谷駅前のスクランブル交差点周辺には、名残惜しげな若者がとどまり続けた。／スポーツ	毎日新聞	西部夕刊
二〇一〇年六月三〇日	南アフリカw杯	渋谷駅前のスクランブル交差点。息詰まるPK戦の末、日本が敗れた瞬間、大きな悲鳴が上がった。／スポーツ	毎日新聞	東京朝刊
二〇一〇年七月一三日	自民党からみる参院選の結果	クランブル交差点の信号が青に変わる。選挙カー前から聴衆がはける。／政治	毎日新聞	東京夕刊
二〇一〇年七月一四日	川島海荷の紹介	渋谷でスカウトされた。現在所属する事務所の女性スタッフとスクランブル交差点の前で立ち話をした母。／文化	読売新聞	東京夕刊
二〇一一年六月三〇日	自転車のマナー呼びかけ	JR渋谷駅前のスクランブル交差点で街頭キャンペーンを行い、通行中の自転車にマナー順守を呼びかけた。／社会	読売新聞	東京朝刊
二〇一一年九月一六日	センター街の名称が「バスケ通り」に	「バスケ通り」に決まったのは、駅前のスクランブル交差点から続く約105メートル。／社会	毎日新聞	東京朝刊
二〇一一年九月二七日	「バスケ通り」命名式	バスケ通りは渋谷駅前のスクランブル交差点から続く約150メートル。／社会	毎日新聞	地方版／東京
二〇一一年一〇月八日	東日本大震災関連	日本ユニセフ協会作成映像作品「ハッピーバースデイ3・11」が、東京・渋谷のスクランブル交差点街頭ビジョンなど全国15カ所で上映されている。／社会	毎日新聞	東京朝刊
二〇一一年一一月二四日	ドラマ「造花の蜜」	ドラマ内での身代金受け渡し場所は、人通りの多さで有名な東京・渋谷のスクランブル交差点。／社会	毎日新聞	東京夕刊
二〇一一年一二月一六日	東山紀之の紹介	渋谷のスクランブル交差点で事務所社長にスカウトされた。／社会	毎日新聞	東京夕刊

出典：毎日新聞、読売新聞

日本が優勝した際、さらに平成二四年のオリンピックでサッカー日本代表が準々決勝に勝利した際にはＦＩＦＡ男子Ｗ杯ほどの規模ではないものの、スクランブル交差点に人が集まり応援歌を歌ってハイタッチを行う現象が起こっていた。

2　試合勝利に沸く渋谷の概要

筆者が実際に調査に行ったのも平成二二（二〇一〇）年のＦＩＦＡ男子Ｗ杯の際である。

平成二二年六月二五日の深夜（日本時間）から始まった日本対デンマーク戦にて日本が勝利し、その直後午前五時過ぎに渋谷での調査を行った。写真17は、西口のバスターミナルである。まだバスも始発が動いていない状況であり、通

写真 17　渋谷駅西口バスターミナル
（筆者撮影　平成 22 年）

写真 18　井の頭線へ続くエスカレーター
（筆者撮影　平成 22 年）

勤通学を含めてほとんど人がいない状態である。写真18は、井の頭線のガードの方へ向かっていき、マークシティのエスカレーター（井の頭線から町中に出るエスカレーター）の様子を撮影したものである。電車は始発が動き出している時間帯であるため、帰り道や通り道として渋谷にいる可能性もあるが、その多くは積極的に駅前スクランブル交差点へと向かっていた。平成二一年のカウントダウン現象を調査した場所であるセンター街入り口（写真2）では、腕を伸ばし人差し指を天に向かって指しながら応援歌を歌ったり、隣同士ハイタッチを行っていた。また交差点上では警察に止められながらも、青信号になるとハイタッチをして横断し、また青になると同じ様にハイタッチして戻るという動きを繰り返していた。人々の集まり騒いでいる場所は基本的にカウントダウンの際と同様であるが、その周りでは騒いでいる人々を携帯電話の写真・ビデオ機能でその様子を撮影したり、見学している人が大勢いた（写真19）。盛り上がっている渦中で実際に話を聞くことはできず、概観を観察するだけに調査は留まったがスクランブル交差点は歩くための道ではなく、人々が留まる場所として姿を変えていたことは確認ができた。

3　サッカーW杯における群衆の様相

一節と同様FIFA男子W杯においても場、群衆形態、人々の三点についてまとめる。まず、場と形態であるが、場所はスクランブル交差点であり、年越しと全く同じ場所（図1）に集結している。109前のスクランブル交差点ではカウントダウン時と同様に、通行人がいるだけでハイタッチ等の行為はなかった。また、東口や西口でも人通りはほとんどなく駅前スクランブル交差点に集約されている。

群衆から集団への形成過程を確認したのは平成二四年のオリンピックでの勝利の時である。試合が終わった直後の二二時過ぎは土曜日であったことも重なり、スクランブル交差点には大勢の人が行き交っていた。普段の土曜日との違いがあるとすれば、サッカー日本代表のレプリカユニフォームを着ている人が多くいたことだろう。駅から街中へと向かう人の中にはこのようなユニフォームを着ている人はおらず、駅へと向かう人ばかりがレプリカユニフォームを着用している。渋谷には店内に大画面スクリーンを設置し、飲食をしながらサッカーなどのスポーツ観戦ができる店が増加している。「スポカフェネット　スポーツカフェ総合情報サイト」（http://www.spocafe.jp/）で検索しただけでも、渋谷駅周辺には四〇店舗以上のスポーツバー、スポーツカフェがある。彼らはこれらのスポーツバーで試合観戦をしていたと考えられ、観戦終了後は帰路に着くため駅へと向かっているようだった。

そのような中で、図2の（A）で七、八人程のレプリカユニフォームを着ている若者が向かい合って立ち、同時に周りの様子を確認するような動きをしていた。この時点では彼らの様子を横目で見ながらも通行人は駅へ向かった

写真19　スクランブル交差点の様子を撮影する人々
（筆者撮影　平成22年）

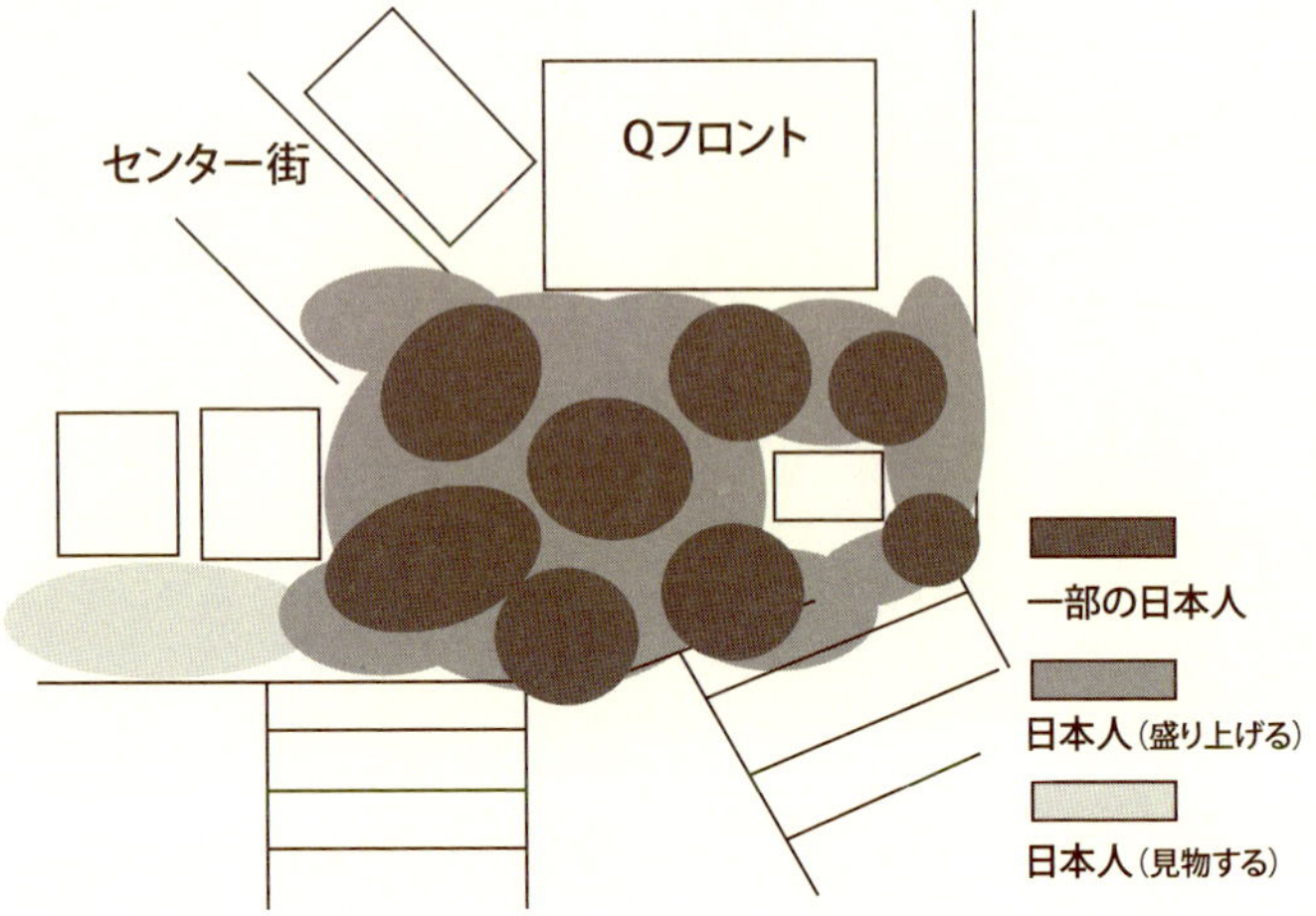

図４　サッカーの試合勝利時に形成される集団の概念図

りセンター街方面へと歩き出しており、交差点が本来の通行するための機能を果たしていたのだが、突然この七、八人の若者が応援歌を歌い出した。それをきっかけにそれまで明らかに駅方面へ向かおうとしていた通行人の内、特に同様のレプリカユニフォームを着ている人々がその輪に加わり応援歌を合唱しながらハイタッチを始めた。応援歌を歌いハイタッチはしているものの、この時点ではまだ交差点内には侵入しておらず図２（Ａ）で数人の集団が形成されつつある状態であった。

センター街や道玄坂方面から駅へ向かう人々は試合が終わり三〇分が経過した頃から多くなる。これは、観戦を終了して店を出て来る人の数が増えているためであろう。（Ａ）の場所での騒ぎを立ち止まって見る者、立ち止まった後にその集団へと入り同様に応援歌やハイタッチを行う者が増えていった。さらに、図２（Ｂ）（Ｃ）でも（Ａ）にいる集団に呼応するかのように集団となって応援歌を歌い始める。集団はそこかしこに形成されていき、青信号になると歩道をハイタッチをしながら反対側へ渡り、また青信号になるとハイタッチをしながら元の場所に戻る行為がなされ始めた。平成二四年のオリンピックでは集団ができ歩道でのハイタッチを行ってからおよそ一時間後には騒ぎは収まり、足を留める場から歩行をするための道へと戻っていった。

図4はサッカーの試合勝利時に形成される集団の層である。そこかしこで中心となる集団ができあがり、それを周りで盛り上げる集団、さらにそれを少し離れた場所から見学する集団という三つの層が作られていく。大部分が中心と中間の層であり、W杯においては見学者はほとんどいない状態であった。そして見学者は、通りすがりにハイタッチを行ったり、突如できる真ん中の層に巻き込まれる、もしくは作り出すことで、いつでも参加者になりうるのである。ただし、オリンピックにおいては見学者も多数いた。彼らも参加者とはなり得る立場であるが、W杯よりも規模が小さく見えたのはこの見学者の層が大きく中心層と中間層が小規模であったことが理由であろう。

年越しと最も異なるのは参加者が日本人ばかりであった点である。また、W杯の際には朝五時過ぎであることを考えると、どこかでサッカー観戦を行った人が乗り換えのために渋谷を利用し、そこで急遽参加する場合と、このスクランブル交差点を目的地としてやってくる場合とがあると考えられるが、駅からの街へ向かう人、街から駅へ向かう人がぶつかり足を留めざるを得ない状態になるというよりも積極的に参加しているように見られた。

第三節　人々が集まる時と場

1　特異な場所としてのスクランブル交差点

渋谷駅前スクランブル交差点でおきる特定の状態の事例として二つの事例を取り上げた。ここでは、場と人と時に注目しながら事例の相違点を確認していく。

はじめに、渋谷のスクランブル交差点がなぜこれらの現象を生み出す場となっているのか、という点に言及していきたい。同じ様な行為をするためだけであれば、百メートル先の１０９前にも交差点はありスペース的には駅前とほとんどど変わらない。しかし彼らは、交通量も歩行者数も多く往来の激しい駅前スクランブル交差点以外には集まらないのである。

その理由の一つは、駅前という立地にあると考える。渋谷を訪れるためには駅を使い、帰るためにも駅を使う。当り前のことではあるが、渋谷の歩行者量が非常に多いことは以下の統計からも明らかである。

渋谷駅中心地区まちづくりガイドラインの補足資料の中に、繁華街の通行歩行者量の比較がなされているが[2]、最新の平成一二年調査において、センター街出入口（Qフロント前）の歩行者量は平日休日問わず一一万人を超える。道玄坂（センタービル前、渋東シネタワー前）も休日は六万人、平日でも五万人、公園通り（神南一丁目二〇番地、渋谷ジョイシネマ前）は平日は四万人程度であるが休日は七万三千人にも及ぶ歩行者が往来する。資料では「センター街、道玄坂、公園通りが集中するハチ公交差点はさらに多い歩行者があるものと考えられ」（五頁）るとしており、渋谷のどの地点よりも歩く人が多い道といえるだろう。歩行者量の調査地点を図で置き換えると図2（A）がセンター街、（B）が道玄坂、（D）が公園通りである。カウントダウン時に（D）では唯一集団を形成していかない場所であるが、公園通りは調査で確認する限り一二月三一日の夜はほとんど人通りがなかった。そのために公園通りへ向かう人、公園通りから駅に向かう人がおらず歩行が出来ない状態には陥らないため、道としての機能を保っていると考えられる。

通常であれば歩行者の数が多い公園通りに人がほとんどいないことからも新年を迎える時は特殊な休日であるため、調査結果の歩行者数をそのまま鵜呑みにはできないが、渋谷の中で最も人通りが激しいスクランブル交差点で人々が歩みを止めたとすればその中を歩行することは困難となる。

ただ立地条件だけを考えるのであれば、歩行者数は減る者の東口や西口も駅前と呼ばれる場所である。共にバスターミナルではあるが、西口のモアイ像の周辺はある程度のスペースがあり、待ち合わせ場所として使用している人々も多くいる。にも関わらず駅前スクランブル交差点が特異な空間となるのは、往来の激しい駅前という条件に加えてメディアの影響も見過ごしてはならない点である。

現在はインターネットにより世界中に情報が発信される。動画サイトyoutubeでも渋谷駅前交差点の様子は投稿され、動画に対する海外からのコメントも多い。例として挙げると「これは未来都市だ」（ルーマニア　二三歳）、「ここは俺が日本へ行った時に見たいものナンバー1の場所だ。自分自身で体験したいんだ。あの渋谷の交差点を俺は渡ったぞと人に自慢するために」（国籍、年齢不明）、「どうかここがテロの標的にされるなんて事がありませんように！」（プエルトリコ　年齢不詳）、「俺もあの場所に行ったことがある！あそこは武器の無い戦場だ。」（アメリカ　二九歳）「一見カオスのようだけど、実際はとても落ち着いてる。誰も人を押しのけないし、根気よく信号待ちをしてる」（アメリカ二〇歳）などがある。（http://shirouto.seesaa.net/article/136073422.html）

また、平成二一年には、ロンドンの繁華街に、東京・渋谷駅前のスクランブル交差点をモデルにした横断歩道が作られたり（表参照）、ハリウッド映画でも『ワイルドスピード　X3　TOKYO DRIFT』ではカー・チェイスシーンにスクランブル交差点が使われたり、『バイオハザードⅣ　アフターライフ』では最初のウイルス発生場所がスクランブル交差点であったりする。筆者のイギリスの知人は日本に来たら行きたい場所として「渋谷のスクランブル交差点」をあげており、世界的に有名な一つの観光地としなりつつあると考えられ、その結果カウントダウンに毎年外国人が多数訪れているのだろう。

日本国内においては、現在お天気カメラが設置されている一つに駅前スクランブル交差点があり、毎日天気予報でその様子を見る人も多いだろう。また、平成一四年、平成二二年のＦＩＦＡ男子Ｗ杯での初戦に勝利した際には新聞記事だけでなくニュース映像で使われることがあった。試合勝利を報道するにあたり、近年ではほぼ必ず渋谷に集う人々をレポートしている。新聞記事の文章ではなく視覚によってこの現象を確認することでいっそうその様子がわかり、渋谷のスクランブル交差点に行けば人が集まっている、勝利を喜び合えるという期待感を持ちカウントダウン時には「人がいそうだから」という理由でやってきた若い女性や、W杯での勝利時にスクランブル交差点へ目指してやってくる人々がいるのだと考えられる。

「渋谷といえばスクランブル交差点」という意識はかつてよりも広く浸透しており、世界規模でも認められる現代文化の象徴として捉えることができるかもしれない。ただ駅前にあるから、人通りが多い場所だからという理由だけではなく、年越しのカウントダウンやサッカーの勝利時などの現象が起こりやすい場所といえるだろう。

2　渋谷を訪れる人々

スクランブル交差点での行為に集う人々は、必ずしも参加しようという意思を持って集まっているわけではない。また、全員が仲間でもなく、渋谷を生活圏にしている者はほとんどいない。すなわち、渋谷に訪れる人々を中心に形成されていることは特筆すべき点である。

カウントダウン時に警察から「カウントダウン行事はありません」というアナウンスがあるように、誰かが主催で行う様なイベントではなく、自然発生的に起こったものである。前述したように、メディアの影響もしくは人づてでカウントダウンを「イベント」として捉え、わざわざこの地に赴く人もいる。また、何かがありそうなどという期待感を持ち、実際に何があるのかもわからずただ集まってくる人もいる。そして全く違う目的でやってきたのに、たまたまその場に居合わせて参加していくという場合もある。

このようにその場にいるものの意識が一致していないにも関わらず自然と駅前スクランブル交差点に群衆が集まり、二つの事例は共に中心となる層、中心を盛上げる中間層、中心と中間の層を見学する層の三つの層を織りなす集団を形成していく。カウントダウンの場合、三つの層が明確に表れるのは図2（A）であった。中間層の人が中心となり、中心層が、一番外側の見学層になるため、常に交流し合える状況である（図3）。サッカー勝利時には、中心層がそこかしこと出来上がって行く。その中心層同士は合体したり、中心層を盛上げる中間層へとなることも、見学者が中心層、中間層へ参加することもある（図4）。見学者が参加し交流が盛んに生まれるのはカウントダウン時よりもサッカー勝利時であり、より流動性をもった形態を成していた。

これらの層はその瞬間に一時的にできた集団である。その時はハイタッチや応援歌など同じような行動をしていたとしても二度と会わない人がほとんどであろう。また、流動性をもっているため最初から最後まで同じ人達で形成されているわけでもない。ハイタッチをしながら交差点内を右往左往していく人々もおり、そうなると図2（A）にいた人が（B）へと移動し、（B）の集団へと入っていくことも大いにある。

スクランブル交差点で行われるこれらの行為は、様々な目的を持って渋谷に訪れた人々が自然発生的に集団を作り上げるのである。

3　人々が集まるきっかけ

人々が自然に集団をなすには、作り上げられたイベントではない限り、なにかのきっかけが必要である。そのきっかけとは何であろうか。

一つは年越しである。正月は時代とともに行事内容の変化はあっても実施率も高く現在でも広く行われている行事である。この点については、石井研士、阿南透、湯川洋司らが現代の年中行事を把握する上で行ったアンケート結果から明らかになっている。石井研士は『都市の年中行事―変容する日本人の心性』（春秋社　平成一六年）の中で、これまでの年中行事研究に疑問を呈しながらアンケート調査を通して「年中行事の変化を分析し、宗教文化がどのように変化して来たのかを把握」（同書、一七頁）することを目的としている。この中で正月は、「実施率も高く現在でも広く行われている行事である」（同書、三七頁）と指摘し、行事内容や正月期間の変化、初詣の変貌にも言及している。「初詣に行く理由」のアンケート結果から、一部の研究者が説明する群集心理も、大人や親の視点から見た「夜中公然と歩けるから」という回答の少なさを確認し、複数回答の一部ではあるものの「厳粛な気持ちになるから」という理由が三割を占め、「神仏に願い事をするため」が一部にあることを指摘している。初詣を厳粛なものとして捉えるならば、カウントダウンは厳粛さよりも非日常への興奮を感じ取るための行為として考えられる。カウントダウンを行うことは、カウントダウンを全く異質の切り離した現象として捉えるのではなく、厳粛な正月からの脱却、あるいはこれまでの正月行事からの変貌形態として捉えられるのではないだろうか。カウントダウンに集まる人々が正月を祝うために参加しているかは明確ではないが、ただ騒ぐだけではなく年が明けた瞬間に形骸的であるにせよ「あけおめ」と口々に言うのであるから、ここには「年が明けてめでたい」という心意が全く無くなっているわけではないのである。

　サッカーの勝利時というのはより明確である。このような行為がみられるのは、サッカーでの試合が勝利した時のみだからである。カウントダウンは当初は何が起きているかわからなくとも、正月であることは共通認識であり、そのために集まっているということはすぐに察しがつくだろう。しかし、サッカーの場合は試合が行われていることを知らないとならないし、試合結果がわからない人にとっては何が起きているのか最後までわからないはずである。しかし、多くの人が「試合に勝利した」という認識を持つのは、お揃いのユニフォームと応援歌が多分に影響していると考える。サポーターと言われるサッカー観戦者（愛好家）は応援する際にサッカー日本代表のレプリカユニフォームを着ている。また、応援歌も共通しているため、ユニフォームを着て応援歌を歌っていればそれが目印となって同じ目的（勝利を祝う）を持った者が自然と集まり中心層を作りだしていくのである。他のスポーツで集まることはなくサッカーの勝利時のみ突出している理由の一つであろう。

　カウントダウンと最も異なる点は、不定期であることである。カウントダウンが行われる正月は毎年必ずやってくる。しかし、サッカーの勝利は定期的ではないだけに限らず、年によっては一度も勝てない場合もあり得る。同様の事例として、戦前行われていた戦勝記念大祭などを挙げることができる。この種の行事は日清戦勝記念や日露戦勝記念として各地で行われており、例えば八王子市旧市街地では二つの神社が合同で明治四一年七月に日露戦勝記念大祭を行い、神輿や山車や仮装行列などが盛大に執り行われた。この場合、秩序ある祭礼の中で行われるため、自然発生して起こるサッカー勝利時と一概に同様であるとは言えないが、不定期に行われることや勝利ということをきっかけにしている点は共通しており、サッカー勝利時に行われる行為についても、表層的な現代の一時的な現象と簡単に捉えるのではなく、形を変えて伝承している文化の一つとして理解する視点が可能になるのではないだろうか。

4　渋谷における《祝祭》

最後にこの行為を渋谷の宗教文化の中でどのように位置づけられるか考えていきたい。

スクランブル交差点では秩序のないおまつり騒ぎがなされていて、そのきっかけが「祝うこと」であることも重要である。その空間にいる人々は「あけおめ」と言い合い応援歌を歌いハイタッチをすることで共感しあうのである。ここに祝祭の概念を導入してみたい。

『文化人類学事典』（弘文堂　昭和六二年）では祝祭という言葉の代わりにカーニヴァルという語を祝祭に置き換えて「カーニヴァルという用語は狭義と広義に用いられており（中略）広義にはカーニヴァル的な祝祭ないし状況までをも意味している」と説明している。また、カーニヴァルの要素として欠かせないものとして、ヴィクター・ターナー（V.W.Turner）は「「社会の反省作用」が起こる間の時間、境界の時間がカーニヴァルであり、「地位転倒の儀礼」」がその本質であるとしている。またヴァチェスラワ・イワノフ（V.V.Ivanov）の論では「「二項対立の転倒」が特徴で」あり、「社会的上位者―下位者」などの転倒がみられることを指摘している。そして「現代では、一般的にカーニヴァル的パトスだけが残り、創造的な娯楽などに放出されているといえよう」とまとめている。

祝祭研究は祭礼研究、祭り研究の中で民俗学、宗教学、人類学で検討されてきた。宗教学では、「（祭りは）秩序を維持しようとする「祭儀」の要素と、そうした日常性を徹底的に破壊して聖なる状況下で集団の融合を目指すような「祝祭」の要素[(3)]」があるとし、祭礼の中における儀礼性との対概念として祝祭性を見いだしている。しかし、近年では神社祭礼における祝祭だけではなく、神なきマツリや創造されたイベントなども祝祭として捉えている。和崎春日は祝祭の形態を①近世以前からある宗教性にも基礎づけられた祭り②近代に作られた博覧会的イベント③戦後、地域復興のために想像されたイベント④高度経済成長期に都市の拡大展開を図ったイベント⑤四全総（第四次全国総合開発計画）で謳われた「個性豊かな地域づくり」に同調して創られたイベント⑥「ミる」「スる」ばかりでなく「行って参加する」「行ってスる」祭りの六つに分類できるとしている（和崎春日「祭における生活文化の創造」平成三年）。このように非宗教性の強い現在の祝祭も踏まえた上で、松平誠は「日常世界の反転、それからの脱却と変身によって、日常的な現実を客観化、対象化し、それによって感性の世界を復活させ、社会的な共感を生みだす共同行為」と祝祭を定義しており（松平誠『都市祝祭の社会学』）、広義的に祝祭を捉え論じられている傾向にある。

以上の事から、スクランブル交差点での行為は「集団の融合」や「社会的な共感を生み出す共同行為」といったこれまでの研究で言及されてきた祝祭の要素と重なる部分も多い。しかし、祭りの中で論じていない点は大きく異なる。儀礼との対立概念として祝祭を捉える場合も、神なきマツリやイベントを祝祭と捉える場合も、一つの祭礼や祭り（マツリ）の中で論じられているが、ここに挙げたスクランブル交差点での行為は宗教性に基礎づけられた祭りでも、近代以降に創られた神なきマツリやイベントでもないのである。また、集団の構成も異なる点だといえる。神社の祭礼は地域に根付いており、その担い手は地縁、血縁関係で結びついた集団である。松平のいう社縁などの特定団体や高円寺阿波おどりのような「選べる縁」でもない（松平前掲書）。まさに縁もゆかりもない個々人が一時的に作りだす集団であり、その集団は二度と同じ者で構成されることがないのである。これまでの祝祭論と一致しない部分もあるが、ともかく祝祭性を一部内包している行為として捉えることは可能であろう。しかしそれでは、独立した一現象として留まってしまわざるを得ない。そこで、この現象の担い手に着目したい。

倉石忠彦が、町はそこで生活している人の歴史や生活の仕方だけでなく、「町を訪れる人々によっても形成される」（倉石「歩かない人、あるいは、歩こうとしない人」平成一三年）と述べているように、渋谷は生活する者、訪れる者双方によって成り立っている。スクランブル交差点での祝祭性を内包するこの行為は来訪者が担い手となっているが、生活者が担い手となる渋谷での祭礼を包括しながら考えてみると、違った視点でこの祝祭性を一部もつスクランブル交差点での行為が見えてくる。

渋谷では氷川神社と金王八幡宮の祭りが行われている。詳細は本書第二章、三章で述べられているため割愛するが、いずれの祭りでも氏子範囲の町会が主体となり、多くは渋谷で生活している人々である。金王八幡宮の例大祭における１０９前の式典や連合渡御では、見学者も多い。この見学者たちは別目的で渋谷に訪れ、偶然通りかかった場合が大半であろう。スクランブル交差点を神輿が渡御する際にも、横目で見ながら他の目的地へと足を進める人の数の方が圧倒的である。「ミる」という観点においては柳田國男のいう「祭礼」（柳田國男「日本の祭り」）となるが、「ミる」ことはあっても式典や渡御に参加「スる」ことはまずない。また、参加している者たちも式典の進行に沿った中で騒ぐことはあっても、秩序がなくなるほどのお祭り騒ぎにはならないのである。

このような祭礼行事とスクランブル交差点での行為とを比較すると、相反した性格をもっていることが明確となる。一方は固定した参加者が秩序の中で祝う祭礼であり、もう一方は見物者と参加者が常に流動的に動き秩序が全くない祝う行為である。また、祭礼の担い手は地縁、血縁関係で結ばれた集団で構成されるが、スクランブル交差点で行われる行為の担い手は、渋谷に訪れる人々が一時的に作りだす集団で構成され、その集団は二度と同じ者で構成されることがない。

渋谷における祭礼と祝祭は、生活者と来訪者でその担い手は分類されているため、関連性がないように思えるが、両者を含めて分析することで渋谷の文化を把握することができるのである。

「祭儀—祝祭」の二項対立で考えた場合、「祭儀」に当たる部分が金王八幡宮や、氷川神社の例祭であり、「祝祭」に当たるのがスクランブル交差点での年越しカウントダウンやサッカーの勝利時で見られる行為となるのではないだろうか。渋谷の祭礼を含めた大きな枠組みの中で、スクランブル交差点で行われる祝祭を捉えた時、渋谷の宗教文化の中でこの祝祭を位置づけることができ、祝祭の新たな視点を見つけることができるだろう。

以上から渋谷における祝祭はこれまでの祝祭論の枠組みに収まらない渋谷独自の《祝祭》であると考える。

おわりに

本論では渋谷における祝祭と祭儀の担い手を来訪者と生活者に分類して論じてきた。しかし、生活者は渋谷においては祭儀のみに特化し日常世界が反転するような祝祭的事象を担うことはないのだろうかという疑問も出てくる。また、日常世界の反転、戯れ、遊び、騒ぎなどを「祝祭」と考えた時、渋谷を訪れる人にとって渋谷そのものが非日常的であり、彼らにとって渋谷という場所は非日常的空間、すなわち祝祭空間と捉えることができる。その場合、渋谷を日常空間とする生活者にとって非日常空間はどんな時に出現するのか、または出現しないのであろうか。渋谷における祝祭を空間から把握することでまた新たな祝祭論を展開できると考えるが、これは今後別稿にて考えていきたい。

そして、新宿や池袋のように来訪者の多い都市でも渋谷における祝祭論が当てはまる可能性も大いにあり得ると考える。他所での事例を集め類型化することで、都市における祝祭論を発展させることができるだろう。

註

（1）拙稿「渋谷のあけおめ」『都市民俗研究』一六号、二〇一〇年に加筆修正した。

（2）渋谷駅周辺地域が平成一七年一二月に「都市再生緊急整備地域」に指定されたことを受け、平成一九年九月に「渋谷駅中心地区まちづくりガイドライン２００７」が定められた。統計結果は、「渋谷駅中心地区まちづくりガイドライン検討会」事務局が平成一九年二月に発行した補足資料の中に掲載されているが、統計自体は「東京都における繁華街利用実態調査」に基づくものである。この調査は平成一二年九月から一〇月に一一繁華街の街区内で任意に定めた一六五地点において一〇時から二二時まで行われた。共に調査結果は資料としてＰＤＦにて公開されている。

「渋谷駅中心地区まちづくりガイドライン検討会」補足資料　http://www.shibuya-kyogikai.jp/pdf/5th/5.pdf

「東京都における繁華街利用実態調査（大都市消費者の繁華街出向行動の実証分析）」（平成一三年三月、東京都商工指導所）

http://www.sangyo-rodo.metro.tokyo.jp/monthly/chusho/hankagai.pdf

（3）石井研士『プレステップ宗教学』弘文堂、平成二二年

参考文献

和崎春日「祭りにおける生活文化の創造―祝祭の一〇〇年における近代化と生活主体」日本生活学会編著『祝祭の一〇〇年』（『生活学』第二十四冊）ドメス出版、平成一二年

松平誠『都市祝祭の社会学』有斐閣、平成二年

柳田國男「日本の祭り」『柳田國男全集』第一三巻、筑摩書房、平成一〇年

倉石忠彦「歩かない人、あるいは、歩こうとしない人」『都市民俗研究』第七号、平成一三年

あとがき

石井　研士

本書は、冒頭でも記したように、宗教現象から「渋谷」を読み解こうとするこころみである。こうしたこころみによって、ふだんは見えてこない「渋谷」、ひいては現代社会の本質に迫ることができるのではないか、と考えてのことである。

本書の執筆者は複数の専門領域、つまり、宗教学、神道学、民俗学にまたがる者たちである。寄せ集めではなく学際的な研究と位置づけているが、多忙な中での議論の交換であり、どこまで果たせたかはご批判を待つしかない。今後の研究の中でより達成されていかなければならない課題のひとつである。

現在、地元学に関心を持つ大学、グループは少なくない。本書の示した宗教を切り口にした分析視点が、その土地の文化を理解する上で、一石を投じることができれば幸いである。

本書は、國學院大學二一世紀研究教育計画「地域・渋谷から発信する共存社会の構築」研究事業の成果の一つである。國學院大學、同研究開発推進機構・研究開発推進センターの支援に感謝申し上げたい。

雄山閣社長宮田哲男氏には、時間的制約の厳しい中、また多数の図版や写真の掲載にもかかわらず、最後まで細部にわたって配慮をいただいた。お礼申し上げたい。

◆執筆者紹介（掲載順、＊は編著者）◆

●**藤田　大誠**（ふぢた　ひろまさ）
昭和四九年生　國學院大學人間開発学部准教授
『近代国学の研究』（弘文堂、平成一九年）、「明治神宮外苑造営と体育・スポーツ施設構想―「明治神宮体育大会」研究序説―」（『國學院大學　人間開発学研究』第四号、國學院大學人間開発学会、平成二五年）

●**黒﨑　浩行**（くろさき　ひろゆき）
昭和四二年生　國學院大學神道文化学部准教授
『震災復興と宗教』（共編著、明石書店、平成二五年）

●**秋野　淳一**（あきの　じゅんいち）
昭和五一年生　國學院大學大学院文学研究科博士課程後期
「祭のドラマからみた同一神社の複数の祭祀・祭礼の意味―千葉県館山市洲宮神社の「神狩」・「御田」・「お浜入り」・「安房国司祭」―」（『國學院大學伝統文化リサーチセンター研究紀要』第三号、平成二三年）、「千葉県館山市・洲宮神社の祭礼から現代社会と祭り―虐待からの再生のストーリーとしての宗教―」（『國學院大學伝統文化リサーチセンター研究紀要』第四号、平成二四年）

●**遠藤　潤**（えんどう　じゅん）

昭和四二年生　國學院大學研究開発推進機構准教授
『平田国学と近世社会』（ぺりかん社、平成二〇年）、「平田国学における〈霊的なもの〉―霊魂とコスモロジーの近代―」（鶴岡賀雄・深澤英隆編『スピリチュアリティの宗教史』下巻、リトン、平成二四年）

*●**石井　研士**（いしい　けんじ）
〈巻末参照〉

●**高久　舞**（たかひさ　まい）
昭和五六年生　國學院大學研究開発推進機構ポスドク研究員
「渋谷のこども」（渋谷学叢書1『渋谷をくらす―渋谷民俗誌のこころみ―』雄山閣、平成二二年）、「「八王子まつり」の現在―実行委員会と山車町内の意図―」（『民俗芸能研究』第五〇号、平成二三年）

●**加藤　道子**（かとう　みちこ）
昭和五七年生　國學院大學大学院文学研究科博士課程前期修了

國學院大學『渋谷学叢書』刊行のことば

國學院大學の校歌は、「見はるかすもの　みな清らなる　澁谷の岡に大學たてり」から始まっています。本学は平成14年に創立120周年を迎え、その記念事業の一環として、「渋谷を科学する」というテーマを掲げ、「渋谷学」を創始しました。従来、大学は立地する地域と比較的縁が薄く、地域との連携、あるいは貢献といった言葉は存在しなかったといってもいいでしょう。

しかし大学を、ましてやそこに学ぶ学生たちを育ててきたのは地域といっても過言ではありません。本学の中にもこの渋谷という地に強い関心を有していた人びとはいました。渋谷は、過去から未来にわたって、大学と学生たちを育てる場であるとともに、研究の対象としてきわめて興味深い存在でもあります。東京には全国に知られた地域がいくつもありますが、渋谷はその中でも独特の存在といえます。この渋谷を多面的に明らかにしようというのが、「渋谷を科学する」の中身です。

平成20年から新しい態勢で本研究会は再発足し、國學院大學の助成を受けつつ、さらなる活動を展開しています。そして、本研究の成果、即ち渋谷の興味深さを、学生や区民の方方、さらには広く社会に知っていただくことを目的として、本叢書を刊行することといたしました。皆様方の忌憚のないご批判により、いっそう充実した研究にしてゆきたいと考えております。

平成22年2月

國學院大學渋谷学研究会

編著者略歴

石井 研士（いしい けんじ）

昭和２９（1954）年生

東京大学文学部宗教学宗教史学科卒

東京大学人文科学研究科宗教学宗教史学博士課程修了

現在、國學院大學神道文化学部学部長、教授（博士・宗教学）

主要著作

『銀座の神々—都市に溶け込む宗教』（新曜社、1994 年）

『戦後の社会変動と神社神道』（大明堂、1998 年）

『日本人の一年と一生　変わりゆく日本人の心性』（春秋社、2005 年）

『テレビと宗教　オウム以後を問い直す』（中央公論新社、2008 年）

『神道はどこへいくか』（編著、ぺりかん社、2010 年）

『プレステップ神道学』（共編、弘文堂、2011 年）　他

平成 25 年 2 月 28 日　発行　　《検印省略》

渋谷学叢書　第３巻

渋谷《しぶや》の神々《かみがみ》

編著者	石井研士／國學院大學研究開発推進センター渋谷学研究会
発行者	宮田哲男
発　行	株式会社 雄山閣
	東京都千代田区富士見２－６－９
	TEL 03 － 3262 － 3231 / FAX 03 － 3262 － 6938
印刷所	ティーケー出版印刷
製本所	協栄製本

ISBN978-4-639-02261-9 C3039